U0145804

江南文脉
jiangnan wenmai

江藩全集

下

（清）江藩 著
高明峰 整理

鳳凰出版社

炳燭齋雜著

舟車聞見録上

制誥

國初，制誥皆祕書院學士撰文。如封三等伯佟六十四代誥、封刑部尚書季思哈四代誥，封見鄧廷羅《二遠堂集》。

閣試

國初，朝考、散館大考皆曰閣試。

八旗應試

順治十一年甲午，命八旗士子應試，額取六十人。是科漢軍張俊升、秀升兄弟同榜，乙未同中進士。

展試

康熙二十年辛酉，西粤平定。大吏請展賓興之典於明年二月，乃命編修《喬萊典試》。

平滇

康熙時吴逆不靖，仁廟命貝子章泰爲平滇大將軍，討吴世璠。又命賴塔爲征南大將軍，蔡毓榮爲綏遠將軍，討耿、尚、孫三逆。王師所向，勢如拉朽。冬至夜捷書至，上大喜，命廷臣播諸歌頌，以紀威德。海甯沈昭子珩上《聖烈頌》，爲當時第一。施愚山評其文曰：「精當博碩，無踸踔組練之習。」珩，康熙甲辰進士，有《耿岩文鈔》行于世。

河源

乾隆壬寅春，豫省河決，上命侍衛阿彌達告祭河神并窮河源。奏稱探至星宿海西南三百餘里，有一河名阿勒坦郭勒，其西有巨石，名阿勒坦噶素齊老，蒙古語北極星石也。崖壁黄赤色，上爲天池，流泉百道皆作金色，入阿勒坦郭勒，此乃黄河真源也。阿彌達乃文誠公之子，曾倩人畫《探河源圖》，一時名流題詠殆遍。

木蘭圍場

木蘭圍場，乃聖祖時蒙古所獻之地。東伊遜崖口，首圍爲永安莽喀。西伊瑪圖崖口，首圍爲永安湃。圍場多仍蒙古舊名，惟此二處則國語也。永安謂沙莽，喀謂岡，湃謂處，均皆聖祖賜名。每歲蒙古供獵者千二百人，名射生手。寅刻即往撒圍，亦謂之合圍。小獵，國語謂之阿達密。大獵，謂之阿巴喇密。收圍之處謂之看城，亦曰等城，等待圍之至也。每遇看城，上親視調和湯飯並煮羊炙鹿，以賜隨圍大臣、侍衛及蒙古王公、台吉等。

千叟宴

康熙壬寅年，舉行千叟宴。至高廟御極之五十年乙巳，開千叟宴，與宴者三千餘人。欽賜國子司業福建郭鍾岳一百五歲，遠涉三千里詣闕與宴，尤爲盛事。我國家翔和累洽，仁壽同登，伊古以來未有之盛典也。

千叟宴聯句

乾隆丙寅年，惇敘殿柏梁體聯句，宗室一百三人，有不能詩者皆高廟代作。香山九老會親王允祹詩亦高廟代作。是宴聯句，貝勒允祁、散秩大臣弘最敬依舊例求請賜句。

薦玉

乾隆二十四年，上祭社稷壇。儀注無薦玉之禮，諭以王庇嘉穀之義，飭有司用玉將事，著爲令。

雩祭

雩祭大禮，向未舉行。乾隆七年，上以启蟄、龍見郊雩並重，命禮臣集議舉行。

辟雍

京師太學，自元、明至國朝無辟雍。乾隆癸卯春，上酌古準今，穿井引爲圜水之制。

帝王廟

康熙壬寅，建歷代帝王廟。諭旨：凡帝王在位，除無道被弒之國主，此外盡行入廟。廷臣議奏：在升遐之前數日未及釐正，致多遺漏，且闌入漢之桓、靈。高廟徹去桓、靈，祀晉元帝、明帝、成帝、康帝、穆帝、哀帝、簡文帝，宋文帝、武帝、明帝，齊武帝，陳文帝、宣帝，元魏道武帝、明帝、太武帝、文帝、獻文帝、孝文帝、宣武帝、孝明帝，唐憲宗，後唐明宗，周世宗，金哀宗凡二十五帝。

泉宗廟

乾隆丙戌，建泉宗廟於萬泉莊。其地高於暢春園、圓明園，水皆北流。

夕月壇

舊制，夕月壇用白琥，乾隆年間改用白璧。

雍和宫

雍和宫，世宗藩邸也，登極後賜名雍和。乾隆十年，上因飛龍肇迹之所不可褻越，乃莊嚴佛像，命梵僧守之，爲祝釐之所。

齋戒

大齊之期，御膳例不進葱、薤等味。

鹿角椅

太宗御坐鹿角椅，敬藏盛京。聖祖御坐椅，敬藏山莊。壬午年，高廟特命工仿製焉。

實録

乾清宫敬貯《太祖實録戰圖》八册，乃盛京舊本。高廟以尊藏珍帙子孫不能盡見，辛丑春命依式謹摹二本，一本貯上書房，一本恭送盛京敬藏，以垂不朽。

安佑宫

雍正元年，世宗於壽皇殿奉安聖祖御容，朔望瞻禮。高廟即位後，亦於壽皇殿東室虔奉世宗御容。又於圓明園建安佑宫九室，恭移恩佑寺所奉聖祖御容於中室，奉世宗御容於東室。

永慕寺

寺在南紅門舊衙門行宫之右，聖祖爲太皇太后建。世祖爲聖祖建恩佑寺於暢春園，高廟爲聖母建恩慕寺於恩佑寺側。

實勝寺

乾隆戊辰，金川用兵。金酋恃碉樓之險，久攻不克。上命於西山設碉樓，簡勇士習練，得二千人。命大學士傅恒爲經略，率之以行。平金川後，即碉旁舊寺易其名曰實勝。昔太宗松山、杏山之捷，建實勝寺以紀勳，乃仿其制。又令成功勁旅立爲健鋭雲梯營，於寺之左右建屋居之。健鋭營卒升雲梯及馬步射、鳥鎗諸技趫捷非常，平定西陲及大小金川皆用以克敵。

清浄化城

順治九年十二月，五輩達賴喇麻於南苑迎謁世祖，因建德壽寺。又於京城蒙古朝覲所居之地建東西黄寺。乾隆己亥七月，班禪額爾德呢入覲，命居西黄寺。庚子十月化去，上於寺旁建塔賜名。

哈達

乾隆乙巳正月六日舉行千叟宴時，京師妙應寺，遼之白塔寺也，塔上級懸有哈達，非人力所能爲，遠近瞻禮，咸稱佛力神通，不可思議。哈達者，蒙古語，奉佛吉祥製帛也。

萬壽燈

宫中每歲十二月二十四日，於乾清宫丹陛左右設金龍柱二，各懸繡金字萬壽寶聯十六幅，前明舊制也。除夕易懸萬壽燈。後又命大學士彭元瑞製燈聯新句，得蒙睿賞。

聯句

每屆新正重華宫茶宴，廷臣有聯句之典。丁未，林爽文滋事。戊申，高廟以平定臺灣聯句爲題，因未獲賊首，遲至仲春朔日始得捷音，即於是日在東廂命諸臣入宴，依例舉行。

四庫全書

乾隆癸巳，詔購海内異書，兼發祕閣藏本，命詞臣校輯。又於《永樂大典》内採集亡書，以復古籍之舊。欽定爲《四庫全書》。每部三萬六千册，於大内、盛京、御園、避暑山莊分建文淵、文溯、文源、文津四閣，藏弆各一部。又於《全書》中掇擇菁華，爲《薈要》二部，各萬二千册，分貯大内之摛藻堂、御園之味腴書屋。又發帑繕録三分書，分貯於揚州之文滙閣、金山之文宗閣、西湖之文瀾閣，有旨許東南人士傳鈔廣布。

法帖

高廟萬機之暇，臨池染翰，契合鍾、王。御書《敬勝齋帖》，垂則藝林矣。又鐫《三希堂法帖》《墨妙軒帖》，重刻《淳化閣帖》《快雪堂帖》《八柱蘭亭帖》。《八柱蘭亭》者，刻於石柱之上：一、董其昌戲鴻堂所刻柳公權書《蘭亭詩》。二、石渠寶笈所藏柳書《蘭亭》真蹟。三、董臨柳書。四、舊拓虞世南《蘭亭序》。五、褚遂良。六、馮承素。七、御臨柳本。八、大學士于敏中補柳書漫漶本。

開山圖

乾隆時，平定西域。每歲春，于闐採玉供獻，得密勒塔山大玉一座，高七尺，博三尺，以内府所藏周文矩《大禹開山圖》命工於玉上，敬傳聖績，又誌武功，爲我朝法物。漢唐以來，尺璧寸球以爲異寶，安得有此巨珍乎？

思陵

崇禎思陵，本田貴妃寢園，無明樓享殿。高廟修葺十三陵，始爲建置焉。

内翰林

國初，殿試新進士，有與選内翰林、國史館庶吉士者。

張學士

張文敏照曾任大司寇，獲咎革職，上高廟加恩，用爲内閣學士。南苑大閱時，照恭進册頁，其文結句云「惟以習勞，無伐可張」，下接寫學士云云，蓋自稱張學士也。高廟展視囅然，謂其巧於寓意，近乎東方曼倩之詼諧。留置南苑，巡幸時以備睿賞焉。

世封

純皇帝昭雪睿親王多爾衮，復還封號，追謚曰忠，補入玉牒，並令補繼襲封人。豫親王多鐸，從睿親王入關，戰功爲開國諸王最，以睿親王株連，降封信郡王，亦應世胙元封。如禮親王後改封康親王，鄭親王改封簡親王，肅親王改封顯親王〔一〕，克勤郡王改封平郡王，當時皆功在宗社，今其子孫所襲均非始封之名，幾忘先世受封之由，弗克顧名奮劾，俱令仍復原封。大哉，王言！誠百世不刊之論也。

閑散宗室

舊制，閑散宗室俱無頂戴。壬寅年，高廟命王、貝勒、貝子、公之子孫及閑散宗室年已及歲者，一體給予四品頂戴。

長春書屋

雍正年間，纂《當今法會》一書，賜純皇帝號曰「長春居士」。長春，萬壽山静宜園也。避暑山莊、寧壽宫等處，皆以長春名齋，用昭聖訓體仁臨民之意。

玉華岫

玉華岫在香山，明時所築，因山洞爲之。冬間養桂於此，以避嚴寒。

寧壽宫

純廟未歸政之前，葺寧壽宫，又建閣曰符望閣，六十年歸政之望也。

五福五代堂

五福堂，乃聖祖御書賜世宗者。乾隆甲辰，高宗因有玄孫，增「五代」二字。

德壽寺

庚子年，純皇帝七旬萬壽後，藏班禪額爾德尼來京祝嘏，住於此寺。班禪額爾德尼以庚子七月至山莊，十一月初二日患痘身死。

安遠廟

廟在熱河。平定伊犁後，仿伊犁固爾扎廟之式建於山莊之東北，賜名安遠。

承德府

熱河本爲廳，乾隆壬辰升爲承德府，增定學額，成一都會矣。

千尺雪

熱河千尺雪，在山莊東北，引武列水爲之。武列水出察汗陀羅海，距山莊二百餘里，經固都爾呼達巴漢麓，遂名固都爾呼河。西南至中關，東合茅溝河，又南流合賽音郭勒水，又西南與山莊東北之湯泉合，又西南流，沿山莊東北磬錘峰下。行宫内亦有温泉流出入之。因温泉色微紅，乃賜名絳雪。

圍場宴戲

乾隆七年，始行二圍肄武之典。從此，每歲進哨宴，諸王公台吉設詐馬、什榜、教駣、相撲四戲。

繼德堂

繼德堂烟波致爽，皇祖所居。純廟亦居此山莊内最爲寬廠之所。歸政後，命於松鶴齋後空地起造，一如烟波致爽之制，爲嗣皇帝之居，賜名繼德堂。

夷齊松

木蘭圍場中有山峰名僧機圓，下有喬松一本二株，遠望如兩松。丁卯年，純廟賜名夷齊松。

賦税

前代地税、丁銀各爲一款。我朝定爲一條鞭法，攤入地畝税内，名曰條銀。每歲額徵三千九百四十一萬有奇。仁皇帝特諭盛世孳生，永不加賦。恩施翔洽，歷代所無也。

鹽課

兩淮、長蘆、廣東、浙江、雲南、河東鹽課，每歲共徵正額銀五百七十四萬五千有奇。

關榷

京師蘆溝橋、崇文門、左右兩翼、天津、山海、淮安、滸墅、揚州、蕪湖、西新、鳳陽、山海、臨清、九江、贛州、北新、浙海、閩粤、太平、粤海、龍江、宿遷及張家口、殺虎口、歸化城，統計税銀五百四十一萬五千兩有奇〔一〕。

蘆魚課

江南、安徽沿江海處所，蘆課額徵銀十三萬二千五百餘兩。江蘇、安徽、江西、浙江、福建、兩湖、廣東，歲徵銀二萬四千五百兩有奇。

茶榷

江蘇、安徽、江西、浙江、兩湖、甘肅、四川、雲南諸省，歲徵銀七萬三千一百兩有奇。

雜稅

竹木等稅及各處落地雜稅，每年徵銀八十五萬八千兩有奇。

印稅

民間田房交易，其值每兩輸銀三分，布政司給與鈐印契尾，並行鋪各給牙帖，歲徵銀十九萬有奇。

礦稅

雲南金礦，歲課金六十六兩有奇。貴州思南府無定額。雲南銀礦，歲課銀六萬七千三百兩有奇。永昌府及廣東無定額。福建、廣東、廣西鐵礦，額課銀二千一百五十兩有奇。湖北、四川無定額。雲南鉛、錫礦，額課銀三千一百八十兩。山西、湖南、四川、廣東、廣西、貴州無定額。

國璽

我朝受天命，制玉爲璽。寶文始用國書，嗣後又兼用古篆。藏交泰殿，凡三十有九。此外復有「受命于天」「既壽永昌」璽，及高斌所進寶應縣玉璽，亦附藏内殿。純廟以所貯歷年既久，紀載失真，且有重複，考正排次，定爲二十五寶，以符天地之數。

通用小璽

聖祖「戒之在得」「敬天勤民」之寶。聖祖、世宗皆用以鈐御書，純廟亦常用之。又有「自彊不息」「猶日孜孜」二寶。

檄文

洪大經略承疇檄川湖雲貴文曰：

告川湖雲貴諸侯王卿士將校部曲及孫可望李定國大小中外各土司人等：

往者明祚將盡，瓦解土崩，小盜陸梁，污犯宫闕，大君身死社稷，諸臣國亡與亡，生民之命，幾於泯滅。我皇上紹三靈之繁祉，當九服之歸心，應天順人，入關除暴。偏師窮追，自成授首，上下四方，漸次底定，臨御天下，於今十載。惟雲貴絶遠，未霑王化。川湖獻版之後，時復未寧。皇上聖德欽明，布政垂惠，萬邦協和，黎民於變。悼彼南服，獨爲匪民；愍此孑遺，勞役未已。是以赫然命予總率六師，龔行天罰；兩廣江浙陸騎水犀，分道並進。維予奉辭銜命，經略戎車，宏文告濟元元，非欲窮武極戰，以侈殺伐也。故略陳安危之要，其敬聽話言。蓋聞得全者全昌，失全者全亡。禍福無門，惟人自召。是以見機而作，不處凶危，仁者之明也。臨事制變，困而能通，智者之慮也。漸漬凶頑，往而不返，愚者之蔽也。

往者翻山鷂、一隻虎左革獻闖，流毒天下，川湖尤甚。惟雲貴以稍遠未禍，然繒繳坑穽，良亦酷矣。歷觀載籍，盜賊之變未有甚於此者。本朝開國之初，秉鉞鷹，揚順風，烈火未鼓而滅，後舞前歌，此則天下所共知也。比年以來，屢奉勅旨，罷兵鞬櫜，與民休息。而孫李等憑恃險阻，鴟張螳臂，以逆我軍吏。用是疆埸申戒，以爲王誅所當先，長驅南征，致天之罰。一軍度嶺，萬里從風，朱敬耀、孫守金等咸就俘滅，三千之衆悉爲鯨鯢。二王之兵，從容定粵。三川舊地，悉入版圖。鼙鼓未臨，遐方率定。此皆上天明威，社稷神武，非徒人力所能至也。

今予於十月一日濟師江表，挽海陵之粟以爲儲，兼東南之課以爲糧，士飽馬騰，南跨洞庭，東制夔蜀，將由四川以抵雲南，自都勻而入貴竹，三面具舉，攻堅克敵，鐃吹起而陣雲開，劍鋩寒而瘴霧掃，東南期命於是至矣。予欽奉國威，爲民除害。元惡大憝，必當梟芟。至於脅從，皆非詔書所特禽。先是，袁滔妻子窮而歸，命養之於秦；李占春、于大海率衆歸誠，官之於粵。凡此之輩，數千百人舉衆來服，豈輕舉措也哉！誠乃天牖其衷，計深慮遠，審邪正之途，明可否之分也。

皇天無親，惟德是輔。聞爾西南，老弱者不得息，飢疲者不得食，連年讐戰，寡婦孤兒，夜魂哭泣。夫以破滅之餘，當奮□之勢，以一隅之衆抗天下之師，亦可痛矣！爾等或夙懷忠義，或□絶風聲，岩居洞處，未詳利害。然上心未嘗一日忘之。聖朝開恩浩蕩，重惜民命，故設非常之賞，以待非常之功。若將校部曲、遠近土司一應大小凡有位號者，誠能封籍府庫户口，不煩兵刃，計功論賞，不失爵珪。凡所脇誘，已往不問，咸與維新，有能慕義効忠，僇力赴敵，或出兵以隸行間，或輸資以餉戰士，爲我偵候得其聲息，爲我反間攜其黨羽，爲我犄角擊其侵軼，爲我設覆絶其歸路，予便宜從事，即飛馳功狀，上於朝廷，次第論定，予以爵賞，同列河山。皇仁丕冒，不爾恡恩，爾等其熟圖之。

是文乃鄧廷羅所撰。廷羅字偶樵，濠梁人，貢入成均，與吳興徐德蜚、泰州陸元升、桐城方子詒、天長潘進也、白門葉亟公、鹽城薛式九爲姚江之學，講貫不輟。廷羅順治甲午鄉試下第，後即從軍，爲洪承疇幕客，以軍功授内閣中書。又從定遠大將軍征鄭成功，以中書署漳州府，後爲山東萊州府，升辰沅兵備道，告病歸。

睿親王

睿親王多爾衮統衆入關，首定燕京，明之舊臣奉鹵簿迎之。王曰：「此何物也？」對曰：「天子法駕。」王曰：「不敢，我當效周公耳。」乃迎世祖車駕入都。王攝政年久，頗多自專。殁後，爲蘇克薩哈等搆陷，誣以謀逆，遂以身後僭用明黄龍衮爲覬覦大位之證國除。乾隆四十三年，高廟以睿親王奉迎世祖定鼎燕京厥功最著，特予昭雪，復還封號，追謚曰忠，補入玉牒，配享太廟，並令補繼襲封。又以豫親王多鐸平流寇，定江浙，戰功爲諸王最，因睿親王誣獄株連，降郡王，改封信郡王，特命世胙元封。伏讀上諭，云睿親王果萌異志，兵權掌握，何事不可爲？乃不於彼時因利乘便，直至身後以借用明黄龍衮指爲覬覦之證，有是情理乎？大哉，皇言！千秋之公論也。

江源

江源出昆侖之南，所謂岷山者，乃入中國濫觴之始，非江之原也。昆侖即西藏之剛底斯，在阿克里之西。周圍有大海，名瑪璩巴係，西藏衆水之原，喇嘛僧云難陀龍王所居也。江水由剛底斯至金沙江，入蜀江，爲中國之大江。

南郊

純廟法祖敬天，南郊大典無不躬親。惟乾隆五年以嗽疾初愈，不可以風，命和親王恭代。四十九年，因舊患氣滯復發，遣皇六子恭代。臨御六十年，祇此兩次耳。

曲宴

曲宴外藩，向無此典，始於雍正年間。每歲開宴，或於豐澤園，或於圓明園，皆設幄次，典宴頒賚。至乾隆二十五年，平定伊犁回部，圖功臣像於紫光閣，并弆得勝靈纛及軍器，以誌武成。嗣是，遂曲宴外藩於紫光閣矣。

駿馬

乾隆年間，愛烏罕進駿馬四，高八尺，賜名曰超洱驄，曰徠遠騮，曰月骷騬，曰凌崑白。

太平門

南京太平門左扇箭鏃痕二：一箭飲羽穿爲穴；一乃大兵取江甯時，瀋臺都統所射也。

天妃

天妃，相傳爲福建林氏女。生而神異。其父爲海估，在大洋遇颶風，恍惚見天妃凌波而來，指揮神兵，風遂息。父歸而問之，云在閨中刺繡時，海神來告，知父有難，急出元神往救。於是海舟往往見其形。立誓不嫁。死後屢示靈顯，土人立廟祀焉。宋時，松江府上海縣供天妃像於城上之丹鳳樓中，壕二仙女對奕，天妃面南觀局。或云二女天妃之妹也。康熙十九年，封護國庇民妙靈昭應弘仁普濟天后。乾隆二年，加封福佑羣生。二十二年，加封誠感咸應。丁酉年，臺匪林爽文作亂，上命福康安率兵往勦。渡海時，蘇楞額兵船遇風折桅，飄至黑水洋。忽見異鳥一雙，赤喙赤足金眉，飛集船首，柁工等謂得神助，可無慮矣。適遇許長發兵船自澎湖駛至，救援過船，軍裝搬運甫竟，原坐哨船下有數丈大魚浮出水面，哨船登時沈没，蓋船底已壞，大魚負至内洋，數十人性命得以保全耳。上以爲仰荷神庥，又加封「顯神贊順」四字，以昭靈蹟。天妃，閩之湄洲人，見劉克莊《后村文集》。

佛像

真定隆興寺佛像高七丈三尺，不知何時鑿。像增木臂三十四，高廟命去之，以復舊觀。

武功

高廟武功十次。前後平定大小金川二次，平定準噶爾達瓦齊、阿睦爾撒納二次，回部大和卓木一次，緬甸投誠一次，平定臺灣一次，安南投誠一次，廓爾喀投誠一次，又一次，共十次。武功十全，因號十全老人。内地奸民如王倫、蘇四十三、田五，小醜跳梁，不足計也。

獅子

康熙十七年秋，錫剌伽國獻黄獅子，命文臣作《黄獅子賦》。

陳之遴

陳之遴，字彦升，號素庵，浙江海甯人。明崇禎十年進士，授編修，升中允。順治二年投誠，四年授祕書院侍讀學士，五年遷禮部右侍郎，六年恩詔加都察院右都御史，八年擢禮部尚書。時御史張烜劾大學士陳名夏結黨營私，語涉之遴，鞫訊不實，免議，尋加太子太保。九年授宏文院大學士。十年，鄭親王濟爾哈朗等奏：之遴承審奸民李應試時默無一言，問之，則云上果立置應試于法則已，或免死則我必爲所害，是以不言。似此緘默取容之人，恐不堪重任。詔之遴回奏，乃上疏引罪。上以之遴既知悔過，將觀其自新，調任户部尚書。會與名夏等集議革職總兵任珍罪狀，與同官兩議，得旨責問，復以巧飾欺蒙，論死。有詔從寬，削二級，罰俸一年，仍留原職。十三年正月，奏請照律例以定滿州官負有罪籍没家産、降革世職之法，下所用議行。二月復授宏文院大學士，加少保兼太子太保。疏陳營務三策：一曰修舉農功，二曰寬恤兵力，三曰節省財用。從之。十三年，上召吏部尚書王永吉等，責其輕出虧帑司負朱世德之罪。之遴漏洩上意。乃諭之遴曰：

「朕不念爾前罪，復行簡用，且屢誡諭爾曹，以朕言告人乎？抑思所行亦曾少改乎？」奏曰：「皇上教臣，安敢不改。特才疏學淺，罪過多端，不能仰報耳。」於是左都御史魏裔介劾奏：「之遴當上詰問時不自言結黨之私，力圖洗滌以成善類，而但云才疏學淺，不能報稱，其良心已昧。如囑禮部尚書胡世安保薦庸劣知縣沈令式爲知府，旋被督臣糾劾植黨狗私，確有可據。密勿之地，恐之遴一日不可復居。」給事中王禎亦劾奏之：「之遴係前朝被革詞臣，來投闕下，不數年超擢尚書，旋登政府。不圖報効，市權豪縱。皇上面加訶斥，凜凜天威，之遴不思閉閤省罪，即于次日遨遊靈佑宫，逍遥恣肆，罪不容誅，乞重加處分。」疏入，並敕之遴據實回奏，下部議，擬革職，永不敘用。上念之遴大臣，不忍即斥，革以原官，發遼陽閑住。是年冬，上復念之遴効力多年，不忍終棄，令回京入旗。十五年，之遴以賄結内監吴良輔，鞫訊得實，擬斬。奉旨：陳之遴受朕擢用深恩，屢有罪愆，叠經貸宥。前犯罪應置重典，特從寬，以原官徙居盛京。終不忍棄，召還旗下。乃不思痛改前非，以圖報効，又行賄賂，交結犯監，大干法紀。本當依擬法，姑免死，著革職流徙，家産藉没。後死于徙所。有旨不准歸葬。聖祖仁皇帝出關謁陵，之遴繼室徐氏湘蘋跪獻自畫觀音像百幅，上表泣求歸骨故里。上憐之，允其所請。

校勘記

〔一〕底本「肅親王」前衍一「親」字，今删。

〔二〕據《清史稿・食貨志》，「鳳陽」後「山海」疑作「江海」，「閩粤」疑作「閩海」。

舟車聞見録下

奄黨

明之奄黨馮銓，本朝仕至中和殿大學士。山東霑化李魯生，仕至順天府丞。

何焯

何焯，字屺瞻，長洲縣人。其先元元統間以義門旌門，乃取其名名書塾。康熙二十四年，由崇明縣學生拔貢。貢國學時，徐乾學與翁叔元搜羅寒畯，有才之士可以立致青雲。焯游二君之門，見其行事不合於義，有譏刺之言。其後與翁祭酒絶交。復干健庵之怒，至辯頌大府。四十一年冬，聖祖南巡駐蹕涿州，召直隸巡撫李光地詢草澤遺才，光地以焯對，遂召見，直南書房。明年，賜舉人，試禮部不第，賜進士，改庶吉士，直南書房。尋命侍讀皇八子貝勒府，兼武英殿纂修。及散館，有旨教習三年。明年，丁外艱歸。服闋，丁後母艱，家居。選歷科程墨。安溪貽以書曰：「有明盛時，治大平而俗淳厚，士大夫明理者多，蓋經義之學有助焉。今無論已仕、未仕，稍有才氣，輒爲詩古文，視經義如土苴。子誠諄諄以此指授，甚善。」五十二年冬，再以李公薦，召赴闕，仍直武英殿。明年授編修。又明年秋，駕幸熱河，有搆飛語以聞者。上還京師，焯迎道旁，即命收繫，并悉簿録其寓中書籍，付南書房學士蔣廷錫等，視有無狂誕語。檢五日，無有。間有譏笑士大夫及詬近科文者〔一〕，雜籤以進，而書中有鼎《辭吳縣令餽金札》稿，并進焉。上閱畢，怒漸解，且嘉其有守，檢數條命内侍詣獄詰責，焯據實奏辯。反報，僅坐免官，詔還其書，命仍直武英殿。六十一年六月九日，卒於都門，年六十有二。上曰：「何焯修書，勤學好問，朕正欲用之，不意驟没，深可憫惜。」復原官，特贈侍讀學士，賜金，給符傳歸葬，命有司存恤其孤。子壽餘，一名雲龍〔二〕，長洲縣學生員。

宋琬

宋琬，字玉叔，號荔裳，山東萊陽人。明季乙酉拔貢生。甲申避寇，南徙杭州。順治三年，世祖以東南大定，特命再行鄉會試，丙戌中式舉人，丁亥成進士。授户部稽勳司主事，外補陝西分巡隴右道僉事，陞永平副使、浙江甯紹台道參政、本省按察使。先是，文登有劇盜于七作亂，族子某誣告琬與通謀，遂繫詔獄。窮治無迹，猶輕重兩比以請廷議，謂證虚不當坐，放廢不用。聖祖御極，琬投牒訟寃，始得昭雪。補四川按察使，又給以參政銜。時應得誥命，送一子入監讀書。在任以發舉奸贓，加一級入覲，卒於京師。

王林琇

琇，常州江陰人，族姓楊，父芳，母繆氏。芳字振陵，受雲棲大戒，臨終染衣自度，謂琇曰：「不讀書即出家。」母亦受磬山記莂，晚年離俗依琇，得悟宗旨，世稱大慈老人。琇乃磬山修之弟子，機鋒敏捷，與矢童悟後先角立。世祖遣使召至京師，居萬善殿。問如何用工，琇曰端拱無爲。又問如何是大，對曰光被四表，格於上下。又問孔顔樂處，對曰憂心悄悄。世祖大悦，命近侍傳語恨相見之晚，賜號大覺禪師。尋以葬母乞還，詔許之。庚子秋，復召至京師，禮遇尤渥，進號大覺普濟能仁國師。臘月世尊成道日，命於阜城門外慈壽寺爲千五百僧説菩薩大戒。又命作《功夫説》，刊行之。次年世祖升遐，領弟子作佛事七晝夜。汔事後請放還山，命官護送。康熙乙卯，行脚至清江浦慈雲寺，趺坐説偈而逝。

金蓮花

山西五臺山産金蓮花，塞外尤盛。色黄，狀如萱。花七瓣。至秋深，花乾而不落。結子如粟米而黑。其葉緑色。六月花放，遍滿平原、山谷。夕陽西下時，升高一望，金色爛然，奇觀也。豈文殊道場天放黄金布地耶？土人摘花晒乾，烹以代茗。

敖漢蓮

蒙古敖漢蓮，色鮮瓣大，聖祖移植山莊。因有温泉，霜降後尚作花，與傲霜之菊競爽。

紫菊花

紫菊花小而豔，七、八月間熱河處處有之。元楊允孚《灤京雜咏》云：「紫菊花開香滿衣。」

翠雀花

翠雀花，花身如雀，有翼有尾。花有黄心，如兩日。土人云即茱萸花，熱河最多。

鹿葱

鹿葱，形類萱，鹿喜食之，木蘭最多。

長十八

塞外有花，葉似玉簪而小，色紫。本名紫鶴，塞外名曰長十八。元迺賢《塞上雜詩》曰：「雙鬟小女玉娟娟，自捲珠簾出帳前。忽見一枝長十八，折來簪在帽簷邊。」寫蒙古女子態度吐屬，在不雅不俗之間。詩人咏土風，當取則於此。

異花

繡毬梅花白，叢生如毬。珍珠花花白，叢生如珠。朝陽山中最多。

芝

熱河松根落葉間，生靈芝，多赤色。

地椒

熱河地椒，牛羊食之，其肉肥美。楊允孚《灤京雜咏》：「地椒生處乳羊肥。」又元許有壬《咏地椒》詩甚工：「涷雨吹花紫，輕風散野香〔三〕。刺沙尖葉細，敷地亂條長。楚客收成裹，奚童擷滿筐。行廚供草具，調鼎爾非良。」周伯琦《上京扈從詩》注：「什巴爾台北皆芻牧之地，無樹木，偏生地椒、野茴香。」今地椒多而茴香少。

野穀

康熙年間，烏喇樹孔中忽生白粟一科，土人以其子播種。聖祖命植於山莊内。米色純潔，味甘性膩，可作糕餌。

東墻

《後漢書·烏丸傳》:「其地宜穄及東墻。」東墻似蓬草,實穄子。《三國志》「穄」作「葵」,乃妄人所改。穄十月成熟,其色青黑。烏丸,今之熱河,土人呼東墻爲稗子。語曰:「借我東墻,還我白粱。」

草荔枝

熱河有草叢生,結朱實,至秋而熟,味甘,無子,如廣南荔枝。聖祖賜今名。

地莓

熱河普盤木本叢生,莖白色,有倒刺,葉似櫻桃,四月開小白花,結朱實,味甘酸如楊梅。又有藤本絲樹者,名麥母。草本委地而生者,名地莓。

楮李

櫻額樹叢生,結實如葡桃,味甘而澀。夏日枝頭纍纍,殊堪悦目。關東人呼爲椆李。取實曝乾,磨麪,調水服之,可止瀉洩,即《本草》之楮李也。

荅遝

倒吊果，形似山梨而小，味酸多沙，長蒂。凡果生皆向上，此則花果皆下垂，故名。聖祖《幾暇格物論》謂即司馬相如《上林賦》之荅遝也。

天竺

熱河天竺叢生，深秋結實，高廟賜名北天竺。

烏沙爾器

塞外有樹高數尺，實如櫻桃而小，味甘苦，深秋結實，枝頭纍纍，幾及千顆。蒙古呼爲烏沙爾器。

奇石密食

奇石密食，緑葡萄也。無子。布哈爾所産。高廟平定西域，自回部移植山莊。布哈爾在葉爾羌之西。「石」讀平聲，音類「如」。

歐李

烏喇柰，一名歐李，寔似櫻桃而大，味甘酸，不可多食，多食則氣悶。土人呼爲酸丁。予在灤陽食此果，戲謂友人曰：「繹此果名，可見秀才不可交也。」相對大笑。

巴欖杏

元楊允孚《灤陽雜咏》：「杏子何如巴欖良。」巴欖，今稱叭噠。

落葉松

落葉松，松葉杉身，生興安嶺北。質堅，入水土中。年久化爲石，即木變石也。芒刺傷人肌，即腫潰難消。葉遇霜即落。

檮欏

塞外檮欏，即槲也。急言之槲也，徐言之檮欏也。朝陽縣土默特山中尤多。深秋，其葉丹黄，與楓林相映。

椵

椵，蒙古謂之多們。葉大如團扇。初生時可裹粉餌，霜後鮮紅可愛。土人取其皮作網，堅固異常。

樺

樺木，蒙古謂之威遜圖，取其皮爲刀弓之靶。内地名樺皮，燒之其香撲鼻。

曬樹

曬樹喜日。日照之，其葉更盛。花黄色。

六道木

六道木生塞外，五臺亦有之。榦有紋六道，細如線，界畫甚工。雖斵而小之，皆成六道。喇嘛用作念珠，取六道輪回之意。

文木

塞外有樹，結實纍纍。色粉紅，狀如秋海棠，中含紅珠一顆，晨放暮歛，土人稱爲明開夜合。

其本白色，如黃楊，可用以飾器，名文木。

芍藥

塞外芍藥，其大如斗。

杉

蒙古謂杉曰楚。古爾蕪謂柏曰邁拉蘇台。

夜亮木

枯木入土千歲，後夜即放光，置暗室中如月影。以素瓷盆貯水，投木入水中，通體空明，略無障翳。

人參

人參有三種：遼東、清河、土木。今山海關以外所産者，遼東也；高麗所産者，清河也；熱河所産者，土木也。皆一本五椏五葉。《新唐書》檀州、營州貢人參，即灤陽所産也。又《五代史》奚常採北山人參，北山今之豐甯縣西境外諸山。聖祖《人葠詩序》曰：「熱河産人參，不及遼左，枝葉皆同，命翰林蔣廷錫繪圖。」藩曾見南沙所繪《人葠圖》副本於吴門陸姓家。

玉草

玉草生塞外。色白，山東德州人用之織爲涼帽，故名玉草。蓬子。

狼

狼，蒙古謂之綽諾，承德府屬境内之山多産。狼有山呼爲綽諾國者，以狼多得名。

禮鼠

《霏雪録》云：「黄鼠穴處，各有配匹。秋時，蓄黍菽及草木之實以禦冬。各爲小窖，别而貯之。天氣晴和，出坐穴口，見人則拱前腋如揖狀，即竄入。」味極肥美。元時置官守之，不得擅取。又名禮鼠。金、元人詩中或呼爲令邦，又名昆黎邦，又名貔貍，又名羊羓。土人取其皮爲袖，爲領，名芝蔴尼汗，「汗」讀平聲。江南人呼爲大平貂。

野馬

野馬如馬而小，即《爾雅》之騊駼也。

角端

一角牛不常有，即角端牛也。

山羊

山羊如鹿，兩角盤，背上有蹙紋，即《後漢書·鮮卑傳》之原羊。原，《爾雅》作「羱」，蒙古呼爲伊嗎。

貀

舍利孫即貀也。

鼲

灰鼠即鼲也。

野豬

野豬長鬣，左右有䶬出兩頤外，長三四尺，利如鋒刃，人畜當之立斃。每一母豬行，則群雄隨其後。獵户見其來，即避去。蒙古呼爲噶海。

犬

塞外獵犬，大如川馬，能搏虎豹。周伯琦詩「獵犬高于鹿」。

箬漠鮮

箬漠鮮似鱸，細鮮，重唇，身有黑斑。伊遜河所産尤多。箬漠鮮，國語也，蒙古謂之集伯格。

魚兒石

朝陽縣山中産魚兒石。石質不堅，層層可剥，各有魚形，隨剥隨異，無相同者。

黑蝶

熱河黑蝶，身有花紋，五色俱備。大者七八寸，來往花中，頗饒野趣，惜無善繪事者圖之。

蟬

熱河多蟬與絡緯。秋日蟬鳴樹杪，夜則絡緯鳴於籬落。其聲皆清越哀楚，聞之動鄉關之思。蟬，蒙古語曰綽爾爾齊。絡緯産興安者，小而色緑，異於他種。

驢

塞外無驢，惟喀喇沁有之。

蠶

塞外無桑，飼以槲葉，所織繭細如廣東之繭。又一種細而薄者，名暹踢紬。

蕨

灤平縣有蕨菜溝，土人採之曝乾，和豬肉煮食，頗有風味。

蘑菇

蘑菇多生於車帳卓歇之所。

蕭艾

木蘭多蕭艾，香氣撲人。入圍之馬食之，毛色光潤。又多鹿葱，八月内四遠之麋、鹿、獐、麅皆來就食。

布魯特

布魯特，回部之別種也，屬喀什噶爾。乾隆初，將軍兆惠搜勦逆回小和卓木，道經其地，酋長圖魯起拜等遮道陳請内屬，並遣大首領詣闕。乙酉年烏什之變，布魯特散秩大臣阿其睦又著勞績，不供賦役。昔日，大和卓木布喇哈尼之子薩木薩克潛逃在色默爾罕地方。甲辰年，遣回人托克素丕與布魯阿其睦之弟額穆爾私通信息，匿留勾結。經喀什噶爾伯克鄂斯滿訪聞舉發。阿其睦偏袒其弟，即向綽克托保成處誣克鄂斯滿亦與薩木薩克有通信之事，又與英吉沙爾之伯克阿禮木同謀陷害，告鄂斯滿阿禮木亦潛通薩木薩克。經保成訊出實情，即行擒治。其子燕起懼罪，將保成、鄂斯滿所遣之伯克戕害，逸走。保成調兵勦捕，上謂保成輕舉妄動，即降旨令其速行停止，但檄令別部乘機截拏，遵旨辦理。額特格訥部落之布魯特葉爾鐵拜等同兄弟三人，派部下布魯特三千餘名追捕，燕起及家屬人等全行緝獲。鄂斯滿晉封貝子，葉爾鐵拜弟兄三人賞二品散秩大臣職，銜花翎。燕起家禽後，其黨私縱之，又復跳走。喀什噶爾參贊大臣明亮擒獲伏法。

南掌

南掌，古越裳氏地。雍正八年，奉表入貢，後五年一貢。乾隆七年，因其道遠，定爲十年一貢。庚戌，高廟八旬萬壽，具蒲葉表文、馴象二，入京祝嘏。表文云：「欣聞庚戌八月大皇帝八旬萬壽，慶洽普天，歡騰中外。小臣遠居南徼，赴闕庭，泥首千叩，謹具表文、象隻，遣使叩祝。伏願常調玉燭，萬載清寧，使小臣得永荷渥澤，曷勝頌禱！」

緬甸

乾隆年間，征緬之役，大將軍明瑞於天生橋陣亡。上命大學士傅恆進討，連破賊壘，可以計日蕆事矣。上聞其地水土惡劣，將士多病，特命班師。適傅恒奏緬酋懵駁遣大頭目詣營，籲求貸罪，遂命撤兵。戊申年，雲貴總督富綱奏：緬甸掌管國事孟隕遣大頭目三名、小頭人十二名，賫金葉文、馴象、金塔等件欵關進貢，其來文稱其父甕藉牙承管國事，至其兄懵駁，傳子贅角牙同時爲惡，獲罪天朝，繼蒙寬赦，不加征剿，感激實深。伊與懵駁父子素不和睦，藏身緬寺爲僧，自贅角牙自取滅亡，衆頭目舉伊掌管國事，屢欲乞求進貢，因暹羅時相侵擾，並移建城池，未遑將使。茲特差心腹賫表並具貢物，懇祈轉奏，乞恕已前之罪，永作域外之臣。自此以後，遂爲屬國。

先是，雲貴總督楊應琚率師征緬，病重，命其子重英視疾。重英貪功，詭稱奉旨代父督師，興兵進討。兵敗爲緬酋所虜，誘之降，不屈，乃送緬寺爲僧。至是，緬酋呈請送回。行至雲南，病死。上始知重英並未降，遂赦放其子孫出詔獄。重英之女作詩紀恩，有「九重丹詔稱蘇武，百口訛傳説李陵」之句，一時膾炙人口。蓋上謂蘇武在匈奴娶婦生子，重英爲僧，無娶妻生子之事，賢於武矣。

廓爾喀

廓爾喀在後藏之西，地名陽布，乃厄内特可克痕都斯坦之别部，距京師二萬餘里。乾隆戊申夏，侵擾後藏邊界。上命將軍鄂輝帶兵嚴剿，克復濟嚨、聶拉木等處。賊犯畏威遠竄，遣頭人乞罪求内附。總兵穆克登阿、張芝元率同西藏之噶布倫西藏董事官之稱。帶領廓爾喀大頭目噶登嘛撒、哈哩烏巴第哇并小頭人哈哈噠爾等十餘人，於五月二十五日前來環跪營門，悔罪乞恩。據稱彼處與唐古特即西藏。本是和好，近因西藏人貿易貨物任意加收税額，并於食鹽内攙和沙土，又嫌銀錢低潮不用，彼管事頭人屢次寄信講説，付之不理，是以無知侵犯邊界。及聞天兵到來，不敢抗拒，聞風退回。本欲於春間即來求懇，實因雪山高大，是以遲延。且稱彼處同爲天朝百姓，蒙大皇帝不加誅戮，並將西藏多事之噶布倫、索落木旺扎勒父子及加税之第巴桑噶均革退治罪，又將駐藏大臣俱即更换，彼王子、頭人無不感仰大皇帝公正嚴明之德，以後永遵王化，斷不敢多事等語。已酉冬，遣大頭人巴拉叭都爾喀哇斯等入覲，進貝葉經經文。出厄訥特可克，即釋迦宣教之所。西藏喇嘛但識番字，不通梵文，非智慧聰明者不能識。惟班禪厄爾德尼及章嘉胡土克圖能識之。内府舊藏一本，章嘉國師定爲《無量壽經》，所進之經與舊本文字相同，知爲《無量壽經》也。

回疆

回部在天山之南。乾隆時，準夷達瓦齊就擒。後阿睦爾撒納投誠，又叛。回部大和卓木喇哈尼敦、小和卓木霍集占助逆。上命將行師，二酋逃入拔達克山，旋即函首奏捷。於是天山以南東西三千餘里，周圍萬餘里，大城五、小城十三，盡入版圖矣。

葉爾羌

葉爾，漢語土宇。羌，漢語寬也。其地土田沃衍，屬境三十九。漢爲莎車國，北魏爲渠莎國，唐以後併入于闐，明稱葉爾。奇木或稱葉爾欽，「欽」即「羌」對音，譯字不同耳。至京師一萬二千三百八十五里，設辦事大臣一員、協辦大臣一員。

喀什噶爾

喀什，漢語曰初。噶爾，漢語曰剏。初剏之謂也。屬境二十一。自漢及宋爲疏勒國，元、明稱哈什哈爾。至京師一萬一千九百二十五里，設參贊大臣一員、協辦大臣一員，總理合各回城事務。

和闐

和闐，即古之于闐也。産玉，有玉河，方亘千里。桑麻、禾黍，宛如中土。回人謂漢爲黑台，和闐乃黑台之訛音耳。因其地似中土，故蒙是名。屬境三十二，最著者六城。至京師一萬二千一百五里，設辦事、領隊大臣二員。

烏什

烏什，漢語峰岳飛騰聳峻也。其地三面據山，西南因山爲城，屬境二十二。自漢及魏爲尉頭國，隋爲疏勒國地，唐置尉頭州，宋仍屬疏勒，明爲巴什伯里。至京師一萬九百九十里。本設參贊大臣一員。乾隆五十三年，移駐喀什噶爾，設辦事大臣一員，兼理阿克蘇、賽喇木拜諸城事務。阿克蘇者，回語謂白曰阿克，水曰蘇。其地最高，城墉陡峻，四城連峙，一大城環之，屬境二十一。自漢及北魏爲温宿國，隋爲龜茲國地，府爲温府州，元、明爲巴什伯里地，至京師一萬七百九十里，設領隊大臣一員。大城之外，又有小城十三。一曰庫車，即古龜茲國。唐置都督府，元、明巴什伯里地設辦事大臣一員。二曰喀喇沙爾，舊名哈拉沙拉，即漢焉耆國。唐置都督府，宋屬回鶻，元、明爲巴什伯里地，有海外水散入四山之内，周匝其城，土田肥沃，兼有魚鹽蒲葦之利，設辦事大臣一員。三曰英吉沙爾，舊名英阿雜爾，又名英噶薩爾。漢依耐國地，設領隊大臣一員，屬喀什噶爾參贊大臣管理。四曰沙雅爾庫車。庫車西南百六十里，屬庫車大臣管理。五曰布古爾，在喀喇沙爾西五百九十里。六曰庫爾勒，在喀喇沙爾西南一百五十里。俱屬喀喇沙爾大臣管理。七曰賽里木，在庫車西。八曰拜城，又在賽里木西。俱屬阿克蘇大臣管理。九曰哈喇哈什。十曰玉隴哈什。十一曰車埒，舊名齊爾拉。十二曰塔克。十三曰克爾雅，舊名克勒底雅。俱屬和闐大臣管理。

廓爾喀復叛

乾隆辛亥，廓爾喀復叛。上命福康安統率勁旅致討。先是，後藏邊外有巴勒布三部，爲廓爾喀兼并，遂與後藏之聶拉木、濟嚨宗喀等處接界。戊申年，廓爾喀侵此三處。上因巴忠習唐古特語，命與鄂輝成德馳往辦理。巴忠等奏廓爾喀畏罪投誠。辛亥八月，駐藏大臣保泰雅滿泰奏廓爾喀復來侵擾，有索債之言。蓋巴忠與噶布倫丹津班珠爾私句廓爾喀，許給元寶三百枚，歲以爲例，退回侵地，竟不給付。廓爾喀設計誘丹津班珠爾至聶拉木，假言會議，讓減至春隊擄去，挾以爲質。巴忠畏罪，投水自盡。保泰一聞賊至，即將班禪額爾德尼移至前藏。及賊匪搶掠扎什倫布，並不帶兵剿殺，奏請將達賴喇嘛、班禪額爾德尼移駐泰甯、西甯等處。上因其種種錯謬，即欲正法，念伊係拉什之孫，其父那木札爾又經陣亡，姑從寬典，在藏地永遠枷號。雅滿泰厥罪惟均，一併枷責示儆。班禪之弟沙瑪爾巴唆廓爾喀，謂伊與班禪之徒仲巴呼圖克圖、歲俸堪布俱係前輩班禪同母弟兄，所有北什倫布貲財，伊原屬有分，可以到彼搶掠。仲巴聞賊至，不爲守禦，帶細軟而逃。濟仲扎等又托占詞不吉，以致守禦無人。刼掠廟宇，並將歷輩喇嘛金塔殘壞。濟仲在彼剥黄正法。仲巴解京，免死，安插寺廟。

衞藏

衞藏有前、後、中三處。卡木爲前藏，即打箭爐外察木多也。其地山勢峻拔，爲帕克巴呼圖克圖所居之地。衞者，漢語中也，即布達拉大招達賴喇嘛所居，是爲中藏。藏者，漢語謂之浄，又譯爲善，即北什倫布廟，乃班禪所居也。「烏斯藏」，「衞」字之分書。唐古特書，凡整字下加以「斯」字，讀如「危」。讀「多」爲「堆」，「挫斯」爲「催」，「烏斯」爲「衞」。衞，漢語謂之中。藏，漢語謂之好。族曰圖伯特。人曰□□。

喇嘛歸順

崇德七年，喇嘛由草地至遼東，奉金葉表文，稱曼殊師利大皇帝。曼殊，「滿洲」對音字也。康熙時，噶爾丹與喀爾喀交通藏巴汗，藏巴汗威虐各部，毀棄佛教，削喇嘛理事之頭目第巴。第巴乞師於青海之固始汗，擊滅藏巴汗。康熙三十二年，即封第巴桑結爲藏王。時達剌喇嘛示寂，第巴隱匿不奏者十六年。暗與噶爾丹相爲表裏。及召班禪來京，又阻其行。聖祖親率六師三征之，噶爾丹敗亡，而是時固始汗之曾孫拉藏殺將第巴，即封拉藏爲藏汗。於是藏地歸我幅員矣。後準夷噶爾策旺阿拉布坦遣將策冷敦多布率衆至藏，攻殺拉藏汗，據其子，肆行猖獗。皇祖遣將軍富甯安等進討，賊衆遁歸。雍正元年，撤回官兵，以噶布倫貝勒康濟鼐總理其地。五年，噶布倫貝勒子阿爾布巴、公隆布鼐、台吉扎爾鼐等，復謀殺濟鼐。辦理噶布倫事務之扎薩克台頗羅鼐走避後藏，遣兵進勦。明年，頗羅鼐率後藏衆部落回藏，阿爾布巴等伏誅。遂晉封頗羅鼐爲貝勒，辦理衛藏噶布倫事務，藏地復安輯如故。

準夷

準噶爾，元時爲部落。元亡，强臣分爲三，其渠有馬哈木者，即明時脱歡太師之父。蒙古謂釜曰脱歡，今準語釜爲海蘇，諱其祖也。準夷四部爲四衛拉特，《明史》「瓦喇」即「衛拉」之轉語。瓦剌太師，乜先是也。噶爾丹者，巴圖魯渾台吉之第六子。策妄阿拉布坦者，巴圖渾台之第五子僧格之子。僧格爲其兄所殺，噶爾丹乃自藏回舊部爲汗。康熙年間犯塞敗死，策旺阿布坦收其父舊屬及噶爾丹餘衆，復成部落，遂據汗位。子噶爾丹策凌，孫策妄多爾濟、那木札爾、其庶兄喇嘛達爾札篡其位。達瓦齊者，巴圖魯渾台吉第七子布木之曾孫，復篡其位。康熙間，準噶爾掠喀爾喀，闌入内地。聖祖三征朔漠，龔行天討，噶爾丹竄伏冥誅，策妄阿拉布坦縛獻。後其子又復滋擾西藏，爲王師逐走。其子噶爾丹策凌又復鴟張，世宗議以兩路進勦，未及剪滅，旋即班師。

達瓦齊

準夷達瓦齊格登山敗後，逃入回疆。回人阿奇木霍集斯伯克執獻軍門。以其罪在篡奪暴虐，並未侵犯天朝，封爲親王，置之京邸。

阿睦爾撒納

阿睦爾撒納與達瓦齊狼狽爲奸，用其計以篡喇嘛達爾扎假之位。後推達瓦齊爲汗。復叛降本朝，封輝特親王，用爲副將軍，繼又叛去。誘伊犁諸宰桑克什木、阿巴噶斯、哈丹包沁等斷臺肆掠，敗後逃入俄羅斯，出痘死。

四衛拉

一曰綽羅斯，一曰都爾伯特，一曰和碩伯特，一曰輝特綽羅斯。和碩、伯特、輝特三部反覆叛亂，自貽顛覆。惟都爾伯特一部，始終恭順。

伊犁

伊犁設將軍一、參贊大臣一，分駐惠遠城，統駐防滿洲、蒙古、錫伯、索倫、達呼爾、厄魯特官兵。游牧之領隊大臣，亦分理之。總管六、塔爾巴哈台參贊大臣一、領隊大臣一、管厄魯特總管一。凡西域新疆諸事，皆總成於將軍，形勢連絡，屹然重鎮。

壽婦

高廟八旬萬壽，布嚕特畢班之母年一百又六歲，赴將軍衙門投稟，恭祝萬壽。

校勘記

〔一〕「間」，原作「問」。「科」，原作「利」。均據沈彤《果堂集》卷十一《翰林院編修贈侍讀學士義門何先生行狀》改。

〔二〕「龍」字原脱，據沈彤《果堂集》卷十一《翰林院編修贈侍讀學士義門何先生行狀》補。

〔三〕「吹花」，許有壬《至正集》卷十三《上京十詠》之《地椒》作「催花」。

舟車聞見雜録續集

區田

區田，按舊説，區田地一畝闊一十五步，每步五尺，計七十五尺。每一行占地一尺五寸，該分五十行，長一十六步，計八十尺。每行一尺五寸，該分五十三行，長闊相折，通二千六百五十區。空一行種一行，於所種行内，隔一區種一區，除隔空外，可種六百六十二區。每區深一尺，用熟糞一升與區土相和。布穀勻，覆土，以手按實，令土種相著〔一〕。苗出，看稀稠存留，鋤不厭頻。旱則澆灌，結子時鋤土，深壅其根，以防大風摇擺。古人依此布種，每區收穀一斗，每畝可收六十六石。今人學種，可減半計之。又參攷《氾勝之書》及《務本新書》，謂湯有七年之旱，伊尹作爲區田，教民糞種，負水澆稼，諸山陵傾阪及邱城上皆可爲之。其區當於閒時旋旋掘下，正月種春大麥，二三月種山藥、芋子，三四月種粟及大小豆，八月種二麥、豌豆。節次爲之，不可頗多。夫豐儉不常，天之道也。故君子貴思患而預防之。如嚮年壬辰、戊戌饑歉之際，但依此法種之，皆免餓殍。此已試之明效也。竊謂古人區種之法，本爲禦旱濟時。如山郡地土高仰，歲歲如此種蓺，則可常熟。惟近家瀕水爲上，其種不必牛犁，但鍬钁墾斸，又便貧難。大率一家五口，可種一畝，已自足食。家口多者，隨數增加，男子兼作，婦人童稚，量力分工，定爲課業，各務精勤。若糞治得法，沃灌以時，人力既到，則地利自饒。雖遇天災，不能損耗。用省而功倍，田少而收多，全家歲計指期可必。實救貧之捷法，備荒之要務也。詩云：「昔聞伊尹相湯日，救旱有方由聖智。限將一畝作田規，計區六百六十二。星分棊布滿方疇，參錯有條相列次。耕畬元不用牛犁，短臿長鑱皆佃器。糞腴灌溉但從宜，瘦坂穹原俱美地。舉家計口各輸力，男女添工到童稚。坎餘種耨非重勞，日課同趍等娛戲。菽粟藷芋雜數品，辦作儲糧接充餌。終年五口儘無飢，倍種兼收仍不啻。久知豐歉歲不常，大抵古今同一致。天災莫禦自流行，魃虐此時憂悉被。吏民百禱竟無功，稼野一枯之秉穗。今人空仰昔阿衡，徒法不行誠自棄。竭來學製古侯邦，承恩例署兼農事。帶山田少闕食多，教不及民深可愧。故將制度寫爲圖，庶使貧農窮地利。會須歲歲保豐穰，共享太平歌既醉。」

架田

架田，架猶筏也，亦名葑田。《集韻》云：「葑，方用切。菰根也。」「葑」亦作「湗」。江東有葑田，又淮東、二廣皆有之。東坡《請開杭之西湖狀》謂水涸草生，漸成葑田。考之《農書》，云若深水藪澤，則有葑田，以木縛爲田坵，浮繫水面，以葑泥附木架上而種藝之。其木架、田坵隨水高下浮泛，自不渰浸，《周禮》所謂「澤草所生，種之芒種」是也。芒種有二義，鄭玄謂有芒之種，若今黃穋穀是也。二謂待芒種節過乃種。今人占候，夏至、小滿至芒種節，則大水已過，然後以黃穋穀種之於湖田。然則有芒之種與芒種，二義可並用也。黄穋穀自初種以至收刈，不過六七十日，亦可以避水溢之患。竊謂架田附葑泥而種，既無旱暵之災，復有速收之效，得置田之活法。水鄉無地者宜傚之。詩云：「稻人種藝巧憑藉，既辦土宜知土化。只知地盡更無禾，不料葑田還可架。從人牽引或去留，任水淺深隨上下。悠悠生業天地中，一片靈槎偶相假。古今誰識有活田，浮種浮耘成此稼。但使游民聊駐脚，有産諒非爲土著。縣官税畝倘相容，願此年年務農作。」

《區田》《架田》二篇，乃元王楨《農書》也。區田之制，可以通行天下。至於架田，北方之淀、南方之江湖，皆可依式爲之。嗟乎！使菽粟如水火，而民焉有不仁者乎？楨曾爲旌德縣令，所著《農書》二十二卷，乃明初槧本，予向有此書，吴門濮丈自崑所藏本也，上有余古農先生跋。丙午、丁未，江南大飢，赤地千里，以書易米，今不知歸於何人矣。《農書》二十二卷，凡《農桑通訣》六卷、《穀譜》四卷、《農器圖譜》十二卷。

限田論

圖朝黄震孫《限田論》其文曰：

聖王之治天下也，所以使之各得其所，而無所偏陂不平之患者，非能設爲一切之法以整齊之也，亦因乎時勢之所宜，而善用其補救而已矣。天下之人如此其衆也，其不能有智而無愚、有强而無弱者，勢也。智、强者常有餘，愚者、弱者常不足，亦其勢然也。夫既已不能無有餘、不足之分，則智者不必其欺愚，而愚者自爲智所役；强者不必其凌弱，而弱者自不得不折而入於强。此雖聖人復起，豈能使之均平若一哉！故但使人之智者、强者皆兢兢不敢自恣，而愚者亦安爲之愚，弱者亦安爲之弱，而天下固可以長治。苟鰓鰓焉存抑彼伸此之見，而欲以古人之成法治今日之民，則其勢必有所不行。昔者井田廢而阡陌開，固亦窮變通久之勢所必至也，而兼并之風，遂日以盛。於是董仲舒、師丹諸儒建限田之議，而卒不果行。至元魏口分世業之法，其法較密，而亦行之有效，説者以爲得井田遺意，而惜其後無踵而行之者。嗚呼！執是説也，幾何而不爲安石之周禮耶？吾觀三代盛時，以九職任萬民，自邱陵、園廛、漆林而外，大率盡歸於井田。每夫受田百畝，餘夫又别受田二十五畝，宜其民皆有以自養。然其時，有若閒民轉移執事待人而食者，且夫鰥寡孤獨廢疾之倫，不可勝紀也。是貧富之不齊，固自古而已然矣。况積漸以至今日，而安得不富者連阡陌而貧者無立椎也哉！凡事處積重難返之勢，而一旦欲力矯其弊，未有不至於擾民者。彼口分世業分之法，吾謂獨元魏之世可行之耳。蓋北方土廣人稀，而魏又承十六國縱横之後，人民死亡略盡，新附之衆，土田皆非其所固有，而户口復可得而數，是以其法可行。要之，田無盈縮而人有衆寡，更一再傳，而其法當亦不能無弊也。若大江以南，則更有不可行者，非特奪富民之田以予貧民而以爲不可也。夫憫民之貧無立錐也，而欲奪富民之田以予之，則必人人有以予之而後可也。今之大縣，户不下數萬，苟欲計口授田，則田少而不足給。其不可一也。今之承事於官者，率富民也，徵發之令不及於小民。彼小民竭終歲之力不過能耕十畝，益有見徒隸則心惕息者矣。設與以數畝之田而責以賦役之事，彼將爲賦役所困，而并不得安其耕。其不可二也。量人量地，斟酌損益，雖得良有司竭力奉行，亦非期年所可辨。其間奪者已奪，受者未受，國家之財賦、力役將責之何人？其不可三也。至於既行之後，又當鉤考其受田、還田，吏胥上下其手，弊孔必且百出。其不可四也。且緩急人所時有，今既官爲之限，則賣買之際，必多窒閡而難通其弊也。勢必富者有多田之實而無其名，而民之困乃愈甚。其不可五也。故欲以多限之，如綏和之名田無過三十頃，則雖稍可裁抑豪右，而實無補於小民也。欲以少限之，如太和之人受露田四十畝、桑田二十畝，則富者必見怨，而貧者不必見德，不適足以擾民哉！故以限田爲良法而欲行之者，皆不審於時勢之説也。吾謂後之君子留心田制，亦務時其消長，正其版籍，禁其侵欺，而輕徭薄賦，以與民休息，使富民皆得推恩於貧民，而貧民亦羣知自好而恥犯法，則物各得其所而天下治，何必附會井田始爲仁政哉！

國朝胡朏明《書揚州田賦後》云：

今天下號爲財賦之藪者，江東、浙西數百里之地，蘇、松、常、嘉、湖五郡而已。或頻太湖，或夾松江，自唐以來其田日增，大率圍占江湖以爲之者也。禹之治水也，空其旁近地以居水，故水潦大至而得所瀦，其於震澤亦當若是。紹興二十三年，諫議史才言浙西民田最廣，平時無甚害者，太湖之利也。近年，頻湖之地多爲兵卒侵據，累土增高，長堤彌望，名曰壩田。旱則據之以溉，而民田盡没，此上流圍田之害也。其下流則吴之南。古有笠澤在松江左右，春秋時此澤尚存，不知何代始變爲田也。其地蓋即葉少蘊所云「平望八尺震澤之間，水瀰漫而極淺，與太湖相接，可堤而爲田」者也。在今吴江縣界。五代梁開平三年，吴越於吴縣之松陵鎮置吴江縣。故蘇子瞻云：若欲吴淞江不塞，可盡徙於他處。上源寬闊，清水力盛，沙泥自不能積，何致有湮塞之患。單鍔云：松江漲塞，是以三春霖雨，則蘇湖常秀皆憂瀰漫。雖增吴江一邑之賦，顧三州逋欠者，不貲圍田之貽害如此。

笠澤既盡爲田，僅存松江一衣帶之水，上源狹隘，水不清駛，故江尾之潮沙日積，茭蘆叢生〔二〕，而太湖之水，入海逾緩矣。好利者，因其塞而堤土以爲田，潮沙、茭蘆之地，悉成隴畝。元潘應武曰：澱山湖中有山寺，宋時在水心中，歸附後權勢占據爲田。今山寺在田中，雖有港漊，皆淺狹，潮水、湖水不相往來。歸熙甫云：傍江之民，積占茭蘆，指以告佃爲名，所納升斗之税。所占即百頃之田，而税又多吏胥隱没。昔宋時圍田，皆有禁約。今奸民、豪右占田以遏水道，更經二三年，無吴淞江矣。此又下流壅塞，以鄰爲壑，五郡同菑者也。蓋自江左偏安，限於一方，務盡地力以給軍興，而不暇計久遠。此與戰國時大河隄内之地，利其填淤肥美，耕種、築室其中，其弊正同。而後之論墾田者，謂人功之修，浙西最盛。不知揚州土塗泥，故田下下。而圍田之土，則塗泥之尤者。十年之中，不能五稔，而又累及於上流，得不償失。田之日增，民之所以日困也。烏足道哉！宋時，兩浙之田每畝税不過一斗，見杜實桓《上巡撫侍郎周忱書》。按熙寧二年，郟亶上書曰：國朝之法，一夫之田爲四十畝，出米四石。此即杜説所自出。民猶易辦。自景定公田之法行，賈似道主其議。浙西於是乎多官田。下逮元、明，籍没之田愈多，皆按其租簿以輸額，而浙西之税糧，天下莫比矣。丘文莊濬云：韓愈謂賦出天下而江南居九，以今觀之，浙西又居兩浙十九也。即蘇州府計之，以準其餘墾田九萬六千五百頃，居天下八百四十九萬六千餘頃田數之中，而出二百八十萬九千石税糧，於天下二千九百四十餘萬石之内。其徵科之重，民力之竭，可知也已。蓋蘇州一府，無慮皆官田，而民田不過十五分之一，税粮爲五郡之冠。夫奪民之産以爲官田而重税之，殊非爲民父母。然其所奪者，皆豪家富人之田，與小民無涉。小民佃官田，亦與輸豪家富人之租不甚相遠。而私田之賦自若也。迨其後版籍淆訛，逋租無算，國家有官田之名而無官田之實。有司考成，坐此爲累。至嘉靖二十六年，嘉興知府趙瀛創議田不分官民，税不分等則，一切以三斗起徵。蘇、松、常三府，從而效之。自官田之七斗六斗，始，官田有多至一石以上者。宣德五年，詔遞減三分二分。故止於七斗。下至民田之五升，通爲一則。而州縣之額，各視其所有官田之多少輕重爲準。多者長洲，至畝科三斗七升。少者太倉，畝科二斗九升。顧寧人曰：國家失累代之公田，而小民乃代官佃無涯之租賦。事之不平，莫甚於此！嗟乎！田猶是下下之田也，而賦則不啻倍蓰於上上。三江震澤之區，昔之民溺於水，今之民溺於賦，有能惻然於東南民力之竭，而爲之曠肰一變其法，使水復底定之迹，而賦不失則壤之規，斯真所謂功不在禹下者矣。

浮糧議

沈德潛確士《浮糧變通議》曰：

蘇松之困，莫甚於浮糧。其始也，賈似道倡買官田之説而增其額。其繼也，明祖怒吴民之附强寇以守城而重其賦。其後也，楊憲改一畝爲二畝，趙瀛均官田於民田，而民益受其累。遷延至今，日積月盛，較宋時原額七倍有餘，元時原額亦二倍有餘。宋時蘇松税額共五十餘萬，元時共一百五十餘萬，今共三百七十餘萬。而民困遂不忍言。留心經國者，不得思有以甦之矣。顧一旦欲遽復宋、元之舊，其勢不能。何也？蘇松爲天下財賦之區，軍需、廪禄、匪頒之類，仰藉日久。爲地官者，恐度支不給，則必執祖制之説出而争之，争之而勝，勢益牢固而不可復減。就今日財賦言，惟有變通之説矣。《易》曰：「通其變，使民不倦。」其在斯時乎！而議者紛紜，迄無定論。愚輒先舉衆議之非，而後折衷之道庶可舉行。

議者曰：天下之税貴乎能均，蘇松之田居天下八十五分之一，而所出之賦任天下一十三分之二。比之他省，不均之甚。今於他處稍增，而蘇松可以全減。此其説非也。夫加賦，普天共畏，在此日可以稍增，在異日即同爲故例。此端一開，有加無已。試思同爲天家之赤子，乃移此之禍置之於彼，譬猶剜臂之肉補股之瘡，舊痛稍已，新痛又加。且蘇松之減者，後或緣他故而仍增，而他處之增者定爲規則而不可復減，其弊何可勝窮！

議者曰：時下蠲租之詔，雖多取於下，而實多赦於民。夫多赦云者，因逋欠不貲而後爲此舉也。財無所出，因而征比。征比不已，因而逃亡。逃亡不已，因而賠累。與其追迫既窮而赦免之，何如追迫未加而善處之？且蠲租所及者，多包攬侵蝕、奸胥豪右之徒，於良民，未必均蒙其惠。可以暫行，不可以經久。

議者曰：前明之世，有司寬於考成，完及七分者即爲上考。今宜倣其遺意，於州縣最重者，别立懲勸之典，不與小縣一例考成，則官可久任，而民得撫字之益。不知部議從寬，官既稍安，民亦懈怠。民之良者，或緩徵而不誤其期；民之黠者，遂沿而欺罔其上。徒有重賦之名，終鮮輸將之實。以云無弊，未之前聞。

議者又曰：蘇松版荒，隨在多有。今於田之可耕者，招集窮民，量給牛車，兼予穀種，使之耕作。幾年以後，履畝陞科，新賦既增，舊賦可減。夫版荒非必不可耕之土也，特恐既已陞科，漸次增加，賦從上上，官私交迫，力難任役。舊賦之累未去，新賦之累日滋。小民誰肯不顧身家，冒然承佃？此亦非救時之策也。

然則，變通之術奈何？曰：計莫切於量減。嘗考明宣宗時，周文襄忱撫吴興，知府況鍾奏減官田之税，因田則之多寡酌量裁減，蘇郡減至八十餘萬，松郡減至三十餘萬。户部責其變亂成法，而宣宗不之罪也。其時民困稍蘇，國家殷盛。今誠舉古人之善法，仿而行之，以救民窮，以培國本，書之簡册，傳之千秋萬世，洵聖朝盛典也。抑又有説焉，嘉、湖、常、鎮諸郡，境雖二省，與蘇松實接壤也，而賦之多寡輕重，難以較量。豈四郡之田額皆狹，而蘇松之田額獨寬？四郡之年歲皆歉，而蘇松之年歲獨豐？四郡之民俗皆貧，而蘇松之民俗獨富？爲目前變通計，或準嘉、湖、常、鎮中賦之重者以定蘇松之則[三]，使他郡之民亦免追呼。則民困漸除，民力漸裕，而亡身破家、鬻賣男女之患，不至復見於盛世。所謂先舉衆議之非，而後可行折衷之道者也。若夫念東南之重困，悉舉而更張之，使仍復寶祐以前舊額，此聖天子之隆恩，而非草茅所敢妄論者矣。謹議。

賦役

國朝劉淇《賦役論》云：

竊謂《限田論》《浮糧議》二篇，乃有用之文，非危言無當之語也。若今之當事者，能起而行之，東南民力之困可以紓矣。其如闒茸者，終日營營於刑名、錢穀之中，而不可緩之民事置若罔聞，悲夫！

明萬曆三十五年以前，賦役之科凡四：曰夏税，曰秋糧，曰馬草，曰徭役。徭役者，丁也。夏税、秋糧者，楊炎之兩税法也。馬草，又額外改折者也。唐租庸調，即古者粟米、力役、布縷三征。以明賦考之，足知兩税但兼租調而已，力役猶自爲一科也。至萬曆中，始行條鞭法，三徵遂併爲一，但額外諸立名色盡編二賦，一時便之，沿之至今。然條鞭既屬正供，一遇度外事，不得不額外羨取。條鞭未行，不過取之額外而已。至是，則額外之中又額外焉。此明季以來已著之弊也。自條鞭行，而催科分數之法立。麥出地未二寸，而民已受笞於庭，桁楊相望矣。二月賣絲，五月賣穀，殆近此也。善乎淄川高司寇珩之言曰：明初定隔征、現征之法〔四〕，季世猶踵行之。隔征者，今年徵去歲之糧，如夏税、秋糧、馬草之類。見征者，如徭役、驛站、兵餉之類。《賦役全書》猶可考也。場圃既登，先後辦賦，長吏從容而課，繭絲直從枕席上考焉。今夏税秋糧緩征之期，屢壓睿算，且日討萬曆年間則例而講求之。卒未嘗議及隔征、見征之舊政爲可循也。又按縣原額大糧外，復有額外荒地諸項，初不知其所自來。及考舊志，載嘉靖元年，知縣耿鎰踏勘闔邑白地，凡八千九百八十五頃七畝有奇。萬曆九年，知縣高東光清丈除官隄古道，實在白地八千六百三十七頃十畝有奇。然後知額外增田。職此之故，邑人黃中丞《圖安田賦議》云：自萬曆九年清丈除官隄古道，實在白地八千六百三十七頃有零〔五〕，則是正額大糧地外，更無他地昭然也。至明末，正額地多荒蕪。因有荒田納租之額，歷來知縣，每遇催粮户頭報完之日，即賞給荒田二三畝，責令開墾，三年納租。或勒令捏報開荒二三畝。其間有地遠人惰者，率有納租之名，無受地之實。愈積愈多，由是户户皆有有租無地之民。是荒田名輕而實重也，賞地名利而實害也。夫荒田起名科，不載於萬曆九年清丈之時，可知其時原無此項矣。既曰白地，雖種之亦不能生殖。蓋縣境塩鹻、飛沙之地，從來未經開墾者所在多有，即或附近田人牽率耕治一二畝，許率十年不得一二獲，不可以爲常例而起科也。當時賞給荒地，多是正額原熟之地，既經豁免，雖已開墾，不入正賦，但收其租入充巡按公費而已。巡按裁後，改充巡撫公費。既而巡撫急公奏歸大部，定以額外二字，爲其納租少輕，與大糧有異，不在舊額存留起解之内也。夫正額八千六百餘頃地，太平既久，勢必盡數開報，以足國賦。而此荒田二百二十餘頃，復著落何所乎？且此項尤可憫者，當大荒、大兵之年，各地俱准報荒，惟此不准以爲荒地，無更報荒之例也。不思熟田尚且逃亡，豈荒田獨無榛蕪乎？此項宜清爲查覈。其無地捏報者，准行除豁外。如有實在於白地中開墾者，盡歸正額下田之中，每畝納銀一分五釐，斯窮民無包糧之苦，而賦得其平矣。又云各縣田地分上、中、下三四等，大抵下地多於上地也。堂邑雖分上、下兩等，而下僅一十三頃有零。舊傳下地三千餘頃。然則今所謂上地者，其實有下地二分之一不止也。其何以堪？更可異者，各縣每畝二分有零，米六合有零，獨堂邑每畝納銀三分有零，米一升九勺有零。其獨重之故，殊不可曉。豈堂邑之地獨腴乎？又舊志有代編各州縣驛站銀一千六百四十兩五錢。康熙七年，撥回本縣，改爲地丁起解。黄中丞云代編起於嘉靖末年，因各州縣驛遞煩擾，紛紛告病，當事者遂通融損補，設爲代編之法。代編者，代別州縣而加編。明其非正額也。此不過一時權宜計耳。其後遂爲一定不易之規。漸增漸煩，遂至一千六百餘兩。且從來協濟他縣，止有撥補之例。撥補者，因他縣錢糧不足支用，將此縣之有餘挪移他縣，以補其缺。是仍在正額之中也。代編則除本縣起解存留舊數外，而代爲他縣加派矣。夫加派於各州縣驛站不足之本處，猶且不忍，而況於無辜之鄰耶？此大不可解者也。按中丞諸議，可謂桑梓至計。然代編既已歸併丁地，則豁除則益難矣。又堂邑正賦獨浮於他縣者，代編當亦在其中。然不過三之一耳。舊志載萬曆三十六年，初行條鞭時，每畝猶用二分一釐有零起科，此與他縣無異。厥後增加之故，遂莫詳其始訖。當是天、崇以後，百費俱興，故日倍一日，且又喪亂𠢎勦，失於記載耳。

邑人蘇沆云前張侯茂節每及此項，輒義形於色，嘗已定議爲一邑請命，而吾邑人因循惰窳，不能仰承賢父母至意，除永久病累。愧負慨然！然則張侯其晝雖不行，亦賢矣哉！諸所議説，備載於篇。雖罕罕言哉，庶幾賢於杞、宋之無徵也。後之人遭得爲之權，與時而爲之，固非漫然無所依據。即否者，亦將發其觀感焉。

淇字武仲，一字龍四，號南泉，濟甯人，著有《衛國集》。

宣德銅爐

宣德時，内佛殿火，金銀、銅像渾而成液。或云寶藏焚，金銀珠寶與銅凝而爲一，乃命鑄爐。詢工幾煉始精，對以六火。命煉十二次火爲條，用赤火鎔條于鋼鐵篩格上，取其極清先滴下者爲鑪，存格上者製他器。不規，倣三代彝器，以宋瓷爐爲式〔六〕。

宣爐以百摺彝足、花邊、魚鰍蜒蚰諸耳、薰冠、象鼻、石榴足、橘囊、香奩、花素方圓鼎爲最，索耳、分襠判官耳、角端、象鬲、雞脚、扁番環、六稜、四方、直脚、漏空桶、竹節、法盞等樣爲下。

倣宋燒斑。初年，沿永樂爐製。中年，謂其掩爐本質，用番腦滷浸擦薰洗，易爲茶蠟。末年，愈顯本色，看色更淡。後人評宣爐五等色，栗殻、茄皮、棠梨、褐色，而藏金紙色爲第一。金鎏腹下爲湧祥雲，金鎏口下爲覆祥雲。雞皮色、覆手色，火氣入而成也。南鑄，蔡家勝甘家。蔡之魚耳可方學道。甘家北鑄，嘉靖後之學道，又有施鑄不及學道也。至今尚存，在蘇州閶門外義慈巷。

宣爐本色之厄有二：嘉、隆前尚燒斑，有取本色真者重燒，有過求本色之露。如末年淡色，取本色真爐磨治一新，甚有歲一再磨者。景泰、成化之獅頭彝爐等，後人作偽，易鑿宣欵以重其價。宣爐又有呈樣無欵真妙者，後人得之，以無欵，恐俗眼生疑，取有欵損壞者鑿嵌，畢竟痕迹難泯，皆爐之厄也。此如皋冒辟疆之説，附録于此。

宜興茶壺

宜興壺，始於金沙僧逸有供春者。逸其姓，乃吳學憲頤山之青衣，頤山讀書金沙寺，竊仿老僧所爲，亦淘細土摶胚，指掠内外，指之螺紋隱起，可按胎必累按，故腹半尚見節腠，栗色闇然，如古金鐵。董翰，號後溪，始造菱花式，趙梁造提梁式，袁錫、時朋爲四名家。萬曆間人。董巧而三家尚古茂。

李茂林，行四，名養心，製小圓式。自茂林後，另作瓦缶囊閉入陶穴。故前此名壺不免沾缸罈油淚，茂林之壺則無此病也。

時大彬，號少山，或淘土，或雜硇沙土，初仿供春作大壺，後游婁東，聞陳眉公與琅琊太原諸公品茶之論，乃作小壺，置几案間，令人生閑遠之思。

李仲芳，行大，茂林子，爲大彬門人。製度漸趨文巧，其父督以敦古。仲芳嘗手出一壺，與其父曰：「老兄，這个何如？」時人呼爲老兄壺。今世傳大彬壺，亦有仲芳之作、大彬見賞而自署欵識者。語曰：「李大餅，時大名」。

徐友泉，名士衡，非陶人也。其父好大彬壺，延至家塾。一日，强大彬作泥牛爲戲，不即從之，乃奪其壺土出門。見樹下眠牛將起，尚屈一足，注視捏塑，曲盡厥狀，攜視大彬，一見驚曰：「如子智能，異日必出吾上。」因學爲壺。乃仿古尊罍。有漢方、扁觶、小雲雷、提梁卣、蕉葉、蓮方、菱花、鵝蛋、分襠、索耳、美人、垂蓮、大頂蓬、一回角、六子等式。諸泥色有海棠紅、硃砂紫、定窰白、冷金黄、淡墨、沈香、水碧、榴皮、葵黄、閃色、梨皮等目。晚年歎曰：「我之精終不及時之粗。」

歐正春，多規花卉、果物，邵文金、邵文銀、蔣伯荂名時英，四人皆大彬弟子。時英後客于陳眉公家，因附名流，諱言本業。

陳信卿，仿時、李諸器，堅瘦工整，自負不凡。貌寢意率，自誇善飲，徵逐貴游間，不務本業。遣弟子代造，自修署欵而已。

閔魯生，名賢，製仿諸家，虚心企擬，不憚改爲。

陳光甫，仿供春、時大彬，具體而微。早眚一目。所製之壺，口底不能工緻。

陳仲美，婺源人。初造甆器于景德鎮。以業之者多，不足成名，棄之。至宜興，好配壺土，意造諸式。如香盆、花盃、狻猊爐、辟邪鎮紙，重鏤叠鏤，細似鬼工。又壺象花果，綴以草蟲；或龍戲海濤，伸爪出目。又造大士像，莊嚴慈悲，神彩如生；瓔珞花鬘，不可思議。因心思殫竭，以夭天年。

沈君用，名士良，踵仲美之智，妍巧悉敵。製器不尚方圓，而筍縫不苟絲髮。配土之妙，色象天錯。自幼知名，人呼之曰沈多梳。宜興垂髫之稱。以甲申四月死。

邵蓋、周後谿、邵二孫、陳俊，時大彬之弟子也。

周季山、陳和之、陳挺生、承雲從、沈君盛，崇禎、國初時人。

陳辰，字共之，工鐫壺欵，時人多倩共之捉刀。相傳大彬初亦倩人落墨，以竹刀畫之，或以印記。後竟運刀成字，在黄庭、樂毅之間，人不能仿。李仲芳亦合書法。若李茂林，但鐫圖記而已。

壺土初出時，有異僧經行村落，日唱曰賣富貴，群嗤之。僧曰：「貴不要買，買富如何？」引村叟，指山中產土之穴而去。及發之，果備五色，爛如天錦。

嫩泥，出趙莊山，以和一切色上，性黏可築。

石黄泥，亦出趙莊山，未觸風日之石骨也。淘之變硃砂色。

天青泥，出蠡墅，淘之變黯色。又有梨花泥，淘之見凍梨色。

淡紅泥，淘見松花色。淺黄泥，淘見豆緑色。密糖泥，淘見輕赭色。梨皮泥，如白沙，淘見淡墨色。

老泥，出團山，淘之則有白沙星星，排若珠琲，以天青、石黄和之，成淺深古色。

白泥，出大朝山，淘餅盎缸缶用之。

出土諸山，其穴善徙，有素産于此，忽有遷于他處者，然皆深入數十丈乃得。造壺之家，各穴門外一方地，取色土節搗訖，弇窖其中，名曰養土。壺成藏於暗處，候極燥，乃以淘甕庋五六器，封閉無隙，其色乃鮮，無欠裂射油之患〔七〕。過火則老，欠火則稺。以上諸則，皆江陰周高起伯起之説也。詳録於此，以備遺忘。

校勘記

〔一〕「賓」，原作「貧」。「著」，原作「者」。均據王禎《農書》卷十一《農器圖譜一·田制門·區田》改。

〔二〕「生」字原脱，據《禹貢錐指》卷六補。

〔三〕「蘇松」後衍「常鎮中賦之重者以定蘇松」十一字，據《清經世文編》卷三十二《户政七》載沈德潛《浮糧變通議》删。

〔四〕「現征」後衍一「現」字，據《清經世文編》卷三十一《户政六》載劉淇《堂邑賦役論》删。

〔五〕「白地」之「白」，原作「自」，據《清經世文編》卷三十一《户政六》載劉淇《堂邑賦役論》改。

〔六〕「不規，倣三代彝器，以宋瓷爐爲式」，無名氏《硯山齋雜記》卷四引冒辟疆《宣鑪注》作「鑪式不規，規三代鼎鬲，多取宋瓷鑪式倣之」。

〔七〕「其色乃鮮，無欠裂射油之患」，周高起《陽羨茗壺系》作「始鮮欠裂射油之患」。

舟車聞見續録三集

經筵

經筵進講御製經論一首，翰林院恭進文，二首漢文，二首國書。國書左行，滿講官以左手揭文，德侍郎定圃爲講官，誤以右手。講畢後，純廟大加訶斥，降爲侍御。逾年，經筵講畢後，改唐崔護詩曰：「去年今日此筵中，帽頂書篇相映紅。帽頂不知何處去，書篇依舊笑東風。」書賜德保並命和韻。經筵用硃書，故有「相映紅」之句。和詩云：「經年負疚寸心中，袍袖難遮滿面紅。今日聖恩寬似海，驚心還怕打頭風。」即下旨復舊職。

王度心

康熙癸丑，王鴻緒本名度心，中式第四名，榜眼及第。鴻緒，廣心之子，引見時因名犯父諱，賜改今名。廣心有詩云：「三宣姓氏五雲知，忽訝陳情唱後移。不爲郊祁當易序，却憐羲獻總名之。鯉庭始命親恩重，雁塔重題聖德慈。尚有先型劉向在，藜光肯許杖頭吹。」以子爲弟，大干倫紀，聖度如天，不加以罪，當感恩悔過，有何可憐？而作詩以實之，其罪又加一等。時文家馬牛而襟裾，大率類此。

靳文襄

靳文襄輔，在康熙時爲河帥，挑濬運河，頗著勞績。又恪遵聖祖指示機宜，開運中河，以避百八十里大河湍急之險。然搶工濫用，冒銷國帑，曾爲郭琇所劾，見《華野疏稿》。

張同敞

同敞，號別山，江陵居正之孫也。瞿稼軒爲廣西巡撫。庚寅十一月初五日，大清兵入巖關，諸鎮兵皆潰。同敞以總督監胡一清軍於靈川，已南走矣。至中道，問瞿公安在，曰尚在城中。曰：「安可使留守，獨殉社稷？」遂回至式耜署。曰：「事急矣，公將奈何？」式耜曰：「封疆之臣，有死而已。」遂留同敞共飲。家人泣請出危城，號召諸鎮再圖恢復，不聽。明日被執，見定南王孔有德，以死自誓，不復一言。同敞大罵左右，以白棓擊之，折左臂，扶出，與式耜幽于一室。軍士壯其忠義，遺以酒食。同敞慷慨縱飲，爲詩歌題壁。稼軒間亦和之。閏十一月十七日，遇害。稼軒絶命詩曰：「從容待死與城亡，千古忠臣自主張。三百年來恩澤久，頭絲猶戴滿天香。」二公既死，前給事金堡已爲僧矣，上書定南王請收葬，許之。吴江人楊蓺爲具衣冠，殮瘗之北門外。事聞，贈式耜粵國公，謚文忠，贈同敞江陵伯，謚文烈。稼軒乃錢謙益之門人，死節後，常熟縣城隍廟道士夢稼軒至廟中，騎從甚都，謂道士曰：「上帝憐我忠貞，命我爲本邑之主矣。」謙益聞之，作迎神送神之曲。同時吴下沈君有《聞瞿稼軒死節》詩，其警句云：「錦竹戰餘猶有血，崖山覆後并無船。」結句云：「他日師生逢地下，可能相對各欣然。」稼軒，錢謙益之弟子也。沈君，忘其名，白堤錢丈景開有《沈君全集》，謂予曰歸愚尚書之父也。

李元胤

李元胤，榆林人。本姓賈，李成棟養子也，因冒其姓。

成棟少時從高傑爲盜，及傑投誠，封興平伯，成棟封鎮徐將將軍印，守徐州。傑爲定國所殺，成棟以徐州降。會故趙王由棪與黄蜚起兵太湖，成棟擒蜚，趙王跳走，以功授松江總兵，從定八閩。至漳州，與巡撫佟養甲入惠、潮。時蘇觀生擁立唐王聿鐭于廣州，與肇興兵戰于三水，不克，還保會城。成棟兵至城中，人猶以爲援兵，遥呼之，免胄示以辮，乃大驚，成棟遂奪門而入，執聿鐭與周、益、遼諸王殺之，觀生自縊死。時丙戌十二月朔日也。丁亥正月，成棟分兵取南韶，親攻肇慶，克之。遣裨將楊大南、張月取高、雷、廉三府，閻可義取瓊州，自率兵向廣西，二十九日下梧州。二月遣杜永和襲丁魁楚于岑溪，盡虜其資。進攻平樂，前驅及桂林。會粤東亂，會城被圍，佟養甲遣人告急，成棟往反攻擊，自春徂秋，始獲定，而西省之平、梧以及高、雷、廉俱復失，屢被責問。明年戊子春，江西金聲桓反，密約成棟。時佟養甲已授兩廣總督，成棟雖晉秩，然例節制，自恃功高，恥爲之下。王德仁圍贑州急，養甲趣成棟赴援，與署布政袁彭年等密議於廣州城三層樓上，曰：

「今出數十步皆賊，豈能遠行？計惟急改名號，以安人心耳。」養甲愕然，成棟遂叛，遣使赴南甯，封成棟惠國公，晉養甲尚書，封襄平伯。養甲懼及禍，以所部授成棟。六月，使其將羅成耀以黄金千兩、白金十萬及綵紵，具舟楫，迎永明王於南甯。至肇慶，拜成棟翊明大將軍，以其子元胤爲錦衣都指揮，掌絲綸房事。從永明入武岡，因内閣缺員，得與票擬。在南甯時，陳邦傳頓兵潯江爲重鎮，因以其子曾禹爲錦衣，而邦傳以欽廉功封思恩侯。至是，成棟封公，邦傳意不滿，乃晉封慶國公，並封其中軍胡執公爲武康伯。成棟聞之，亦爲其下杜永和、閻可義、郝尚久、羅成耀、黄應杰、楊大福、張道瀛七人請封，皆得伯爵，而元胤亦得錦衣侍衛矣。元胤喜與士大夫交，袁彭年、劉湘客、丁時魁、金堡、蒙正發皆與之善，時人謂之「五虎」，袁虎頭、劉虎皮、丁虎爪、金虎牙、蒙虎矢也。十月，成棟攻贛州，不克。時大清兵已至南昌。金聲桓召王德仁還救贛州，守禦已固。成棟至，大清總兵高進庫擊敗之，退避南康。十一月，獲佟養甲，閒殺之。己丑正月，南昌破，聲桓、德仁俱死。二月，成棟兵敗於信豐，自斷後，披甲渡河死，贈寧夏王，謚武烈。

五月，以杜永和爲總督，守廣州，閻可義守南韶，未幾死，以羅成耀代之。加元胤車騎將軍，封南陽伯，領兵宿衛。六月，楊大福作亂于梧州，元胤召至，縊死之。庚寅正月朔，大清平南王尚可喜、靖南王耿精忠至南雄，羅成耀自韶州潰歸。十四日，韶州破。永明王走梧州，留元胤與馬吉翔等守肇慶。羅成耀走高州爲亂，元胤復以計殺之，人情恃以少安。初，成棟父子寵幸時，陳邦傳居西，屢爲金堡等排擠，積怨刺骨。會其下徐彪亦叛之，忠貞營李赤心等，又自湖南潰入粤，散處賓横之間，邦傳不能制，威望日損。東事急，召之赴援，非其意也，顧欲藉以洩前忿耳。抵三水，觀望不敢進。大兵薄會城，杜永和與元胤弟李建捷力戰禦之。永和等進爲侯，建捷封安肅伯。廣州城三面臨水，成棟復在廣州時，築兩翼倚于江外，又起二砲臺環水繞之。地險守固，攻圍十數月不能破。偏將范承恩謀内應，決砲台之水，大兵藉薪而渡，遂得砲臺，反以内攻。十二月初二日，城破屠之。承恩降，永和等由海道奔瓊州，元胤弟建捷奪圍至肇慶。陳邦傳等兵俱潰於三水，隨聞桂林亦破，梧州君臣夜走，邦傳遣兵邀刧各官于藤江。明年，元胤在肇慶，其下有謀爲變者，不得已與弟建捷俱奔南甯，伏地痛哭，哀動左右。會孫可望遣賀九義等將兵至，殺内閣嚴起恆等。元胤憤甚，請出靈山，收高、雷之兵，迎主入海。至欽州之防城，爲土兵王勝堂所執，送靖南王。不屈，左右梃之，元胤笑曰：「鼎鑊不懼，何有于梃！」又令代作書招永和，元胤笑曰：「杜將軍繕兵窮海，差有丈夫氣，乃招之耶？」靖南王義之，使其故人往説之，曰：「將軍未受國恩，何以誓死天回？」大慟曰：「某昔日不過帥府一親人耳。今爵通侯，司禁旅，狼狽被擒，計惟一死報國。吾父俟於地下久矣！」故人曰：「惠國公果將軍父耶？」元胤曰：「岐陽、黔甯俱似養子自奮。子毋多言！」遂與弟建捷及前鋒李國朝俱斬於市〔一〕，投尸海中。明年瓊州破，杜永和等降。

王祥

王祥，四川綦江人。崇禎末爲九圍子隘官，素號勇悍。張獻忠陷四川，惟遵義一府未坿。大學王應熊回自京師，縞素誓師，即遵義置幕府。滇人馬乾行巡撫事，與監司劉鱗長、王芝瑞等傳檄討賊。邑紳刁化神以鬼道募兵甚衆，應熊使涪將曾英襲取之。英，閩人，與部下涇陽李占春、于大海等俱以材武稱，遂收復重慶，屢破張獻忠兵。祥亦出綦江，爲犄角之勢。祥威望不及英，而爲幕府委任。丙戌十一月十五日，大清兵至西充，獻忠伏誅，孫可望南奔，過重慶，擊英殺之，抵綦江。祥明年正月，由遵義入黔。祥走入永甯山。大清兵下蜀，巡撫馬乾避難内江，應熊死於畢節衛。祥乃招集應熊潰兵與賊之散亡者，聚至數萬，進攻遵義，復之。曾英既死，李占春、于大海收殘卒屯於涪。降賊袁滔爲大清兵擊敗，由順慶南下，占春等避之，走夔州，將赴荆州投誠。會明宗室朱容藩自肇慶奉令入蜀，取道施州衛，溯湘江西上，遇占春。占春勸回肇慶，静以待動。時大清兵陸行新鎮，盧光祖以舟師泊湖灘，其下皆曾英舊兵，不意占春等猝至，戰敗，北還順慶。占春乘勝至涪，結營平西壩，三面阻水，號萬將營。大海屯忠州花陵河。總督李乾德亦以袁韜、武大定兵入佛圖關，據重慶而據有遵義各邑并重慶之綦江、内川、遵義、播州。地饒沃而深阻，蜀中紳士避亂者多歸之，户口充實，諸鎮中最爲富强。

御史錢邦苞請封祥爲平寇伯。平寇本曾英封號，祥復得之，時以爲榮。大海等不服。適袁韜與占春争長相攻，祥惡占春之强，思與韜合。一日，誘占春計事，伏兵執之，占春殺守者逃歸。以是諸鎮不和，日尋干戈，公鬭怯而私鬭勇。

時相傳永明王已被執，朱容藩在夔州自稱楚世子，監國招討。元帥、諸將皆賀。李乾德惡之。未幾，故相吕大器自黔抵遵義，王祥具櫜鞬郊迎，事之甚謹。容藩、大器至，亦使人以千金來迎。大器北行，先過占春營，具言永明王無恙，朱容藩乘機僭竊得罪，不宜輕受其爵，占春以爲然，遂不事容藩。李乾德亦傳檄聲容藩罪。容藩益窘，乃北走，攻石砫土司。占春救之，容藩兵敗，走忠州，爲追兵所殺。乾德、韜、武等西赴犍爲，與楊展合兵。吕大器遍歷諸鎮，太息謂乾德曰：「楊展志大而疎，袁、武忍而好殺，祥亦庸懦。蜀事其可爲乎！」遂回黔，至獨山州，疽發於背而死。

祥又與黔鎮皮熊搆隙。皮熊本羅聯芳巡撫，范鑛薦爲總兵。孫可望由遵義趨黔，破熊兵于烏江，熊走平溶，可望入滇。熊自平越收兵復黔，破土賊藍二等，以功封定番伯。遵義饑，王祥赴黔告糴，熊以爲瞯己虚實，不與，乃截奪其資。祥怒，起兵攻黔，兵敗而還。熊陳祥越境相侵之罪，約諸鎮會討，諸鎮各率兵攻之。祥大小十餘戰，不克而去。惟黔兵乘勝深入，相持月餘。黔兵乏粮，熊子文英不能撫循，氣衰戰敗，引兵去。祥悉鋭乘之，黔兵大潰，争渡溺死烏江者三萬餘人。祥亦上疏自理。永明復使和解，盟於烏江，罷兵修好。於是思南、銅仁各郡邑皆屬於祥矣。縉紳程源、梁應奇、辜延泰等先後赴肇慶，皆言祥雄武可大用，乃封祥忠國公。熊亦封匡國公。蓋藉二人兵力以禦滇寇也。

己丑冬，孫可望由滇至黔，皮熊不能禦，走清浪。可望使白文選追執之，釋不殺。復使與祥盟，不聽，可望怒，使文選將二千人赴永甯。守將侯天錫迎文選，詐以危言報祥曰：「滇兵二十萬已渡烏江，會兵夾攻矣。」祥懼，召諸將與謀。有李定者最勇，對曰：「二三年來，日操同室之戈，雖勝亦恥。今發兵拒可望，勝則據有西南，不幸而敗，亦不失爲忠義之鬼。」祥猶豫不決，私計自真安州入隆武、彭水之間，據險守隘。引李爲脣齒，乃裝其珠玉金寶，使牙將負之先行。於是衆心瓦解，多送欵可望。可望即發兵掩擊之，祥倉卒夜走，牙將刼其資去。比曉，妻子亦不知所之矣。從之者百餘騎，追兵至，馬蹶不能行。祥率死士數十人，短兵相接，殺百餘人，創重自刎死。明年，孫可望將盧名臣下涪州，李占春戰敗于野豬寺口，與于大海順流下楚，降。皮熊居黔，其壻張默爲水西宣慰安坤帥。康熙元年，有平金印者自稱開平王，後至水西與坤謀叛。大清兵滅之，執熊翁壻。熊年已八十餘矣，絶食四十日死。

絳雲樓

錢謙益藏書之所，名絳雲樓。順治七年十月，不戒於火，宋槧元刻及祕笈精抄俱爲灰燼。謙益云：「漢晉以後，書有三大厄：梁元帝江陵之火一也；闖賊入北京焚燒文淵閣二也；絳雲樓火三也。」

三瘦

毛馳黄詞「不信我真如影瘦」，又云「鶴背山腰同一瘦」，又云「書來墨淡知伊瘦」，時人稱爲「毛三瘦」。

馬士英

馬士英工畫，貴後倩施雨成捉刀。後人惡其奸，多改爲妓女馮玉瑛。

王氏園

京師豐宜門外，芍藥最盛。種花人剪花入城，售與人家，簪於瓶盎。貴游子弟看花者，一二日前給錢，花户不剪，謂之留花。天津鹽商王氏有園，在花田中，地名「鵝鴨所」，芍藥最盛。

北征圖

康熙三十四年，聖祖親征漠北。宋葯洲閣學時以編修充日講官，奉命督中路糧運，異數也。王石谷翬爲作《北征圖》。

絶命詩

左懋第，字蘿石，萊陽人。進士，爲刑部主事，奉詔督兵湖襄。弘光元年入見，陳中興大計，除僉都御史，視師江上。馬士英議與本朝通好，懋第以母死天津，因請此役，至日下拘禁太醫院。明年閏六月，江南平，勸之降，不降，斬於柴市。絶命詩曰：「峽圻巢封歸路迴，片雲南下竟如何。寸丹冷魄銷難盡，蕩作寒煙總不磨。」

滿州榜

順治九年壬辰，策試滿洲進士。第一名麻勒吉，正黄旗人；二名折庫，鑲藍旗人；三名巴海，鑲藍旗人。十二年乙未，第一名圖爾宸，正白旗人；二名賈勤，正紅旗人；三名索秦，正白旗人。嗣後合爲一榜，不分滿漢矣。

回國聖人辭世年月攷

回國聖人辭世年月，據《西域齋期單》，以康熙庚午五月初三日起，是彼中第九月一日，謂之勒墨藏，一名阿咱而月也。至六月初三日開齋，是彼中第十月一日，謂之紹哇勒，一名答亦月，是爲大節。再過一百日至九月十三日，爲彼中第一月第十日，謂之穆哈蘭，一名法而斡。而丁月其日爲阿叔喇濟貧之期，謂之小節。鼎嘗以回回曆法推算，本年白羊一日入第六月之第八日，與此正合。

又據《齋期》云本年庚午聖人辭世，共計一千零九十六年。此太陽年。攷本單聖人生死二忌在本年十一月十四日，在彼爲第三月，謂之勒必歐勒傲勿勒，又名虎而達。

查西域阿剌必年是開皇己未，距今康熙爲一千零九十二，算減一爲一千零九十一，乃開皇己未春分至今康熙庚午春分之積年。

又查己未年春分，在彼中爲太陰年之第十二月初五日。

以距算一千零九十一減聖人辭世千零九十六相差五年逆推之，得開皇十四年甲寅爲聖人辭世之年。

約計甲寅至己未，此五年中節氣與月分差閏五十五日，則甲寅春分當在彼中第十月分差閏之初。

聖人辭世既是第三月，則在春分月前七箇月，爲處暑月，即今七月也。自開皇甲寅七月十四日聖人辭世，至今康熙庚午七月十四日，正得一千零九十六年，故曰共計一千零九十六年也。

此乃梅定九先生之説也〔二〕。今天方人皆不知之，彼教中所奉老師父者，亦不知矣。

暹羅

暹羅，古分二國，今併爲一。又名暹羅斛。在占城西南。東連大呢，西接蘭場，北界大海，周千有餘里。俗崇佛教，王服繪文彩佛像，肉貼飛金。用金爲器皿，貴官以銅爲之。王陸乘象亭、象輦，舟駕龍鳳，官屬曰「招誇」。尊敬中國，用中國人爲官。其俗裸體跣足，不衣褌而圍水幔。「幔」讀若「鑾」。地有長溪，從海口至國城，長二千四百里。水深闊，可容洋舶。又有黄河，其支流通長溪，流夾岸皆大樹茂林，林猿猴、雀鳥上下呼鳴。村落繡錯，田畝連阡。農時合家掉舟播種，事畢即反，無俟芸鋤。禾熟，泛舟載穫而歸。禾藁長二丈許，爲入貢土物。蓋黄河之水宜稻，苗隨水長，水尺苗尺，水丈苗丈，無澇傷之患，水退而稻熟矣。田疇藉以肥饒，一石之米，其值三星。然水大，廬舍亦有蕩折之時，所以人多樓居也。國有魔祟，專禮番僧，僧以梵咒解之。山多虎，水多鱷，被虎噉鱷吞者，告之番僧，僧咒畢而虎自至，呪擄綿紗於水而鱷自縛。有受蠱者，亦咒而愈。又有共人。共者，咒之名。刀刃不能傷，王養以爲兵衛。番俗多火葬，亦有恬問飼鳥魚者。恬問，即捨身也。土産：銀、錫、鉛、布、速香、象牙、烏木、蘇木、冰片、降香、翠毛、牛角、鹿筋、佳文蓆、膳黄、大楓子、豆蔻、燕窩、海參、海帶。以銀豆爲幣，大者重四錢，中者一錢，次者五分，小者二分五厘。其名曰潑，皆王所鑄，上有番字。法不得剪碎零用。市物有數不足者，以海螺巴足之。海螺，《明史》謂之海叭。其國有大庫司九，府十四，縣七十二。官制九等。四等以上戴鋭頂金帽，嵌以珠寶。五等以下則以絨緞爲之。其應選舉者，皆引至王前，咨以民事，應對得當，即授官服候用。文字横書，有事則具書其事，朗誦於王前，以俟進止。

順治十年，遣使進貢。康熙四年，來貢方物。十二年，國王森列拍臘照古龍拍馬呼陸坤司由提呀菩埃遣使進貢，并請封典，旨給與誥命、駝紐鍍金銀印。嗣後朝貢不絶。雍正七年，入貢，御書「天南樂國」匾額賜之。乾隆三十年，定例三年一貢。三十一年，其國爲花肚番所滅。花肚番即緬甸。四十六年，該國鄭昭立爲國長，遣使入貢。四十七年，鄭昭卒，子華嗣立。

宋腒勝

南洋諸夷，暹羅爲大，如斜仔、六坤、宋脚、宋腒勝皆屬國也。屬國之中，又以宋腒勝爲大。其人以耕漁爲業，性情褊急。男子蓄髮去髯，首插雉尾，腰束疋帛，短衣窄袴，無履襪，常佩刀劍。女椎髻跣足，短衣長裙，披帛于肩，頗知紡績。

俳諧老子曰：相傳暹羅有尸羅鑾，目無瞳子，男女自相匹偶，國人有娶其女爲妻者，亦生男。夜眠則變爲貍狗，向溷廁食糞。將明，魂歸。若覆其身，則魂不能附體。人染痢，若洗滌不净，夜爲尸羅蠻舐食，化作小物，入穀道食其腸胃，亦奇事也。又有共人之類，以咒術迷人，近年隨貢使至廣州，往往迷拐小兒而去，當事者不可不察也。

安南

安南，漢爲郡縣，武帝所開。六朝以後，淪於南服，具載史書，無煩覼述。至明崇禎末，使人入貢，值國變留滯閩中。大兵平閩，執送京師。順治四年，給敕書遣還本國，令繳故明誥印。吴三桂謀逆，阻貢使不得行，且多方誘脅。國主黎維正不從，具以表聞。順治十六年，經略大學士洪承疇奏安南國遣目吏玉川伯鄧福綏、朝陽伯阮光華賫啓赴信郡王軍前納欵。康熙五年，黎維禧繳送桂王由榔勅命一道、金印一方，聖祖嘉其恭順，封維禧爲安南國王。二十二年，賜「忠孝守邦」扁。三十六年，安南奏牛羊蝴蝶普園地爲鄰境土司所侵，請旨清還。有旨詢雲南巡撫。奏稱其地屬開化，並非安南故土。不准給與。雍正二年，賜黎維祹「日南世祚」扁。三年，雲南總督高其倬奏志書載開化府文山縣南二百四十里至賭咒河爲安南界，今自文山至白馬汛祇百二十里，至鉛廠下小江亦百二十里，此外兩處尚有八十里。雖失在前明，但封疆所係，應勘立界。奉旨：安南累世恭順，寧與爭尺寸之地？况明季久失之區，其地果有利耶，則天朝豈宜與小邦爭利？如無利耶，又何必與爭？安彼民正以安我民耳。黎維祹兩疏陳辯，諭以失從前恭順之義，無從施懷遠之仁。維祹惶恐，謝罪，乃遣使勅諭。王自悔執迷，詞意虔恭。既知盡禮，即可加恩。况此四十里，在雲南爲朕内地，在安南仍爲外藩，無所區别。著將此地，仍賜該國。王世守之，傳至黎維祁。

於乾隆戊申年，有阮惠之變。惠即光平也。惠攻破黎城，鎮目阮輝等奉王母妃世子各眷屬逃至龍州水口關東北隘，欵關求援。據稱西山土酋阮岳、阮惠兩次兵犯黎京，國王嗣孫黎維祁出奔。惠欲刦王眷屬爲質，以阻義兵。輝等保護眷口一百餘人，乘舟遠遁至博淰，追兵日急，未幾阮兵大至，舍命涉水而來。奉王母之命，情願待罪天朝，不受阮賊辱没等語。兩廣總督孫士毅、廣西巡撫孫永清入奏，傳諭該督撫妥爲安頓，優加撫卹。先是，國主黎維禑老疾惛眊，國事委其大臣鄭棟。棟專恣不法，攘據世封國印，有篡奪之志。阮岳兄弟以清君側爲名，攻破國城，鄭棟走死，亡失國印。維禑兵弱，不能一戰，割乂安地以求和，又以親女歸之。及維禑薨，長子早死，立嗣孫維祁。岳外示忠誠，内懷反側，退兵去後，留其黨。貢整駐紮黎城，維祁察其誠，令率衆討賊。岳僞將阮任擁岳復至，整戰死，維祁竄入山南，眷屬逃奔内地。隨來之夷官，願留三人侍奉王之母妃世子，遣黎侗等分路回國，報知維祁。高廟允其請，諭孫士毅令黎侗、阮廷枚分路出關，尋見嗣孫後，若能恢復，於迎眷屬時即遣此次通信陪臣給以符驗，庶不爲土酋誑害。阮廷枚由雲南出口，回至中國，云維祁潛匿春蘭社，往見時將優恤伊母，恩旨令其閱看，並告以天兵不日進討爲其復國。維祁致書孫士毅云：「固推予奪，惟上所命。」士毅先得上興滅繼絶、不利其土地之旨，乃批其柬尾云：「未喻大皇帝四海一家、休戚相關之意。天朝内地十七省，新疆二萬里，安南蕞爾一隅，得之不啻如太倉一粟，安肯如前明見小收爲郡縣耶？」維祁得書，感激無地。孫士毅遵旨發檄文數十道，分處張掛，諭以大義。上令福康安爲兩廣總督，相機籌剿。奏稱阮惠屢次進表投誠，且稱戕害提鎮之人俱皆誅戮，伊當親詣闕廷待命。惟因立國之初實有未遑，先遣親姪阮光顯來京謝罪。伊於明年八旬萬壽入覲慶祝，因以乞封。福康安又奏其畏慑恭謹之狀，實出至誠等語。上即封阮惠爲安南國王。庚戌年，光平來京祝，籲請天朝服飾。上嘉其誠悃，賜紅寶石頂三眼花翎、黄馬褂，賜金黄色蟒袍、四團龍掛。光平反國，逾年死，賜謚忠純。子光纘嗣。光平本西山巨盗，篡位後，鑄「乾隆通寶」錢，幕書「安南」二字，自比一郡。外示恭順，而心懷叵測。遣其臣下入海刦敚商船，浙閩洋中謂之艇匪。又欲兼并鄰國，與陸賴日尋干戈。父子皆貪黷無厭，不惜民力，卒爲陸賴所滅。

陸賴得國後，遣使入貢乞封，自稱越裳氏之裔，請復舊名。睿皇帝不允所請，封爲越南國王。初，維祁竄入内地，高廟賞給四品佐領，與从亡諸人安置京師。其後又有不臣阮氏之人陸續入關者，編管各省。及陸賴立國，表請維祁及亡人反國，上盡遣之。乾隆六十年，予應江甯布政司試，見閉阮恭。恭本阮姓，恥與光平同族，乃加「閉」字爲覆姓。其人耿介，以卜爲業，不妄受人惠。談及國變，涕泗交流，可稱傑士矣。嗟乎，孰謂外夷無人哉！

俳諧老子曰：安南，亦南洋一大國也。陸路與兩粤、雲南接壤，海道通廉州府。間考安南大洋至廉州，山繞西北環而南，直至占城，形似半月，名曰廣南灣。後以淳化、新州、廣義、占城爲廣南。康熙時，舅甥分國。其舅阮姓，中國人，據淳化，以馬龍角砲臺爲界，稱廣南土。不數年而國亡。光平豈其苗裔耶！

澳夷

廣東澳門，一名濠鏡，見《明史·地理志》。其地屬香山縣，縣南有四山離立，海水縱横貫其中，如十字，故又名十字門。或云澳有南臺、北臺，相對如門。自縣南百二十里，至前山又二十里，即濠鏡澳也。夷人蹴居於此。唐宋時，南洋諸番貢市，置市舶提舉司領之。暹羅、占城、琉球、爪哇、浡泥五國貢道，皆由東莞互市於廣州。正德時移於電白。至末年，佛郎機冒名吕宋，混入海口，突至會城，不報抽分。嘉靖三十二年，有蕃舶託言舟觸風濤，請借濠鏡暴水漬貨物，海道副使汪柏得賄許之。始至，僅有茇舍而已。内地奸商代運榱桷、瓴甓，乃建大厦焉，而佛郎機遂得混入。嗣後，高屋飛簷，櫛比相望矣。久之遂爲所據。每歲僅納租税五百金而已。萬曆二年，建閘蓮花莖，設官守之。於是蕃夷之來日衆，官吏莫敢詰。又潛匿倭夷，肆行刦欲。天啓時，利瑪竇來自大西洋，居澳門。二十年其徒來者日衆。至國初，佛郎機爲西洋人驅逐出境，遂爲大小西洋盤踞其國。上世有歷山王，又號古總王。今有二王，曰教化，曰治世。教化奉天主耶蘇教，澳寺蕃僧，教化類也。夷人貿易者，治世類也。大西洋去中土遠，三年始至。小西洋去中國萬有餘里。大西洋遣酋守之，澳中頭目皆奉小西洋之命。歲輪一舶往小西洋，有事小西洋爲之轉達。其人白晳，高鼻深目，雙瞳碧色，不畜鬚髮，别爲黑白髮，蒙首及頸，乃法王所賜，得者以爲榮。

校勘記

〔一〕「建捷」之「捷」原脱，據文義補。

〔二〕「九」後衍一「年」字。按梅文鼎，字定九，號勿菴，宣州人，著有《勿菴曆算書目》，今據删。

端研記

研品中，端石，人皆貴重之。載於譜記凡數家，取予各異，或佳其有眼爲端，或以無眼爲貴。然石之青脈者必有眼，嫩則多眼，堅則少眼，石嫩則細潤而發墨，所以貴有眼不特爲石之驗也。眼之品類不一，曰鸜哥眼，曰鸛鵒眼，曰了哥眼，曰雀眼，曰雞翁眼，曰猫眼，曰菉豆眼，各以形似名之。翠緑爲上，黄赤爲下，諺謂火黯爲佳，然亦石之病。乾道癸巳，高廟嘗書翰墨數説以賜曹勛，其一云：「端璞出下巖，色紫如猪肝，密理堅緻，瀦水發墨，呵之即澤，研試則如磨玉而無聲，此上品也。中下品則皆砂壤相雜，不惟肌理既粗，復燥而色赤，皆不可用。製作既俗，又滑不留墨。且石之有眼，余亦不取，大抵瑕翳於石有嫌，況病眼、假眼，韻度尤不足觀，故所藏皆一段紫玉，略無點綴。」以上皆聖語，眼少而色正者，方爲佳物。宋張世南《游宦紀聞》

肇慶府東三十三里，有山曰斧柯，在江之南，靈羊峽之對山也。自江湄登山行三四里，即爲硯岩。先至者曰下巖，巖之下有泉出焉，雖大旱未嘗涸。下巖之上曰中巖，中巖之上曰上巖。轉山之背曰龍岩，岩乃唐取研之所，後下巖得石勝龍岩，不復取。山下稍東至半邊山巖，沿溪而上曰蚌坑。龍巖，斧柯山脚谷中石也〔一〕。大抵石以下岩爲上，中岩、龍岩、半邊山諸岩次之，上巖又次之，蚌坑最下。巖有兩口，其中通爲一。穴大者，取硯所自入也。水中者，泉中水所自出也，故號水口，陳公密所開也。欲得下岩北壁石者，往往於泉水石屑中得之。若南壁石，尚或可採，然自崇觀以後，亦罕得矣。北壁石，泉生其中，非石生泉中，則潤可知矣。岩之上，雖秋冬乾旱，亦未嘗涸，有泉珠散落如飛雨。石眼正圓，有青、緑、碧、紫、白、黑暈十數重，中復有眸子。南壁石乃泉水半浸者，稍不及北壁。上巖有三穴：上曰土地巖，以土地祠居其上名焉；中穴曰梅樹岩；下穴今石工名中岩者是也。宋失名《端溪研譜》。

端州羚羊峽，距郡東三十里，東三江之水。其山産石，類瑊玏，唐、宋以來採作研材，蘇文忠稱爲寶石。蓋東西粤扶輿之脉所藴閟也。石鑛凡十一。北岸坑曰阿婆，曰白婆墳，其石質黯黝不鮮，佳者亦有火捺紋、蕉葉白，可亂水巖、朝天岩。青花中，黄星密洒如塵，眼大如螺，若人張目，湛湛無神，真賞家以此辯定。碧點長斜，似眼無瞳，每石一片，可得十二三點十數點。梅花坑在峽外三水境中，峽將盡，岸南山坳有洞，書「宋治平四年差太監魏某重開」，土人名曰岩仔坑。其石叩之聲泠泠，久磨能滑。旁有塚。相傳開鑿中虚，崩閉數百人，太監死焉，守土者葬其冠服於此。坑下度小山曰新坑。其石細潤微青，蕉葉白亦微青。上越水澗隔裹土人名山坑爲隔裹。曰朝天岩。其石堅實滑膩，火捺紋成結不運，若蠟炬著堊壁斜燄。蕉葉白色晦氣黄，純潔無痕者亦可貴。古塔岩，其石比朝天岩，無火捺紋、蕉葉白。古塔岩後爲屏風背，其石譬猪肝曝于風日。宣德岩在屏風背下，去水岩二里許，其石髣髴水岩，今不可得。巖仔坑東有洞，廣如屋，曰棲安洞。舊時開坑石工所棲之所。又東有小山圓阜，下爲水坑。上數十武，有萬曆二十八年差督理珠池，市航内官監李鳳開坑封坑月日立石。洞臨江口，小於圭竇，石工裸身，盤盛豨膏，然火腰鎚，螺旋而進。入洞西轉，有㟁不測，先投以石，聞水聲，急轉，不則墮深㟁矣。正洞容工一二十人。由正洞入西洞，漸寬。東洞舊納四人，二人運鑿，二人仰卧膝前，置磁盤燈於胸以燭之，不能坐立捧。今容七鎚，且十四人矣。取石，一人秉鎚，一人捧燈。三洞正洞石上上，東洞次之，西洞又次之。土人皆名曰老坑。石三層，上層近山，沙透漏如蠹蝕，曰蟲蛀，其質微遜中層，常有翡翠雜拉。中層火捺紋、蕉葉白，其絶品東瓜瓤、青花及眼生、蕉葉白。下石工所名，下層石也。又下麻鵲斑紋，成魚涷，或如唾涎，亦有眼，眼中瞳含沙，多脱去。此中時有蔚藍者，秀色可餐，不一見。下此爲底坂石云。中層、下層火擦紋，如朝霞蔚起，散馬尾，若刷絲縈繞，絢采熊熊。大當錢有芒，曰金錢火捺，品上上。黫然黑色曰鐵捺，如蚓曰鳳涎，皆石疵也。蕉葉白上下四旁，必有火捺紋掩映。舊坑皎潔比紈素，近坑白中雜出青花。青花爲上品，若潤泚細藻，朱碧瑩然，縹縷隱隱，又如魚兒隊行。青花明顯如石花菜者，石工稱爲芋紋，品中中。三洞眼各異，正洞赤圓如珊瑚鳥目，石嫩眼侵土氣者若象牙，其瞳分明，亦足賞。東洞眼碧色數暈，對之奕奕射人，曰鸜鵒眼，圓正明媚者不易得，他洞偶一見之。西洞眼黑圓瞳，一黍如豉。三洞石，正洞下層第一，入手温潤，柔膩有生氣，磨之與墨相親。東洞西側深處曰飛鼠岩，其石有紋曰黃龍，斜亙石面。正洞亦有黃龍文，游揚如雲氣，如薄羅，亦移人情。三洞石俱在水中，冬日引水盡乃可取。正洞北潭底水深不可引，時有鬼神。東洞徑傾仄，水工列小童長跪，舉杯勺揚水，乃涸。以故開坑先引水，閲月費用至千金。舊制把總一，專守硯坑。律令盜坑石以竊盜論。永樂、宣德開坑，未久俱罷去。崇禎末，熊文燦總督兩廣，指揮蘇萬邦致石工於江西，緼火中夜開坑，不敢白日中也。今守坑久罷，凡六開坑。工受官役，日有程，不擇膚理，鑿伐坼裂。石理日剥，精華日盡，氣韻、顔色，不能一執成説，要以老坑爲定。國朝高兆《端硯考》。

端研始於唐，盛行於宋，《端溪硯譜》所録之石，今人謂之宋坑，以微紅色者爲上，色如猪肝者爲下。昔人論硯，言人人殊，皆由以耳爲目，此倡彼和，真贋莫定。惟侯官高兆固齋親至端溪，其言頗爲詳確。然康熙以後開鑿之坑，兆所不知；即康熙以前之坑，亦未能詳盡也。石有水坑、旱坑之分，水坑細而潤，旱坑粗而燥。今將各坑之名臚列於後。

水坑

正洞今不可得。　東洞　西洞

三洞，土人名曰老坑。

飛鼠岩在西洞深處。

岩洞爲蝙蝠之巢穴，取石者入洞，蝙蝠無數撲人頭面，又不能執燈，是以石工不能採取。

龍尾坑　龍爪坑　錦雲端石俱五色，今不可得。　獅子岩　青點巖今不可得。　碑底洞　老岩洞

麻子坑

乾隆年間，高要有陳麻子者開此坑。温潤發墨，不在東西洞之下。

旱坑

宋坑

今不可得。土人於宋坑左近别開一岩，色紅，不發墨，冒稱宋坑。

宣德岩今不可得。　巖仔坑土名謂之坑仔。　阿婆坑　白婆墳

沈坑　蘇坑在蘇州巡檢司轄内。　碧落洞　屏風背　白線坑　老崖洞　梅花坑在三水境内。多眼而不活，旱坑中最下者。

恩平坑

石出恩平縣。色青，類龍尾坑。又名茶坑，茶山所産也。石璞，外層五色斕斑。阮伯元制軍命工鐫刻爲《研山有霜林》一幅，丹黄相間，極爲工緻。

附録

白端石

肇慶府七星岩石也。石理細潤而堅，不發墨，工人琢爲硃硯及几案、盤盂之類。其質理粗者爲柱礎，海幢寺佛塔、將軍署前石獅皆石也。其最白者碎以爲粉，婦女用以傅面，名旱粉。

緑端石

産於羚羊峽，亦有水、旱坑之别。水坑琢爲硯，潤而發墨。旱坑，土人制爲玩好之器。

五道石

産羚羊峽。以粗細分爲五道。治研者以第一道石磨之，以次遞磨至第五道，而硯成矣。予嘗親試之，第一、二道無異，礪石下石如泥。三、四道，石質細而不傷。硯至五道，水乳交融如蠟塗熱金，而研面無磨礱之迹矣。豈天生是石爲攻硯之用耶！

堊土

産於高要縣之官棠山。瑩白如蛤粉。

白脆

產於陽春山中。如錫片，鑿則隨碎，火之不鎔。

校勘記

〔一〕「斧柯山脚谷中石也」原缺，據佚名《端溪研譜》補。

續南方草木狀

石柏，生陽江大海中。宛似側柏，輕脆易折。又一種赤色，乃木變石也。

縮砂密即砂仁也，産陽春縣山中。

段公路《北户録》云：「山臙脂，端州山間有。花叢生，葉類藍。正月開花，似蓼。土人取含苞者爲胭脂粉，亦可染帛如紅藍者也。」

烏藥，《寰宇記》云出康州，又云瀧州産禹餘糧。

何首烏，李遠云以出南河縣及嶺南恩州、廣州、潘州、四會縣者爲上，康州、高州、勤州、循州、晉興縣出者次之。此則見《本草綱目》。

布里草，《政和本草》云生南恩州原野中，莖高三四尺，葉似李而大，至夏不花而實，食之瀉人，根皮甘寒，有小毒，治瘡疥。

龍鬚草，《太平御覽》引《廣志》曰「一名西王母簪」。今産於廣甯縣，似蒲而細，織席甚佳。

虎耳草，有六尖，尖有一刺，屑之爲末，遇盜賊順風揚之，著身則骨痛七日，不可忍，不敢言，言則痛更劇，産陽春山谷。

接骨草，出封川陽江，一名四季花，莖緑而圓，葉似指尖，花白。跌傷骨節，搗爛塗患處，可以接骨。《本草》不收。

破布葉，出陽江、陽春、恩平。狀如掌而緑。嶺南舟人多用香煙、毒水迷客，煎湯服之，立解。

蒔蘿，生佛誓國，辛香。今嶺南皆有之，用和五味。

芥藍，葉如芥而緑，花有鉛，不宜多食。諺曰：「多食馬蘭，少食芥藍。」相傳六祖出家後，與獵户處，以此菜投獸肉鍋内隔開，煮熟食之，故又名隔藍。

石耳，肇慶府玉廩峰、玉雀子峰石壁多生石耳，翠花蔚然。采之於日未出時則肥，見日則薄。青石有之，白石則無。

蓬生果，名乳瓜，土名木瓜。樹高一二丈，如椶櫚。葉如蒲葵。近頂節節生葉生瓜，大類木瓜，微有楞，肉白多脂，掐之乳隨指出，醬食甚脆。子如蠶矢。二月下種，一年即高，數年菓少，則伐之。樹皮可食，嫩如蘿蔔，亦可醬食。一名萬壽果。

人面果，樹高數尺，大可合抱。肉青色。土人鹹以鹽蒸食。其核如人面，有眼，合而不開，有鼻有口，第無兩耳耳。

黄芽白，即北方之黄芽菜也。相傳國初兩廣總督某攜菜子至肇慶，命土人種之，形味皆同，然不及北方之甜美。

禾線奈，可密漬，出陽江。

變柑，出新州。苞大皮薄，如洞庭之橘，他柑所弗及。相傳移植不百里，形味俱變，因以爲名。

見《北户録》。

頂湖茶，端州白雲山頂有湖，僧人於巖際種茶，烹之作素馨花氣。

香荔，大如龍眼，無核，極香，出新興。

端州有荔曰譚世祥，蓋以種荔人姓名爲果名也。

沙棠果，出廢瀧州。其味如李，無核，食之使人不溺。

摩厨子，《寰宇記》云産康州端溪縣，一名荆陽樹，又名豕樹，皮味如脂。《異物志》云斯調州州陳藏器《本草》作「國」。有〔一〕，本名摩樹，汁如脂。王象之《輿地紀勝》云：「德慶府端溪縣端山有樹冬榮，其子號曰豬肉，子大於杯。」《元和志》云：「炙而食之，味如豬肉。」阮伯元制軍《廣東通志》曰：「摩樹子、荆陽樹、豬肉子，一物也。」或云脂出於皮，或云肉生於實，乃傳聞異辭耳。

蜜望樹，高數丈，花開極繁，蜜蜂望之而喜，故名。其實色黄，味酸甜，能止暈船，海船兼金購之。又有夭桃，子大如木瓜，渡海者食之不嘔。然不宜於歲事。諺云：「米價高，食夭桃。」蜜望，一名莽果。

卍果，形如卍字，蒂亦如卍字，生食，香甘，名蓬鬆子。

蓬蓬奈，華言破肚子，産於暹羅，如大棗而甜。

冬榮子，蔓生，實大如柚，中有瓤瓣相疊，白如脂，炙食，甘香。

羊齒子，一名羊矢，如石蓮而小，色青，味甘。

青竹子，如桃而圓，味酸，色黄。

漆樹，色甚光明而不甚黏，出陽春、新興、德慶。

櫨木，《本草綱目》曰：「名無患者，何也？昔有神巫，能作符劾百鬼，以此木爲棒，殺之。」《肇慶府志》作「欙木」。

木綿花，一名攀枝花，以吉貝苗接烏柏根，結花爲綿。

都勾樹，《太平御覽》引劉欣期《交州記》云：「都勾樹似椶櫚，中出屑如桄榔麵，可作餅餌。」疑即欙木也。

吐珠木，堅如鐵力，色比紫荆，出封川。

臙脂木，堅緻，色如臙脂，可鏇作器，見范成大《桂海虞衡志》。性極耐土，不易朽，生陽春、陽江山谷中。

梓，大至合抱則爲虎梓，惟嶺南有之。葉似桐而小，木理如楸，多産四會，以色紅者爲上，俗呼羊肝。梓可作琴瑟、棟梁。其色白者爲下。

海苔樹，出陽江海石上，狀如樹，枝如鐵。

楩木數種有畫意。

芸香，古時芸香乃草葉，今之芸香乃山中樹液所結。雜諸香焚之，可薰衣。阮制軍《通志》云芸香有二種，一樹皮，一樹液結成者。嶺以北多用樹液，廣南則用樹皮。魚豢《典略》所云香辟蠹之芸，乃芸草，非芸香樹也。

馬眼香，其藤大如臂，歲久心朽皮堅，自然成香。

金鳳花，黄色如鳳，心吐黄絲，葉類槐，出七星岩。

弔鐘花，出鼎湖山。木本。花紅白色，形如鐘，皆下垂，無仰口者。簇生葉下，每簇九花，嶺南處有之。惟鼎湖山所産，每簇十二花。

篔簩竹，《太平御覽》引《嶺表録異》曰：「篔簩竹可爲錯子錯甲，利勝於鐵。若鈍，以漿水洗之，還復快利。」《肇慶府志》云出陽江、新興、陽春、德慶。

柔筒筍，小而味美，出新興、陽春山谷中。

校勘記

〔一〕「調」，原作「謂」，據楊孚《異物志》改。

廣南禽蟲述

金烏，《太平御覽》引《廣州記》曰：「廣甯縣有金烏，純白，口脚如金，其名自呼〔一〕。」

烏鳳，《桂海虞衡志》曰：「色紺碧，頸毛類雄雞，鬃頭，有冠，尾垂二弱，骨各長一尺四五寸，其杪始有羽一簇，冠尾絶大〔二〕。即青鸞也，五彩，雞形〔三〕，中五音，非常有之物。聲清越如笙簫，妙合宫商，又能爲百蟲之音。生溪洞中，極難得。」《肇慶府志》云出德慶。

鸜鵒，《太平御覽》曰：「羅春勤等州多鸜鵒，翠毛丹嘴，可效人音。但不及隴山者。每群飛數百，山果熟時，遇之立盡。忌以手捫背，犯者即不飲不啄而死。」

淘鵝，即鵜鶘，一名逃河，陽江人謂之水流鵝。下水取魚，頤下皮袋盛水二升，許以養魚。每淘河一次，可充數日之食。漁謡云：「水流鵝，莫淘河。我魚少，爾魚多。竹弓欲射汝，奈汝會逃河。」其詞頗近古樂府。

雲白鳥，出肇慶，能禁蛇。

天蠶，出陽江，飼以樟楓葉。三月以熟醋浸繭抽絲，長七八尺，色如金，堅韌異常，用以緣蒲扇邊。

山蛤，在山洞中，似蝦蟇而大，黄色，不食。能伏息吞氣，飲風吸露。山中人煮以供盤餐。

茘支蟲，色黑有翅，生茘支樹上，食鮮茘含漿者。

蚺蛇，陶弘景言出晉安，蘇恭云出桂、廣以南恩賀等州。今近廣西諸縣皆有之，以紆行舉頭者爲真。

鱗介述

鱊魚作腊，名鵝毛脡。《北户録》曰：「廣州之恩州出鵝毛脡，用鹽藏之，其細如毛，味絶美。」

鰽白魚，口闊目大，色白，肉中細骨參差，頗不適口，而有殊香，令人忘多骨之恨。陽江最多。《明一統志》曰：「陽江人呼爲春魚。」

嘉魚，出肇慶。頭如鼠。其鱗，土人以豕膏炙之，光如明珠。鱗中有脂，甚肥美。

竹魚，《桂海虞衡志》云出灕水，似青魚，味如鱖。今出封川，色如竹葉。

鱘魚，端溪出。此魚春日浮水面，見日則眩，漁者于有日影處取之。又名鱘龍。

文魚，出開建。好食岸邊蒿艾，烹之作艾氣。一名青衣魚，似鯉。

蠣魚，《太平御覽》引沈懷遠《南越志》云：「正黄而美〔四〕，故謂蠣魚。夜則有光。」《嶺表録異》曰：「即横魚，頭髃長鱗皆金色。」今陽江有此魚，似鯽而白，肉性喜温。臘月，漁人立水中，魚争來附，足可掇取也。

魚苗，《嶺表録異》曰：「新瀧等州山田，揀荒平處，開爲町畽。伺春雨，邱中貯水〔五〕，即買鯇魚子散於田内。一二年後，魚兒長大，食草根並盡。既爲熟田，又收魚利，及種禾且無稗草，乃齊民之上術也。」《粤東筆記》云魚花産於西江，南海有九江村，多以魚花爲業。

紅龜，李紳《追昔游集·趨翰苑遭誣搆》詩《自注》：「余到端州，有紅龜，一州人李再榮來獻，稱有里人言吉徵也。余放之江中，回頭者三四，游泳前後，不去久之。」

六目龜，《文獻通考》：「政和四年，端州進六目龜。」

石蟹，《北户録》云恩州出石蟹。今恩平縣無石蟹，藥肆中所貯者皆出廣西。

珍珠蠔，殼内生珠，似蠣房而小。

獸述

石羊，出高要山中，似羊而高大，長角，一孔三毛，服用柔而能久。此《肇慶府志》之文，不甚了了，姑録之以俟考。

羚羊，高要羚羊峽有羚羊，角多節，夜則卦角樹間。

烏犍牛，出陽春、電白等處，毛色光膩，即犤牛也。

潛牛，生西江中，形似魚，能上岸與牛鬥，角軟還入水，堅則復出。《鄺露赤雅》云：「東粤曰潛牛，西粤曰州留。」

果下馬，《桂海虞衡志》云：「出德慶之瀧水者爲最高，不踰三尺。駿者有兩脊，故又名雙脊馬。健行。」失名《雜記》云：「馬卑小，可行果樹下。」故民謡云：「果下馬，相逢爲郎下。果下牛，相逢爲儂留。」亦名石馬。果下牛，牛之卑小者，如蒙古之菜牛，不能耕作，爲盤餐之用而已。

山馬，近廣西深山中皆有之，而陽江尤多。似馬，有角，肉如牛，味美，其皮可爲卧具，能禦濕。

三足鹿，德慶青旗山中有此鹿。相傳秦時龍母蒲媪乘白鹿以出入，農人惡其害稼，母乃斷一足放之，至今有此種。

騰豺山出豺，以其捷於騰樹，謂之騰豺。山中又有狼，作聲諸竅皆動，尾大，好食犬羊，并攫小兒，封川亦産此種。

竹鼠，《御覽》引《交州記》云：「如小狗，食竹根，出封川。」即竹𪕮也，亦名竹㹠，味如鴨肉。

紅飛鼠，《嶺表録異》曰：「出交阯及廣管瀧州，有毛茸茸然，惟肉翼淺黑色，多雙伏紅蕉花間，採捕者獲其一，其一不去。婦人帶之以爲媚藥。」

猴，肇慶、高廉、欽化、羅定等處皆産猴〔六〕，不減於瓊南也。

猿，瓊南産猿，玉面黑毛，通臂長不滿三尺，蓄之者飼以果實，善伺人意。

校勘記

〔一〕「名」，《太平御覽》引作「鳴」。

〔二〕「冠尾絶大」，范成大《桂海虞衡志》作「冠尾絶異，大略如鳳」。

〔三〕「雞」原作「雜」，據《說文・鳥部》改。

〔四〕「正」，《太平御覽》引作「色」。
〔五〕「邱」，原作「印」，據劉恂《嶺表録異》改。
〔六〕「羅定」之「定」原缺，據阮元修、陳昌齊等纂《廣東通志》卷九九《輿地略一七》補。

跋

顧廷龍

右《炳燭齋雜著》四種，清甘泉江鄭堂先生藩遺著未刊之稿。先生少長吾吴，受業於仲林、艮庭之門，淵源紅豆，与同鄉焦里堂齊名，有「二堂」之目。生平博洽羣籍，著述等身，洎得痹疾，自謂幾成鑿齒半人，視富貴如浮雲，惟平生精力半瘁於此，恐魂魄一去，將安秋草，欲謀剞劂，募之同學。方晴江爲作《募梓圖》，宋帥初爲之跋，云：「著有《周易述補》四册、《易大義》三卷、《樂縣考》二卷、《國朝漢學師承記》八卷、《舟車聞見録》十卷，皆繕寫成書矣。」按先生著述實不盡此數種，後經傳布未刻尚多，亦有散佚。即《圖跋》所載《舟車聞見録》十卷卒未刊行者，今載《雜著》僅存四卷，已非全豹。《録》中記載多朝章國故，蓋先生嘗佐治四庫、七閣之事，諳習舊聞，定庵推爲掌故之宗，洵不虚也。後客羊城阮文達督幕最久，所得館金盡易端谿石硯，歸裝壓擔，暴客疑其挾巨金，尾之兼旬，易舟發篋，乃嗤而去。味乎《端硯記》所述，允爲寢饋有得之言。餘如《續南方艸木狀》《廣南禽蟲述》，皆纂於粤中，所謂多識於鳥獸草木之名，亦可貴矣。曩承吾友諸君仲芳介其知好上海楊君季鹿助印《里堂家訓》告成，閔丈葆之關心邑中文獻，寓書拳拳，以繼印先生《雜著》爲屬，俾「二堂」未刊著述相得益彰。時方夕雖籌款，未集而罷，忽忽四年矣。頃与諸君縱譚，偶及斯稿，未刊爲憾，諸君慨然重商，楊君獨任其資，克償宿願。兩君關懷文化高誼，可欽！爰付石印，爲本館《叢書》二集之首。國難未已，物價動盪，瞬息萬變，不皇寄閔丈校訂，他日見之，當亦掀髯稱慰爾。卅七年二月十日顧廷龍識。

隸經文

隸經文目録

隸經文敘

（清）曾釗

文莫盛於漢，《漢書·藝文志》無文家，何哉？《説文解字》：「文，畫也，象交形〔一〕。」然則物類中，一彼一此，同異相錯而成章，皆謂之文。故六藝、諸子，文也；箋注傳疏，亦文也。而後世溺尚詞章，推唐宋八家爲文宗，至於核證典禮、辨訂經傳，則皆外之曰「攷據家」，若不足以語文者。嗚呼！空騁議論，衆口一談，即多至百卷，究何補哉！

國朝崇尚實學，於是朱竹垞、錢辛楣數先生以攷據之文雄，然應酬之作多有。釗嘗惜其不能刪汰，獨存問答經史、題跋金石諸篇。甘泉江鄭堂先生，今之宿儒也，博學無所不通，著作富甚。一日，出《隸經文》示釗命敘，且曰：「此從諸文中刪存者，苟非説經皆不録。」釗受而讀之，真能於前人紛糾同異之説，參互考訂，發所未發，謂之六藝傳注可，謂之自成一子亦可。爰爲編成四卷，以授梓人，并以鄙見附目録後，使爲文者知所從事，無徒騁虚詞焉。鄭堂先生善漢學，不喜唐宋文，每酒後耳熱，自言文無八家氣云。道光元年八月二十六日，南海曾釗謹敘。

校勘記

〔一〕《説文·文部》「畫」前有「錯」字，「形」作「文」。

隸經文卷第一

明堂議

明堂制度，有以爲九室十二堂者，《大戴記·盛德》篇、班固《白虎通》、蔡邕《明堂月令章句》也；有以爲五室者，《考工記·匠人》、鄭康成《周禮》二《記》《注》也。後儒或從鄭《注》，或主蔡説，言人人殊，莫能是正，然而尋其原可窮其流焉。漢興，直秦焚書，典籍無傳，叔孫緜蕝，略而不備。至孝武世，鄉儒術，招賢良，以文學爲公卿，欲議古立明堂城南，未就。及封禪泰山，作明堂於汶上。其時孝武志在求僊，事非稽古，罷儒生之議，用方怪之言，烏足道哉！逮及東京，光武好讖，儒生議禮，不敢不本緯書，而明堂制度又雜以讖緯之文矣。竊謂當從鄭君之説。鄭君深於《禮》，善於讖，其論明堂則本諸經而不言讖，蓋折衷二京諸儒之言，而知讖記、方書之不可信矣。藩不揣譾劣，別黑白而申明之。

《盛德》篇曰：「明堂者，古有之也，凡九室。」二九四、七五三、六一八，此龜文之數，爲術士九宮之法，十二堂之説，本《援神契》，皆出緯書。後人痛詆緯學，獨於明堂則深信不疑，何哉？其述明堂之制曰九室十二堂矣，則二九四、七五三、六一八，合於十五之數者，又何所施乎？且古制有堂必有室，豈此十二堂在九室之内邪，在九室之外邪？抑環九室而列十二堂邪？堂室相配，於數不合；堂室錯綜，於制難通。《文選》張衡《東京賦》云：「乃營三宫，布教班常。復廟重屋，八達九房。」薛綜《注》：「房，室也，謂堂後有九室。」據此，則東京明堂但有九室，亦無十二堂也。《後漢書・光武紀》注引《建武圖》曰：「建武三十一年，作明堂，上圜下方，十二堂法日辰，九室法九州。」此説與平子《賦》言乖異。《建武圖》不知何人所作，昔人皆云不可依據。張衡目擊其制，是當以衡言爲正矣。所以隋宇文愷《明堂議》不從其説，不用十二堂也。《月令章句》之十二堂，此用吕不韋《月令》之文。鄭君謂《月令》爲不韋作，非古制也。晉裴頠亦云漢氏作四維之个，不能令各據其辰，就使其象可圖，莫能通其居用之體[二]，此爲設虚器也。斯言可爲破的之論矣。北魏賈思伯、李謐知蔡説九室之非，而又以《月令》之左右个，謂五室有十二堂，是乃蔡、鄭之調人，豈釋經之正論哉！蔡邕謂天子明堂即太廟，禘祭、宗祀、朝覲、耕籍、養老、尊賢、饗射、獻俘、治曆、望氣、告朔，外政内治皆在其中，袁準《正論》所謂「人鬼煩黷，死生交錯」是也。嗣後袁翻亦從鄭説，則鄭君主五室黜九室十二堂，及宗廟、路寢、明堂三者同制互言，洵爲千古不刊之論矣。

説者又謂《考工記》乃先秦之書，不可爲典禮。嘗考《隋書》《太平御覽》引《周書・明堂》曰：「明堂方一百十二尺，高四尺，階廣六尺三寸。室居中，方百尺，室中方六十尺，户高八尺，博四尺。東，應門；南，庫門；西，皋門；北，雉門。東方曰青陽，南方曰明堂，西方曰總章，北方曰玄堂，中央曰太廟，以左爲左个，右爲右个。」然則《匠人》五室，實本周制，《考工》不可信，豈《周書》亦不可信乎？至於木室東北，火室東南，金室西南，水室西北，土室中央，法《周易》大衍之數，李謐謂用事之交，出何經典，可謂工於異端，言非而博。此妄人之言，不足與辨矣。大凡古時行政之宫，皆南鄉。《易·説卦傳》曰：「離也者，明也。萬物皆相見，南方之卦也。聖人南面而聽天下，鄉明而治，蓋取諸此也。」太廟、路寢、明堂，皆取鄉明而治之義，所以太廟、路寢皆謂之明堂，而明堂則在國之陽也。《玉藻》天子玄端，「聽朔於南門之外。閏月，則闔門左扉，立於其中」，《五經異義》淳于登説明堂在「國之陽，丙巳之地，三里之外，七里之内」，此明證也。若從蔡邕説，則明堂不得在南門之外矣。鄭君太廟、路寢、明堂同制之説，李謐駁之曰：「《尚書·顧命》『迎子釗南門之外，延入翼室』。此之翼室，即路寢矣。其下曰：『大貝，賁鼓，在西房。垂之竹矢，在東房。』此則路寢有左右房見於經史者也。《禮記·喪大記》曰：『君夫人卒於路寢。小斂，婦人髽，帶麻於房中〔二〕。』鄭《注》曰：『此蓋諸侯禮。帶麻於房中，則西房。』天子、諸侯左右房見於《注》者也。論路寢則明其左右，言明堂則闕其左右个，同制之説，還相矛盾，通儒之注，何其然乎？」此謐未讀《鄭志》而慢肆其説耳，《玉藻正義》論之甚詳。其説云：「《孝經緯》云：『明堂在國之陽。』又《異義》淳于登説明堂在『三里之外，七里之内』，故知南門亦謂國城南門也。云『天子廟及路寢，皆如明堂制』者，按《考工記》云：『夏后氏世室。』鄭《注》云：『謂宗廟。』『殷人重屋。』《注》云：『謂正寢。』『周人明堂。』鄭云：『三代各舉其一，明其制同也。』又《周書》亦云宗廟、路寢、明堂，其制同《考工》〔三〕。按《明堂位》：『太廟，天子明堂。』魯之太廟如明堂，則知天子太廟亦如明堂也。然太廟、路寢既如明堂，則路寢之制，上有五室，不得有房。而《顧命》有東房、西房，又鄭注《樂記》云：『文王之廟爲明堂制。』按《覲禮》朝諸侯在文王廟，而《記》云『凡俟於東箱』者，鄭答趙商云：『成王崩時，在西都。文王遷豐、鎬，作靈臺、辟廱而已，其餘猶諸侯制度焉。故知此喪禮設衣物，有夾有房也。周公攝政，制禮作樂，乃立明堂於王城。』如鄭此言，是成王崩時，路寢猶如諸侯之制，故有左右房也。《覲禮》在文王之廟，而《記》云『凡俟於東箱』者，是記人之説誤耳。或可文王之廟，不如明堂制，但有東房西房，故魯之太廟如文王廟。《明堂經》云『君卷冕立於阼，夫人副禕立於房中』是也。《樂記注》稱『文王之廟如明堂制』，有『制』字者，誤也。然西都宮室既如諸侯制。按《斯干》云：『西南其户。』《箋》云：『路寢制如明堂。』是宣王之時在鎬京，而云『路寢制如明堂』，則西都宮室如明堂也。故張逸疑而致問，鄭答之云：『周公制於土中。《洛誥》云「王入太室祼」是。《顧命》成王崩於鎬京，承先王宮室耳。宣王承亂，又不能如周公之制。』如鄭此言，則成王崩時，因先王舊宮室。康王已後，所營依天子制度。至宣王之時，承亂之後，所營宮室，還依天子制度，路寢如明堂也，不復能如周公之時先王之宮室也。若然，宣王之後，路寢制如明堂。按《詩・王風》『右招我由房』，鄭答張逸云：『路寢，房中所用男子。』而路寢又有左右房者，劉氏云：『謂路寢下之燕寢，故有房也。』熊氏云：『平王微弱，路寢不復如明堂也。』」穎達穿穴經傳，貫通鄭義，可謂無義不搜矣。房在堂内，个在堂偏，永和以个爲房，非通論也。

若夫明堂尺寸，公玉帶所上之《圖》，乃方士之説，既不可據，而《建武圖》，亦非定制。故《五經異義》曰：「古《周禮》《孝經》説，東西九筵，筵九尺。南北七筵，堂崇一筵，五室凡室一筵，蓋之以茅。謹案：今禮、古禮各以其義説，無明文以知之。」在鄭君時，其尺寸之制已不可考。《匠人職》

依文解義，乃述古闕疑之意，而後儒鑿空肊斷，豈能合於古制邪？蓋武王初定天下，典章未備，有會同之事，如《覲禮》所云「爲宫於國外，方三百步，四門，壇十有二尋，深四尺，加方明於其上」而已。所以西京無明堂也。迨周公攝政之日，作洛之年，始考古制，作明堂於土中。《禮記·明堂位》「周公避成王，朝諸侯於明堂」者，東都之明堂也。即於此禘郊、配天、頒朔、聽政焉。及成、康時，舉行巡狩之儀，於是方嶽有明堂矣。《孟子》《吕氏春秋》所稱齊之明堂，乃泰山天子巡狩之明堂也。後人不達斯禮，紛糾競争，强作解事，今緣述古義，通其旨趣，惜《禮經》殘缺，求之靡據已。惠徵君從蔡邕《章句》，輯爲《明堂大道録》；古農、艮庭二先生頗疑之，藩申後師之説，不敢苟同於先師云。

廟制議

《虞書》：「正月上日，受終於文祖。歸，格於藝祖，用特。月正元日，舜格於文祖。」《經》云禘郊祖宗，《書》言祖即祖廟也。蓋唐虞時，言祖不言廟。夏殷以來，則兼言祖廟矣。周衰禮廢，秦暴焚書。漢興，諸儒網羅散失，捃拾遺編，興廢繼絶之功大矣哉。然諸儒議廟制多少之數互異。有四廟、五廟、六廟、七廟之殊。四廟見於《喪服小記》，七廟見於《祭法》《王制》，夏五廟、殷六廟見《禮記》鄭《注》，此多少之數見於經者也。韋玄成説五廟，劉歆説七廟，此多少之數見於史者也。晉王肅作《聖證論》，論廟制以難康成。後人惑其詭説，尊之如經，不究經史本文，但以集矢於鄭君爲事，不亦誣乎？昔賢如馬昭、張融，申鄭難王，諸儒謂之附會，謂之不經，於是聖人制作之精義，經師議禮之微言，幾乎息矣。藩學術膚淺，不揣檮昧，疏證而明辯之。

後人云四廟出《喪服小記》。《小記》雖曰立四廟，而實五廟也。其文曰：「王者禘其祖之所自出，以其祖配之，而立四廟。」「以其祖配之」之祖，即祖廟也。是爲始祖廟，併四親廟爲五廟。劉原父不繹經文，妄謂「而立四廟」句上有缺文，當曰「諸侯及其大祖而立四廟」。其意以爲天子七廟、諸侯五廟，此乃諸侯之禮，故用《大傳》文以補之。然上文云「王者禘其祖之所自出」，王者非天子邪？謂之諸侯可乎？且鄭《注》亦以爲五廟。《注》云：「始祖感天神靈而生，祭天則以祖配之，自外至者，無主不上。」又云：「高祖以下與始祖而五，無主不上。」《公羊傳》文何休《注》：「外至者，天神也。主者，人祖也。」證以《曲禮》「措之廟，立之主曰帝」之文，則有主必有廟，其爲五廟，從可知矣。康成夏五廟之説，與《小記》同，後人謂虞夏五廟，康成本之讖緯。考《王制》：「天子七廟，三昭三穆，與太祖之廟而七。」《注》：「此周制。七者，太祖及文王、武王之祧，與親廟四。太祖：后稷。殷則六廟，契及湯與二昭、二穆。夏則五廟，無太祖，禹與二昭、二穆而已。」是康成謂夏五廟，不曰虞、夏五廟也。此必古禮家説，至唐時古説久亡，《正義》無可徵引，乃據馬昭所引《禮緯》唐虞五廟之文，以疏鄭《注》耳。康成之言，未必出於緯，若出於緯，何以不言唐虞，但云夏五廟哉？蓋聖人定禮，廟制緣於服制。四廟者，高、曾、祖、父也。在四服之内，親親著也，故謂之四親廟，以别於親盡則祧之廟，及無服之始祖廟也。所以匡衡《告謝毀廟》曰：「天序五行，人親五屬，天子奉天，率其意而尊其制。是以禘嘗之序，靡有過五，受命之君，躬接於天，萬世不墮。繼烈以下，五廟而遷。」師古曰：「五屬謂同族之五服，斬衰、齊衰、大功、小功、緦麻也。」據匡衡之言，則廟制緣於服制，益信當衡之時，緯學未行，其言必古禮家説，乃康成所本，詎可以緯學重誣康成哉？康成云殷六廟，王肅之徒則曰殷同周制亦七廟。《僞古文·咸有一德》篇「七世之廟，可以觀德」，後人遂以爲殷亦七廟。《呂氏春秋》引《商書》曰：「五世之廟，可以觀怪；萬夫之長，可以主謀。」梅賾竊取其文，改五爲七，以求合於王肅之説。

先師惠徵君曰：「王肅從劉歆之説以駁鄭，於是造《僞古文》者，改《呂氏春秋》所引《商書》五世之廟爲七世。孔鼂、虞喜、干寶皆在《僞古文》已出之後，故亦宗七廟之説，而不知其畔經而離道也。」《商書》曰「可以觀怪」者，怪，鬼也。對文則異，鬼爲人鬼之鬼，怪爲物怪之怪；散文則通，鬼可訓怪，怪可訓鬼。《楚辭·遠遊》篇「忽神犇而鬼怪」是已。鬼謂祧廟也。殷六廟，契與湯爲不祧之廟，四親廟迭毁，至五廟乃必祧之廟，故曰五廟也。五世之廟在四廟之外，不在月祭之中，謂之鬼者，同於去墠爲鬼之義爾。康成周七廟之説，與韋玄成之説同，而周以前五廟之説則不同也。《漢書·玄成傳》詔曰：「蓋聞明王制禮，立親廟四，祖宗之廟，萬世不毁。朕獲承祖宗之重，惟大禮未備，其與將軍、列侯、中二千石、諸大夫博士議〔四〕。」玄成等四十四人奏議曰：「禮，王者始受命而祭天，以其祖配，而不爲立廟，親盡也。立親廟四，親親也。親盡而迭毁，親疏之殺，示有終也。」是玄成謂周以前無始祖廟，立四廟而已。與鄭注《小記》異。其議周制曰：「周之所以有七廟者，以后稷始封，文王、武王受命而王，是以三廟不毁，與親廟四而七。非有后稷始封，文、武受命之功者，皆當親盡而毁。成王成二聖之業，制禮作樂，功德茂盛，廟猶不世，以行爲謚而已。」與鄭注《王制》同。玄成又曰：「臣愚以爲高帝受命定天下，宜爲帝者太祖之廟，世世不毁，承後屬盡者宜毁。

今宗廟異處，昭穆不序，宜入就太祖廟而序昭穆如禮。太上皇、孝惠、孝文、孝景廟，皆親盡宜毁，皇考廟親未盡，如故。」此謂繼高祖者，無文、武受命之功，不得如周之文、武世室，但立五廟而已。玄成謂漢制當如此，非以周制七廟爲非也。後人謂玄成主五廟之説，何邪？至哀帝時，劉歆議孝文、孝武皆有功德於世，當如周制立七廟。其議曰：「高帝建大業，爲太祖；孝文皇帝德至厚也，爲文太宗；孝武皇帝功至著也，爲武世宗。《禮記·王制》及《春秋·穀梁傳》天子七廟，諸侯五，大夫三，士二。天子七日而殯，七月而葬；諸侯五日而殯，五月而葬。此喪事尊卑之序也，與廟數相應。其文曰：『天子三昭三穆，與太祖之廟而七；諸侯二昭二穆，與太祖之廟而五。』故德厚者流光，德薄者流卑。《春秋·左氏傳》曰：『名位不同，禮亦異數。』自上以下，降殺以兩，禮也。七者，其正法數，可常數者也。宗不在此數中。宗，變也。苟有功德則宗之，不可預爲設數，故於殷，太甲爲太宗，太戊曰中宗，武丁曰高宗。周公爲《無逸》之戒，舉殷三宗以勸成王，繇是言之，宗無數也。然則所以勸帝者之功德博矣。以七廟言之，孝武皇帝未宜毁；以所宗言之，則不可謂無功德。《禮記·祀典》曰：『夫聖王之制祀也，功施於民則祀之，以勞定國則祀之，能救大災則祀之。』竊觀孝武皇帝，功德皆兼而有焉。凡在於異姓，猶將特祀之，況於先祖？或説天子五廟無見文，又説中宗、高宗者，宗其道而毁其廟，名與實異，非尊德貴功之意也。《詩》云：『蔽芾甘棠，勿翦勿伐。邵伯所茇。』思其人猶愛其樹，況宗其道而毁其廟乎？迭毁之禮，自有常法，無殊功異德，固以親疏相推及，至祖宗之序，多少之數，經傳無明文，至尊至重，難以疑文虚説定也。」劉歆以殯葬日月之數，爲七廟之制，與五廟五屬之説異。天子七日而殯，七月而葬，及降殺以兩，皆《春秋左氏》

説周制也。云「天子五廟無見文」，又曰「祖宗之序，多少之數，經傳無明文」，是歆以五廟之説無明文可證，定用七廟之制，不以五廟爲非也。

考玄成、劉歆皆以七廟爲周制，後人以韋、劉二家之説爲不同，何邪？且二家亦不言周以前皆七廟也。至王肅僞撰《家語》，衞將軍文子將立先君之廟，使子羔訪於孔子。孔子曰：「天子七廟，自虞至周所不變也。」以爲佐證而難康成，於是撰《僞古文》者，又從而和之，康成之罪，遂同刑書，一成而不可變矣。張融云：「《家語》，先儒以爲肅之所作，故《漢書·藝文志》『《家語》』下師古曰『非今所有《家語》』。」若謂今之《家語》非肅僞作，則哀帝時劉歆手定《七略》，豈不見《家語》？《廟制》篇何不援以爲證，而謂「多少之數，經傳無明文」邪？《聖證論》數高祖之父、高祖之祖廟與文、武而九，此後世九廟之制所繇起也。儒者謂肅述七廟，豈其然乎？如《王制》《穀梁》《荀子》、韋玄成、劉歆皆言周七廟，而玄成以廟數始於五，至周始立七廟，與盧侍中、鄭司農同。東晉以後，確守《僞書》，以爲自虞至周皆七廟，謂鄭君夏五廟、殷六廟之説出於緯書，然則韋玄成之説亦出於緯書乎？是不然矣。且哀、平以前之緯，近於正，亦未可盡廢也。即出緯書，不逾於篤信《僞書》者乎？夏、殷之文獻無徵，自當從七廟之制。至九廟之説，乃新莽篡逆之亂制，王肅據以考定《禮經》，豈非聖門之亂臣賊子哉！

特廟議

特廟者，不在七廟之中。特立一廟，如周之有姜嫄廟也。據劉歆説，宗不在數中，則殷之三宗，必於六廟之外，特立三宗之廟矣。以此推之，則周之成、康刑錯，宣王中興，其功德與殷三宗可以媲美。此三君者，當迭毀之後，亦必特立廟以祀之。又《春秋·昭七年左傳》曰：「敢忘高圉、亞圉？」孔穎達《王制疏》引此文曰：「《左傳注》：周人不毀其廟，而報祭之。」杜預無此《注》，是賈、服《注》也。高圉、亞圉，先公也，親盡之後，尚不毀其廟。而實始翦商之太王、奄有四方之王季，功德茂盛，反毀其廟乎？亦必特立一廟也。凡此當祧之主，不藏於二祧之中，别立廟以祀之，亦世世不毀，不月祭之而已。至諸侯五廟之外，魯有文王之廟、文公之廟、姜嫄之宫，鄭有厲王之廟，皆特廟也。劉歆爲《左氏》學，三宗之説必本之《春秋》古文家説。高圉、亞圉等説，皆見《左氏傳》，與禮家説不合，所以馬融曰高圉、亞圉，周人所報而不立廟也。《詩·烈祖》正義引《異義》「《齊詩》説〔五〕：丞相匡衡以爲殷中宗，周成、宣王，皆以時毀」。是周以成、宣爲宗廟以時毀矣。與融説同。又云：「《古文尚書》説經稱中宗，明其廟宗而不毁。《春秋公羊》御史大夫貢禹説：王者宗有德，廟不毀，宗而復毀，非尊德之義。鄭從而不駁。」是鄭君不以融説爲然也。

昭穆議

昭穆之制有五：廟制之昭穆一也，公墓之昭穆二也，合祭之昭穆三也，賜爵之昭穆四也，世繫之昭穆五也。先儒釋經，秩然有敘，後人比而同之，自紊亂絲，豈能得其端緒哉！今條別陳之。夫不知廟制之昭穆者，由於誤以合祭之儀爲宗廟之制也。其説始於孫毓，謂諸侯五廟，太祖居中，二昭二穆，以次而南。朱子宗其説，議《禮》者固信朱子，莫敢置辨矣。江永《鄉黨圖考》云：

朱子作《中庸或問》，用孫毓説，如此則《聘禮》迎賓不得有每門每曲之揖矣。按賈《疏》則五廟是竝列，每廟有隔牆，隔牆有通門，又謂之閤門。君迎賓自大門内，折而東行，歷三閤門，乃至太祖廟中。曲處逼狹，則主賓有揖，其説甚確。是也。然朱子作《經傳通解》亦引賈説，是朱子始從孫毓，後悟其非矣。考廟制，太祖居中，左昭右穆，並列南向。蓋生必南向，死必北首，所以宗廟宮室皆鄉明而治，惟合祭之禮，則太祖東向，昭南穆北。《漢書・張純傳》曰「祖孫不並坐，而孫從王父」及《決疑要注》「昭明穆順」之文，指禘祫而言，非謂廟制也。如孫毓之説，則太祖之廟必東向，然後昭可以南向，穆可以北向，若太祖南向，則昭西向，而穆東向矣。

公墓之制，則太祖居中，左昭右穆，以次而南，古人葬必北首，故昭穆以東西爲左右，其制見於《三禮圖》與廟制不同。陳祥道《禮書》與廟制並舉，可不謬哉！宗廟、公墓皆左昭右穆，所不同者，南向北首，一並列、一不並立耳。

賜爵昭穆之制，又不然。四時之祭，太祖、昭穆皆南向，則助祭者必東向、西向矣。禘祫之祭，太祖東向，昭南穆北，則助祭者亦昭南穆北矣。長幼有序，在昭與昭齒，穆與穆齒而已，豈必以南向北向爲尊卑之次邪？昭常爲昭，穆常爲穆，固已然，而有后稷以下之昭穆，太王以下之昭穆，别子爲祖之昭穆，三者不同。何謂后稷以下之昭穆？《周官・小宗伯》疏云：「自始祖之後，父曰昭，子曰穆者，周以后稷爲始祖，即從不窋以後爲數，不窋父爲昭，鞠子爲穆。從此以後，皆父爲昭，子爲穆。至文王十四世，文王第爲穆也。」此后稷以下之昭穆也。至武王有天下，追王太王、王季、文王，於是太王爲昭，王季爲穆，文王爲昭，武王爲穆。所以文王稱穆考，亦稱昭考矣，此太王以下之昭穆也。別子之昭穆，如周公，文之昭也。伯禽封於魯，周公別子爲祖矣；則伯禽爲昭，考公爲穆，此別子爲祖之昭穆也。凡此昭穆，皆與廟制不同，烏可援此以證彼哉！後人不明此義，合而論之，自生轇葛，聚訟紛紜，是知二五而不知十者。宋何洵直之徒，又引《喪服小記》「妾祔於祖姑〔六〕」、《雜記》「士不祔大夫」以爲說，徵引繁而義愈晦矣。

校勘記

〔一〕「體」，《魏書·袁翻傳》作「禮」。

〔二〕「帶麻」，原作「帶立」，據《禮記·喪大記》《魏書·李謐傳》改。

〔三〕漆永祥校本（收入《江藩集》，上海古籍出版社二〇〇六年版）云：「『考工』二字，阮元刻《十三經注疏》本《禮記·玉藻》正義作『文』。校勘記曰：『惠棟校宋本「文」作「又」。《考文》引補本同，是也。閩監、毛本並誤。』」

〔四〕漆永祥校本云：「《漢書》卷七三《韋玄成傳》『中二千石』下尚有『二千石』。」

〔五〕「齊詩」，孔穎達《毛詩正義》、許慎《五經異義》均作「詩魯」。

〔六〕漆永祥校本云：「《禮記·喪服小記》『於』下尚有『妾』字。」

隷經文卷第二

公羊親迎辯

《春秋公羊》説天子至庶人，皆親迎；《左氏》説天子不親迎。杜佑《通典》引鄭君康成駁《左氏》説曰：「文王親迎于渭，則天子親迎也。天子雖尊，其於后，夫婦也。夫婦無判，禮同一體，所謂無敵，豈施於此哉？《禮記·哀公》問曰：『冕而親迎，不已重乎？』孔子對曰：『合二姓之好，以繼先聖之後，以爲天地宗廟社稷之主，君何謂已重焉？』此言繼先聖之後，爲天地之主，非天子則誰乎？是鄭以天子當親迎也。」杜元凱以《春秋》祭公逆王后于紀，《傳》曰「禮也」，劉夏逆王后，譏卿不行，皆不譏王不親行，明是天子不當親迎也。文王迎太姒，身爲公子，迎在殷代，未可據以爲天子之禮。孔子之對哀公，自論魯國之法，魯以周公之後，得郊祀上帝，故以先聖天地爲言，非説天子之禮。後儒皆是杜説而非鄭君。愚謂漢儒治《春秋》者，古學與今學互相攻擊，如水火之不相容，鑿枘之不相入，鄭君起而折中之，從古學用《左氏》説，從今學用《公羊》説。引《詩》親迎于渭，《公羊》説也。班固《白虎通》説《春秋》皆用《公羊》家言，其論《昏禮》云：「人君及宗子無父母，自定娶者，卑不主尊，賤不主貴，故自定之也。《昏禮經》曰：『親皆没，己躬命之。』《詩》云：『文定厥祥，親迎于渭。』據此則文王定昏在即位之後，非在爲公子時矣。」孟堅之説，乃《公羊》先師之言，杜預不知有此一解耳。周家文王爲受命王，故《公羊・隱公元年傳》：「王者孰謂？謂文王也。」武周繼述，改正朔，易服色，皆推本文王。蓋當時因文有親迎之事，遂制天子親迎之禮也。不然者，鄭君一代儒宗，豈不知文王爲殷之諸侯，而以爲天子哉？至於《哀公問》，杜謂魯得郊祀上帝，故以先聖天地爲言，然魯郊非禮，先儒論之詳矣。以非禮之禮對哀公，豈夫子之言與？孟子尚且「非堯、舜之道不陳於王前」，而謂聖人爲此言乎？元凱之辭遁矣。

畏厭溺殤服辯

殤者，未成人之喪也。《士禮・喪服》：「年十九至十六爲長殤，十五至十二爲中殤，十一至八歲爲下殤，不滿八歲以下爲無服之殤。」緣制三等之服，長殤、中殤降一等，下殤降二等，以其未成人，故降之也。丈夫之爲殤之服者，齊衰之殤中從上，大功、小功之殤中從下。婦人爲夫之黨服，齊衰之殤中從上，大功、小功之殤中從下，差别之等也。是爲殤服之正者。有非上、中、下三殤者，乃殤服之變也。

曷爲殤服之變？小功殤五月，大夫、公之昆弟、大夫之子爲其昆弟、庶子、姑姊妹、女子子之長殤；緦麻服三月，夫之姑姊妹之長殤是已。小功殤五月，馬融《注》：「大夫無昆弟之殤，此言殤，關有罪若畏厭溺，當殤服之。」鄭《注》曰：「大夫爲昆弟之長殤，小功謂爲士者若不仕者也。以此知大夫無殤服也。」賈《疏》：「大夫無殤服也者，已爲大夫，大夫冠而不爲殤也。大夫二十而冠，而有兄子殤者，已與兄弟同十九，而兄姊於年終死，已至明年初二十，因喪而冠，是以冠成人，而有兄姊殤也。且五十乃爵命，今未二十已得爲大夫者，五十乃爵命，自是禮之常法。或有大夫之盛德，未必至五十爲大夫者也。」賈說非是。馬君，鄭君之師，「以此知大夫無殤服」句，用師說而微破之。馬君之《喪服傳注》具在，故不申述也。鄭注《喪服·小記》論四世、五世，微破師說，而不言季長亦同此例。公彥不察，別爲因喪而冠、年未二十得爲大夫之說，曲爲之解，謬矣。緦麻殤服，三月。馬融注《禮》「三十乃娶，而有夫之姊殤，關有畏厭溺者」，此文鄭君無注，有師說在，不重言之。陳銓曰：「大夫未三十而娶，故有姊殤然矣。夫雖二十則成人。」孔倫曰：「蓋以爲違禮早娶者，制非畏厭溺也。」射慈答徐整曰：「古者三十而娶，禮之常制也。古者七十而傳宗事與子，子雖幼未滿三十，自得少娶，故《曾子問》曰：『宗子雖七十，無無主婦。』此言宗子已老，傳宗事與子，則宜有主婦。」敖繼公曰：「夫之姊無在殤者，此言姊蓋連妹而立文耳。古者三十而娶，何夫姊之殤之有？」以上四說皆屬肊斷，而孔倫之言，尤爲不倫。先王制禮，焉有爲違禮者又制禮服之事哉？馬君深於《禮經》，其說必出於高堂生諸大儒，雖鄭君之博綜羣籍，亦不以馬說爲非，而魏晉儒生，不信師承，好立小異，何邪？

曷爲畏厭溺？《檀弓》：「死而不弔者三：畏、厭、溺。」鄭君注「畏」云：「人或以非罪攻己，己不能有以說之，死之者。孔子畏於匡。」注「厭」云：「行止危險之下。」注「溺」云：「不乘橋船。」蓋謂匡人以非罪罪孔子，孔子微服而行，不死於非命，知命者也。「行止危險之下」者，若孟子云巖牆之下也。「不乘橋船」者，何胤云馮河潛泳也，此不知命者也。然鄭君約略言之，猶有未盡。如溺之不乘橋船，亦有輕生自投者矣。至於畏則有兵刃相接，無勇跳走而死於兵者矣。此三者皆不順正命，得罪君上，得罪祖宗，是以馬君云有罪也。夫殤者，傷也。畏、厭、溺，雖皆有罪，然與三殤同爲凶短折，是可傷已，豈可不降正服而服以殤服哉？所謂「不弔」者，蓋指朋友言之也。即如畏而死於兵者，雖不登於明堂，不入於兆域，然而死於王事，其可傷則一也，故謂之「國殤」。至於免冑銜鬚之士，又不得以殤禮遺、殤禮葬矣。若未成人者，亦可不殤。魯人勿殤童汪踦是已。是喪服上、中、下三殤之外，又有畏、厭、溺之三殤也。漢儒去古未遠，此必先儒傳《子夏傳》者之説，鄭君稱季長爲通儒，豈有通儒而私造典禮者哉？後人不信古人，多無本之言，可謂蔑棄古訓矣。近今又有涵泳經文而不信傳者，變本加厲，滔滔者何所底止乎！

姜嫄帝嚳妃辨

《大戴禮·帝繫》篇：「帝嚳卜其四妃之子，皆有天下。上妃，有邰氏之女曰姜嫄，而生后稷；次妃，有娀氏之女曰簡狄，而生契；次妃，陳隆氏之女曰慶都，生帝堯；下妃，娵訾之女曰常儀，生摯。」與《史記》同。《生民》詩毛公本此作《傳》，其後劉歆、班固、賈逵、服虔、馬融、王肅、皇甫謐等皆以爲然，惟《鄭箋》云：「姜嫄當堯之時，爲高辛氏之世妃。」《鄭志》趙商問：「當堯之時，姜嫄爲高辛氏世妃，意以爲非帝嚳之妃。《史記》嚳以姜嫄爲妃，是生后稷，明文皎然。又毛亦云高辛帝，苟信先籍，未覺其偏隱，是以敢問易毛之義？」答曰：「即姜嫄誠帝嚳之妃，履大人之迹而歆歆然，是非真意矣。乃有神氣，故意歆歆然。天下之事，以前驗後，其不合者，何可悉信？是故悉信亦非，不信亦非，稷稚於堯，堯見爲天子，高辛與堯並在天子位乎？」是鄭以姜嫄爲高辛氏後世子孫之妃也。馬融説《詩》從毛義，王肅申馬説以難鄭，王基、馬昭、張融辨之詳矣，其文見《生民》詩《疏》，不具録。惟是孔《疏》節録諸子之説，未盡鄭君之義，而鄭君之《箋》，亦有意旨未暢者，今詮毛、鄭之説，以己意論斷焉。

厥初生民，時維姜嫄。

《傳》：「生民，本后稷也。姜，姓也。后稷之母配高辛氏帝焉。」《箋》：「厥，其。初，始。時，是也。言周之始祖，其生之者，姜嫄也。姜姓者，炎帝之後，有女名嫄，當堯之時，爲高辛氏之世妃，本后稷之初生，故謂之生民。」謹案：《毛傳》「高辛氏帝焉」，帝者，帝嚳也。鄭易《傳》以姜嫄爲高辛氏之世妃，據《命曆序》云帝嚳傳十世，堯在帝嚳之後，去嚳世甚遠，堯與稷、契皆非帝嚳之子也。孔子删《書》，斷自唐虞，堯以前世次莫考，不知姜嫄爲高辛氏何人之妃，故但云世妃也。是以張融曰：「稷、契年稚於堯，堯不與嚳並處帝位。則稷、契焉得爲嚳子乎？若使稷、契必嚳子如《史記》，是堯之兄弟也。堯有賢弟七十不用，須舜舉之？此不然明矣。《詩》之《雅》《頌》，姜嫄履迹而生，爲周始祖，有娀以玄鳥生商，而契爲玄王，即如《毛傳》《史記》之説，嚳爲稷、契之父，帝嚳聖夫，姜嫄正妃，配合生子，人之常道，則《詩》何故但歎其母，不美其父，而云『赫赫姜嫄，其德不回。上帝是依，是生后稷』？周、魯何殊，特立姜嫄之廟乎？」孔穎達謂融之此言深得鄭旨，是也。

生民如何，克禋克祀，以弗無子。

《箋》：「克，能也。弗之言祓也。姜嫄之生后稷，如何乎？乃禋祀上帝於郊禖，以祓除其無子之疾，而得其福也。能者，言齊肅當神明意也。二王之後，得用天子之禮。」謹案：郊乃天子之祭，惟天子得行，諸侯不敢僭也。《傳》謂帝嚳天子，故得行郊禖之禮。《箋》謂稷與堯皆非嚳子，若爲嚳子，堯自唐侯升爲天子，父死子繼，不得易有天下之號曰陶唐，則堯非嚳子明矣。蓋堯即位後，封帝嚳之子孫於高辛。高辛，地名也，因以爲國名。堯以愙禮待之，故得用天子之禮也。

履帝武敏歆，攸介攸止。載震載夙，載生載育，時維后稷。

《傳》：「履，踐也。帝，高辛氏之帝也。武，迹。敏，疾也。從於帝而見於天，將齊敏也[一]。」《箋》：「帝，上帝也。敏，拇也。祀郊禖之時，則有大人之迹，姜嫄履之，足不能滿。履其拇指之處，心體歆歆然，其左右所止住，如有人感己者也[二]。於是遂有身，而肅戒不復御。後則生子而養長，名之曰弃。舜臣堯而舉之，是爲后稷。」謹案：《傳》謂姜嫄隨帝嚳之後，踐履嚳迹，行事敬而敏疾，故爲神所歆饗，即得懷任。鄭不從者，以姜嫄非帝嚳之妃。帝乃上帝也，若如《傳》言，姜嫄隨夫祀天，豈有不接武於其夫之後乎？又以敏爲疾，豈祭祀之禮以疾爲敬乎？於義難通。「歆」「忻」古今字也。《史記》云：「見巨人跡，心忻然悦，欲踐之，踐之而身動如孕。」「歆歆然」者，即「忻然喜悦」之意也。以「歆」爲「饗」，則履帝武爲一事，齊敏爲一事，天神歆饗爲一事，詞氣不屬，頗嫌蕪累矣。鄭所謂帝者，即感生帝也。《異義》：「《詩》齊、魯、韓，《春秋》公羊説聖人皆無父，感天而生，《左氏》説聖人皆有父。謹案：《堯典》『以親九族』，即堯母慶都感赤龍而生堯，堯安得九族而親之？《禮讖》云『唐五廟』，知不感天而生。玄之聞也，諸言感生得無父，有父則不感生。此皆偏見之説也。《商頌》曰：『天命玄鳥，降而生商。』謂娀簡吞鳦子生契，是聖人感生，見於經之明文也。劉媪是漢太上皇之妻，感赤龍而生高祖，是非有父感神而生者也。且夫蒲盧之氣嫗煦桑蟲成爲己子，況乎天氣因人之精就而神之，反不使子賢聖乎？是則然矣，又何多怪。」鄭駁《異義》，引蒲盧爲證，可謂善於取譬矣。竊謂上古之世，人與天近，多神靈之事；下古以後，在所罕聞。然乾元資始，坤元資生，萬物皆天地所資生，而況於人乎？鄭君引《商頌》之文以爲證，推而廣之，《閟宫》曰「上帝是依」，本《詩》云「上帝不寧」，《詩》辭明言上帝，豈非感生帝之確據乎？許君云：「無父而生，則無九族，不當立五廟，如堯以慶都爲母，是不得不以慶都之夫爲父矣。感生者，感天之精氣而生，非實有人道交接之事也。即堯自知無父而生，然受其長養之恩，可等之路人乎？」叔重之説，拘墟之見耳。王肅以後诸人，謂事出於讖，不可信。然則齊、魯、韓三家《詩》説，《史記》、劉向《列女傳》皆載此事，豈盡出於讖乎？是不然矣。

誕彌厥月，先生如達。不坼不副，無災無害，以赫厥靈。上帝不寧，不康禋祀，居然生子。

《箋》：「姜嫄以赫然顯著之徵，其有神靈審矣。此乃天帝之氣也，心猶不安之。又不安徒以禋祀，而無人道，居默然自生子，懼時人不信也。」謹案：時人不信，後人尤不信矣。作《詩》者恐後人有污辱之毁，故極言其生之易，皆上帝所佑以袪惑傳信也。「居默然生子」者，在胎而母不病，生子而不加病，如無其事者然，故曰「默然」也。

誕寘之隘巷，牛羊腓字之。誕寘之平林，會伐平林。誕寘之寒冰，鳥覆翼之。鳥乃去矣，后稷呱矣。

《箋》：「天異之，故姜嫄寘后稷於牛羊之徑，亦所以異之。」謹案：《鄭箋》順《毛傳》以爲説，謂姜嫄無人道生子，恐人之議己，以爲上帝所生，棄之以顯其神異，然後收養以解衆惑。如鄭君之言，則姜嫄收養后稷，仍居高辛，何以下章「即有邰家室」？《箋》云：「改封於邰，就其成國之家室，無變更也。」若姜嫄收養之後，后稷爲高辛氏之子，當居其國而爲家室焉，何以不居本國，反之有邰而立家室邪？與後説不合。《箋》文必有脱誤，不然則義爲二創矣。愚謂姜嫄之夫，因無人道而生后稷，疑非己子，乃棄之隘巷、平林，而后稷不死，高辛氏必欲其死，又寘之寒冰，姜嫄不忍其子之死，收而養之，遂攜其子之有邰也。若謂姜嫄棄之，姜嫄因無子而祓高禖，其急欲生子明矣，豈有期而生子，反忍心棄之乎？至於天之所異，姜嫄承天異而異之，則棄之隘巷、平林，亦可以顯其異矣，何必寘於寒冰必死之地邪？設無大鳥覆翼，則后稷殭矣。即使姜嫄承天意而顯之於天下，焉能必其有大鳥來邪？豈上帝諄諄然命之曰「有大鳥覆翼之」乎？斯言不可信也。至於王肅寡居棄子之説，則王基辨之詳矣。

實覃實訏，厥聲載路。誕實匍匐，克岐克嶷。以就口食，藝之荏菽。荏菽旆旆，禾役穟穟。麻麥幪幪，瓜瓞唪唪。

謹案：此言后稷生而神聖，於就口食之時，即知稼穡之事。

誕后稷之穡，有相之道。茀厥豐草，種之黄茂。實方實苞，實種實褎。實發實秀，實堅實好。實穎實栗，即有邰家室。

《箋》：「大矣后稷之掌稼穡，有見助之道。謂若神助之力也。后稷教民除治茂草，使種黍稷。黍稷生則茂好，孰則大成。以此成功，堯改封於邰，就其成國之家室，無變更也。」謹案：此章言棄爲后稷，堯嘉其播奏庶艱食之功，封之於邰即就也。故曰「就其成國之家室，無變更也」。蓋高辛氏終疑后稷非己子，姜嫄不安其室，攜子大歸於邰，後邰國絶，稷遂繼位爲君。所以云「成國之家室」也。若寄寓於邰，何謂「成国」乎？舜知其賢，薦之於堯，命爲稷官，嘉其教民稼穡之功，就其已成之國而封之。時高辛氏之國亦絶，於是命稷奉高辛氏之祀，爲二王之後，改有邰之國曰周，故曰改封也。

誕降嘉種，維秬維秠，維穈維芑。恆之秬秠，是穫是畝。恆之穈芑，是任是負，以歸肇祀。

《傳》：「恆，徧〔三〕；肇，始也。始歸郊祀也。」《箋》：「任，猶抱也。肇，郊之神位也。后稷以天爲己下此四穀之故，則徧種之，成孰則穫而畝計之，抱負以歸，於郊祀天。得祀天者，二王之後也。」謹案：此章《傳》與《箋》皆言郊祀，惟《傳》訓肇爲始，《箋》讀「肇」爲「兆五帝於四郊」之「兆」。謂后稷以四種嘉穀歸而祭天，后稷爲二王後，故得郊天也。愚謂《傳》云「郊祀」，兼郊天及宗廟之祀，以后稷就封之國，始舉郊天之典及宗廟羣祀，言郊則二王之後，得行郊天之祭，在其中矣。《箋》讀「肇」爲「兆」，但言郊天，似不若《傳》之隱括毛義爲長。

誕我祀如何，或舂或揄，或簸或蹂。釋之叟叟，烝之浮浮。載謀載惟，取蕭祭脂，取羝以軷，載燔載烈，以興嗣歲。

謹案：此章言后稷行上辛祈穀之禮。

卬盛于豆，于豆于登。其香始升，上帝居歆，胡臭亶時。后稷肇祀，庶無罪悔，以迄于今。

謹案：此章言文、武之功起於后稷，故推以配天焉。

私謚非禮辨

《儀禮・士冠禮記》：「死而謚，今也。古者生無爵，死無謚。」鄭康成《注》：「今，謂周衰，記之時也。古，謂殷。殷士生不爲爵，死不爲謚。周制以士爲爵，死猶不爲謚耳，下大夫也。今記之時，士死則謚之，非也。謚之，由魯莊公始也。」此專爲士而言也。若夫下大夫以上，則無不誄而謚矣。《周官經・太史職》「小喪，賜謚」，《小史職》「大夫之喪，賜謚」，讀誄皆謚之出於朝者也。至於下大夫以下，其有意稱明德者，不得請謚於朝，恐行迹之就湮，於是有私謚焉。漢張璠、荀爽以私謚爲非古，然柳下謚惠，黔婁謚康，私謚始於春秋時，不可謂不古也。蓋周人卒哭而諱。《左傳》申繻曰：「周人以諱事神。名，終將諱之。」名者，死者之名也。故於將葬之時，爲謚以易其名。《檀弓》云：「公叔文子卒，其子成請謚於君曰：『日月有時，將葬矣，請所以易其名者。』」易其名者，以謚易死者之名而諱之也。諱之者，非特子孫不敢斥言而已，且欲使後人亦不敢斥言之。所以《左傳》紀僕來奔，史克之對稱「先大夫臧文仲」，而不名也。若無爵無謚，則柳下惠、黔婁之賢，乃百世之師，豈可使後人斥言其名哉？此私謚之所以不得不舉也。蓋有爵者行事著於朝廷，其謚賜之於上；無爵者行事見於閭里，其謚定之於下。展禽，下大夫也；黔婁，庶人也，皆不得請謚於朝，故門人曾子議私謚焉。曾子問：「賤不誄貴，幼不誄長。」爲諸侯相誄而發，非言私謚也。張璠、荀爽不達斯義，輒生駁難，以譏刺當世，謂爲非禮。劉向《列女傳》：「魯黔婁先生死，曾子與門人往弔焉。曰：『何以爲謚？』」若從張璠、荀爽之言，則曾子爲不知禮矣。

姜嫄廟論

考之《禮》，婦人無廟，何以周、魯皆有姜嫄廟邪？此周之變禮也。姜嫄爲出妻，后稷爲棄子，在有部之時，姜嫄薨，無廟可祔，不得不立姜嫄廟以奉烝嘗。及武王有天下，承西岐舊制，立先妣廟，不在宗廟之中，《周禮·大司樂》「舞《大濩》，以祀先妣」是也。蓋稷處人倫之變，禮文亦不得不變矣。堯命稷奉帝嚳之祀，周立五廟，稷父在五廟之内，以次迭毁，惟姜嫄廟則世世不毁也。然不毁之典，與太祖世室又有差别焉。因姜嫄祈於郊禖而生子，遂以人鬼配天神，祭郊禖之日以姜嫄配焉，故孟仲子謂之禖宫。姜嫄，人鬼也。而周人以神道祀之，故又謂之「神宫」。成王賜魯重祭，魯得祀郊禖，故魯謂之「閟宫」。閟，神也。以姜嫄配祀郊禖，所以不毁。然姜嫄實生后稷，當寘之寒冰之時，收而養之，得以不死，奏千萬世粒食之功，肇七百年周家之業，姜嫄之功德茂矣，豈特劬勞撫育之恩哉！若不别立廟以祀之，非仁人孝子之用心矣。高辛以棄子而不得爲不毁之祖，姜嫄以婦人而不能正東向之位，既不得祔於班，又不能祭於寢，時祭月享，皆不及焉，失報本追遠之誠矣。聖人緣情制禮，名之「神宫」，别於祖廟，配以郊禖，同於郊禘，雖曰變禮，洵天之經、地之義也。

諸侯五廟論

《王制》：「諸侯五廟，二昭二穆，與太祖之廟而五。」《正義》曰：「凡始封之君，謂王之子弟，封爲諸侯，爲後世之太祖，當此君之身，不得立出王之廟，則全無廟也。故諸侯不敢祖天子，若有大功德，王特命立之則可，若魯有文王之廟，鄭祖厲王是也。魯非但立文王之廟，又立姜嫄之廟及魯公、文公之廟，并周公及親廟，除文王廟外，猶八廟也。此皆有功德特賜，非禮之正。此始封君之子，得立一廟，始封六世之孫，始五廟備也。若異姓始封，如太公之屬，初封則得立五廟，從諸侯禮也。」此説非也。就魯之始封而論之，周公相成王，而使其子伯禽代就封於魯，若謂伯禽不得立出王之廟，是時周公尚在，并一廟亦不得立矣。有人民而無祖先，有社稷而無宗廟，體國經野之制，有如此乎？若謂周公薨，魯始得立一廟，夫廟制天子七，諸侯五，大夫三，士一，所謂「降殺以兩」也。以諸侯之尊同於下士，而大夫反得立三廟，上士反得立二廟，降殺之禮，固如此乎？魯公一廟不立，自必反祭於周，四時之祭，以及大祀助祭，一年之中，魯公棄土地人民之責，不遑奔走，何以能三年報政乎？竊謂魯公之國，即得立四親廟，公叔祖類爲昭，太王爲穆，王季爲昭，文王爲穆，以次迭毁。至魏公之世，周公爲始祖，爲太廟，乃别立文王之廟。《郊特牲》「諸侯不敢祖天子」者，謂不得以天子爲所出之祖，非謂不敢禰天子也。如魯至魏公之世，以周公爲始祖，不以文王爲始祖，所謂「不敢祖天子」也。鄭有厲王之廟者，桓公乃厲王少子，始封得立出王之廟，亦如魯制。至六世乃以桓公爲始祖，而别立厲王之廟，豈以有功德而後特賜立之哉？至於宋乃二王之後，既得郊祀，亦得祖天子矣。不可與魯、鄭比而同之也。《正義》本之《五經異義》，而不達匡衡「諸侯不得專祖於王」之義，失《禮經》之旨矣。

六龍解

《易·彖傳》曰：「時乘六龍以御天。」《五經異義》曰：「《易》孟、京説，天子駕六，《易》『時乘六龍以馭天』。」謹案：《王度記》云：「天子駕六，與《易》同。」駁云：「玄之聞也，《易》時乘六龍者，謂陰陽六爻上下耳，豈爲禮制？《王度記》云今天子駕六者，自是漢制，與古異。漢世天子駕六龍，非常法。」鄭君謂《彖傳》六龍之義，乃《乾》升《坤》降，成《既濟》定，乘時變化，不失其正爾。蓋龍有五而無六，龍之生數合於五行，故《管子》曰「龍被五色」，《説文解字》亦云「五龍六甲」。即以《乾》六爻言之，雖六爻皆有龍象，而九三獨稱「君子」，是龍有五而無六也。所以《説卦傳》《乾》爲馬，不爲龍，而蒼龍之象屬之於《震》矣。《彖》言六龍者，猶言六陽也，即六位也。《九家逸象》曰「《乾》爲龍」，此指《乾》之一卦，非謂六爻皆爲龍也。《爻辭》有「五龍」，龍之頭數也。《彖傳》稱「六龍」，説《乾》卦全體之義也。對文則異，散文則通。「六龍」非實有之數，可以釋《易》，不可以制禮也。

重剛而不中解

《易·文言》曰：「九四重剛而不中。」《本義》云：「九四非重剛，重字疑衍。」此説非也。九四之重剛，與九三以《乾》接《乾》之重剛不同，此爲重卦言之也。三畫爲象，六畫稱爻，分天象爲三才，以地兩之而成六畫。四爲重卦之第一爻，以三畫言之，四即爲初矣，故曰：「上不在天，下不在田，中不在人，故或之。」或之者，疑之也；疑之者，謂近於五而不能飛，與二皆以陽居陰而不能見，近於三而非君子，疑其爲初爻之潛伏，而又躍於淵，故或之。「在淵」之「淵」，即「潛」之謂歟？四爲重卦之初爻，是以稱「重剛」，疑其以陽居陽也。別上下卦而言之，四爲外卦之初爻，又爲奇矣，即謂之「重剛」，亦無不可也。若以「重」爲衍字，則自商瞿至北宋治《易》者不可更僕數矣，諸家豈無一語及之邪？虞仲翔《乾》三爻《注》曰「以《乾》接《乾》」，亦謂重卦也。内卦三爻，與外卦四爻比，是謂以《乾》接《乾》云。

雅頌各得其所解

《魯論》：「吾自衛反魯，然後樂正，雅頌各得其所。」何晏《集解》用鄭《注》，而不言「所」字之義。予謂「所」，三所也。《國語》：「周景王曰：『七律者何？』伶州鳩曰：『昔武王伐殷，歲在鶉火，月在天駟，日在析木之津，辰在斗柄，星在天黿。星與日辰之位，皆在北維，顓頊之所建也，帝嚳受之。我姬氏出自天黿及析木者，有建星及牽牛焉，則我皇妣大姜之姪，伯陵之後，逢公之所馮神也。歲之所在，則我周之分野也。月之所在，辰馬農祥也，我太祖后稷之所經營也。王欲合是五位三所而用之，自鶉及駟七列也，南北之揆七同也。故以七同其數，而以律和其聲，於是乎有七律。』」《魯論》「各得其所」之「所」，即《周語》之「三所」也。逢公所馮神，周分野所在，后稷所經緯，謂之「三所」，因三所而合之五位。歲、日、月、星、辰，謂之五位。因五位而合之七列。張、翼、軫、角、亢、氐、房，謂之七列。以七同其數，以律和聲，謂之七律。七律，即七列也。此韋昭説，與杜預《左傳注》不同，杜《注》非，今從韋説。

考伏羲作紀，陽氣之初以爲曆法，建冬日至之聲，以黄鍾爲宫，太簇爲商，姑洗爲角，林鍾爲徵，南吕爲羽。殷以前但有五音，無應鍾爲變宫，蕤賓爲變徵也。至周加此二聲，謂之七音。蓋武王有天下，以三所乃國家受命之符，因七列制七律，變殷之質，從周之文焉。如析木之次，則用應鍾之均，一所也；鶉火之次，則用林鍾之均，二所也；大辰之次，則用夷則之均，三所也。魯備四代之樂，虞、夏、商三代之樂用五音，周樂用七律。至定公時，伶官失職，雅頌之升歌金奏，用六律而不用七律之均，故夫子正樂之音，使七律合於三所，使周之樂不襲三代五音之制，此之謂「各得其所」也。後人以《詩》篇之次第、用《詩》之地釋之，是正《詩》非正樂矣。

化我解

《春秋・桓六年》：「春正月，寔來。」《公羊傳》曰：「寔來者何？猶曰是人來也。孰謂？謂州公也。曷謂之寔來？慢之也。曷爲慢之？化我也。」何邵公《注》：「行過無禮謂之化，齊人語也。」《説文解字》：「化，教行也。」《方言》：「化，譁也。」蓋州公不服教行，燕享之際，喧譁無禮。州公無禮於我，故曰「化我」。無禮於人，齊語亦謂之「化我」。《哀六年傳》：「陳乞曰：『常之母，有魚菽之祭，願諸大夫之化我也。』」何《注》：「言欲以薄陋餘福共宴飲。」《傳》之意若曰魚豆菲薄，不可以供宴飲，願諸大夫不以我爲無禮而過我也。

霣石解

《春秋經·僖公》：「十有六年春王正月戊申朔，霣石于宋五。」《公羊傳》曰：「曷爲先言霣而後言石？霣石記聞，聞其磌然，視之則石，察之則五。」《左氏》《穀梁》經文「霣」作「隕」，與《公羊》不同。許氏《説文解字》曰：「霣，雨也。齊人謂雷爲霣。」此《公羊》説也。公羊子、胡母生皆齊人，以經傳之文著於竹帛，多用齊語，「隕」之爲「霣」，亦「登來」「踊棓」之類矣。孔子修《春秋》，書此事先序所聞隕石之聲如雷，故曰「霣」也。徐而視之則石，徐而察之則五也。《春秋繁露》云：「隕石于宋五，耳聞而記，目見而書，或徐或察，皆以其先接於我者序之。」《傳》「聞其磌然」者，即董子所謂「耳聞而記」也。磌然者，雷聲也。古無「磌」字，當作「填」。屈子《九歌》「靁填填兮雨冥冥」，是可知「磌」之當作「填」矣。《公羊傳》因隕石之聲填然，故爲齊人語作「霣」，言「隕」則「填」不見，言「霣」則「填」見矣。霣訓爲雨，「星霣如雨」，从「霣」之本訓也。「霣霜殺菽」之「霣」，「霜之降如雨」之「雨」也。填之訓引申爲鼓聲。古人制鼓，取法於雷。《禮》：「冒鼓以啓蟄之日。」鄭《注》：「啓蟄，孟春之中，蟄蟲始聞雷聲而動，鼓乃所以取象。」故鼓聲亦訓填也，《孟子》「填然鼓之」是已。「填」通作「闐」，《詩·采芑》「振旅闐闐」是已。

釋言解

《爾雅》之《釋詁》《釋言》《釋訓》三篇，郭景純所謂「九流之津涉，六藝之鈐鍵」也。後之學者，致力於經注，而昧於大題。或云《釋言》之言，古謂之名，今謂之字，恐不然矣。考《説文》「直言曰言」，直言者，如十五國詩人之言，各操土風，與王都之正音不合，作此篇以正方俗之語耳。然列國之言，因時遞變，有古之所有今之所無者，有今之所有古之所無者。自周至晉，先代之絶言多矣，有可知者，有不可知者，故郭《注》多引方言以證經，於其所不知，蓋闕如也。試舉其所知者論之，若「斯、誃，離也」，《注》：「齊、陳曰斯，誃」，是「離」爲雅言，「斯」「誃」爲方言矣。其餘如「怙，恃」「律，遹」之屬，皆古之方言也。「今江東呼母爲恀」，「今呼重鼉爲䵶」，凡言今者，皆晉時之方言也。郭注此篇引方言不下數十處，則《釋言》一篇，以雅言正方俗語爲無疑矣。此必舍人、樊光、李巡、孫炎諸人相傳述之舊聞，非景純創爲之也。

釋訓解

《釋詁》云：「訓，道也。」《説文》：「訓，説教也。」道者，導也，謂順其意以導之也。説者，悦也。《傳》曰「巽語之言，能無悦乎」，故曰説教也。巽訓爲順，見《周易·繫辭》。巽語者，亦順以道之之意。後人以順道釋訓，於義雖通，然尚有所未盡也。訓、順、馴皆从川聲，互爲假借，小學家言之詳矣。所謂訓者，雅馴也。太史公《五帝紀贊》：「其文不雅馴。」《正義》曰：「馴，訓也。」雅馴者，言之文也。《傳》曰：「言者身之文也。」古禮，士大夫惟居喪乃言不文。《爾雅》言有單詞，有重言。重言爲形容之詞，「明明，察也」，順「明」字而重言之，極形容之美也。是「明明」爲雅馴之言，「察」爲直言矣。如《孟子》曰「泄泄猶沓沓」，「泄泄」爲雅言，「沓沓」爲俗語矣。此篇自「明明、斤斤」至

「秩秩，清也」，皆順字而重言之訓也。「畇畇，田也」以下，亦重言形容之詞，而又有別焉。《詩・信南山》「畇畇原隰」，「畇畇」，墾辟皃。《頌》「畟畟良耜」，「畟畟」，耜入地皃。此文飾其詞也。言「畇畇」則知爲田，「畟畟」則知爲耜矣。是爲多文辭之文，似訓詁而又非訓詁也。如「丁丁」本伐木聲，「嚶嚶」本鳥鳴，因見於《小雅・伐木》之什，《韓詩》云：「《伐木》廢，朋友之道缺，所以言丁丁、嚶嚶，則知爲朋友相切磋之道矣。」「藹藹萋萋」，藹藹本訓容止，萋萋本訓盛皃，因見於《大雅・卷阿》之詩，所以言「藹藹萋萋」，則知爲「臣盡力」之美矣。「甹夆，掣曳也」以下，雖非重言，其義一也。

蓋《釋詁》一篇，釋古今之異言；《釋言》《釋訓》二篇，通方俗之殊語，皆雅言也。古人以言語爲樞機榮辱之主也，率爾蒙野哉之誚，辭輯有君子之稱，可不慎哉！《戴記・小辨》篇孔子曰：「《爾雅》以觀於古，是以辨言矣。傳言以象，反舌皆至，可謂簡矣。」是《爾雅》一書，皆正雅俗之音，而《雅》《頌》爲王都之正音，《風》爲列國之方言，四方聲音之別，莫備於《詩》。《爾雅》多釋《詩》詞，其斯之謂歟？

配酏二字解

《説文解字》：「配，酒色也。从酉，己聲。」「酏，酒色也。从酉，弋聲。」藩謂「己」非聲，乃「[illegible]」之誤也。酏，黑色酒也。《漢書・文帝紀贊》：「身衣弋綈。」《注》：「如淳曰：『弋，皂也。』賈誼曰：『身衣皂綈。』師古曰：『弋，黑色也。』」又考《周官》「盎齊」，鄭《注》：「盎猶翁也，成而翁翁然蔥白色，如今酇白。」鄭謂之「蔥白色」者，蓋酒之色青，微有白色，若今人稱碧玉爲蔥管白矣。是當時酒有青色者，有黑色者，合二酒之色則謂之「配」。《考工記》黑與青謂之黻酒之色，與「黻」之義同，故从「己」。「黻」，古作「㠱」，「己」即「㠱」之省也。因配合青、白二色，有合義，所以借爲「妃匹」字矣。配从己，⿰酉弋从弋，是諧聲亦兼會義矣。

校勘記

〔一〕漆永祥校本云：「《詩·生民》毛《傳》『將』下尚有『事』字。」

〔二〕漆永祥校本云：「《詩·生民》毛《傳》『人』下尚有『道』字，江氏引文脱之。」

〔三〕此「偏」字與下文「則偏種之」之「偏」字，原皆作「徧」，漆永祥校本已據《詩·生民》毛《傳》改，今從。

隸經文卷第三

祧廟説

《漢書》王舜、劉歆《廟制議》奏引《王制》《穀梁傳》爲證，其文曰「天子三昭三穆，與大祖之廟而七」，又曰「宗不在數中」，與韋玄成「二昭二穆，文、武世室與大祖廟而七」之説異。文、武世室，見於《禮·明堂位》「魯公之廟，文世室也，武公之廟，武世室也」，鄭《注》：「此二廟，象周有文王、武王之廟也。」又見於《春秋公羊傳·文公十三年》「世室屋壞」《傳》：「世室者何？魯公之廟也。周公稱大廟，魯公稱世室，羣公稱宫。此魯公之廟也。曷爲謂之世室？世室，猶世室也，世世不毀也〔一〕。」舜、歆既據《公羊傳》以孝文、孝武爲不毀之廟，何以不言文、武世室，而曰三昭三穆也？蓋歆引《王制》「三昭三穆」之文，而文、武世室即在其中，不變文言世室矣。後人惑於王肅之邪説，於三昭三穆之上，又加文、武世室與大祖之廟而九，後人謂肅本歆説，弗思甚矣。惟朱子不惑邪説，其論祧廟之制曰：「武王初有天下之時，后稷爲大祖，而祖紺居昭之北廟，大王居穆之北廟，王季居昭之南廟，文王居穆之南廟，猶爲五廟而已。至成王時，則祖紺祧，王季遷，而武王祔。至康王時，則王季祧，武王遷，而康王祔。自此以上，亦皆且爲五廟而祧者，藏於大祖之廟。至穆王時，則文王親盡當祧，而以有功當宗，故別立一廟於西北，而謂之文世室，於是成王遷，昭王祔，而爲六廟矣。至共王時，則武王親盡當祧，而亦以有功當宗，故別立一廟於東北，謂之武世室，於是康王遷，穆王祔，而爲七廟矣。自是以後，則穆之祧者，藏於文世室，昭之祧者，藏於武世室，而不復藏於大廟矣。」

朱子言七廟迭毀之制甚詳，而言廟制則誤。宗廟之制，左昭右穆，皆南向。禘祫之祭，則大祖東向，昭南向，穆北向。朱子誤以禘祫主位爲廟制耳。又謂有七廟之後，穆之祧主藏於文世室，昭之祧主藏於武世室，不復藏於大廟，此申鄭康成之説，以黜難鄭者。孔穎達《王制疏》儒者難鄭云：「《祭法》遠廟爲祧，鄭注《周禮》云『遷主所藏曰祧』，違《經》正文。鄭又云：『先公之遷主，藏於后稷之廟；先王之遷主，藏於文、武之廟。』便有三祧，何得《祭法》云有二祧？」鄭注《祭法》云：「祧之言超也，超上去意也。天子遷廟之主，以昭穆合藏於二祧之中，諸侯無祧，藏於祖考之廟中。」《周禮》：「守祧掌守先王先公之廟祧。」鄭《注》：「廟謂大祖之廟及三昭三穆。遷主所藏曰祧。先公之遷主，藏於后稷之廟；先王之遷主，藏於文、武之廟。」賈《疏》：「后稷廟不名祧者，以有大祖廟名，故稷不名祧也。」公彦又云：「王肅之義，二祧乃是高祖之父、高祖之祖與親廟四，皆次第而遷，文、武爲祖宗不毀矣。鄭不然者，以其守祧有奄八人守七廟，并姜嫄則足。若益二祧，則十廟矣。」公彦惑於王肅之説，不明七廟之義，但舉奄八人之事以破之，不若朱子直舉七廟二祧之文，而肅之説不攻自破矣。惟云七廟已備之後，先公之主不復藏於太廟爲異鄭云。「藏於文、武之廟」者，當周公制禮之時，文、武二廟在親廟之中，故不言世室也。朱子以賈《疏》不以后稷之廟爲祧，於義難通，乃斷爲七廟已備之後，先公先王之主，分藏於二世室之内，所以名二祧，此欲通鄭君之義，而未暢其旨爾。

竊謂祧有二義：當祧不毁之廟謂之祧廟，《聘禮》「不腆先君之祧」，《左傳》「其敢愛豐氏之祧」是也；藏毁廟之主亦謂之祧，《小宗伯》「辨廟祧之昭穆」，《守祧》「掌守先王先公之廟祧」是也。在四屬之中者謂之親廟，在四屬之外者謂之遠廟，后稷廟，文、武世室在四屬之外，非遠廟乎？遠廟即祧廟，不得云違經正文也。守祧之職，守后稷廟先公之祧主，文、武廟先王之祧主。二祧者，指祧主言之，先公之主藏於后稷之廟爲一祧，先王之主藏於文、武之廟爲一祧，是爲二祧，安得有三祧乎？朱子以鄭《注》天子遷廟之主，以昭穆合藏於二祧之中，而不言后稷廟之遷主，乃誤會鄭以七廟已備以後之制釋《經》，遂曰不藏於大祖之廟以附會之耳，殊不知先公之主不入子孫廟也。

藪説

藪者，三分轂圍，去一以爲藪圍。轂圍三尺二寸〔二〕，《考工記》所謂「以其圍之防捎其藪」也。《注》：「捎，除也。防，三分之一也。鄭司農『藪讀爲蜂藪之藪，謂空壺中也〔三〕』。玄謂此藪徑三寸九分寸之五，壺中，當輻菑者也。蜂藪者，猶言趨也。藪，衆輻之所趨也。」戴太史《釋車》：「轂空壺中，所以受軸，謂之轃。」《自注》：「《急就篇》：『輻、轂、輨、轄、輮、軹、轃。』顔師古《注》：『轃者，轂中之空，受軸處也。』」又曰：「轃謂之藪。」《自注》：「轃、藪，語之轉，後人誤以爲三十幅所建，非也。輻菑所入謂之鑿，不謂之藪。」鄭《注》「令輻廣三寸半」，《記》「凡輻，量其鑿深以爲輻廣」，則鑿亦深三寸半也。其圍徑與藪不合。《記》：「參分其轂長，二在外，一在内，以置其輻。」《注》：「轂長三尺二寸者，令輻廣三寸半，則輻内九寸半，輻外一尺九寸。」併之得三尺二寸。大穿在内，小穿在外，則賢深九寸半，軹深一尺九寸也。轂中餘三寸半，在賢、軹之間，其外乃置輻之處，即所謂衆輻所趨之藪也。轂三尺二寸，徑一尺零六六六六二，賢圍一尺九寸二，徑六寸四。參分轂圍，去一以爲藪圍，藪圍一尺零六六六二，徑三寸五分五五三，小於賢徑。轂徑一尺零六六六六二，去藪徑三寸五分五二三，餘七寸一分一一五，中詘之三寸五分五五七五，鑿深三寸半，則藪圍五釐五七五，之外置鑿，其内受軸，即《釋車》所謂受軸也。藪在轂中，其徑小於賢，弱於軹，如壺蘆之束，要即司農所謂空壺中也。

軹説

《記》：「六尺有六寸之輪，軹崇三尺有三寸也，加軫與轐焉，四尺也。人長八尺，登下以爲節。」鄭《注》：「鄭司農云：『軹，害也。』」又：「五分其轂之長，去一以爲賢，去三以爲軹。」《注》：「賢，大穿也。軹，小穿也。」《輪人職》：「弓長六尺謂之庇軹，五尺謂之庇輪，四尺謂之庇軫。」《注》：「玄謂軹，轂末也。」《夏官・大馭》：「右祭兩軹。」《注》：「故書軹爲軒。杜子春云：『文當如此。』」又云：「軹謂兩轊也，或讀軒爲簪笄之笄。」戴太史東原《釋車》「轂末小釭謂之軒」，云「小釭」者，即鄭《注》「凡大小穿皆謂金」也。蓋以轂末謂之軒，軸末謂之轊，如上所引「軹」字，皆當作

「䡅」。《説文》無「䡅」字，讀爲「簪笄之笄」，則作「笄」字亦無不可。軎，《説文》「車軸端也」。軹，「車輪小穿也」。後鄭以軹爲轂末，與前鄭不同。《大馭》謂「軹」爲「軎」，乃杜子春之言，康成皆不從其説。《輿人職》：「參分較圍，去一以爲軹圍。」《注》：「軹，輢之植者、衡者也，與轂末同名。」此乃輢内之軹，非轂末之軹。然則軹有二：一爲輢内之軹，一爲小穿之軹。軸末則謂之軎，不得謂之軹也。

弱説

弱廣三寸半，所以没鑿，菑必更小於弱，然後能入三寸半之鑿，若菑與鑿相等，則不能入鑿矣。《記》「故竑其輻廣，以爲之弱」，承上文「凡輻，量其鑿深以爲輻廣」也。此又以近股之弱爲輻，以没鑿之處爲弱，合言之輻也，分言之輻也、弱也。康成曰「弱，菑也」者，合言之菑也，分言之菑也、弱也。

股骹説

《輪人職》：「轂也者，以爲利轉也。輻也者，以爲直指也。」又曰：「輪輻三十，以象日月也。」《老子》：「三十輻共一轂。」《輪人職》：「參分其股圍，去一以爲骹圍。」《注》：「鄭司農云：『股謂近轂者也，骹謂近牙者也。』」「參分其輻之長而殺其一，則雖有深泥，亦弗之溓也。參分其股圍，去一以爲骹圍。」牙圍尺一寸。《記》：「參分其牙圍而漆其二。」《注》：「漆者，七寸三分寸之一；不漆者，三寸三分寸之二。令厚一寸三分寸之二〔四〕，則内外面不漆者各一寸也。」按：漆者實七寸三分三三三一二一，不漆者三寸六分六六六，并之始合牙圍尺一寸之數。《記》又云：「椁其漆内而中詘之，以爲之轂長，以其長爲之圍。」《注》：「六尺六寸之輪，漆内六尺四寸，是爲轂長三尺二寸，圍徑一尺三分寸之二也。鄭司農云：『椁，兩漆之内相距之尺寸也〔五〕。』」按：轂長三尺二寸，圍與長等。因圍以求其徑，實一尺零六六六六二。賈《疏》：「上經不漆者，外内面各一寸，則兩畔減二寸，故漆内有六尺四寸也。」六尺四寸，去轂徑一尺零六六六六二，餘五尺三分三三三三一。中詘之輻長二尺六寸有奇，入轂之菑、入牙之蚤不與焉。又鄭《注》「輻廣三寸半」，則輻廣三寸五分，長二尺六寸有奇也。《記》：「參分其輻之長而殺其一。」賈《疏》：「假令輻除入轂之中，其長三尺〔六〕，則殺一尺以向牙。」按：「參分其輻之長而殺其一」者，謂股圍也，非骹圍也。故下云「參分其股圍，去一以爲骹圍」。股近轂，骹近牙。公彦以爲向牙，誤矣。輻長二尺六寸六分，參分去一以爲股圍，股圍一尺七寸七八，方徑四寸四分四。參分股圍，去一以爲骹圍，骹圍一尺一寸八五三二，方徑二寸九分六三也。《記》：「參分其轂長，二在外，一在内，以置其輻。」《注》：「令輻廣三寸半。」輻乃總名，分言之菑也、弱也、股也、骹也、蚤也，合言之輻也。「令輻廣三寸半」者，謂弱也。弱者，謂弱於股也。太史所圖之輻，弱、股不分，失之矣。

較説

鄭康成《周官・考工記》注：「較，兩輢上出式者。」賈公彦《疏》：「較，謂車輿兩相，今人謂之平高也。言兩輢，謂車相兩旁豎之者。二者既別，而云較兩輢上出式者，以其較之兩頭，皆置於輢上，二木相附，故據兩較出式而言之云。兵車自較而下，凡五尺五寸者，以其前文式已崇三尺三寸，更增此隧之半二尺二寸，故爲五尺五寸。按《左氏·昭公十年傳》云：『陳、鮑方睦，遂伐欒、高氏。子良曰：先得公，陳、鮑焉往？遂伐虎門。公卜使王黑以靈姑銔率，吉。請斷三尺而用之。』彼《注》云：『斷三尺，使至於較，大夫旗至較。』按《禮緯》諸侯旗齊軫，大夫齊較。軫至較五尺五寸，斷三尺得至較者，蓋天子與其臣，乘重較之車，諸侯之車不重較，故有三尺之較也，或可。服君誤。」彼《注》，服虔《注》也，故云服君。《後漢書·輿服志》：「天子五路，建太常，十有二斿，九仞曳地。」《注》：「鄭衆曰：『太常，九旗之畫日月者。』鄭玄曰：『七尺爲仞，天子之旗高六丈三尺。』」又曰：「龍旗九斿，七仞齊軫，鳥旟七斿，五仞齊較。」則七仞齊軫，諸侯所建也。五仞齊較，大夫所建也。服君《左傳注》「斷三尺」者，斷旗之三尺也。式崇三尺三寸，較崇二尺二寸，去三尺至較，是二尺五寸也。賈君據《禮緯》，言三尺之較者，蓋言斷三尺之較也，與禮制不合。據賈君之説，豈天子與卿士之較，崇六尺歟？豈倍於三尺，故言重較歟？諸侯七仞，四丈九尺也。大夫五仞，三丈五尺也。所謂齊軫、齊較，皆言旗之下與軫較齊耳。賈君之説，雖未明晰，與《毛傳》「重較」之説合。戴太史《釋車注》曰：「左右兩較，望之而重。故《衞風》曰：『猗重較兮。』《毛傳》：『重較，卿士之車。』因《詩》辭傅會爾，非禮制也。」竊謂《毛傳》必有所據，其制不傳耳，未可漫云傅會也。《説文解字》無「較」字，當作「䡈」。「䡈，車騎上曲銅也。」李善《文選注》、徐堅《初學記》引《説文》「騎」作「輢」，「銅」作「鉤」。又《説文解字》：「䡊，車耳反出也。」崔豹《古今注》：「車耳，重䡈。重耳，晉文公名，取此爲義。」應劭《漢書注》：「車轓爲輒，以簟爲之，或用革，所以屏蔽塵泥也。」又曰：「車耳反出，所以爲之藩屏塵泥也。」則車耳反出謂之輒，重耳謂之重較矣。雖「重耳」之制無明文可證，然亦《毛傳》之一證也。總之，舊說不傳，學者於此，闕疑焉可也。

軓轛軫說

《說文》：「軓，車軾前也。从車凡聲。《周禮》曰：『立當前軓。』」《周禮》作「前矦」。矦，俗本誤爲「疾」。邢昺《論語疏》引《周禮》作「前矦」，云「矦伯立當前矦胡」，叔重作「軓」者，所見本異也。《輈人職》：「軓前十尺。」前鄭云：「軓，謂式前也。書或作『軋』。」軋，即《說文》「範」字，省「竹」耳。《說文》：「軷，出，將有事於道，必先告其神，立壇四通，樹茅以依神，爲軷。既祭軷，轢於牲而行，爲範軷。《詩》曰：『取羝以軷。』」「範，範軷也。从車，笵省聲。讀與犯同。」「轢，車所踐也。」《夏官・大馭》：「及犯軷。」讀與「犯」同，故作「犯」。《注》：「犯之者，封土爲山象，以菩芻棘柏爲神主。既祭之，以車轢之而去，喻無險難也。」又《詩》家說曰：「將出祖道，犯軷之祭也。」說與《說文》同。則所謂「軓」者，乃封土爲山也。康成訓軓爲法，謂「輿下三面之材，輢式之所樹，持車正也」，即所謂任正也。戴太史曰：「鄭以輢式之所樹三面材爲軓，又以軓爲任正者，如其說，宜記於《輿人》，今《輈人》爲之，殆非也。」《詩毛傳》：「陰，掩軓也。由輈以上爲軓。」《鄭箋》：「軓在式前，垂輈上，渡深水者必濡陰軓。」《釋名》：「陰，蔭也。橫側車前以蔭笭也。」笭，即「軨」字。軨，《說文》「車轖間橫木」。

轛，《説文》「車横軨」也。《周禮》曰：「參分軹圍，去一以爲轛圍。」轛，康成曰：「式之植者、衡者也。」則轛之在式，猶軹之在輢，一衡二植，外掩以版，版即軓也。故《毛傳》曰「掩」，《釋名》曰「陰」。戴云：「累呼之曰揜軓，如約轂革直曰軝，累呼之曰約軝。」又云：「輢、衡、軸，皆任木。任正者，輈也。衡任者，軸也、衡也。此先發其意，下文乃舉其制。《記》中文體，若是多矣。輿下之材，合而成方，通名軫，故曰『軫之方也，以象地也』。鄭《注》專以輿後横木爲軫，以輢式之所樹三面材爲軓，非也。」此説最爲明晰。下云：「五分其軫間，以其一爲之軸圍。」軸長出轂末，而以軫間爲度，軫間六尺六寸，則可知輿之左右前後木合成方形者，謂之軫矣。《白虎奏議》：「王者仰即觀天，俯即察地，爲輿教之道。」若但在車之前後，則軫不方，其所謂象地者安在哉？《記》：「加軫與轐焉。」康成曰：「軫，輿也。輿方象地，故云軫輿也。是康成亦以左右前後木爲軫。」《記》云：「六分其廣，以一爲之軫圍。」《注》：「軫，輿後横者也。」蓋前軫在式下，左右軫在輢下，獨後軫全體在外，易於比例，舉一以知三耳。《記》又云：「車軫四尺，謂之一等。」《注》：「軫，輿後横木。」戴云：「康成以軫爲輿後横木者，失其傳也。」太史之説，殆未深攷歟！

軸説

軸圍一尺三寸二分，圜徑四寸四分，賢徑六寸四，去金厚一寸，則四寸四分矣。軹徑四寸二分六二，去金厚一寸，則三寸二分六六二矣。藪徑三寸五分五一二，今軸徑四寸四分，可以入四寸四分之賢，斷不能入三寸二分有奇之軹，所謂軸圍者，蓋入賢九寸半之軸也。其入藪三寸半之徑，必小於入賢之徑，其入軹一尺九寸之徑，必更小於入藪之徑。故《補注》曰「軸之兩端入轂中稍削之」是也。至兩轂内之軸，即任輿之六尺六寸，則又爲方徑置輈矣。故《補注》曰：「軸横輿下以任輿，即所謂衡任者是也。」軸，總名也。分言之，衡任也、轐也。兩轂内六尺六寸，衡任六尺六寸，總計軸之長一丈三尺二寸。康成曰：「輿廣六尺六寸，兩轂并六尺四寸，并之一丈三尺也。」此言成數。於下云「旁減軓内七寸，則兩軹之廣凡丈一尺六寸」者，則又減承輿與軓内之一尺四寸耳。

軓後説

《記》：「五分其頸圍，去一以爲踵圍。」踵圍七寸六分八，方徑一寸九分二$\frac{一}{五}$。當兔之方徑三寸六分，踵圍小於當兔之圍一寸八分八。康成曰：「踵，後承軫者也。」以此推之，輿底板當在軫一寸二分八釐之上，軫下出一寸二分八釐，必上屈一寸二分，以承後軫，而輈入輿四尺四寸，當前軫之處，亦必刻爲乚形，以承前軫下出之一寸二分八釐。其形如戈戟之胡，即《記》「胡三之」之胡也。若不刻爲胡形以承前軫，則輿必前仰後底，大抵不安矣。是以《禮》謂之「前侯」，亦謂之「胡」也。叔重所引《周禮》之「立當前軓」者，即矦胡也。然則軓有二：一爲揜板，一爲矦胡也。揜陰之軓，从車凡聲。矦胡之軋，从車笵省聲。所謂祭軓則兼輈者，其此之謂歟？戴太史《釋車》：「輈出軓前穹而上者謂之胡。」「穹而上」者，乃撓曲之象，非矦胡之謂也。

相説

《詩毛傳》：「箱，大車之箱也。」「箱」「相」古字通。賈公彦曰：「較，謂車輿兩相，今人謂之平鬲也。言兩輢，謂車相兩旁豎之者。二者既别，而云較兩輢上出式者，以其較之兩頭，皆置於輢上，二木相附。」據此則較在軫上，如軹之在輢。所謂相者，豈揜版與？太史所圖之較，與輢無異。《釋車》又曰：「大車之較，謂之牝服，其内謂之箱。」賈公彦《車人疏》：「牝服，謂車較，即今人謂之平鬲，皆有孔，内軨子於其中，而又向下服，故謂之牝服也。」「軨」即「𨏩」字。《説文》：「𨏩，楯間子也〔七〕。」「楯，闌檻也。」賈君所謂「平鬲」者，若今窗櫺然矣。蓋較似闌檻，相似窗櫺，賈君之説是也。《尚書大傳》：「未命爲士，車不得有飛軨。」《注》：「如今窗車也。」《左傳》：「陽貨載蔥靈。」蔥靈、窗櫺，音之轉，古今字也。據此，古時士乘役車，不得爲窗櫺也。太史所圖，其役車之制歟？

膚寸説

《公羊傳》曰：「山川有能潤於百里者，天子秩而祭之，觸石而出，膚寸而合。」何邵公《注》：「側手爲膚，案指爲寸。」鄭君注《禮》，皆本《傳》文。《儀禮·鄉射》：「箭籌八十，長尺有握，握素〔八〕。」《注》：「握，本所持處也。素，謂刊之也。刊本一膚。」賈公彦《疏》曰：「《投壺》云：『室中五扶。』《注》云：『鋪四指曰扶，一指案寸。』謂布四指，一指一寸，四指則四寸。引之者，證握膚爲一，謂刊四寸也。」《禮記·投壺》：「籌，室中五扶，堂上七扶，庭中九扶。」《注》：「籌，矢也。鋪四指曰扶，一指案寸。《春秋傳》曰：『膚寸而合。』」繹鄭君《注》義，「膚」通作「扶」，訓爲鋪也。考《說文解字》「膚」乃籀文「臚」字，本訓爲皮，引申爲臚列之義。「鋪四指」者，臚四指也，「膚」與「扶」以音同而通也。訓爲鋪者，音同而義亦同矣。何《注》：「側手爲膚。」側手，覆手也。《玉藻》：「君不覆手，不敢飧。」謂側覆其手，以循咡邊污著之殽粒也。蓋以手接物，不覆手則不能按，故曰「按指爲寸」。言按指者，足成上文爾。凡度物之廣，覆手鋪四指，則知廣之數矣。如室中五扶，二尺也；堂上七扶，二尺八寸也；庭中九扶，三尺六寸也。度物之長，以手之四指握其物，則知長之數矣。如箭籌尺有握，以四指握其本，則知本爲四寸，通計其長，則一尺四寸也。禮：宗廟之牛角四寸。是以《王制》云「宗廟之牛角握」也。四指者，食指、將指、無名指、小指也。然人之小指必小於三指，不能及寸。所謂四寸者，約其大分言之耳。

握素說

《儀禮·鄉射記》：「箭籌八十，長尺有握，握素。」《注》：「握，本所持處也。素，謂刊之也。刊本一膚。」杜佑《通典》引此文作「刊本一云膚」。蓋素一名膚，今《注疏》本奪「云」字耳。《記》又云：「楚朴長如笴，刊本〔九〕。」《注》：「刊其可持處。」《禮記·投壺》：「算長尺二寸。」《注》：「其節三扶可也。或曰算長尺有握，握素也。」孔、賈二《疏》，皆不言「握素」之義，後儒習《禮經》者，亦置而不論。

竊謂《射禮》之「箭籌」，即《投壺》之「算」，皆計獲之籌也。籌與朴皆刊本，其形如矢，故曰如笴。笴，矢之幹也。籌朴之制與矢同，第無鏃羽耳。是以鄭君《投壺注》訓籌爲矢也。《投壺》曰：「矢，以柘若棘，毋去皮。」《注》：「取其堅且重也。」據此，則所謂素者，於握處四寸，去其皮，取其光澤，故謂之素。《説文解字》曰：「素，白緻繒也。从糸𠂹，取其澤也。」是籌朴之制，於本之四寸，刊去其皮，使滑澤不觸手，所以刊本一名握素，又名膚者，則指四寸言之矣。素亦訓爲本，《文選》王子淵《洞簫賦》：「惟詳察其素體兮。」李善《注》：「《方言》曰：『素，本也。』」是竹木之本，皆可謂之素與？鳥之羽白如素繒，其形下𠂹，故𦃃从糸𠂹也。《方言》：「𦃃，訓本也。」郭璞《注》：「今以鳥羽本爲𦃃。」義取之此。

六甲五龍説

《説文解字》：「戊，中宫也。象六甲五龍相拘絞也。」段丈懋堂《注》：「六甲者，《漢書》『日有六甲』是也。五龍者，五行也。《水經注》引《遁甲開山圖》曰：『五龍見教，天皇被迹。』榮氏《注》云：『五龍治在五方，爲五行神。』《鬼谷子》：『盛神法五龍。』陶《注》曰：『五龍，五行之龍也。』」許謂戊字之形，像六甲五行相拘絞也。」戊字五畫，有五龍之形，而無六甲之象，豈可謂象六甲邪？且戊字象形之義，何以必取五龍，又何以必言六甲邪？段丈求其説而不得，乃引《水經注》《鬼谷子》，漫衍支離，通可以已也。

予謂天數五，地數五，自甲至戊，其數五，居十之中，《漢書·律曆志》「五六者，天地之中合」，故曰「戊，中宫也」。以天干加地支爲六甲〔一〇〕，甲子、甲戌、甲申、甲午、甲辰、甲寅也。天干數十，地支數十二。天干之五行，皆一身分陰陽，如甲爲陽木，乙爲陰木是已。地支五行，金、木、水、火皆二身，惟土有四身，辰、戌、丑、未是已。蓋土分王於四季。辰，春之季月也；未，夏之季月也；戌，秋之季月也；丑，冬之季月也。辰屬春，與蒼龍合德，所以辰之禽星爲龍也。五龍者，五辰也。六甲之中，惟甲午旬無辰，是旬有六甲，六甲之中，惟有五辰，辰爲龍，故曰「六甲五龍」也。《漢書》「日有六甲，辰有五子」，孟康曰「六甲之中，惟甲寅無子，故有五子」，同此例也。無子之「無」，古人謂之虛，今人謂之空矣。天干中央戊、己，龍之象，不屬之己而屬之戊，何哉？六甲，甲子爲旬首，甲子旬有戊辰，六甲中無己辰，此龍之象。不屬己而屬戊者，職是故與？古者「八歲入小學，學六甲、五方書計之事」。六甲之義，雖童子能言之。自劉向校定之《古五子》十八篇亡，而世之經生文學，有皓首而不能通其説者矣。

居喪不文説

近日士大夫，居喪不爲詩文，謂之「居喪不文」，以爲知禮，殊不知《禮經》之「言不文」者，非此之謂也。《喪服四制》云：「三年之喪，君不言。《書》云：『高宗諒闇，三年不言。』此之謂也。然而曰『言不文』者，非臣下也〔一一〕。」鄭康成《注》：「言不文者，謂喪事辨不，所當共也〔一二〕。《孝經説》曰：『言不文，指士民也。』」蓋天子、諸侯、卿大夫，居喪不言，不言國事耳。天子、諸侯之喪禮，有百官有司在，卿大夫有家臣在，不言而喪事行，無失禮之愆，至士民之喪事，則必言而後事行，但不文飾其辭爾。《喪大記》所謂「父母之喪，非喪事不言」也。《既夕禮》：「非喪事不言。」鄭康成

《注》：「不忘所以爲親。」若杖而起者，不言喪事，是爲忘其親乎！然「三年不言」者，亦非三年之中絶無一言也。《禮》：「斬衰之喪，唯而不對；齊衰之喪，對而不言。」《雜記》：「天子七月而葬，九月而卒哭。諸侯五月而葬，七月而卒哭。大夫三月而葬，五月而卒哭。士三月而葬，是月而卒哭。」天子、諸侯、大夫、士卒哭受服之後，斬衰之喪，唯而對矣。齊衰之喪，對而言矣。《喪大記》所謂「既葬，與人立。君言王事，不言國事；大夫、士言公事，不言家事。既練，君謀國政，大夫謀家事」也。

古人言喪事而不文飾其言，豈謂詩文哉？今人之詩文，含宫咀商，與古之樂章無異，古人小功尚不及樂，況父母之喪邪？居喪不爲詩文，非言不文，乃《曲禮》所謂「居喪不言樂」也。余曾見一士大夫，在斬衰之時，作詩一卷，名曰《銜恤吟》，徧送弔者，其罪何異於宰我之請期喪，原壤之歌《貍首》乎？不學無術之人，不但不知「居喪不言樂」，且不知世俗所謂「居喪不文」之説矣。

校勘記

〔一〕「公羊傳」，原作「穀梁傳」。「十三年」，原作「十二年」。按：該段引文出自《春秋公羊傳·文公十三年》，漆永祥校本已據改，今從。下句「公羊傳」亦涉上而誤作「穀梁傳」，今一併據改。

〔二〕「三尺二寸」之「二」，原作「三」，據《考工記·輪人》鄭《注》「轂長三尺二寸」及下文「轂三尺二寸」改。

〔三〕漆永祥校本云：「《周禮·考工記》鄭《注》引文，『謂』下尚有『轂』字。」

〔四〕漆永祥校本云：「據《考工記·輪人》鄭《注》『令』下尚有『牙』字，江藩脱誤也。」

〔五〕據《考工記·輪人》鄭《注》，「桲」下有「者」字，「兩」前有「度」字。

〔六〕漆永祥校本云：「據《考工記·輪人》賈《疏》『其』下尚有『外』字，江氏脱誤之。」

〔七〕按：《説文·車部》：「軨，車轄閒横木。从車令聲。轜，軨或从靁，司馬相如説。」《説文·木部》：「櫺，楯閒子也。」與江氏所引不同。

〔八〕「握素」二字原脱，據《儀禮注疏》補。

〔九〕漆永祥校本云：「《儀禮·鄉射記》『本』下尚有『尺』字。」

〔一〇〕「天干」之「干」，原作「幹」，漆永祥校本已據文義改，今從。本文他處「天干」亦如之。

〔一一〕漆永祥校本云：「《禮記·喪服四制》『非』作『謂』。」

〔一二〕「不所」，原作「所不」，據《禮記·喪服四制》鄭《注》改。

隸經文卷第四

釋止

《詩・草蟲》：「亦既見止。」《傳》：「止，辭也。與《小雅・采薇》『作止』同義。」《說文解字》：「此，止也。从止，从匕。匕，相比次也。」此「从止」爲會義，「止」與「此」音相近，亦可通作「止」。所以段丈懋堂云「《釋詁》：『已，此也。』互相發明，於物爲止之處，於文爲止之詞」是也。亦通作「些」。「些」乃「呰」之僞體。《爾雅》：「呰，此也。」《釋文》曰：「郭音些。」《玉篇》《廣韻》：「些，此也。」可證「呰」爲「些」之正體。《楚辭・招魂》句末用「些」字，與此「止」同義爾。又可通作「斯」。「斯」「呰」，《爾雅》皆訓爲此。「斯」又通作「思」，《詩・漢廣》「不可求思」是已。又可通作「只」。「只」，《說文》「語已詞也」。《釋詁》訓「已」爲此，是「此」亦可訓爲已也。《楚辭》句末用「只」字者，音義皆與「呰」通也。以此推之，如茲、嗞、斯、思、此、呰、止、只等字，凡聲音相近者，皆訓爲辭，而可以假借矣。惟「只」爲「已」詞，而「呰」則有「咨嗟」之意。《招魂》不用「只」而用「呰」者，哀呰之詞也。

釋車制尺寸

《輪人》：牙。《記》：「六分其輪，崇以其一爲之牙圍。」《注》：「六尺六寸之輪，牙圍尺一寸。」《記》：「參分其牙圍，而漆其二。」《注》：「漆者七寸三分寸之一，不漆者三寸三分寸之二。」「參分牙圍而漆其二」者，徑一以開三也。密法：漆者七寸三分三三三一二，不漆者三寸六分六六六，併之得牙圍尺一寸。《注》：「令牙厚一寸三分寸之二，則內外面不漆者各一寸。」

轂。《記》：「椁其漆內而中詘之，以爲之轂長，以其長爲之圍。」《注》：「六尺六寸之輪，漆內六尺四寸，是爲轂長三尺二寸，圍徑一尺三分寸之二也。」「漆內六尺四寸」者，賈公彦《疏》：「上經不漆者，內外面各一寸，則兩畔減二寸，故漆內有六尺四寸也。」藩謂轂長三尺二寸，圍三尺二寸，圍徑一尺零六六六六六二。

藪。《記》：「以其圍之防，捎其藪。」《注》：「捎，除。防，三分之一也。玄謂此藪徑三寸九分寸之五。」藩謂藪圍一尺零六分六六六五，圍徑三寸五分五五五五。

賢、軹。《記》：「五分其轂之長，去一以爲賢，去三以爲軹。」《注》：「玄謂此大穿徑八寸十五分寸之八，小穿徑四寸十五分寸之四。大穿甚大，似誤矣。」藩謂賢圍二尺五寸六，徑八寸五分三一。軹圍一尺二寸八分，徑四寸二分六二。《注》又云：「大穿實五分轂長去二，去二則得六寸五分寸之二。凡大小穿，皆謂金也。令大小穿金厚一寸，則大穿穿內徑四寸五分寸之二，小穿穿內徑二寸十五分寸之四。」藩謂「令大小穿」之「令」，今本作「今」，誤。戴君辨之，見《考工記圖》。賢圍一尺九寸二，徑六寸四，去金厚一寸，上下各二寸，則賢徑四寸四分。軹圍徑四寸二分六二二，去金上下二寸，則二寸二分六六二也。《記》：「參分其轂長，二在外，一在内，以置其輻。」《注》：「轂長三尺二寸者，令輻廣三寸半，則輻内九寸半，輻外一尺九寸。」藩謂併之三尺二寸也。

鑿。《記》：「凡輻，量其鑿深以爲輻廣。」鄭《注》：「令輻廣三寸半，則鑿深亦三寸半也。」

弱。《記》：「故竑其輻廣以爲之弱。」弱没鑿之處，廣三寸半。

股、骹。《記》：「參分其輻之長而殺其一，則雖有深泥，亦弗之溓也。」參分其股圍，去一以爲骹圍。」股圍一尺七寸七八，方徑四寸四分四五，骹圍一尺一寸八分五三三，徑二寸九分六三三三。

綆。《記》：「參分寸之二。」綆，出隆三分有奇。

達常。《記》：「圍三寸。」《注》：「圍三寸，徑一寸也[一]。」

桯。《記》：「桯圍倍之，六寸。」《注》：「圍六寸，徑二寸。」《記》：「部長二尺，桯長倍之，四尺者[二]。」桯即杠也。《注》：「杠長八尺，加達常二尺，則蓋高一丈，立乘。」

部。《記》：「信其桯圍，以爲部廣。部廣六寸，長二尺。」《注》：「廣謂徑也。」部厚一寸。《記》：「十分寸之一謂之枚，部尊一枚。」《注》：「枚一分。」

弓鑿。《記》：「弓鑿廣四枚，鑿上二枚，鑿下四枚。鑿深二寸有半，下直二枚，鑿一枚[三]。」戴君曰：「鑿上下合六分，并鑿空四分，共一寸也。」《補注》：「弓鑿外大内小，外縱横皆四分，内縱二分，横一分。下直者對上迤爲言，鑿下外内同四分，鑿下外二分内四分，加部尊焉。」

弓。《記》：「弓長六尺謂之庇軹，五尺謂之庇輪，四尺謂之庇軫。參分弓長而揉其一。」

《注》：「輿廣六尺六寸，兩轂并六尺四，旁減軓内七寸，則兩軹之廣，凡丈一尺六寸也。」賈《疏》：「『旁減軓内七寸』者，七寸以承輿，故旁減軓内七寸。」蓋謂六尺六寸之輿，先減輿内七寸，餘五尺九寸，又以并兩轂六尺四寸，得一丈二尺，再減軓内七寸，總得丈一尺六寸也。《注》又云：「六尺之弓倍之。加部廣，凡丈二尺六寸。」六尺倍之，得丈二尺也，并部廣六寸，丈二尺六寸也。《注》「六尺之弓」者，近部二尺，四尺爲宇曲。

股、蚤。《記》：「參分其股圍，去一以爲蚤圍。」《注》：「以弓鑿之廣爲股圍，則寸六分也。爪圍一寸十五分寸之一。」藩謂鑿廣四枚，枚一分，并之寸六分也。股徑五分三三一，蚤圍一寸零六六九，徑三分五五六一。

尊。《記》：「參弓長〔四〕，以其一爲之尊。」《注》：「尊，高也。六尺之弓，上近部平者二尺，爪末下於部二尺。二尺爲句，四尺爲弦，求其股，股十二除之，面三尺幾半也。」藩謂尊即近部二尺也。二尺爲句，四尺爲弦，弦自乘，得弦實丈六尺。句自乘，得句實四尺。以句實除弦實，餘丈二尺爲股實，所謂「股十二」也。開方除之，股長三尺四寸六分，所謂「面長三尺幾半」也。

《輿人》：「輪。輪崇六尺六寸。」《記》：「輿人爲車，輪崇、車廣、衡長，參如一，謂之參稱。」車，車廣六尺六寸。

衡。衡長六尺六寸，高八尺七寸，衡頸之間七寸。

隧。《記》：「參分車廣，去一以爲隧。」《注》：「兵車之隧，四尺四寸。」

式。《記》：「參分其隧，一在前，二在後，以揉其式。」《注》：「兵車之式，深尺四寸三分寸之二。」一在前，一尺四寸六分六六六二；二在後，二尺九寸三分三三三四。《記》：「以其廣之半爲之式崇。」廣，車廣也。式高三尺三寸。

較。《記》：「以其隧之半，爲之較崇。」較崇二尺二寸。《注》：「兵車自較而下，凡五尺五寸。」較崇二尺二寸，式崇三尺三寸，并之五尺五寸，即輿之崇也。

軫。《記》：「六分其廣，以一爲之軫圍。」《注》：「兵車之軫圍，尺一寸。」因圍以求方徑，徑二寸七分五。

式。《記》：「參分軫圍，去一以爲式圍。」《注》：「兵車之式圍，七寸三分寸之一。」藩謂式圍七寸三分三三三三，方徑一寸八分三三三三一。

較。《記》：「參分式圍，去一以爲較圍。」《注》：「兵車之較圍，四寸九分寸之八。」藩謂圍四寸八分八八八八，方徑一寸二分二二二一。

軹。《記》：「參分較圍，去一以爲軹圍。」《注》：「兵車之軹圍，三寸二十七分寸之七。」藩謂圍三寸二分五九二五，方徑八分一四八一二五。

轛。《記》：「參分軹圍，去一以爲轛圍。」《注》：「兵車之轛圍，二寸八十一分寸之十四。」藩謂圍二寸一分七二八三，方徑五分七六一。

《輈人》：輈。《記》：「國馬之輈，深四尺有七寸。」《注》：「鄭司農云：『深四尺七寸，謂轅曲中。』馬高八尺，兵車、乘車，軹崇三尺有三，加軫與轐七寸，又并衡高八尺七寸也〔五〕。除馬之高，則餘七寸，爲衡頸之間也。」《記》：「田馬之輈，深四尺。」《注》：「田車軹崇三尺一寸半，并此輈深而七尺一寸半。今田馬七尺，衡頸之間亦七寸，則軫與轐五寸半，則衡高七尺七寸。」《記》：「駑馬之輈，深三尺有三寸。」《注》：「輪軹與軫轐大小之減，率寸半也。則駑馬之車，軹崇三尺，加軫與轐四寸，又并此輈深，則衡高六尺七寸也。今駑馬六尺，除馬之高，則衡頸之間亦七寸。」

策。《記》：「軓前十尺，而策半之。」半之，五尺也。鄭《注》：「『十』或作『七』，合七爲弦〔六〕，四尺七寸爲句，以求其股，股則短矣。」七尺爲弦，自乘得弦實四丈九尺。四尺七寸爲句，自乘得句實二丈零九寸。以句除弦，得二丈八尺一寸爲股實。開方除之，得方五尺三寸。馬高八尺，不容馬，故云「股則短」矣。

任正。《記》：「任正者，十分其輈之長，以其一爲之圍。」《注》：「輈，軓前十尺，與隧四尺四寸，凡丈四尺四寸，則任正之圍，尺四寸五分寸之二。」藩謂并十尺與四尺四寸，爲輈之長，是輈長丈四尺四寸矣。十分之一尺四寸四分，則任正之圍一尺四寸四分也。圓徑四寸八分。

衡任。《記》：「衡任者，五分其長，以其一爲之圍。」《注》：「衡任者，謂兩軛之間也。兵車、乘車，衡圍一尺三寸五分寸之一。」藩謂五分其長者，衡長六尺六寸，五分之，取其一爲衡任之圍也。圍一尺三寸二分，方徑三寸三分。

軸。《記》：「五分其軫間，以其一爲之軸圍。」《注》：「軸圍亦一尺三寸五分寸之一，與衡任相應。」藩謂軫間六尺六寸也。軸圍亦一尺三寸二分，圓徑四寸四分。

當兔。《記》：「十分其輈之長，以其一爲之當兔之圍。」《注》：「輈，當伏兔者也。亦圍尺四寸五分寸之二，與任正者相應。」藩謂圍亦一尺四寸四分，方徑三寸六分。

頸。《記》：「參分其兔圍，去一以爲頸圍。」《注》：「圍九寸十五分寸之九。」藩謂頸圍九寸六分，圓徑三寸二分。

踵。《記》：「五分其頸圍，去一以爲踵圍。」《注》：「圍七寸七十五分寸之五十一。」藩謂圍七寸六分八，方徑一寸九分二。

釋由

《說文解字·马部》：「㽕，木生條也。从马，由聲。《商書》曰：『若顛木之有㽕枿。』」案：《說文》無「由」字，而「从由聲」之字不下數十，或謂當作「鹵」，蓋因中尊之「卣」，有由聲也。然「鹵」與「由」字形不同，「鹵」之不可爲「由」顯然矣。艮庭先生欲盡改《說文》「从由聲」之字爲「从㽕省聲」。段丈楙堂云：「若欲改爲㽕省聲，則㽕从由聲，又何說也？」余謂此言是也。蓋許書奪「由」字耳。

阮賜卿問曰：「如先生之言，由爲《說文》奪字，而由字於六書之義安在乎？」答曰：「此甲字之倒文，同倒子爲𠫓之例，象形也。《易·解卦·彖傳》曰：『百果草木皆甲宅。』《禮·月令》：『其日甲乙。』鄭《注》：『時萬物孚甲，因以爲日名〔七〕。』甲，孚甲也，字象草木枝條出地之形，其字當作□，上丨象出地之枝條，下□象根宅之孚皮也。草木枝條皆以自出，所以由訓爲從、爲自矣。」問曰：「於文何證？」曰：「《漢書·三統曆》：『孳萌於子，紐牙於丑，引達於寅，冒茆於卯，振美於辰，已盛於巳，咢布於午，昧薆於未，申堅於申，留孰於酉，畢入於戌，該閡於亥，出甲於甲，奮軋於乙，明炳於丙，大盛於丁，豐楙於戊，理已於己〔八〕，斂更於庚，悉新於辛，懷任於壬，陳揆於癸。』以孳訓子，以紐訓丑，以引訓寅，以冒訓卯，此同義同音互爲訓也，豈獨於甲而不然耶？文當作『出[illegible]於甲』，由之合音爲調，調轉爲卣，卣轉爲槖，槖轉爲洽，洽轉爲甲。此乃由入聲轉平，非由平聲轉入也。合韻有遠近之別，此爲遠合，即古所謂『類隔』也。若作『出甲於甲』，則無所謂互訓，於例亦自相抵捂矣。」問曰：「『出甲於甲』，不符互訓之例。然『申堅於申』，又何説乎？」曰：「『申堅於申』，乃『神堅於申』之壞字。《説文》：『申，神也。』與《示部》『神』字訓『天神，引出萬物』同義，比類會通，又何疑於甲非由字之誤哉？」問曰：「由誤於甲，既聞命矣。然甲隸作甲，篆作[illegible]，何以《説文》『由』字不作[illegible]，而作由耶？」曰：「今有漢瓦當文，上畫二鹿，下篆書『甲天下』三字，可知漢時篆書已有『甲』字，[illegible]可爲甲，則[illegible]可爲由矣。或者許書作[illegible]，後人改爲由，抑或許書本有甲字，亦未可知也。」

原名

天造草昧，萬物無名。黃帝正名百物以明命，《祭法》。使民衣服有章，鄭《注》。是謂垂衣裳，使貴賤分明得其所也。孔《疏》。夫名者，定親疏、決嫌疑、別同異、明是非。教訓正俗，非名不備；分爭辨訟，非名不決；君臣上下，父子兄弟，非名不定。正其名則辨上下、定民志，而天下治。名不正則言不順，言不順則事不成，事不成則禮樂不興，禮樂不興則刑罰不中，刑罰不中則民無所措手足而天下亂。

名，命也。許氏《説文》。天以四德，與人名之曰性，生之所以然者謂之性，散名之在人者也。《荀子·正名》篇。凡民雖有恆性，然民者瞑也。《春秋繁露·深察名號》。瞑之爲言冥也。《毛詩箋》。冥冥無知，《詩正義》。其生之性似目，目臥幽而瞑，待覺而見。《深察名號》。古聖王起而率其所以然之性，而教養之，名之曰禮。畫經界使之樹藝，名之曰井田，則共財《祭法》。矣。設庠序使之絃誦，名之曰學宫，則明倫矣。覺民之瞑，而天下後世治。所以黄帝之壽，極之三百年也。

後王之成名：刑名從商，爵名從周，文名從禮。散名之加於萬物者，則從諸夏之成俗曲期。《正名》篇。刑名從商，墨家者流也。墨翟著書作辨以立名，本惠施、公孫龍，祖述其學，以正形名。《晉書・魯勝傳》。施、龍之徒，亂名改作，以是爲非。楊倞《荀子注》。創爲馬非馬、指非指、堅白石、臧三牙之説，以亂形名。古之法家，用名以明罰飭法，爲大理之首章。《深察名號》。及刻者爲之，則無教化，去仁愛，專任刑法，而欲以致治，《漢書・藝文志》。難矣哉！爵名從周，文名從禮，散名之加於萬物者從諸夏之成俗曲期，儒家者流也。孔子作《春秋》，必先正名，是非之正，取之逆順；逆順之正，取之名號；名號之正，取之天地。天地爲名號之大義也。

有散名，有凡號。《深察名號》。號，名之大者也。何謂散名？形以定名，名以定事，事以驗名，察其所以然，則形名之與事物無所隱其理。凡有三科：一曰命物之名，方圓黑白是也；二曰毁譽之名，善惡貴賤是也；三曰況謂之名，賢愚愛憎是也。《尹文子》。何謂凡號？祭祀之號，祠礿嘗烝；田獵之號，苗蒐狩獮是也。號莫大於深察，王號之大意有五科：皇科、方科、匡科、黄科、往科。合此五科，以一謂之王。王者，皇也、方也、匡也、黄也、往也。是故王意不普大皇，則道不正直而方；不能正直而方，則德不能匡運周徧，則美不能黄；美不能黄，則四方不能往；四方不能往，則不全於王。故曰天覆無外，地載無愛，風行令而一其威，雨布施而均其德，王術之謂也。君之號亦有五科：元科、原科、權科、温科、羣科。合此五科，以一言謂之君。君者，元也、原也、權也、温也、羣也。是故君意不比於元，則動而失本；動而失本，則所爲不立；所爲不立，則不效於原；不效於原，則自委舍；自委舍，則化不行；用權於變，則失中適之宜；失中適之宜，則道不平德不温；道不平德不温，則衆不親安；衆不親安，則離散不羣；離散不羣，則不全於君。

名生於真，非其真，弗以爲名。名者，聖人之所以真物也，名之爲言真也。故凡百譏有黮黮者，各反其真，則黮黮者，還昭昭耳。《深察名號》。正名號，乾坤定，貴賤位，於是君君臣臣、父父子子，稱名不越而天下治矣。真者，誠也，所以成己而成物也。《春秋》辭術，合内外之道也。名不正，則譏之貶之。國氏人名字子，《公羊疏》。書爵書官爵，從周也。筆則筆，削則削，使天下後世亂臣賊子懼，而後世治矣。黮黮爲冥冥無知之民，教以覺之，禮以節之，節文威儀，三千三百，《荀子注》。文名從禮也。牖民於禮法之中，而民無不善矣。發志爲言，發言爲名，《大戴記·四代》篇。故成舊俗、方言，委曲期會物名，《荀子注》。如定穀實之名，則知所以已飢也；定草木之名，則民知所以已疾也，不夭札而登上壽矣。名之時義大矣哉！及瞽者爲之，則苛鉤鈲析亂而已。《漢書·藝文志》。

嗟乎！後世名、法合爲一科，先王制禮之原，不以名教，而以名刑，爲酷吏騰説，奸胥舞文，「殺盜賊非殺人」《莊子》。之姦言起，而求治安，烏可得乎？後王欲成名者，慎之哉！

公羊先師考

西京大儒傳習淵原，《史記》《漢書·儒林傳》序之綦詳，嗣後序録家亦無異論。惟《公羊傳》則後人有胡毋生、董仲舒爲公羊高五傳弟子之説，大謬不然矣。其説本之戴宏，徐彦《疏》引宏《序》云：「子夏傳與公羊高，高傳與子平，平傳其子地，地傳其子敢，敢傳其子壽。至漢景帝時，壽乃其弟子齊人胡毋子都著於竹帛，與董仲舒皆見於圖讖。」徐彦又曰：「胡毋生本雖以《公羊》經、傳授董氏，猶自别作《條例》。」其言不可信也。太史公親見仲舒，故曰「吾聞之董生」，其作《儒林傳》，不言子都、仲舒之師爲何人，蓋不可得而聞矣。若子都、仲舒爲壽之弟子，太史公豈有不知者哉？即班書《儒林傳》亦不言子都、仲舒之師爲壽，第云胡毋生與董仲舒同業，仲舒著書稱其德，年老歸教於齊而已。同業者，同治《公羊》之學，未嘗云以經傳授董子也。陸元朗《經典釋文序録》亦無是説也。戴宏《解疑論》本之圖讖，乃無稽之談，而《隋書·經籍志》《公羊疏》《玉海》皆引以爲説，不信經史而信圖讖，何哉？

《公羊》之學，興於漢初，最著者爲胡毋生、董子。子都歸老於齊，齊之言《春秋》者不顯。董子之弟子遂之者衆，故其説大行於世，如蘭陵褚大，東平嬴公，廣川段仲，温吕步舒，皆通顯至大官。嬴公授東海孟卿及魯眭宏，宏授嚴彭祖、顔安樂，由是《公羊》有嚴、顔之學，彭祖授琅邪王中，中授同郡公孫文及東門雲。安樂授淮陽泠豐及淄川任翁。豐授大司徒馬宫及琅邪左咸。貢禹亦事嬴公而成於眭孟，授潁川堂谿惠，惠授泰山冥都及疏廣。廣事孟卿以授琅邪筦路。路及冥都又事顔安樂，授大司農孫寶。《釋文序録》之説如此。是前漢時嚴、顔之學盛行，皆仲舒之學也。胡毋生之弟子，惟公孫宏一人，餘無聞焉。

爰及東京，多治《嚴氏春秋》，見於范書《儒林傳》者，則有丁恭、周澤、鍾興、甄宇、樓望、程曾六人。治《顏氏春秋》者，惟張君夏一人，張氏兼説嚴氏、冥氏，「冥」《後漢書》誤作「宣」。亦非專治顏氏之學者。至於李育，雖習《公羊》，然不知其爲嚴氏之學歟？顏氏之學歟？何休之師，則博士羊弼也。《傳》稱休與弼追述李育意以難二《傳》，作《公羊墨守》，則休之學出於李育，無所謂嚴氏、顏氏矣。其爲《解詁》，依胡毋生《條例》，自言多得其正，至於嚴、顏之學，則謂之「時加釀嘲辭」，又曰「甚可閔笑」，然則休之學出於育，育之學本之子都矣。今之《公羊》乃齊之《公羊》，非趙之《公羊》也。董子書散佚已久，傳於世者僅存殘闕之《繁露》，而其説往往與休説不合，《繁露》之言「二端十指」，亦與《條例》之「三科九旨」迥異，仲舒推五行災異之説，《漢書·五行志》備載焉。休之《解詁》，不用董子之説，取京房之占，其不師仲舒可知矣，則其所稱先師者，爲胡毋生、李育之徒，非仲舒、彭祖、安樂也。是董子之學，盛行於前漢，寖微於後漢，至晉時其學絶矣。若夫晉之劉兆、王接父子，絶無師法，合《三傳》而別一尊，不特非胡毋生、董子之學，並非公羊高之學也。

徐心仲論語疏證序

敘曰：《論語疏證》者，江都徐君心仲之所著也。《論語》者，班固云：「孔子應答弟子時人，及弟子相與言而接聞於夫子之語。當時弟子各有所記，夫子既卒，門人相與輯而論纂，故謂之《論語》。」漢興，齊人所傳謂之《齊論》，魯人所傳謂之《魯論》，出孔子壁中者謂之《論語古》。至安昌侯張禹，受《魯論》於夏侯建，又從庸生、王吉受《齊論》，擇善而從，著《張侯論》，最後行於漢代。東漢包咸、周氏並爲《章句》，立於學官，餘家寖微，由是《齊》《魯》二家之説，合而爲一，莫能考其孰爲

《齊》孰爲《魯》矣。漢末，大司農鄭玄，就《魯論》篇章，考之《齊》《古》，爲之注，今不傳。度其書當如《儀禮》《周禮》注，明古文、今文故書之例，亦注《齊論》作某字、《魯論》作某字、《論語古》作某字也。何晏《集解》篇章既用《魯論語》二十篇之次第，又採鄭說，則晏所注之本，乃鄭氏學。其書正始中盛行於世，由是《張侯論》寖微，而《齊》《魯》《古》三家之説合而爲一，又不能考其孰爲《齊》《魯》，孰爲《論語古》矣。嗟乎！士處千百年之下，安能汲寖微之古義於千百年之上哉！自不得不以《集解》爲主矣。疏者，以聲音訓故，疏明經文，如鄭樵所云「釋人所不釋者，不釋人所釋者」。何晏集諸家之説，義多二創，互有得失，證者或解訓詁以引申其説，或援據他書以證其説之不安，此《疏證》之所爲作也。

且邢昺《正義》晚出於世，雖間引李充諸人之説，然疏於六書，失於考訂，如《鄉黨》之「執圭」，既引頫聘之「圭璋」，復雜以天子命圭之文。《先進》於顔淵死，據王肅僞作之《家語》，疑伯魚死在顔淵後，無學無識，殆古所謂俗儒歟！皇侃《義疏》，其書久亡，今得自足利，又屬贋鼎，則自蜀譙周以下，東西兩晉諸儒之説又絶。至於有宋一代，竊漢儒仁義禮智之緒餘，創爲道學性理之空談，其去經旨彌遠。明季專尚制義，囿於見聞，第乞靈於新安，幾不知世有平叔，更無論矣。我國家龍興一百五十二年，崇尚實學，培養人才，治古學、工文章者，炳焉與兩漢同風。然多治大經而不治小經，若閻若璩《四書釋地》之作，江慎修《鄉黨圖考》之書，一則隨筆漫書，一則專詳制度，而博綜羣籍、專攻全經者，則未之有。此又《疏證》之不可不作也。

乾隆六十年藩駐揚州，與徐君親善，講習經義，每相遇，輒日旰忘食，夜分不寢，出其書屬藩敘之，因述《論語》源委，以釋其著書之意如此。昔《張侯論》出，諸儒爲之語曰：「欲爲《論》，念張文。」今當移贈徐君矣。

書夏小正後

《夏小正》，《大戴記》之一篇也。宋傅崧卿、朱子、金履祥皆肄《小正》。至國朝，則有崑圃王氏、東原戴氏、秋帆畢氏、巽軒孔氏，皆能抉奥旨，通隱義，而於篇名《小正》之義反忽焉。説者有曰：「『緹縞』《傳》：『何以謂之？《小正》以小著名也。』緹乃物之微者，記動植之微物，著名於經，爲《小正》之通例，於此發其凡。」

予以本文核之，殊不然也。其記時有雷，雷聞百里，聲之大者也。俊風，俊，大也，風之大者也。霖雨，雨三日爲霖，雨之大者也。記星，曰鞠、曰參、曰斗、曰昴、曰南門、曰大火、曰辰，星之大者也。辰繫於日，漢案户，天象之大者也。記動物，曰鴈、曰鴻、曰鷹，禽之大者也。曰俊羔、曰馬、曰熊羆豹貉、曰豺、曰麇鹿，獸之大者也。曰鮪、曰鱓，魚之大者也。記植物，曰桐、曰桑，木之大者也。記典章，曰用暢、曰萬用入學、曰綏多士女、曰祈麥、曰始蠶、曰王狩，禮樂之大者也。《小正》一篇，天象、典禮、草木、蟲魚、鳥獸，無所不書，烏得云但記動植之微者乎？竊謂「小」，《説文解字》曰：「从八丨，見而分之。」八訓爲别，則「小」字微訓之外，又兼分、别二義。蓋見天象及動植之物應於時者，以十二月分别記之也。著，見也。故曰「以小著名」也。是《小正》之「小」，當訓爲分、爲别，不訓爲微矣。此乃一己之曲説，質之禮家，未識以爲然否。

書阮雲臺尚書性命古訓後

宋儒性命之學，自謂直接孔、孟心原，然所謂「因其所發而遂明之以復其初」，實本李翺《復性書》，以虛無爲指歸，乃佛氏之圓覺，不援墨而自入於墨矣。其謂「反求之《六經》」者，不式古訓，獨騁知識，亦我用我法而已，與陸子静「《六經》爲我注脚」之言，何以異乎？蓋性有五：木神則仁，金神則義，火神則禮，水神則信，土神則知，陽之施也。情有六：喜在西方，怒在東方，好在北方，惡在南方，哀在下，樂在上，陰之化也。聖人恐陰之疑於陽也，制禮樂以節之。《召誥》曰「節性」，《中庸》曰「喜怒哀樂之未發謂之中，發而皆中節謂之和」是已。《孝經説》曰：「性者，生之質命，人所稟受也。至於三科之壽命、遭命、隨命，亦稟於天者，務仁立義，毋滔天以絶命，是謂知命之君子。」此皆七十子之微言大義，古聖賢性命之説不外是矣。後人不求之節性復禮，而求之空有，云「復其性，復其初」，即法秀「時時勤拂拭，免使受塵埃」偈語之義。是不知此義在彼法中已爲下乘，今竊其説而津津乎有味言之，豈不謬哉！

雲臺尚書述聖經古訓以詘之，使千古沉霾之精義，一旦軒露，可謂功不在禹下。讀是書者，勿以躁心乘之，勿以舊説汩之，盡心以求其藴，存性以致其用，大可以探禮樂之原，致治平之要；小可以進德居業，樂行憂違矣。

答程在仁書

昨接手書，因有事入城，不暇裁答，惶悚之至。承問居喪稱「棘人」之説，藩以爲不然。《檜風・素冠》詩《箋》云：「《喪禮》：子爲父，父卒爲母，皆三年。時人恩薄禮廢，不能行也。」蓋時人不能終喪，練祭之後，即服吉服，詩人之意，若曰庶幾得見冠練冠之人，以刺當時不能盡禮之人也。苟有能盡禮之人，則其人必急於哀戚，而形貌欒欒然膄瘠矣。《正義》曰：「棘，急也。情急哀戚，其人必膄。」此「棘人」之義也。居喪至十三月之後，而能哀戚以至形容膄瘠，可謂孝子矣。今自稱「棘人」，儼然以孝自居，可乎不可乎？況世俗之訃書、門狀，皆稱「不肖」，既稱「不肖」矣，忽然又稱「孝子」，豈不自相矛盾邪？藩謂居倚廬之時，稱「斬衰」或稱「在苫」；既葬之後，稱「受服」，期而小祥，則稱「練」；大祥，則稱「縞」；中月而禫，則稱「禫」。然古人居喪，本無稱謂，但世風日下，至於今日，何能事事復古哉？妄爲此説，庶幾不悖於《禮經》，亦可挽世俗相沿之陋習。質之足下，以爲然否？

與伊墨卿太守書

藩在江寧，驚悉尊甫歸道山之信，抵舍見訃，有「稽顙拜拜稽顙」之文，藩作弔入署，見門狀亦然，心竊疑之。及讀閣下所刊《陰静夫先生遺文》，始知「稽顙拜拜稽顙」之説，出於陰先生。蓋謂丘瓊山創立訃書，妄用「泣血」，於是用《檀弓》「拜而後稽顙，稽顙而後拜」之文，去「泣血」二字，定爲「稽顙拜」。

藩謂「稽顙拜」，用之於世俗之謝帖則可，用之於訃書、門狀則不可。何以明之？居喪之拜有二：一答賓拜，一答問賜之拜。《檀弓》：「孔子曰：『拜而后稽顙，頹乎其順也。』」鄭君康成《注》：「此殷之喪拜。頹，順也。先拜賓，順於事也。」「稽顙而后拜，頎乎其至也。」鄭《注》：「此周之喪拜也。頎，至。先觸地無容，哀之至也。」蓋賓來弔，則先拜而后稽顙，殷禮也。周禮則先稽顙而后拜。《士喪禮》所謂「有賓則拜之」是也。若非來弔之賓，但稽顙而已，此答賓拜也。至於晉獻公之喪，秦穆公使人弔，公子重耳稽顙而不拜者，孔穎達《正義》曰：「此穆公本意勸重耳反國，重耳若爲其後則當拜，今不受其勸，故不拜。穆公以其不拜，故云未爲後也。」然則重耳之不拜，乃禮文之變，非禮之常經矣。《雜記》：「三年之喪，以其喪拜；非三年之喪，以吉拜。」鄭《注》：「謂受問受賜者也。稽顙而后拜曰喪拜，拜而后稽顙曰吉拜。」此答問賜之拜也。今之謝帖，是答賓拜也。至於出訃書、門狀之時，既無弔問之賓，又無賜與之事，何拜之有？芻蕘之論，呈之閣下，乞恕冒昧之罪。幸甚！

節甫字説

藩弱冠時，受《易》漢學於元和通儒艮庭徵君，始知六日七分，消息升降之變，互卦、爻辰、納甲之説，迄今三十年矣。藩生於乾隆二十六年三月二十二日，至嘉慶十五年，符大衍之日十辰十二星二十八之數。先儒云：「聖人幽贊於神明而生蓍。」因創爲大衍四象之法，以作八卦，卦扐之術，協假年之文。乃擇元日令辰，啓櫝出筮，而命之曰：「假爾泰筮有常。尚辭尚變，尚占尚象，得失吉凶，知來藏往，惟爾有神，受命如嚮。」得《坎》之《節》，本漢儒之義而爲之説曰：

《坎》之初爻：「習坎，入于坎窞，凶。」窞，《坎》中小坎也。則五十年爲重《坎》之象，入窞坎之内，所以身處蓬户，辱在泥塗，如蛇之蟠於淖，獸之困於檻矣。處重險之中，思動而出險，見異物而遷，設反道之行，以追時好，而取世資，然不免於飢寒，且動輒得咎，幾蹈於阽危。是欲被文繡，食粱齒肥，反不若衣裋褐，啥菽飲水之爲得也。變而之《節》。節，止也。今而後其出坎而知所止乎。《節》之《爻辭》曰：「不出户庭，无咎。」《泰》三之五，《泰》《坤》爲户，初應四，四互《艮》，《艮》爲庭。卦體自二至四，又互《震》，《震》爲出，得位應四，故无咎。《象》曰：「不出户庭，知通塞也。」《坎》爲通，一變《坤》，《坤》土爲塞，當位宜守，《坤》塞不中正，不可求《坎》通，止之象也。「子曰：亂之所生也，則言語以爲階。君不密則失臣，臣不密則失身，幾事不密則害成，是以君子慎密而不出也。」君子知通塞之有時，戒慎密以自惕，可以无咎矣。《繫辭》曰：「《震》无咎者存乎悔。」自兹以往，知悔而善補過，不可纖介不正，而使悔吝爲賊焉。

嗟乎！今世之人，舉孝廉，策科甲，紫其綬而丹其轂者，豈盡瞻知之人哉，亦時之通塞而已。通則可爲，塞則不可爲，知塞而爲不可爲，不知止也。揚子曰：「爲可爲於可爲之時，則從；爲不可爲於不可爲之時，則凶。」知言哉！此揚子之所以守玄而不尚白也。藩竊比揚子之《玄》，守先師所傳之經，爲章句之徒，抱一藝以終老於家，可謂居而安，樂而玩者夫！因自號「節甫」，洎如也。

校勘記

〔一〕漆永祥校本云：「《考工記·輪人》鄭《注》『二』作『一』。」

〔二〕漆永祥校本云：「《考工記·輪人》『者』下尚有『二』字。」

〔三〕「鑿一枚」之「鑿」字，漆永祥校本云：「《考工記·輪人》『鑿』下尚有『端』字，江藩脱誤。」

〔四〕漆永祥校本云：「《考工記·輪人》『參』下尚有『分』字，江藩脱誤。」

〔五〕漆永祥校本云：「《考工記·輿人》『并』下與『衡』之間，尚有『此輈深則』四字，下文所引皆未删，則此句亦當並引，文義方明，江藩删省不當也。」

〔六〕漆永祥校本云：「『合』，阮元《注疏》本改作『令』。《校勘記》：按『合』當『令』字之訛，《九章·盈不足》有『假令』。」

〔七〕漆永祥校本云：「鄭《注》原文爲：『時萬物皆解孚甲，自抽軋而出，因以爲日名焉。』」

〔八〕「理己」之「己」，漆永祥校本云：「《漢書》卷二一《律曆志上》引此『己』作『紀』。」

隸經文跋

（清）吴蘭修

《隸經文》四卷，甘泉江鄭堂先生撰。先生受學於元和惠氏，博綜羣經，尤深漢詁，凡單辭奥義，皆能旁推交通，以得其説。無膠執讖緯之弊，有翼輔馬、鄭之功。近日通儒，舍先生其誰哉！蘭辱先生交厚，且服膺是書，乃與曾君勉士校而刻之，兩月而功畢。初，先生著《漢學師承記》八卷，於國朝經學淵源，靡不綜貫，而阮儀徵公又欲萃國朝經説，條繫之爲《大清經解》一書，以屬先生。先生今年六十有一矣，矍鑠健飯，揆諸申公、伏生之年，正未有艾。蘭將企踵以望其成也。道光元年九月嘉應吴蘭修跋。

續隸經文

顧命康王之誥辨

天子之禮，與大夫、士不同，《禮經》殘缺，其詳不可得聞矣。惟顧命報告之儀文，具見于《顧命》《康王之誥》二篇。兩漢儒者，深究《禮經》，不爲異説，即王肅之徒，亦不敢任意倍經。至宋時，乃有蘇軾者，不習禮儀，不明古義，妄謂之失禮，於是俗儒訾議之説，紛如聚訟焉。其説有五：

一謂世子當在内，養疾不當遠處南門之外。艮庭先生曰：「世子蓋以王未疾時，奉使而出。如鄭君注《无逸》云：『武丁時爲太子，爲其父小乙將師役于外。』是則太子亦有時奉君命而出者。惟是康王之奉使，經未有明文爾。《僞孔傳》以爲臣子皆侍左右，將正太子之尊，故出于路寢門外，更新逆門外，所以殊之。案：王崩而太子遂居翼室，爲喪主，未嘗不尊，何必出之，故逆之乃成其尊乎？且路寢門外，正朝所在，羣臣當有在焉，虎賁守王宫，大喪則守王門，蓋在其外逆者，自内而出迎，豈容自外操戈而入内乎？《經》所謂南門，非路寢門也。《經》言『逆于南門之外』，其逆之遠近無文，蓋世子出使而反，自遠而漸近，逆者自南門趨之，既接見，遂衛之而入自南門。南門，蓋外朝之外門，所謂臯門也，安得以爲路寢門乎？且據上文，王命羣臣時，世子實不在左右，僞孔曲説，非也。」先生不闢宋、元以後諸人之説，但駁僞孔，而諸人之狂喙亦息矣。

一謂《顧命》「狄設黼扆綴衣」以下，乃踰年即位之事。此顧君炎武因蘇軾《注》而爲調人之説也。艮庭先生駁之曰：「天子七月而葬，葬則有謚。成王以四月崩，踰年則葬，而再閲月矣。何下文猶稱『新陟王』乎？且先王之顧命，不宜遲之踰年，而後傳于嗣王。『丁卯，命作册度』，必不踰年而始傳顧命矣。推顧氏之意，以陳設華美，非初喪所宜，故有是説。曾不思《周禮・天府職》有大喪陳寶器之文，《典路職》有大喪出路之文乎？則周公之制固然也。顧氏豈不信《周禮》爲周公作乎？不然何疑乎此篇耶？」藩謂「仍几」，仍，因也，因生時几也。仍几陳寶出路，皆爲死者而設，非謂生者也。

一謂若非踰年即位，則康王當稱子，不當稱王。《公羊・文九年傳》曰：「天子三年，然後稱王。」《白虎通》曰：「諸侯于其封内三年稱子，踰年稱公矣。」予謂天子諸侯未即位皆稱子，故《顧命》篇曰「眇眇予末小子」，《康王之誥》曰「無遺鞠子羞」。此稱子之明證。稱子者，未即位自稱子，謙辭也。若臣下則緣不可一日無君之義仍稱王矣，且不敢以王之謙辭直稱之也。故《康王之誥》曰「今王敬之哉」，至於「王麻冕黼裳」「御王冊命」「王再拜興」「王三宿」「王答拜」等辭，乃史臣于王即位之後追記之辭耳。即在未即位之前，亦豈敢以王自稱之謙辭，直書于冊耶？不特此也，《顧命》曰「逆子釗於南門之外」者，此必成王之命，命太保逆康王，故稱名加「子」字于上者，明天子未即位當稱子也。《康王之誥》「惟予一人釗報誥」，此爲報誥之儀文，不自稱子者，對庶邦侯甸男衛隱然尸天子位，故變文稱「予一人」，不稱「朕」者，尸位之謙辭。若踰年即位，則稱「朕」矣。稱名者，在喪稱名，猶之夫在喪稱子也。孔子作《春秋》書名之例，蓋本諸此篇。是則康王實未即位，未敢當王稱，後人不能悉心熟讀本文，乃大肆厥詞，何哉？

一謂《禮》「喪三年不祭」，以祭爲非禮。《顧命》曰：「諸侯出廟門俟。」艮庭先生曰：「諸侯實出畢門。言廟門者，以殯所在神之，故謂之廟。」或問曰：『《僖八年傳》凡夫人不殯于廟，則弗致以正禮，當殯于廟。又《僖三十二年傳》晉文公卒，殯于曲沃。曲沃，晉宗廟所在，是亦殯于廟者。若殯于廟，則出自殯宮。出自廟門，乃不以廟門爲宗廟之門，而云實出畢門，何也？』答曰：『《檀弓》云殷朝而殯于祖，周朝而遂葬。則周之不殯于廟，《禮》有明文矣。此《經》上文明言畢門之内，畢門即路門也，則殯在路寢明矣。《雜記》至于廟門，不毁牆，遂入適所殯。鄭《注》云：廟所殯宫。是亦謂殯所爲廟，與此《經》云廟門同誼。若《左傳》不殯于廟，則弗致者，鄭君以爲《春秋》變周之文，从殷之質，故不同也。其晉文公殯于曲沃，則是衰世大國不遵周制者，不可據以爲正。』案：《鄭志》趙商問：『周朝而遂葬，則是殯于宫，葬乃朝廟。《春秋》晉文公卒，殯于曲沃，是爲去絳就祖殯，與《禮記》異，未通其説。』鄭君答曰：『葬乃朝廟，周之正禮也。其末世諸侯國，何能同也？傳合不合當解《傳》爾，不得難《經》。』然則此言廟門，自是畢門，安得據《春秋》時事以相難乎？」藩謂《經》文「乙丑王崩」以下無殯于廟之事，所謂三茜、三祭、三咤，即在西堂匱前，如《士喪禮》之奠而已，何嘗祭于廟哉？

一謂成王崩未葬，君臣皆冕服，爲非禮。當以喪服受顧命。引《曾子問》孔子曰「將冠子」，及期日，而有「齊衰大功之喪」，「則因喪服而冠」。冠，吉禮也，猶可以喪服行之，受顧命，見諸侯獨不可以喪服乎？又引《左傳》鄭子皮如晉「以幣行」事，謂康王不當受乘黄玉帛之幣，使周公在，必不爲此。此蘇軾之言也。蓋以康王成服之後，易嘉服，受顧命，見諸侯爲失禮。夫康王受天命爲天子，承文、武之大業，受陟王之付託，若不易吉服以受命，見庶邦侯甸男衛以報誥，是爲不敬天，不尊祖矣。易吉之制，乃喪禮中之吉禮也。考《周禮》冕服九章，次八曰黼。《禮器》曰：「天子龍衮，諸侯黼。」康王麻冕黼裳，降服諸侯之服，以明居喪變吉，當服次八之章也。卿士、邦君服蛾裳。鄭君《注》：「蛾，謂色玄也。」太保、太史、太宗服彤裳。彤裳，纁裳也。九章之服皆有文，蛾裳無文，故但言色。《禮》「士玄衣纁裳」，亦無彣，故但言纁也。蛾裳、纁裳，皆無文，是周制此二服，特爲顧命及踰年即位而制也。蛾裳無文可證，然太保等降服士服，則卿士、邦君之服，又降太保、太史、太宗一等矣。且《王制》「喪三年不祭，惟祭天地社稷」，則越紼行事，服衮冕矣，何有于黼裳乎？軾云使周公在必不爲此，是不知顧命時召公尚在也。召公親見武周定禮，召公賢臣，敢悖經國之憲章哉？又引《曾子問》云云，此乃大夫士之禮，不可以上通于天子。至《左傳》子皮如晉事，爲諸侯朝聘之禮，亦非天子之禮也。善乎朱子之言曰：「天子諸侯之禮，與士庶人不同，故孟子有『吾未之學也』之語。如伊尹元祀十二月朔，奉嗣王祇見厥祖，固不可用凶服矣。漢、唐即位，行册禮，君臣亦皆吉服，追述先帝之命，以告嗣君，蓋易世傳授，國之大事，當嚴其禮也。」斯言可謂通儒之論矣。或謂不當引《僞古文》以爲證，然以今之《古文》爲僞，發端於朱子，朱子豈不知之？是説乃答潘時舉之問，偶不記憶，姑舉此以答之耳。況《僞書》亦有所本，非肊説也。惟是蔡沈不承師學，妄引蘇軾之《注》，以誣康王、召公，則沈不獨爲朱子之罪人，且爲聖門之罪人矣。

《公羊·桓元年傳》：「繼弒君，不言即位，此其言即位何？如其意也。」何《注》：「即者，就也。先謁宗廟，明繼祖也；還之朝，正君臣之位也；事畢而反凶服焉。」此言踰年即位之禮，易吉服，以謁宗廟，然後見羣臣，事畢反服，受服非顧命報誥之禮也。於此可知天子即位之禮，亦下同于諸侯矣。是天子三年喪中，易吉服之禮有三：越紼行事一也，顧命報誥二也，即位先謁宗廟見羣臣三也。因論顧命之制，附識于此。

尚書今古文辨

《書》有今文、古文、僞古文，國朝諸儒辯之詳矣。惟今、古文之别，及今文、古文二家之異與同，其辯論則有未盡者。予以己意斷之，而爲之説焉。

當秦燔書，濟南伏生，收拾燼餘，得《書》二十八篇。漢興，作《大傳》以教于齊、魯之間。生爲秦博士，隸書始于秦時，生以隸書書之。今文者，隸書也。《漢書·藝文志》：「魯恭王壞孔子宅，欲以廣其宫，而得《古文尚書》及《禮記》《論語》《孝經》，皆古字也。」古文者，篆書也。所謂古、今文者，乃篆、隸之别，經文無異同也。《儒林傳》：「孔氏有《古文尚書》，安國以今文讀之。」蓋安國不能盡識古文奇字，乃以伏生隸書經文，對讀古文，而知某字爲某字，是可知今、古文之經文，無異同矣。安國上《古文》，遭巫蠱事，未及施行，臧于秘府，名《中古文》。中秘所臧，故曰中也。伏生一傳而爲夏侯都尉及始昌，勝、建。勝爲大夏侯學，建爲小夏侯學。又一傳爲歐陽和伯，和伯受倪寬，寬授和伯之子及高、地餘、政，爲歐陽氏學。伏生之書，一再傳而分爲三家，師説已有不同，而經文亦復互異，於是劉向以《中古文》校歐陽，大、小夏侯三家經文，自向校定之後，今、古文合而爲一，不知孰爲古文，孰爲今文矣。而近日儒生，辯某句爲今文，某句爲古文，何所據而云然哉？

西京赤眉亂後，秘府典籍無存。杜林于西州得《桼書古文尚書》一卷，所謂「桼書」者，如蘭臺桼書之類，即《中古文》，非古文之外，别有《桼書古文》也。第其書爲安國之本歟？抑爲更生校定之本歟？不可考矣。古、今文二家之説，見於《五經異義》諸書者，是無疑義，然亦不能確鑿言之也。竊謂伏生之説，乃七十子之散言大義，其原必出于齊之棘下生，與古文家説當無異辭。《史記·孔子世家》「安國爲今皇帝博士」，是時課弟子，惟用今文，則安國先通今文，後得古文，以今文字讀之，則其説亦本棘下生，與伏生不甚相遠。而今文家之倪寬又受業于安國，則寬之弟子門人所謂歐陽氏學者，未必盡今文家説也。夏侯勝傳勝從子建，自師事勝及歐陽高，左右采獲，又從《五經》諸儒問與《尚書》説相出入者，牽引以次章句，具文飾説。勝非之曰「建所謂章句小儒，破碎大道」，建亦非勝「爲學疏略，難以應敵」。據此，則大夏侯之學謹守師承；而小夏侯之學失其師法。其學不但合今、古文爲一，且雜以諸儒之説矣。今文之學，惟《大傳》僅存千百之什一，如今文之大、小夏侯，歐陽氏，古文之膠東庸生、清河胡常諸儒之説皆亡。後漢初，杜伯山得《桼書》，授衛宏、徐巡，於是宏作《訓旨》，蓋豫作《雜記》，則今所傳賈徽父子、馬融、鄭康成、盧植之説，皆本杜林，豈盡出于安國乎？《後漢書·盧植傳》云「少與康成俱事馬融，能通古、今學」，作《尚書章句》。是馬、鄭、盧三家之説，或取今文及夏侯、歐陽之説，或取古文及都尉朝、倪寬諸儒之説，爲一家之學，其書不傳，其文散見於羣籍者，又安能辯其此爲古文家，此爲今文家乎？近日儒生，齗齗然辯之曰此今文家説，此古文家説，又何所據而云然哉？

若夫杜林《逸書》，則諸儒但習句讀，不爲解義，然安國所上之書，雖不爲訓詁，其授都尉朝諸弟子者，必述棘下生之説而著之竹帛焉。意者漢時今文立于學官，置博士弟子員，傳習者多。古文不列于學，傳習者少，至漢末，而孔氏之書亡矣。故馬融《書序》云「絶無師説」，而鄭君因無師説，亦不作注也。至晉永嘉之亂，今、古文皆亡，惟存鄭《注》，所以梅賾敢上《僞書》〔一〕，若古文尚在，賾亦不能作僞，而南朝士大夫亦不信其説矣。今、古文二家之學，小夏侯合古文及諸儒之説，已非今文之舊，至馬、鄭之學，又合二漢諸家之説，今古雜糅，烏能條分縷析耶？

書書叙後

《書叙》百篇，今所傳者，僞孔本也。《史記·孔子世家》云：「叙《書傳》，上紀唐虞之際，下至秦穆〔二〕，編次其事。」是《叙》爲孔子所箸矣。《尚書緯》云：「孔子求書，得黄帝玄孫帝魁之書，訖于秦穆公，凡三千二百四十篇。斷遠取近，定可以爲世法者百二十篇，以百二篇爲《尚書》，十八篇爲《中候》。」此雖緯書之説，然先儒亦取之，且張霸僞造《百兩篇》，篇數與百二篇同。在霸時，緯學不顯，而霸不爲百篇，而爲百二篇，是必本先儒之説以作僞，其不出於緯明矣。

竊謂《書》實百二篇，名百篇者，舉成數也。今、古文皆出棘下生，伏《書》無《叙》，生年老遺忘耳。考《漢書·律曆志》引《三統曆》曰：「康王十二年六月戊辰朔，三日庚午。故《畢命》《豐刑》曰：『惟十有二年，六月庚午朏，王命作策《豐刑》。』」孔穎達《書正義》引此文「策」下有「書」字，據此則《畢命》《豐刑》乃同日命作。是書有《豐刑》一篇，劉歆親見古文，故引此以正曆也。康成鄭君注《畢命叙》云：「今其逸篇有册命霍侯之事，不與此叙相應，非也。」蓋康成所有《逸書》內，又亡《畢命》一篇，時人以册命霍侯事爲《畢命》，是以鄭君辯之曰與此叙不相應，非也。然則《畢命》之外有《册命霍侯》一篇矣，今《書叙》缺《豐刑》及《册命霍侯》之文，所以止有百篇爾。百篇之外，益以《豐刑》《册命霍侯》二篇，適符百二篇之數，是《書》實百二篇也。

原命解

《尚書叙》：「大戊贊于伊陟，作《伊陟》《原命》。」《偽孔傳》：「原，臣名。《原命》《伊陟》二篇皆亡。」《正義》曰：「言太戊贊於伊陟，告伊陟，不告原也。史録其事，而作《伊陟》《原命》二篇，則大戊告伊陟，亦告原，俱以桑穀事告，故《序》總以爲文，原是臣名，而云原命，謂以言命原，故以《原命》名篇，猶如《冏命》《畢命》也。」案：今之《書序》乃偽孔本，與《史記》不同。《殷本紀》曰：「伊陟贊于巫咸。巫咸治王家有成，作《咸艾》，作《大戊》。帝大戊贊伊陟于廟，言弗臣，伊陟讓，作《原命》。」子長所記之文，孔安國古文説也。魏、晉時，王肅造偽説爲《尚書注》以攻康成，皇甫謐作《帝王世記》，用偽説以攻子長，所以《偽古文叙説》删去「作《太戊》」一句，而以《伊陟》《原命》爲二篇，以合百篇之數。艮庭先生駁之曰：「據《史記》言『伊陟讓，作《原命》』，則『伊陟』非《書》篇名，此特《原命》一篇之《叙》爾。《漢書》司馬子長嘗從安國問《古文尚書》，故《史記》所載《尚書》多古文説，然則子長必親見《原命》篇文矣。云『大戊贊伊陟于廟，言弗臣，伊陟讓，作《原命》』，必依此篇經文爲説，則可知無《伊陟》篇目矣。蓋俗儒誤闕《太戊》一篇，因增《伊陟》之目，以足百篇之數。」先生之説，可謂確不可易矣。又曰：「贊伊陟者，命伊陟也。伊陟謙讓，不敢受命，因再命之，故曰《原命》。原之言再也。馬融以爲原臣名也，命原以禹、湯之道，我所修也，豈其然乎？」

是說竊以爲不然。馬融《注》見《史記集解》，原臣名者，生號也。《記・檀弓》：「幼名，冠字。五十以伯仲。死謚，周道也。」《正義》云：「冠字者，人年二十有爲人之道，朋友等類，不可復呼其名，故冠而加字。年至五十，耆艾轉尊，又捨其二十之字，直以伯仲別之。至死而加謚，周道也。自殷以爲字不在冠時，伯仲不當五十，以殷尚質，不諱名故也。又殷以上有生號，仍爲死後之稱，更無別謚。堯、舜、禹、湯之例是也。」蓋伊陟相太戊，贊巫咸，治王家，能原禹、湯之道，俾天下乂安，弗敢以陟爲臣，而呼其名，乃易陟爲原，生以原爲號，死以原爲謚。古人名號無別，名即號也。堯，名也。舜，名也。以此推之，禹、湯，皆名矣。《周禮・家人》「詔其號」，《註》謂「謚號」，蓋周以前尚質，不曰謚，曰號。《白虎通》曰：「翼善傳聖謚曰堯，仁聖盛明謚曰舜。」是堯、舜又爲謚矣。即孔《疏》所謂「因上世之生號陳之爲死謚」是也。以此推之，則禹、湯亦謚矣。馬融以原爲臣名，即此誼也。其説必本諸伏、孔，似未可以意説非之。先生謂謚法作于周公，而「翼善傳聖謚曰堯，仁聖盛明謚曰舜」，《謚法解》無此文。又《僞孔傳》亦以原爲臣名，遂不信「生以爲名死以爲謚」之誼，故訓原爲再矣。然班固謂堯、舜爲謚，今《逸周書》無此文，安知非缺文耶？或孟堅別有所據，亦未可知也。且《書》之《説命》《畢命》《微子之命》《冏命》皆以名爲篇名，以再命名篇，無此例也。先生之學，疏通知遠，遠紹孔、鄭，固無可議，此乃千慮之一失耳。

用然後郊解

《春秋・成十七年》：「九月辛丑，用郊〔三〕。」《公羊傳》：「用者何？用者不宜用也。九月，非所用郊也。然則郊曷用？郊用正月上辛，或曰用然後郊。」何邵公《注》：「或曰用者，先有事，存后稷神也。晉人將有事於河，必先有事於惡池。齊人將有事於泰山，必先有事於配林。魯人將有事於天，必先有事於泮宮。九月郊，尤悖禮，故言用小大盡譏之，以不郊乃譏三望，知郊不得譏小也。又夕牲告牷后稷，當在日上，不當在日下。」

解云：言古禮郊之前日，午后陳其牲物，告牲之牷于后稷，則知此《經》宜云「九月用辛丑郊」。《傳》文「或曰用然後郊」句，注文既晦，疏解亦略，讀者難通，今爲之解曰：九月郊，失禮也。故曰用不宜用也。又引「或曰」一説者，申明前説，惟當在日上，不當在日下，爲異義。《注》「或曰用者，先有事，存后稷神」者，魯之郊必先有事於泮宮，郊之前一日，存后稷之神於泮宮也。存神者，求神也。如廟祭之祝祭于祊是已。《詩箋》云：「孝子不知神之所在，故使祝博求之。」《郊特牲》曰：「索祭祝于祊。」索，求也。索祭者，求神之祭也。郊，大事也。求神，小事也。僖公三十一年：「夏四月，四卜郊不從，乃免牲，猶三望。」《傳》曰：「猶者何？通可以已也。」譏不郊而望祭也。」卜郊不從，乃免牲，不爲失禮。既不郊矣，則三望之祭，亦可已也。此譏小不譏大。九月郊，大悖禮矣，求神亦悖禮矣。故曰「言用小大盡譏之」，又曰「知郊不得譏小」也。《傳》文若曰用者，不特用九月辛丑爲悖禮，即辛丑前一日用求神之禮，亦悖矣。然後者承前，一日之轉詞也。「又夕牲告牷后稷，當在日上，不當在日下」者，夕牲告牷即求神也。《書·召誥》「用牲于郊，牛二」，帝牛，稷牛也。宣三年《公羊傳》云：「養牲養二卜，帝牲不吉，則扳稷牲而卜之。帝牲在于滌三月。于稷者，唯具是視。」此二牛，即《周禮·牛人》「凡祭祀共其享牛」也。求神之牛，《牛人職》之「求牛」，鄭司農

《注》：「享牛前祭一日之牛也。」又《充人》：「展牲則告牷。」鄭司農云：「展，具也。具牲若今時選牲也。充人主以牲牷，告展牲者也。」「玄謂展牲者，若今夕牲也。《特牲饋食禮》曰『宗人視牲告充，舉獸尾告備』。近之。」所謂「告充」者，告牷牲之充，備肥腯，故屬充人也。《尚書・微子》：「竊神祇之犧牷牲。」《周禮・犬人》疏引鄭《注》曰：「犧，純也。牷體完具。」《説文》：「牷，牛純色。」蓋牷有「純」誼，單言牷可兼「純毛」「體完」二誼，言「犧牷」則分兩解矣。《郊特牲》：「毛、血，告幽全之物也。」蓋《士禮》舉尾以告，備郊禘之禮，則用毛血以告牷矣。此用求牛存神，以帝稷二牛之毛血，告充於郊宮爾。《後漢書》：「明堂、五郊、宗廟、太社稷、六宗夕牲，皆以晝漏十四刻初納。」故徐《疏》云：「古禮郊之前日午后，陳其牲物也。」《後漢書注》：「郊儀，先郊日未晡五刻夕牲，公卿京尹衆官悉至壇東就位，太祝吏牽牲入，到榜，廩犧令跪曰：『請省牲。』舉手曰：『腯。』令繞牲，舉手曰：『充。』太史令牽牲就庖，豆酌毛血，其一奠天神座前，一奠太祖座前。」此鄭君所謂「若今夕牲」也。漢時制禮，皆用古制而酌定之，所以鄭、何二君，每舉漢法以況之矣。古禮告牷于郊宮，漢制告牷于壇，爲不同耳。「當在日上，不當在日下」者，或曰一説謂夕牲在郊之前一日，而用字大小盡譏之，《經》文當作「用辛丑郊」，用在日上，則「大小盡譏」之例明。用在日下，則疑于「譏大不譏小」矣。是以《疏》云「《經》宜云九月用辛丑郊」也。古傳注之難讀如此，讀者烏可以躁心乘之哉！

與阮侍郎書

閣下示程丈瑶田《倨句之形生於圓半周圖説》，藩以爲不然。倨句者，句股也，取象於人之股。

人股行卧成一直綫形，趺坐成方形，惟箕倨則成句股形，蓋箕倨則髕以上曲爲句形，體以下直爲股形，是句股亦謂之倨句也。倨即「踞」字，《漢書·張耳傳》「漢王箕踞」，可知「倨」可通作「踞」矣。《考工記》：「磬氏爲磬，倨句一矩有半。」鄭《注》：「必先度一矩爲句，一矩爲股，而求其弦。既而以一矩有半觸其弦，則磬之倨句也。磬制有大小，此假倨以定倨句，非用其法也。」康成之説甚明，《記》文乃假矩形以喻句股，而知磬之制初無算術也。若論算術求之，句三、股四、弦五而已矣，又何必求之象限哉？

夫句股，九章之一也，以御方圓之數。曆象用以割圓，八綫等術，皆出於句股。《周髀》所謂「圓出於方，方出於矩」也。我聞以句股測象限矣，未聞以象限測句股也。如程丈之説，當云矩出於圓，有是理乎？至於《冶氏》之「倨句中矩」〔四〕，鄭《注》：「中矩則援之外句磬折與？」此假據句以明援之外句之形中矩耳，亦無算術也。且有倨形即中矩矣，天下安有不中矩之倨句哉？

程丈又云：「倨句中矩，倨句半矩，一矩有半之倨句，其類不過此三種。」是不知三角等邊、不等邊，亦爲句股也。而謂「聖人復起，不易吾言」，毋乃太誇乎！又云：「倨句之形，生於圜半周中心之一點。」此因懸孔處而附會之。幾何之點綫面體，乃置位之法，萬物之數，未有不始於一點者，豈獨象限有此一點，而方直横斜諸形無此一點哉？懸孔之設，不過約以繩而懸之耳。古人此制，未必取象限之點也。若云必取象限之點，則圭之中，必亦可云取象限直綫之點矣。要之，器物之形，非方即圓，皆可以取象限釋之，何獨磬與鼓哉？推其意欲攻擊康成耳。然於《經》文、《注》文並未細繹，漫爲一説以毁前修，鄭君不任咎也。

校勘記

〔一〕「梅賾」之「賾」及下文「賾」字，原皆作「嘖」，據《尚書正義》卷二引《晉書》改。

〔二〕漆永祥校本云：「『穆』，《史記》卷四七《孔子世家》作『繆』。」

〔三〕「成」，原作「桓」。按：引文出自《春秋·成公十七年》，漆永祥校本已據改，今從。

〔四〕「冶氏」，原作「矢人」。按：引文出自《考工記·冶氏》，漆永祥校本已據改，今從。

半氈齋題跋

半氈齋題跋卷上

錢氏詩詁

《錢氏詩詁》一卷，不著撰人名。予得之廣陵肆中，乃影宋鈔本。取《毛詩》中訓詁，作《爾雅》句法，分爲十篇：《釋天》一，《釋地》二，《釋山》三，《釋水》四，《釋人》五，《釋言》六，《釋禮》七，《釋樂》八，《釋宫》九，《釋器》十。考《宋史·藝文志》有錢文子《白石詩傳》十卷，又《詩訓詁》三卷，疑即此書也。

三禮圖

《郡齋讀書志》云：「周世宗時，聶崇義被旨撰。皇朝建隆中奏之，竇儼爲之序。」崇義雖據《禮經》舊注，然其圖多以己意爲之。又如「通天」以下諸冠，半出漢制，與《禮經》無涉。賈安宅、王譜交言崇義未嘗親見古器，出於臆度，信然。書中有曰「舊圖」者，則鄭康成、阮諶、梁正、夏侯伏朗、張鎰五家之《圖》也。

穀梁註疏

是本乃康熙間老儒何仲友取宋刊建安余氏萬卷堂本、章邱李氏鈔本、《唐石經》，參校經傳注疏，譌謬訂正百餘處，書窠中之寶書也。

孟子注疏

《隋書·經籍志》《郡齋讀書志》皆十四卷，今本從十四卷分爲二十八卷。孫宣公有《音義序》，而《疏序》與之略同。議論多附王氏新學，蓋熙寧以後人僞爲之，朱子謂「邵武士人作，不解名物制度，其書不似疏」是也。趙《注》元本，每章之後，有《章指》數十言，邵武士人删去，混入《正義》中。故後人有「疏裹疏」之語。是書何義門學士借虞山毛氏本校正，録其篇敘，又取《章指》書於每章之下，並書毛斧季《跋》於後，乃何校本之最精者。

宋本四書

宋本《四書》，《孟子》十四卷，今則合爲七卷。《中庸》第一章《注》，今本云：「蓋人知己之有性，而不知其出於天；知事之有道，而不知其由於性；知聖人之有教，而不知其因吾之所固有者裁之也。故子思於此，首發明之，而董子所謂『道之大原出於天』，亦此意也。」宋本作：「蓋人之所以爲人，道之所以爲道，聖人之所以爲教，無一不本於天而修於我，學者知之，則其於學知所用力而自不能已矣。故子思於此，首發明之，讀者所宜深體而默識也。」第九章《注》，今本云：「然皆倚於一偏，故資之近而力能勉者，皆足以能之。至於中庸，雖若易能。」宋本作：「然不必其合於中庸，則質之近似者，皆能以力爲之。若中庸，則雖不必皆如三者之難。」《論語》：「道千乘之國。」《注》：「道，治也。」下有馬氏云：「八百家出車一乘。」其餘異同甚多。《憲問》「公叔文子」《注》[一]，今本作「公孫枝」，宋本作「公孫拔」。《四書釋地》載何屺瞻云：「公孫拔，《釋文》作『皮八反』。王厚齋謂《集注》蓋傳寫之誤。明初人不加是正，今毛氏所刊《十三經》中，並孔《注》反改爲『枝』矣。」是「拔」字在宋時已訛爲「枝」，則無怪乎今本之誤也。又《孟子》今本「古之爲市者」，宋本作「古之市也」，與《注疏石經》同。朱子《集注》屢易其稿，此本乃晚年之定本，且紙墨如新，真可寶也。

國語

是本錢士興取宋刊宋庠《補音》本與明道二年刻本參校，甚精。士興，遵王之子也。

乾鑿度

《乾鑿度》不見於《漢書·藝文志》《隋書·經籍志》。晁氏《郡齋讀書志》曰[二]：「《易乾鑿度》二卷。右題蒼頡修古籀文，鄭氏注。」蓋在宋時作籀文古字，今則變而爲楷矣。七十子之微言大義，藉此不墜。其論三微九宫、積蔀消息、爻辰卦氣，一本孔子。成、哀之緯，其辭駁；先秦之緯，其辭醇。此乃先秦之緯也。晁氏曰：「緯書僞起哀、平，桓譚、張衡之徒，皆深疾之。自苻堅之後，其學殆絶，就使其尚存，猶不足保，況此文非真也。」莊子曰：「曲士不可以語道。」其昭德之謂乎？

三輔黄圖

乾隆丁未，客游江西。在謝藴山先生家，得交桐城胡雒君虔，出宋撫州本《三輔黄圖》示予。是時，因無别本可校，又不能影鈔，事遂中止。二十五年後，山尊太史寓邗江，酒間談藝，以校本示予，乃借歸，一日録畢。考程大昌《雍録》所見本，其《圖》尚存，今撫州所刻，有説無《圖》，非當日之善本也。

中華古今注

《中華古今注》，讀馬縞《序》，始知縞取崔豹書而爲之注。昔人未見此書，題作「馬縞撰」，非也。書中如「唐革隋制」云云，乃縞之《注》也。今本與豹書混而爲一，無從是正，豈非恨事哉！

羯鼓録

唐南卓撰。會昌元年，卓爲洛陽令，與白少傅、劉中山游，後爲婺州刺史。《録》中有云：「《前録》大中二年所著。」則此書乃《後録》也。

楊太真外傳

《太真外傳》二卷，宋樂子正撰。晁公武《郡齋讀書志》作《楊貴妃外傳》，與陳振孫《書録解題》同。惟范成大《石湖集》作《太真外傳》，蓋當時所見本異耳。是書採輯《津陽門詩》《長恨傳》《開元天寶遺事》《幸蜀記》諸書而成。新、舊《唐書·楊妃傳》，皆取資於此，然有與正史異者，如武惠妃，《史》記其卒在開元二十四年，《外傳》云二十二年，《史》據《實録》紀年，當以《史》爲正。玄琰妻李氏，封梁國夫人，《外傳》作「涼國」。考唐時封號，多以族望，梁國，李姓十二望之一也。《外傳》作「涼」，其誤可知矣。子正素嫻掌故，不應紕繆若此，疑傳寫之訛，非子正之失也。至於封玄琰濟陰太守，陳倉縣令薛景仙之類，《新書》不載，若無此書，則湮没不傳矣。

予謂前代女禍，莫甚於唐。媚娘絶河、睢之響，鞠廟社爲黍苗；桑條播晨牝之風，弒太和以餅餌。孝明首定大策，討平内亂，開元之際，幾致太平，不鑒武、韋之禍，復蹈治、顯之轍，以致外戚擅權，强藩構釁，兵敗潼、洛，露次河、池，其不喪亡也，亦幸而免已。《外傳》作於太平興國年間。是時，南唐周后入朝，西蜀花蕊内侍，子正之著此書也，殆有深意存焉。明埭川顧氏《四十家小説》中，曾刊此書，今流傳甚少。蓮裳先生，子正之雲仍也，博學好古，購得予老友吴君小匏手鈔影宋本，屬予校正，付之梓人。能述祖德，前賢稱美，如蓮裳先生者，豈非樂氏之賢子孫哉！校讎訖事，爰書數語於後。

事文類聚翰墨全書

《事文類聚翰墨全書》，諸家目録皆無此書，疑是宋劉應李《翰墨大全》，元人重爲編次，羼入《方輿》一門耳。考興和路之寶昌州，金之昌州也，仁宗延祐六年，改爲寶昌州，是書仍作昌州，則編次之人，在仁宗延祐以前矣。《壬集》二卷後，有康熙時無名氏跋語，云「刊於至正二年」，蓋《甲集》前有序記至正年月，今又失去耳。是書體例踳駁，不足以資考證。惟《輿地》一門，次敘與《元史》不同，如懷孟路下有冠州、恩州，可補《元史·地志》之闕。

沈休文集

《隋書·經籍志》：「梁特進《沈約集》一百一卷并《録》。」《本傳》云「一百卷」。蓋《經籍志》所多之一卷，即《序録》也。是本爲明楊鶴所刊，僅有四卷，不知何人編次。

東皋子集

《東皋子集》三卷。《集》中《答馮士華處士書》云：「我近作《河渚獨居賦》。」今本無此文，中卷末補遺，引葛立方《韻語陽秋》，當是南宋人所編，必非舊本也。

駱賓王文集

《駱賓王文集》，明以後所刻，有四卷、六卷、八卷，皆非古本。此本十卷，係元時所槧，卷目與《郡齋讀書志》《宋史·藝文志》同，當是郄雲卿次序之舊本也。俗本有《軍中行路難》一首「君不見封狐雄虺自成羣」云云，又有《行路難》一首「君不見玉關塵色暗邊庭」云云，十卷本《軍中行路難》，即俗本之《行路難》，而無「君不見封狐雄虺自成羣」一首。《唐詩所》云「君不見封狐雄虺自成羣」一首，乃辛常伯詩。《詩所》之言，自必有據，疑後人誤以常伯詩羼入《賓王集》中耳。此本無此詩，其爲雲卿所編無疑矣。

李賀歌詩編

此本乃吴君枚菴所贈。枚菴，長洲庠生，手鈔秘籍數百種，日夕不輟，因而損一目。枚菴名翌鳳，一字小匏。

劉蜕集

《劉蜕集》六卷，明天啓時，吴馡於檇李僧寺，得桑悦所藏本，重加編輯付梓者，非古本也。案蜕《文泉子集序》「三月辛卯夜半，坓水入廬，漬壞簡筴」云云，蓋因坓水之來，始自編文集，故名《文泉》。《序》中云有《外篇》《内篇》諸篇，今蜕手定之本，不可得矣。此本如《弔屈原詞》《山書》一十八篇、《禹書》二篇、《梓州兜率寺文冢銘》，皆見《文苑英華》。又《禹謗》一首，《唐文粹》以爲皮日休文。桑悦本亦從諸書中搜輯而成者，其餘不見於載籍，當是宋元人所編，亦未可知也。

羣賢小集

陳起宗之居臨安睦親坊以鬻書爲業，刊本所謂「行都坊本」，亦謂之「書棚本」。宗之一字彦木，與名流往還，《許棐集》中有「書肆陳解元」，即起也。方回《瀛奎律髓》云：「賣書陳彦木〔三〕，亦曰陳道人，寶慶初，以『秋雨梧桐皇子府，春風楊柳相公橋』詩，爲史彌遠所黜。詩禍之興，捕敖器之、劉潛夫等下大理獄，鄭清之在瑣闥，止之〔四〕。予及識此老，屢造其肆。別有小陳道人，亦爲賈似道編管。」小陳道人，起之子思也，曾著《寶刻叢編》，傳於世。

《羣賢小集》，即宗之所刻。乾隆壬寅六月，於揚州書肆中得宋槧本，乃馬氏玲瓏山館所藏，後爲汪君雪礓所有。是時曾録《序目》一卷。今年冬，敦夫太史得此鈔本，出以示予，乃取舊存《序目》檢閲，鈔本缺廬陵劉過改之《龍洲道人詩》一卷，《適安藏拙餘稿》内，缺張實甫允聖《序》一篇；《雲臥詩集》，盱江吴汝弌作吴汝式。又取錢塘吴焯所藏《目録》對檢，缺洪邁《野處類稿》二卷、羅與之《雪坡小稿》二卷、嚴粲《華谷集》一卷、樂雷發《雪磯叢稿》一卷、劉過《龍洲小集》一卷、吴淵《退安遺藁》一卷，共六家。鈔本内《癖齋集》後附録之杜旃、杜旟、杜去輕、杜濬之詩文，《簫臺公餘詞》後附詩〔五〕，凡每集後詩下注出處者，皆吴志上所輯也。太史因書無《序目》，屬予編次《目録》。《集》中如白石、方泉、仲高、器之四人，皆紹熙、慶元時人，其餘寧宗、理宗兩朝時人，惟《黄希旦集》

首《九天彌羅真人傳》云：「希旦生於宋仁宗景祐二年，卒於熙寧七年。」希旦乃北宋人，不應入此《集》。志上《跋》云：「後人取北宋人集之小者，如陶弼、蔣堂等以傅儷。」則《支離集鈔》，即傅儷之一種矣。《支離集》乃羼入之書，附於《芸居乙稿》之後。白石以後諸人，略依時代編次，爲《目録》一册，共七十種。并書吴焯《跋》於後。

乾隆庚子春，從朱丈文游處，借得汲古閣影宋鈔《九僧詩》，後有毛扆《跋》，謂此書乃司馬温公所未見，爲枕中鴻秘。至壬寅歲，讀《羣賢小集》，始知《九僧詩》即《聖宋高僧詩選》之《前集》也。若使小毛公得見宋槧本，又不知如何色飛目舞矣。

詞源

《詞源》二卷，宋遺民張玉田撰。玉田生詞，與白石齊名。詞之有姜、張，如詩之有李、杜也。姜、張二君，皆能按譜製曲，是以《詞源》論五音均拍，最爲詳贍。竊謂樂府一變而爲詞，詞一變而爲令，令一變而爲北曲，北曲一變而爲南曲。今以北曲之宫譜，考詞之聲律，十得八九焉。《詞源》所論之樂色、管色，即今笛色之六五上四合一凡也。管色應指字譜，七調之外，若句、小大一〔六〕、小大上、小大凡、大住、小住、掣、折、大凡、打，乃吹頭管者，換調之指法也。宫調應指譜者，七宫指法起字，及指法十二調之起字也。論指眼云：「以指尖應節候拍，即今之三眼一板也。花六十前衮、中衮、打前拍、打後拍者，乃今之起板、收板、正板、贈板之類也。樂色拍眼，雖樂工之事，然填詞家亦當究心，若舍此不論，豈能合律哉！」細繹是書，律之最嚴者，結聲字如商調結聲是凡字，若用六字，則犯越調，學者以此類推，可免走腔落調之病矣。

蓋聲律之學，在南宋時，知之者已尠，故仇山村曰：「腐儒村叟，酒邊豪興，引紙揮筆，動以東坡、稼軒、龍洲自況，極其至四字《沁園春》、五字《水調》、七字《鷓鴣天》《步蟾宫》，拊几擊缶，同聲附和，如梵唄，如步虚，不知宫調爲何物，令老伶俊倡，面稱好而背竊笑，是豈足與言詞哉！」近日大江南北，盲詞啞曲，塞破世界，人人以姜、張自命者，幸無老伶俊倡竊笑之耳。

叔夏乃循王之裔，《宋史·循王傳》子五人：琦、厚、顔、正、仁。其後不可考。淳熙間，最著者爲張鎡功甫，史浩《廣壽慧雲寺記》，稱鎡爲循王曾孫，石刻《碑文》後，有鎡孫樫《跋》。蓋以五行相生，爲世次之名者，始於功甫。功甫之子，《賞心樂事》稱爲小庵主人，而佚其名。功甫之名从金，金生水，水生木，小庵主人之子所以名樫也。《詞源》下卷云「先人曉暢音律，有《寄閒集》，旁綴音譜，刊行於世。曾賦《瑞鶴仙》一詞『捲簾人睡起』」云云。此詞乃張樞所作。樞字斗南，號雲窗，一號寄閒老人。樞與樫名皆从木，是爲弟兄行，木生火，故玉田生名炎也。以張氏世系計之，叔夏乃循王之六世孫，袁清容《贈玉田詩》稱爲循王五世孫，誤矣。考當日清和坊賜第甚隘，功甫移居南湖，而循王之子，有居南園者，有居新市者，見《南湖集》中，皆緣賜第近市湫隘，而徙居他所耳。斗南有《壺中天》一闋，《自注》：「月夕登繪幅樓，與篔房各賦一解。」繪幅樓在南湖之北園，乃功甫所居，或者斗南爲功甫之孫，亦未可知也。

草堂詩餘

是本不分小令、中調、長調，乃《草堂詩餘》之元本也。世傳《類編草堂詩餘》，不知何人所分，古人書籍往往爲庸夫俗子所亂，殊爲可恨。

校勘記

〔一〕「憲問」，原作「先進」。按：「公孫文子」出自《論語·憲問》篇，今據改。

〔二〕「曰」上原有「皆」字。按：《漢書·藝文志》《隋書·經籍志》未載《乾鑿度》，下述引文出自晁公武《郡齋讀書志》，故「皆」屬衍字，今删。

〔三〕「彦木」之「木」，方回《瀛奎律髓》卷四二《寄贈類》作「才」。

〔四〕「止」，原作「上」，據方回《瀛奎律髓》卷四二《寄贈類》改。

〔五〕「簫」，原作「蕭」，據《宋史·藝文志》「姚述堯《簫臺公餘》一卷」改。

〔六〕「小大一」，原作「失一」，據《叢書集成初編》本及下文所引「小大士」「小大凡」改。

半氈齋題跋卷下

五鳳二年十三字碑

文曰：「五鳳二年魯世四年六月四日成。」後有曼卿記一則云：「金明昌中，詔修孔廟，於靈光殿基西南三十步，有太子釣魚池，取池石充用，得此石。五鳳，宣帝時年號也。東漢以前，勒於金者多，勒於石者少，此則僅存者也。」朱竹垞以石爲甎，誤矣。

禮器碑

《禮器碑》，漢隸之正宗，如楷書之《多寶塔》《醴泉銘》也，精拓本甚尠。是本較《隸釋》所録全文，惟「運」字模糊耳，可下宋拓一等。

北海淳于長夏君碑

《北海淳于長夏君碑》，宋元祐中，洺州治河堤，得此碑。全文載於《隸釋》。明成化、嘉靖再經翻刻，奇古之意盡失矣。予二十年前，流寓吴門，聞之陸丈貫夫曰：「宋拓《夏承碑》，世有三本：一爲錫山華氏藏本，一爲豐南禺藏本，一爲孫石雲藏本。」豐、孫兩家所藏之本，皆缺三十餘字，此本祇缺二六字，及「妣」「咳」二字，與華氏所藏無異，則此本在豐、孫兩家所藏本之上矣。宋紙宋拓，完好如新，誠爲翠墨之奇珍。竹癡二丈定爲天下第一，非詐語也。若夫翻刻本一望而知，又何必置辨哉！

武梁祠堂畫像

是刻何三夢華所贈，自歐、趙以下，金石家皆未之見。《畫像》可識者四：一顏淑獨處；一信陵君虚左以待侯生；一王陵母伏劍；一范贖求代兄罪。顏淑一則，與《毛傳·巷伯》所引不同。顏淑，《毛傳》作「叔子」。石刻《榜》云「燃蒸自燭」，《畫像》亦顏淑握火。《傳》云：「婦人趨而至，顏叔子納之而使執燭。」是叔子使婦人執燭也。兩家異説，未知孰是。《榜》云「摍芒續之」，蓋蒸盡而天未明，乃摍屋上之草，爲燭以續之。《傳》云「縮屋繼之」，「縮」與「摍」古字通，「屋」字下脱一字。據《孔疏》，疑是「茅」字耳。《榜》文無「屋」字，《毛傳》脱「茅」字，此又互文可證者也。

蒸可訓爲燭，燭亦訓爲蒸。《廣雅》：「烝，炬也。」《儀禮·既夕》鄭《注》：「燭用烝。」蓋烝以薪爲之。《周禮·甸師》鄭《注》：「木大曰薪，小曰烝。」烝，薪之小者。故《管子·弟子職》注：「烝，細薪者。」李善《文選注》：「燭，照也。」烝訓爲炬，義與「照」通。《儀禮·燕禮》鄭《注》：「燭，燋也。」燭用烝義，與「燋」通。《毛傳》之「燭」，以燭爲烝，《畫像》之「燭」，以燭爲照。字同而訓不同也。

孔子見老子畫像

《隸續》云：「《孔子見老子畫像》，人物七、車二、馬三、標榜四。惟老子後一榜漫滅。孔子面右，贄雁，老子面左，曳曲竹杖。中間復有一雁，一人俛首在雁下，一物拄地，若扇之狀。石有裂文，不能詳辨。侍孔子者一人，其後雙馬駕車，車上一人，馬首外向。老子之後，一馬駕車，車上亦一人，車後一人回首向外。《史記》魯昭公予孔子一乘車、兩馬、一豎子，同南宫敬叔適周，問禮於老子。此畫聖輿兩驂，似是据此。」據《隸續》之説，則孔子後一人，南宫敬叔也。今本老子後有三人，《隸續》但云「一人回首向外」而已，疑洪氏所見，尚非全本。

天發神讖碑

《吴天璽元年紀功碑》，亦名《天發神讖》，石毁爲三，又名《三段碑》，俗稱爲落星石。黄長睿《東觀餘論》定爲皇象書。考《三國・吴志・趙達傳》後裴松之《注》引張勃《吴録》曰：「皇象，字休明，廣陵江都人。幼工書，時有張子並、陳梁甫能書。甫恨逋，並恨峻，象斟酌其間，甚得其妙〔一〕，中國善書者不能及也。」是《碑》在江寧縣學尊經閣下，嘉慶十一年，不戒於火，《碑》與《廿一史》《玉海》書板，俱爲六丁下取。芸臺先生得馬氏玲瓏山館舊搨本，重摹刻石，重鄉賢之蹟，廣翠墨之傳，亦藝林盛事也。

瘞鶴銘

《瘞鶴銘》在焦山之下，以雷震入江，其石破碎不完，俟潮落後，方能模拓，世所謂水拓也。康熙丁未，淮安張力臣親至水澨，仰臥手拓，共得六十九字，較諸本獨多，因爲攷訂成書。後四十六年，陳公鵬年守鎮江，乃摹工出石於江中，陷之焦山亭壁間。其石分而爲五，所存七十七字，又不全九字。長洲汪退谷，作《銘考》一卷。此本乃康熙時水拓本，字雖少而神彩畢露，較之近日俗工所拓，不可同日語矣。

祈疾疏

《祈疾疏》在陝西鄠縣，考新、舊《唐書·高祖本紀》，無鄭州刺史事，此可補史傳之缺。《新唐書·本紀》，高祖曾爲滎陽守，隋之滎陽郡，鄭州也。大業初，仍改爲鄭州，高祖爲刺史時，在大業二年，是時已改滎陽爲鄭州矣。史書作滎陽，誤。

姚恭公墓誌銘

《虞公碑》與此碑，乃歐書之最佳者。是碑爲俗工割裂，字句不屬，殊爲可恨。

九歌石刻

《九歌》石刻與草書《千字文》同時出土〔一〕，在保定汪氏，今歸查觀察處。乾隆五十八年，自山右至都門，道出保陽，手模此本。嘉慶十一年，檢付裝池，漫識於後。

温大雅集右軍書

唐人集右軍書，惟懷仁《聖教》與是碑。温大雅在唐時，爲一代詞宗。文云：「夫人圓姿替月，潤臉呈花。」文體亦甚褻矣。

還少林寺神王勑

是碑殘缺，又爲俗工割裂。大略如意元年，迎神王入大内。久視元年，還歸少林寺。開元二十年裝金。天寶十四載建碑。碑中具録久視元年《還神王勑》，故碑額題「勑碑」二字也。

顔臨十七帖

《顔臨十七帖》，清勁疎宕，先儒所謂猶存拙意者。《釋文》筆法，與小字《麻姑仙壇》相似。宋、元藏鑒家，皆未著録。予不能辨其真贋，而可疑之處有二事焉：如上有司馬道士承禎印。承禎，武后、睿宗朝人，在魯公前，不應有此鈐記。或者神仙不死，竟至代宗時，亦未可知。然既云「奉旨釋」，則此本必入大内，承禎即或被召，得見此本，必不敢擅用私印，可疑一也。又《釋文》署銜「行湖州刺史」「旹大曆元年」云云。考新、舊《唐書》本傳，魯公當代宗時，爲檢校刑部尚書，爲宰相元載所惡，坐論祭器不飭，爲誹謗，貶硤州别駕，改吉州司馬，遷撫州刺史，又遷湖州刺史。歐陽修《集古録》云：「大曆三年，公始移撫州。公靖居寺題名云：『永泰二年，真卿以罪佐吉州。』」據此，則大曆元年公在吉州，尚未遷撫州刺史，安得先署行湖州刺史邪？可疑二也。南溪深於金石之學，其爲我考之。

苻公碑

苻璘之父令奇，見《唐書·忠義傳》。趙明誠《金石録》云碑文乃李宗閔撰。

馬廐本泉帖

《泉帖》有二：一爲馬廐本，宋時刻，正統間出土；一爲洪武四年，泉州知府常性從《閣帖》祖本摹刻郡學。此本乃馬廐本之宋拓也。何義門先生據《閣帖》考異，以證缺字裂文。前輩用心稽古，精密乃爾。

南宋石經

宋高宗楷書法鍾太傅，嘗曰：「寫字當寫書，不惟學字，又得經書不忘。」紹興二年，宣示御書

《孝經》《易》《詩》《書》《春秋左傳》《語》《孟》及《中庸》《大學》《學記》《儒行》《經解》五篇，刊石太學。元初，西僧楊璉真伽造塔於行宫故址，取碑石疊塔，申屠致遠力争而止。後改宋太學爲西湖書院，歲久斷折，僅存百片。明宣德二年，吴訥移置杭州府學。崇禎甲申後，存八十七碑。是册紙墨俱佳，當是宋時拓本。昔唐六如有《南宋石經》數紙，文衡山《跋》中稱爲至寶，在明時已珍重若此，觀是册者，勿以近而忽諸。

禹跡圖

《禹跡圖》，用開方法，以百里爲一方，山川郡邑名號，亦頗詳悉。阜昌，僞齊劉豫僭號也。豫僭號凡八年，阜昌七年，金人已有廢立之謀，而豫不知也。既獻《海道圖》，又刻此石。身處苕巢，欲遷寶器，可謂愚矣。鬻國求榮，叛君忘義，不鑒邦昌之覆轍，繼石晉之故智，遂至家蹈覆亡之禍，名編凶頑之條，不亦宜哉！

宋嘉定井欄題字

嘉慶十二年六月十一日，粟莽上人告予曰：「舊城二巷井欄，有宋嘉定三年蔣世顯刻字，字五行，計六十八字。」予聞之，即同家仙舟兄、方象明表弟，攜紙墨往。是日，赤日如爐，火雲似織，揮汗拓之，旁觀咸以爲癡，而予三人不顧也。

石刻畫像

《畫像》不知何時刻石。自伏羲至南宋而止，當是元、明時人所爲也。

義士左軍甎

此甎得於寶祐城下，義士左軍無可考。然字體遒勁，有唐賢規範，非近代人所能爲也。許嵩《建康實録》有周廣陵義軍主曹爇，義士左軍疑即義軍也。

許浦都統司甎

許浦在常熟縣海濱，南宋時置都統司，元初改爲巡檢司。此甎爲南宋時物無疑，且質細下墨，用斲爲硯，以供文玩。

長樂未央瓦

乾隆間，脩關中長安壽亭侯廟，土人掘土得之，長一尺，横六寸四分，上有陽文「長樂未央」四篆字。西漢有未央宫，一名紫微，又名東宫，在長安縣西北十里，新莽改名壽成，在建章宫中。長樂宫在長安縣故城中，一名西宫，高帝五年作，後改永樂，新莽改爲常樂室。西漢有長樂殿，亦有未央殿，新莽改爲玉露室。以此考之，疑是漢時物也。唐時亦有未央宫，而無未央殿，有長樂殿，而無長樂宫。然漢時未央爲首宫，長樂在未央之下，當作「未央長樂」，不知何故作「長樂未央」，或者未央殿在長樂宫中，亦未可知。若唐之未央宫，則在通天宫中，長樂殿則在太極宫中，其非唐時瓦明矣。

校勘記

〔一〕「其」字原脱，漆永祥校本（收入《江藩集》，上海古籍出版社二〇〇六年版）據《三國志》卷六三《吴書·趙達傳》後裴松之《注》引張勃《吴録》補，今從。

〔二〕「千字文」之「字」原脱，漆永祥校本據文義補，今從。

炳燭室雜文

河賦並序

班固曰：「中國川源以百數〔一〕，著莫于四瀆，而河爲宗。」《白虎通》曰：「其德著大，故稱瀆。」則河之爲德也，洋洋乎大哉！昔成公子安、應瑒皆有賦，見酈道元《水經注》中，其文不傳。山居讀書，慕木玄虛之賦海、郭景純之賦江，而賦靈河。晉以後之事，略而不取，恐汎濫則文冗長，且非古賦之體。事則稽之經史，水道合于《水經》，産則考之于古，而徵之于今。「玉卮無當，雖寶非用；侈言無驗，雖麗非經。」左太沖之言也。

稽古帝嬀，攝政陶唐。洪水方割，山懷陵襄。廼命大禹，平分水壤。龍門岧嶺，巁巒巖岡〔二〕。河出其上，瀾汗激盪。奔雷洩雲，涌濤騰浪。若流浮竹，而駟馬難追；如鼓風輪，而一葦難杭。于是導河積石，闓闢吕梁。下民安居，定墺四方。聽濁河之音大，慶德水之靈長。積石之上，則泳行地中，蒲昌相連。上溯其脉，出于崑山。渤海葱嶺，是謂重源。別有三水，赤洋與丹。昆侖三級，離嵩五萬。太帝之居，戴勝之苑。五龍之出入，百神之盤旋。生不死之樹，來不升之仙。新頭千仞，石立巖巇。莫步高下，莫測深淺。臨之目眩，行之息喘。縣絙如繩，渡梯類棧。甘英畏艱而去，張騫懼險而返。

至於泑澤，渾渾霎霡。隱淪廻湍，轉聲如雷。冬夏不減，瀲渟清泚。鳥飛見影，墜𣶏而死。敦煌酒泉之外，玉門陽關之域。或過八大山，歷十一國。源流色白，衆川濁之。一曲一直，紆行如虵。一千七百，並渠可計。揚沫孟津，而步廣八十；中流砥柱，而一障萬里。

爾其狀也，始則湫湒㶇瀯，滃濞潏瀷；繼則淈湋閒㴸，濛汭渙減。湀辟滂沛，滔滔不息。涌洸而天輪轂轉〔三〕，洶淙而地軸柱側。演溢涾淀，瀿滂淲汎。沸佚騰超，水厲沴矣。西北時溓，東南時起。鼓觸高岸，擊搏中峙。奔流汪浤〔四〕，瀰漫無涘。

防川如口，日夜孜孜。人力築墳，流始順𤇷。名爲四瀆之宗，神則河伯之司。沈以圭璧，載之《周官》。備言利害，始於太史。災異契乎天象，眚祥合乎人事。下民恨則水赤，聖人興則水清。伏羲授《河圖》之瑞，大禹有《玉書》之禎。金泥玉檢，而流星升昴；璿珠玉果，而天子西行。造石出川，而巨靈之跡猶在；崩山壅河，而輦者之言可聽。山有鬼神之目，濟有君子之名。恃勇除黿，而浪沫皆逆；以義求蛟，而水波皆平。勇則可殄怪物，義則可動四靈。峽橋運梁，羌迷避地。水廻浸灌，三國喪兵。

其產也，則蔓芋馬帚，石髮虋薇。惟樫惟楊，惟棗惟棃。春風習習，秋霜霏霏。垂實纂纂，布葉依依。寶龜靈鼉，游泳乎其隅；神龍妖蛟，出没乎其𣶏。呼吸噴啞，排水淺淺；鼓濤抑浪，鼊脊鼊鼊。魴魾鰼鰌，鰝鰕鰩鯿。聳穴之產，或鯉或鰱。《周禮》所獻，王鮪龍鱣〔五〕。鮍子鼈人〔六〕，浮以俞虛。舫人舟師〔七〕，駕以舳艫〔八〕。魚鹽之利，猗頓陶朱。流桐貢道，達于帝都。

一石之水，六斗之泥。決渠雨注，荷臿雲齊。直麻叢生，垂穎昂低。不可通漕，淤水急波。争言水利，隴首開禾。漢則決爲三瀆，禹則播爲九河。竹楗石菑，溢決奈何。延年上書，可按地圖。黄金可成，荒哉欒大。鐫廣砥柱，水更爲禍。鴻嘉以後，溢灌滂沱。河高于屋，民苦嗟呼。懷哉太史，《河渠》之書。傷矣漢武，《瓠子》之歌。不出禹穿，定王五載。徙其故道，涸其東北。如灉反入，隨時更改。尾爲漯川，入于天海。分爲二水，歷沇注濟。忽竭忽移，商周更遞。合會出入，百有餘水。郡縣山城，過歷可次。繪以爲圖，指掌可視。影則斜絡乎天，形則貫注乎地。腠腋流化，筋脈卷舒。通中原之垢濁，爲百川之具區。古人曰：「微大禹，我其魚乎！」

六安州沿革説

六安，即古之六國，臯陶所封揚州之域也。《春秋·文五年》：「秋，楚人滅六。」杜預《注》：「六國，今廬江六縣。」《左氏傳》：「臧孫聞六與蓼滅〔九〕，曰：『臯陶庭堅不祀，忽諸！』」《注》：「六與蓼皆臯陶後。」在前漢則爲六安國。班固《地理志》：「六安國，故楚。高帝元年，别爲衡山國。五年，屬淮南。文帝十六年，復爲衡山。武帝元狩二年，别爲六安國。莽曰安風。」六，故國，臯繇後。偃姓，爲楚所滅。在後漢，則省屬廬江郡。司馬彪《郡國志》：「廬江郡，文帝分淮南置。建武十年省六安國，以其縣屬。」司馬貞《史記索隱·黥布傳注》：「《地理志》廬江有六縣。蘇林曰：『今爲六安。』」今班固《地理志》無此文，亦無蘇林《注》。且西漢時，六安自爲國，或屬淮南，或爲衡山，至東漢始屬廬江郡，而廬江郡無六縣。小司馬所引《地理志》，不知爲何書，豈《後漢·郡國志》廬江郡下脱六縣耶？然不可考矣。陳壽《三國志》無志，就紀傳及《晉書·地理志》考之，在魏爲六安縣，晉爲六縣，俱屬廬江郡。

東晉以後，南朝郡縣之名，千回百改，巧曆不算。第據沈約《宋書·州郡志》考之，有廬江郡，無六安縣。今《地志》云「宋省入灊縣」，無明文可據，不知何所見而云然也。按《宋志》：「邊城左郡太守，文帝元嘉二十五年，以豫部蠻民〔一〇〕，立茹由、樂安〔一一〕、光城、雩婁、邊城、史水、開化七縣，屬弋陽郡。徐《志》有邊城郡，領雩婁、史水、開化、邊城四縣〔一二〕。大明八年，復省爲縣，屬弋陽，後復立，領縣四。」歷考《地志》，雩婁縣，前漢屬廬江，安豐縣屬六安國，後漢併屬廬江。魏文帝分廬江，立安豐郡，屬縣五：安風、雩婁、安豐、蓼、松滋。江左僑立屬縣二：安豐、松滋。晉安帝省爲縣，屬弋陽。弋陽本縣名，屬汝南，魏文帝分立屬縣六。江左時承魏舊，分廬江立安豐。安帝又省安豐爲縣，屬弋陽。宋又分安豐，置邊城左郡。一郡之地，疆域屢分，名號輒易，幾不知郡縣所在。

據樂史《太平寰宇記》「廢邊城郡，在六安縣一百九十八里」，則今之六安州，乃邊城郡治矣。今《志》引魏收《地形志》云：「霍州邊城郡麻步山麻埠鎮，在州西南九十里，即故麻步山也。」考《魏書》：霍州，蕭衍置，魏因之，領郡十七，縣三十六。安豐郡領縣一，治洛步城。邊城郡治麻步山，領縣一。史水則梁武時安豐郡，省松滋一縣。邊城郡省雩婁、開化、邊城三縣。隋廬江郡統縣七：合肥、廬江、襄安、慎、霍山、淠水、開化。《隋書·地理志》：「霍山，梁置霍州及岳安郡、岳安縣，後齊州廢。開皇初郡廢，縣改名焉。淠水〔一三〕，梁置北沛郡及新蔡縣。開皇初，郡廢，又廢新蔡入焉。有鑿星山。開化，梁置，有衡山、九公山、蹋鼓山、天山、多智山。」今岳安故城、淠水、多智山，皆在六安州境中，則六安在梁爲岳安，爲北沛，至隋則爲霍山、滍水、開化三縣地。劉昫《舊唐書·地理志》：「壽春治所。縣五〔一四〕。安豐，漢六國，故城在縣南。梁置安豐郡。縣界有芍陂，灌田萬頃，號安豐塘。隋因置縣。」今芍陂水在壽州，然則今之鳳陽府壽州，亦古六國之境矣。《志》又云：「霍山，漢灊城縣，屬廬江郡。隋置霍山、應城、灊城三縣。貞觀元年，廢霍州，省應城、灊城二縣，以霍山屬壽州。」又云：「盛唐，舊霍山縣。神功元年，改爲武昌。神龍元年，復爲霍山。開元二十七年，改爲盛唐。」考《漢書·孝武紀》：「五年冬，行南巡狩，至於盛唐，望祀虞舜於九嶷，登灊天柱山，薄樅陽而出，作《盛唐樅陽之歌》。」《注》：「盛唐，文穎曰：『按《地理志》不得，疑當在廬江左右，縣名也。』韋昭曰：『在南郡。』」《史記·孝武紀》無盛唐之説，但云「浮江，自尋陽出樅陽」而已。樂史《太平寰宇記》：「六安縣，在漢爲盛唐，屬廬江郡。縣西二十五里，有盛唐山，因爲名。」今州境内無此山，豈史以文穎之説而傅會之耶？抑別有所據耶？《志》又云：「霍邱，漢松滋縣地，屬廬江郡。武德四年，置蓼州，領霍邱一縣。七年，蓼州廢，霍邱屬壽州，縣北有安豐津。」考霍邱，隋屬淮南郡，亦因霍山得名，在今壽州境中也。則今之霍山縣，漢之灊縣，至隋開皇初，始更名霍山，宋開寶四年，省入六安，明弘治七年復置，屬六安州。王圻《續文獻通考》云：「五代梁改盛唐曰潛山，後唐同光初復〔一五〕，晉天福中，又改曰來化，尋復曰盛唐。」考《五代史·職方考》，舒、蘄、廬、壽四州，始屬吴，繼屬南唐，非梁、唐、晉、漢所有，圻之説殆謷説歟！

攷之宋、元二《史》，開寶時，改盛唐爲六安。政和八年，於縣置六安軍。紹興十三年，又廢爲縣。嘉定五年，復爲軍。端平元年，又爲縣，後復爲軍。元至元二十八年，復降爲縣，屬廬州路，後復升爲州。明洪武初，以州治六安縣省入，屬鳳陽府。十五年，還屬廬州府。至英山一縣，本漢江夏郡蘄春縣地，至劉宋分立蘄水縣，宋咸淳初，分蘄州羅田縣地置英山縣，屬六安軍，尋廢。德祐二年，復。明初，屬鳳陽。洪武十四年，還屬六安州，本朝因之。此六安一州，英、霍二縣沿革之大略也。

嘉慶二年春，與六安張君篠原同客韓城相國家，談釋地沿革之難，語及六安州沿革，指畫口說，不能了然，退而著此，質之張君。張君能文章，治古學，且爲州之望族，見聞必廣，又加以目驗，予説之是與非，必能辨之也。

行狀說

劉勰《文心雕龍》云：「狀者，貌也。體皃本原〔一六〕，取其事實，先賢表謚，竝有行狀，狀之大者也。」蓋三代時，誄而謚，於遣之日讀之。後世誄文，傷寒暑之退襲，悲霜露之飄零，巧於序悲，易入新切而已。交游之誄，實同哀辭；后妃之誄，無異哀策。誄之本意盡失，而讀誄賜謚之典亦廢矣。至典午之時，始有行狀，綜述生平行迹，上之於朝以請謚。任彦昇《齊竟陵文宣王行狀》所謂「易名之典，請遵前烈」，故《文心雕龍》以狀爲「表謚」，則狀亦誄之流也。

狀者，上之朝廷賜謚，以爲飾終之典，亦付之史官立傳，以揚前烈之休。此唐李習之所以有百官行狀之奏也。考古人行狀，皆出於門生故吏。晚近之世，遂有子狀父者，「居喪不文」之禮，姑置勿論。夫門生故吏所爲之狀，李翺尚謂「虛美於所受恩之地」，不足以取信，若子爲父狀，豈能指事實書，不飾虛言哉？則其不足取信於人，有更甚於門生故吏之所爲矣。子孫欲夸大其祖、父，必至以非爲是，以黑爲白。蘇明允曰：「明以熗亂青史，幽以欺謾鬼神。」明允之言，可謂深切著明者也。尤可駭者，名不登於仕籍，行不顯於閭閻，亦爲行狀、行述。既不能請謚於朝，又不能列名於史，而爲此虛辭飾美，豈非重誣其親乎！

昔梁袁昂死〔一七〕，遺疏「不受贈謚，教諸子不得言上行狀〔一八〕」。以昂之功業，尚不敢上狀請謚，今世與草木同腐之輩，必爲一卷之狀，亦徒形其醜而已。且生不能養，喪不盡禮，欲以虛文表揚其親以爲孝，不得請謚而爲狀，干踰禮之典，僞妄謬作，又陷其親於不義，其罪加於不孝一等矣。

《晉書・孫楚傳》：「王濟爲并州大中正，訪問詮邑人品狀，至孫楚。濟曰：『此人非卿所能目，吾自爲之。』乃狀楚曰：『天才英博，亮拔不羣。』」此生狀也，若今之考語矣。

與阮侍郎書

見示大著《墓表》，敬讀再三，句無可削，字不得減，此劉勰所謂「首尾圓合，條貫始序」者也。所有脱字訛字，皆增改矣。至於「親家」之稱，出《汝南記》，見《後漢書・應奉傳》注。《舊唐書・蕭嵩傳》：「嵩子衡，尚新昌公主。嵩夫人賀氏入覲拜席〔一九〕，玄宗呼爲親家母。」則「親家」之稱，其來已久，且見於史傳，《表》中直書「親家」，不爲無據也。竊有一説，伏惟俯察。

古人居喪不文，所以行狀與述，或求之達官長者，或乞之門生故吏，無子狀父者，有之自唐人始。迨及明季，士大夫不讀《禮經》，不稽古制，當處苫枕凷之時，無不伸紙抽毫者矣。迄今末俗相沿，古風難返，若不自爲行狀，則必羣起而非之，飲狂井之水，不以狂爲狂，良可慨也。然行狀，分送弔者而已，未必能傳之久遠；若墓表，則勒之貞珉，以垂不朽，豈可事不師古耶？考墓表之作，始於漢《謁者景君墓表》。其後如《唐著作郎贈秘書少監權君墓表》，李華之文也；《廣陵陳先生墓表》，吕温之文也；《施州房使君鄭夫人殯表》，韓愈之文也；《宋穆氏先塋石表》，王壽卿之文也。其例亦如狀述，無自爲之者。惟歐陽修《瀧岡阡表》，則自爲之，然作於既葬之六十年後，不在三年之中也。閣下爲人倫表式，多士楷模，安可復蹈興公表哀之失乎？藩以爲墓表，不可建於下壙之時，當立於禮祭之後，既不悖「唯而不對」之《經》，又得盡發於言語之哀，揆之情禮，斯爲得矣。伏乞垂聽焉。

與張篠原書

杜佑《通典·食貨》篇：宋文帝元嘉中，始興太守孫豁上表曰「武吏年滿十六，便課米十斛，十五以下至十三，皆課三十斛」云云。馬端臨《文獻通考》引此與《通典》同。考之沈約《宋書》，乃徐豁，非孫豁也。李延壽《南史·列傳》：「豁，徐廣之兄子也。」《宋書》本傳云：「元嘉初，豁爲始興太守。三年，遣大使巡行四方，并使郡縣各言損益。因表陳三事：其一曰：『郡大田，武吏年滿十六，便課米六十斛，十五以下至十三，皆課米三十斛。一户内隨丁多少，悉皆輸米。且十三歲，未堪田作，或是單迥，無相兼通，年及應輸，便自逃逸。既遏接蠻俚，去就益易。或乃斷截支體，産子不養，户口歲減，實此之由。謂宜更量課限，使得存立。今若減其米課，雖有交損，考之將來，理有深益。』」

武吏之名，見於《漢書・尹賞傳》「得赤丸者斫武吏」，然不知所屬。考《賞傳》，當屬縣令。《後漢書・百官志》注：「材官〔二〇〕、樓船年五十六老衰，乃得免爲民就田。應選爲亭長〔二一〕，課徼巡〔二二〕。尉、游徼、亭長皆習設備五兵。吏赤幘行縢〔二三〕，帶劍佩刀。」所謂吏赤幘者，即亭長也。應劭《風俗通》曰：「亭長舊名負弩，改名爲長。」《朱博傳》：「博家貧，少時給事縣爲亭長。」又云：「博本武吏，不更文法。」據此，武吏即亭長也。亭長，縣令所屬也。然則豁所表陳者，乃武吏之田，非民田也。自杜佑《通典》節去「郡大田」三字，混入賦税之内，遂訛爲取民之制。而馬端臨《文獻通考》襲其舛訛，又疑之曰：「晉孝武時，除度定田收租之制，只口税三斛，增至五石，而宋元嘉時，乃至課米六十斛，與晉制懸絶，殊不可曉。豈所謂六十斛者，非一歲所賦耶？」貴與但疑課米之多，而不疑「郡大田武吏」五字，蓋誤以爲取民之制，竟置「武吏」於不論矣。

考《晉・山濤傳》，武帝平吴之後，詔天下罷兵，州郡悉去兵。大郡置武吏百人，小郡五十人。晉初，限田之制，丁男五十畝，而不言兵。蓋兵無受田之事也。竊謂始興係邊郡，武吏之田，必邊郡之屯田。武帝去兵之後，所有屯田，即給武吏。晉制，五十人爲屯田二千石，長吏以入穀多少爲殿最。是時，求課最者，必争相益，乃至六十斛之多。豁不言税米，而變文言課者，可見至宋時雖不以入米之多少爲課殿最，而課之名猶在也。其始田多吏少，尚能輸納。至元嘉時，田止此數，而生齒日煩，勢在不能均給，而武吏子孫，又成土著，甚至無大田之實，有武吏之名，按户徵輸，循而未改，於是有畏法逃匿，而户口歲減也。若以此爲取民之制，既與孝武口税三斛不符，且豁亦不必言武吏矣。昨辱手書下問，今具述所知以答，如予説未當，乞明以教我。幸甚！

釋橢序

江都焦君里堂，厲節讀書，綜經研傳，鉤深致遠。復精推步，稽古法之九章，考西術之八綫，窮弧矢之微，盡方圓之變，與凌君仲子、李君尚之齊名。嘉慶三年秋，里堂出所製《釋橢》一篇示予。考西法，自多禄畝以至第谷，皆以日月五星之本天爲平圓。其後西人有刻白爾、噶西瓦等，以爲橢圓兩端徑長，兩要徑短。雍正八年六月朔日食，舊法推得九分二十二秒，今法推得八分十秒，驗諸實測，今法爲合，於是詔用今法。

橢圓起於不同心天之兩心差，引而倍之爲倍心差。用面積求平行、實行之差，於是有大小徑中率與平圓之比例，及差角之加減，與舊法不同矣。其法以面積之度與角度相較，亦可得平行、實行之差。然平行，面積也；實行，角度也。以積求角難，以角求積易，故先設以角求積，次設以積求角，次設借積求積，次設借角求角，四法最爲簡捷，與舊法迥殊。其言日躔之理，亦即盈縮高卑之説也。如橢圓以地心爲心，規橢圓之形，中畫爲午，從地心作綫，分爲三百六十度，每分之積皆爲一度，每一分積爲六十分，太陽每日右旋，當每一度積之五十九分有奇，所謂平行也。則太陽在午綫之下，是爲最卑，而地心至橢圓界之綫短，角度必寬，是爲行盈。太陽在午綫之上，是爲最高，而地心至橢圓界之綫長，角度必狹，是爲行縮。盈縮高卑之理，雖與第谷同，而橢圓之法，則密於第谷諸輪之法。若以諸輪法測今日日月五星之天，有不謬以千里者哉！

昔秦大司寇蕙田，輯《五禮通考》《觀象授時》一門，戴編修震分纂，詳述諸輪之法，而不及太陽地半徑差、清蒙氣差、橢圓三説，不亦傎乎？是篇仿張淵《觀象賦》之例，自爲《圖注》，反復參稽，抉蘊闡奥，爲實測推步之學者所不可無之書也。學者從事於斯，以求日躔月離交食諸輪，無晦不明，無隱不顯矣。里堂不以藩爲譾陋，屬序是篇，乃書橢圓緣起，爲讀是篇者之先導云。

石研齋書目序

藏書家之有目録，始於宋之晁公武《郡齋讀書志》、尤袤《遂初堂書目》、陳振孫《書録解題》。自此以後，海内藏書家，無不有目録矣。吾鄉收藏之富，如馬半查、蔣西浦，皆甲於大江南北，而獨無目録，不數十年，宋槧元刻，祕本精抄，散失無存，良可慨已。

江都秦敦夫太史，樂志鉛黄，棲神典籍，蓄書數萬卷，日夕檢校，一字之誤，必求善本是正。竊怪近日士大夫，藏書以多爲貴，不論坊刻惡抄，皆束以金繩，管以玉軸，終身不寓目焉。夫欲讀書，所以蓄書，蓄而不讀，雖珍若驪珠，何異空談龍肉哉！若太史之兀兀窮年，蓋亦尠矣。太史有鑒於馬、蔣兩家，謂予曰：「有聚必有散，吾子孫焉能世守勿替？暇日編《石研齋書目》上下二卷，以志雲烟之過眼云爾。」藩昔年聚書，與太史相埒。乾隆乙巳、丙子間，頻遭喪荒，以之易米，書倉一空，自我得之，自我失之，夫復何恨？然師丹未老，强半遺忘，所弃秘笈，至有不能舉其名者，惜未編目録以誌之也。有感於太史之言而爲之序。

張舊山詩集序

張君舊山，名居壽，世爲江都人。少習舉子業，應童子試，不售，即棄去。嗜酒落拓，與里中無賴子游。友人黄君文暘勸之學，始折節讀書，學詩於朱布衣箕。家天心墩側，破屋三間，日夕吟詠其中，易衣而出，并日而食，晏如也。所爲五七言詩，鉥肝鏤腎，眇慮窮思，多不經人道語。然詩愈工而窮愈甚，甑塵常滿，妻子幾至不能存活。袁大令枚過揚州，見舊山五言詩，於當事前稱之，當事餽以錢米，得免餓死，於是始有人知舊山之名，延之爲童子師者。舊山生性剛烈，疾惡如讎，曾著《舐痔得車論》以譏當世，又使酒駡座，俗人以爲狂生，見之輒避去，坐此所如不偶，卒以窮困死。其子不肖，詩稿散失無存，因録其與藩唱和之作、投贈之篇，爲一册而序之。

乙丙集自序

予束髮時，即能爲五七言詩，閉門造車，絶無師法。年十五，從余仲林先生游，始知風雅之恉。於是上窺漢、魏、六朝，下武李唐、趙宋，雖不能入天厨、竊禁臠，而鍾嶸之《品》、皎然之《式》，亦三折肱而思過半矣。瓦缶鳴、秋蟲吟，十一年中得八百首。丙午歲大饑，日唯一饘粥，貧居無事，發八百首讀之，吟哦之聲，與饑腸雷鳴聲相斷續，乃去蕭取蘭，伐稂存禾，得一百四十九首，釐爲二卷。上卷七十七首，下卷七十二首，起乙未，終乙巳〔二四〕。嗟乎！自乙至丙，歲星一周天矣。此十二年中，春花秋夜，選舞徵歌，風雨鷄鳴，然糠漂麥，年未三十，而哀樂相半，過此以往，事可知矣。名其集曰《乙丙》。「乙丙」者何？乙以紀歲，丙以志感也〔二五〕。

毛乾乾傳

毛乾乾，字心易，江西星子人也。於學無所不窺，尤精推步，通中西之學。崇禎時，爲邑諸生。鼎革後，縣令捕人科舉，乾乾不得已入試。文體奇古，學使不能句讀，題其卷末云：「生乎今之世，反古之道。」乾乾見而笑曰：「羽陵書生，但知錢在紙裹中耳。」歸隱匡廬山，不復見世人。著古衣冠，獨往獨來，講學山中，村農負販，聽者圜立。山中老稚婦女，皆稱爲「毛先生」。郲縣謝廷逸往訪之，以所著《推步全儀》爲贄。乾乾見而驚曰：「辨析幾微，窮極杪忽，古人旡此儀器也。」與之論方圓分體、方圓合義、方圓衍數，不謀自合。歎曰：「野人肥遯山中，日講經術，以世人罕知曆數，不談久矣。今見子，豈可謂世無人耶！」即以女妻之，後與廷逸偕隱陽羨。宣城梅文鼎造門求見，與文鼎論周徑之理、方圓相窮相變諸率、先後天八卦位次不合者，文鼎以師事之。乾乾亦常謂人曰：「文鼎、廷逸，老人之畏友也。」乾乾審五音之輕重、六律之短長，著《律曆學》若干卷，又《雜著》二卷。子磐，於算數甚有精思，世傳其學。

論曰：曆學之不明，由算學之不密，雖精如祖沖之、耶律楚材、郭守敬、趙友欽，而猶不密者，算法之不備也。自歐羅巴利瑪竇、羅雅谷、陽瑪諾諸人入中國，而算法始備，曆學始明。我朝明曆數之學者，咸推宣城梅氏、郲縣謝氏。謝氏之子名身灌，與予交，以是得讀先生遺書，得聞先生顛末，始知梅、謝兩家之學，有由來矣。世傳先生通占驗、善望氣，好事者取奇言怪語附著之，然而先生非唐都之學也。

吾母王孺人傳

嘉慶十四年八月初四日，吾母王孺人棄世，其孤學海泣謂藩曰：「先孺人有賢行，不可湮没。子乃姻婭也，知孺人之工容言德莫若子，敢以傳請。」孺人姓王氏，吾丈序常之室也。吾氏其先出浙之開化，由浙遷晉。明季有念菴公者，爲蘇州守，因家焉。丈之王父仁長公，以諸生忤當事，譴戍關中，二子隨侍。季如玉公事母家居，娶丁太孺人，生丈及一女。如玉公奉母入秦，太孺人及丈寄食外家。後丈至關中省親，旋奉父命歸里，迎太孺人往，而太孺人因積勞成疾，不果行。丈舅氏丁魯尊先生，以書達如玉公，得攝主婚事，乃娶孺人。孺人在家，事父母以孝聞。于歸後，以事父母者事姑，以佐其父母者佐夫、子，内外無間言。丁太孺人多病，孺人進甘旨，視湯藥，扶持搔抓以及滌牏之役，無不親爲之。太孺人嘗嘆曰：「我生平困躓，今得此賢婦，天之報我，亦良厚矣。」奉事太孺人，十餘年如一日，及居太孺人喪，哭泣盡禮。序常丈，敦行君子，六十年中，夫婦相敬如賓。家無中人之産，當坎壈時，孺人少侘傺之色，而勤儉持家，服食朴素，雖不至有負薪被絮之苦，然亦可繼舂蒿杖藜之風矣。嗣後四子成立，奉養無缺，孺人服敬姜之訓，終不休其蠶織也。

孺人平居無怒色，無疾聲，教子惟以義方，不加榎楚，即下及臧獲，待之亦以禮。序常丈之妹適曹氏，甚貧，時或就食母家。每産後輒無乳，生三女，皆孺人親爲乳哺。及長遣嫁，孺人以奩具析贈之，至今戚黨尤嘖嘖稱道焉。孺人體素羸瘠，今秋患病，雖危劇，而神明不衰，無殿屎之聲，若不有疾苦者，豈二氏所謂來去了然者耶？子四：長學海，次炳也，次子屏，次從周。孫五，孫女五，皆幼。孺人生於乾隆五年十一月十八日，卒於嘉慶十四年八月初四日，得年七十。

藩與學海，少同學，情好逾昆弟，總角時，登堂拜母，孺人以子姪蓄之。及學海娶藩妹，爲姻親，時相往來。孺人與先慈，杯酒論心，情如同氣，兩家子婦侍左右，團圞笑語，如一家焉。先慈見背時，孺人哭之慟。未幾，余妹亦相繼下世，藩扶柩回邗上，音問遂疎。今年春，藩客游四明，道出吴門，孺人謂藩曰：「予老矣，不知能復見子否？」親舊暌隔，何以爲懷，含淚别去。季秋復來吴下，則孺人已殯兩楹，昔日之言，得非讖語乎？廻憶三十年來，兩家舊事，竟同塵影，能不悲哉！縱横涕泗，不知所云。

亭年室銘並序

江都黄君承吉，弱稟異質。髫髻時，請於祖寄亭公曰：「世人多以字行者，獨孫無字，請字之亭年，可乎？」君之祖爲之色喜。所以色喜者，以是言爲兆，知君之可享大年，且自喜壽徵也。藩謂君之祖已登上壽，則君之年又可不筮而知矣。

君之於學，靡不講貫，尤精於漢儒之説，請即以漢之經師喻之：漢之經師，其年齒見於史傳，略可攷而知也。伏生之年九十，張蒼百有餘歲，夏侯勝九十，申公九十餘，孔光九十，揚雄七十一，桓譚七十，蘇竟七十，楊厚八十二，賈逵七十二，子楷亦七十，桓榮八十餘，任安七十九，周防七十八，包咸七十一，寒朗八十四，王允七十〔二六〕，伏恭九十，鄭玄七十四，樓望八十，如董仲舒、盧植、丁鴻、周澤諸儒，史雖未著卒年，然有爲三老五更者，有書老乞骸骨者，則其年可知矣。蓋潛心於學，則心不外役，而神明不衰也。君既長，字曰謙牧，乃以亨年署爲室名，不獨不忘祖德，抑且自勵其學云。嘉慶元年春王正月，屬藩爲銘，因述六書之義以銘之，銘曰：

亨與享烹，古本一字。後人分別，字體乃二。《吕刑》享國，見於《周書》。《敘傳》永年，是爲權輿。中數曰歲，朔數曰年。見《周官經》，鄭《注》云然。曰宫曰室，散文則通。度几度尋，對文不同。論君之年，義證史宬。名君之室，訓本古經。注《禮》箋《詩》，傳之於後。君於《周禮》《毛詩》皆有著述。死而不亡，厥名曰壽。

汪先生墓表

先生諱鎬京，字快士，號西谷，歙人也。先世居古唐邨，後僑寓江都，遂家焉。祖諱文燿，明季知餘姚縣事，觀納風謡，廣求民瘼，民感其惠，配食於社。考諱應健，畢志邱園，忘懷簪冕，壻於同里鄭重，師其畫法，知名於時。

先生生有異姿，長而懷德，恢韜百氏，探賾六書。樂衡門之徲𢓡，甘山林之杳藹。雅愛巖谷，性痼烟霞。大江南北，名山勝迹，游蹤殆徧。如宗少文，每遇佳山水，往趣忘歸。長於歌詩，兼工摹印，以儥印之貲，为裹糧之計。然頗自矜重，貲既給，亦不復儥。平生游歷名勝之地，攗拾故事，旁及詩文，各刻一印，系以四言詩，題曰《紅朮軒山水篆册》，桐城張文端公序而刻之。別著《紫泥法》，仁和王晫刊入《檀几叢書》。

嘗謂肄經當知古文，識字乃明訓故。《三蒼》之學，卷帙不傳；《十帖》之科，口試又廢。所存古籍，或詳形體，不顯聲讀是非；或論音韵，不辨偏旁紊亂。刺取《説文》《玉篇》諸書，集古今文字，依四聲編次，撰《文字原》一書。又謂小學由篆變隸，由隸變楷，字體寖失，惟摹印爲今世所用，然必考據六義，不可兼通八體，爲《紅朮軒印範》，皆刊行於世。以康熙四十一年四月七日卒，生於明崇禎七年六月三日，春秋六十有九。葬甘泉縣金匱山郝家寶塔先塋之右，禮也。取鄭氏，生子三：長良溥，次良沛，季良澤。女一，適山陽程某。既葬之越一百十二年，墓門之樹無恙，泉扉之誌缺如。五世孫喜孫恐年歲遐遠，陵谷隕遷，乞爲誌墓文，敢勒遺塵，式名玄石。銘曰：

箕山之侣，葛天之氓。與物無私，與世不争。藹軸抱璞，巖阿飾情。《易》占石硸，《詩》詠河清。世守邱壠，永奠佳城。惡木不植，書帶長生。

清故刑部山東司員外郎鄭君墓誌

鄭氏世居於歙，至贈中議公炳基，始遷江甯。贈公子候補知府贈中議公爲翰，自江甯遷江都，贈公生候補道中憲公瀓江。瀓江公二子：長涵，早殁；君其次也。君諱宗汝，字翼之，號雨薌。家世科第，望冠士族，承先德之清華，植之以茂實，端志修能，賢士大夫莫不嚮慕加厚焉。少攻舉子業，不得志於有司，朝廷開川運例，以貲爲員外郎，授刑部山東司。時尚書文肅公英廉、袁公守侗，敬度祥刑，簡孚有衆，君悉心秋讞，手定爰書，有倫有要，平反之力居多，二公咸重之。然君心切鳥私，志高蟬脱，力請乞養。歸侍澂江公，佐家政。以嘉慶六年八月十二日卒，年四十六，恭遇覃恩，加三級，誥授中憲大夫。二娶：元配謝恭人，次配王恭人，皆先卒。子一，兆理，大理寺寺丞。孫一，煦。以嘉慶十二年某月某日，葬於江甯縣南鄉之馬廠。

君天性孝友，事父母克順祇修，侍母吴太恭人疾，衣不解帶，目不交睫，日夕焚香祝天，願以身代。居倚廬，朝夕一溢米，晝夜哭無時，雖哀毁骨立，而能勝喪。少隨兄讀書家塾，兄殁，塾師講《詩》「鴒原」章，聞之淚下，塾師爲之掩卷。事其嫂吴宜人如事兄，教育猶子，無異己子。與人交，和易可親，有所緩急，無少吝。喜讀書，有園曰餘圃，澂江公所葺也。春秋暇日，與朋友唱和其中。鄉先達沈既堂先生，稱其詩如劉隨州。事澂江公，先意承志，能得親之歡心。卒之日，澂江公撫君背曰：「汝一生孝順，當如釋氏言往生樂土矣。」君時奄奄一息，聞是言，泣不成聲，猶勉强作稽首狀。核君生平，好善學文，謹謹致孝。嗚呼！可謂篤行君子矣。銘曰：

服官以勤，事親以道。惟樸不斲，惟淳可葆。未臻上壽，爲善是悼。子孫逢吉，卜筮以告。爰位幽宅，於陰之原。銘勒貞石，其辭不煩。藏之奧隅，百世猶存。

廩膳生吴君墓表

君名兆松，字蒼虬，一字敬堂，其先爲歙縣人。君之曾祖大熹公，始遷於江都，遂爲江都人。君十五歲，母氏李孺人棄世，晝夜哭泣，哀毁幾於滅性。是時家道中落，日食饘粥，而君下帷讀書，處之怡然。年二十，爲邑庠生。二十三，試高等，爲廩膳生。二十五，始娶李孺人，共事父文瀾公，授巾問衣，怡聲柔色，滫瀡脂膏，不假手於僕婦，必敬而進之。文瀾公歿後，能盡古喪禮。

君少時，讀五子《近思録》，歎曰：「聖賢躬踐之實在是矣，何必外求哉！」自文瀾公歿後，終身不應鄉舉，閉户讀書，闡濂、洛、關、閩之旨，嘗謂：「孔子作《春秋》，爲百王不易之大法。漢、唐、宋諸儒之説，紛紜轇轕，莫能是正。清江張元德，游朱子之門，親聞緒論，其所著之《春秋集傳》《春秋集注》，統會羣言，考其異同，參其中否，至於掊擊僞辨，亦無牽合之弊，衞宗武所謂『以傳考經，以經考傳，能得史外傳心之藴者』也。近日學者專習胡《傳》，幾不知世有此書矣。」乃取《集傳》，删繁就簡，薈其説之最精者，手寫成書。又著《尚書先儒遺論》四十六篇。

君足不出户三十年，著書之暇，閉目默坐，以是世無知者，惟李進士道南、朱布衣質亟稱之。君生於康熙四十九年，卒於乾隆五十五年，年八十一，葬於郡之西鄉。子一，名夢熊，字曰達。藩與曰達，有尹、班之雅，每見君，執弟子禮，謂藩曰：「讀書當融釋，講學在縝密。不讀書無入德之門，不講學無自得之樂。」藩聞此語，知君深於李南劍之學者，豈尋常講學之流哉！

嗟乎！《六經》乃載道之文，未有不讀《六經》而能明聖賢之道者。吾郡明季王艮，目不知書，爲姚江之學，自謂不由語言文字，默契心宗，一傳之後，吏胥窯匠，皆爲講學之人矣。不讀書而講學，自古所無，獨釋氏有不立文字，言下頓悟之説。心齋之徒，其説與釋氏無異，乃聖門之罪人，安得謂之得孔、孟之心傳也哉！支離詭僻之習，至康熙、雍正間，其熾不衰。君獨理明而是非辨，知所止而操履完，不摇惑于亂道之巧言，可稱真儒矣。

朱處士墓表

處士名篔，字二亭，江都人。幼遭父喪，哭泣盡禮，雖不杖之年而能病也。事母以孝聞，鄉人無間言。處士生而穎悟，十三歲即能爲五七言詩。因家貧，棄舉子業，服賈以養母，自號市人。處士少習拳勇，市中人有犯之者，不與校。雖與屠沽雜處，然手一編弗徹，夜則閉户讀，至鷄鳴猶朗誦不已，市人恆笑之。

中年，博通文籍，肆力爲詩古文。桂林陳文恭公見先生所作《前明郝公景春紀略》《經濟纂要》諸篇，稱爲「奇才」，謂門生姜忠基曰：「子爲我招之來京師。」忠基至江都，致文恭公命，處士以母老不敢遠離辭。高宗純皇帝開四庫館，思得如揚雄、劉向之徒者，校讎古籍。兩江總督高文端公耳處士名，札致金教授兆燕，將薦之於朝。處士曰：「吾深山之麋鹿也，豈可裹以章服哉！」力辭不就。是時，其族叔隸旗籍名孝純者，官泰安知府，折柬招處士爲泰安之游，乃探仙闕神府之幽賾，訪五祠三廟之遺踪，得詩數十首而返。後孝純遷兩淮鹽運使，處士絶不與聞公事，唯與孝純飲酒賦詩而已。

處士家無餘財，好周人之急。友人金某夫婦病卒，爲之殯殮，養其子女十有餘年。疏戚程某，貧無所歸，寄食處士家。死後，教養程某二子，皆得成立。金徵君農客江都，既老且病，處士延之於家。其歿也，杭太史大宗鳩金治喪事，以餘金畀處士，蓋欲償處士供膳之資也，處士盡與徵君之嗣子。又有比鄰杜母，其子不肖，所蓄金珠，藏於匣中，恐爲其子竊去，寄處士家，他人不知也。杜母死，處士置之柩前，封識宛然，其子感泣，遂改行爲善。邦人稱爲「獨行君子」，非虛語也。及其爲詩文，根柢經史，如有原之水，挹而不窮。韓子曰：「人皆劫劫，我獨有餘。」於處士見之矣。

嘉慶二年正月三日，召弟子張居壽、葉舟、薛本、李文英四人，謂之曰：「吾初七日與諸君別矣。讀書惟正心誠意爲第一義，富貴如浮雲耳。」復命其子曰：「《傳》云：『喪具，稱家之有無。』不可乞貸於親友。吾平生無絲粟累人，勿使吾身後蒙不潔名也。」至初七日，端坐而逝，卒年八十。以嘉慶某年某月，葬於某鄉。子一，慎履，歲貢生。

乾隆四十三年，處士見藩歌詩，囑張居壽爲介紹，引爲忘年之交。處士之韜耀絶機，含和隱璞，藩知之最深，乃作石表之文，以著清風於來葉焉。

重葺抗風軒記

南園在廣州城南二里。元末，孫易菴結詩社於園之抗風軒。嘉靖時，改爲大忠祠，而歐楨伯復結詩社於此。國朝康熙癸亥，番禺令李文浩，即祠之東偏，建復抗風軒，祀五先生。乾隆癸未，督糧道熊繹祖，允郡人士之請，增祀後五先生。前五先生者：南海孫經歷蕡，字仲衍；番禺李教諭德，字仲修；河東王給事佐，字彥舉；番禺黄典籤哲，字庸之；趙處士介，字仙貞。同社之人可考而知者：別駕黄楚金，徵士蔡養晦、黄希貢，長史黄希文，架閣蒲子文，進士黄原善、趙安中，通判趙澄，徵士趙訥，九人而已。後五先生者：順德歐郎中大任，字楨伯；從化黎參議民表，字維敬；南海吴僉事而待，字蘭皋；番禺李知府時行，字少偕；順德梁主事有譽，字公實。同社之人可考而知者：瑶石之弟民衷、民襄、梁考，三人而已。後陳忠簡修復南園舊社，與黎烈愍諸公唱和其中，可謂極一代人文之盛矣。所以過此者，往往低徊不忍去。

予承乏是邦，簿書之暇，循覽圖經，乃知舊址大半爲居民隱占，今所存者，惟抗風一軒。因捐廉爲丹雘塗塈之資，俾昔賢觴詠之地，不致鞠爲蔓草焉。當日前五先生蜚聲藝苑，與「四傑」竝稱；後五先生掉鞅詞壇，與王、李竝駕。是故世人推許在「閩中十子」之上，皆以詩人目之。然十先生事實，見於《明史》及《廣州人物傳》，其敦善行，勵氣節，可爲後世矜式，豈僅以詩鳴者哉！

天地定位節爲納甲之法解

納甲之説，見於魏伯陽《參同契》。所謂「三日出爲爽，《震》庚受西方。八日《兑》受丁，上弦平如繩。十五《乾》體就，盛滿甲東方。蟾蜍與兔魄，日月氣雙明。蟾蜍視卦節，兔魄吐生光。七八道已就，屈折低下降。十六轉受統，《巽》辛見平明。《艮》直於丙南，下弦二十三。《坤》乙三十日，東北喪其朋。節盡相禪與，繼體復生龍。壬癸配甲乙，《乾》《坤》括始終。七八數十五，九六亦相應。四者合三十，陽氣索滅藏」。此納甲之大略也。三國時，虞君仲翔用其説以注《易》，如《坤》之「西南得朋，東北喪朋」，《蹇》之「利西南」，《小畜》之「月幾望」，《歸妹》之「人之終始也」，《繫辭》之「在天成象，八卦成列」，《説卦傳》之「水火不相射」，及「萬物出乎《震》」節，皆用納甲耳。而其説詳於《繫辭》之「天數五，地數五，五位相得，而各有合」《注》文。《注》曰：「五位，謂五行之位。甲《乾》乙《坤》，相得合木，天地定位也。丙《艮》丁《兑》，相得合火，山澤通氣也。戊《坎》己《離》，相得合土，水火相逮也。庚《震》辛《巽》，相得合金，雷風相薄也。天壬地癸，相得合水，言陰陽相薄而戰於《乾》。故五位相得，而各有合。」

納甲之法，以月體言，《坎》戊《離》己爲中宮。《坎》爲月精，《離》爲日光，《乾》爲甲，《坤》爲乙，在東方。《艮》爲丙，《兑》爲丁，在南方。《震》爲庚，《巽》爲辛，在西方。壬癸屬於《乾》《坤》，爲北方。月之行天也，晦月朔旦，《坎》象流戊，日中則《離》，《離》象就己，三十日會於壬。三日出於庚，八日見於丁，十五日盈於甲，十六日退於辛，二十三日消於丙，二十九日窮於乙，滅於癸。《乾》交《坤》，初爻始受一陽之光，見於西方庚地，月之第一節，所謂「三日出爲爽，《震》庚受西方」也。二爻受二陽之光，昏見於南方丁地，月之第二節，所謂「八日《兑》受丁，上弦平如繩」也。三爻全受日光，既望之時，昏見於東方甲地，月之第三節，所謂「七八道已就」也。月之第四節，十六日，《坤》交《乾》，初爻受陰爲《巽》而成魄，以平旦而殁於西方辛地。月之第五節，二十三日，二爻受陰爲《艮》而下弦，以平旦而没於南方丙地。月之第六節，三十日，全變三陰而光盡，體伏於東北壬癸之方。一月六節既盡，而禪於後月，復生《震》卦，壬癸屬於《乾》《坤》，所謂「壬癸配甲乙，《乾》《坤》括始終」也。九六之數合十五，七八九六合之三十。三十日，一月之數也，所謂「四者合三十」也。納甲之法，盡於此矣。

至於天地定位之説，即「五位相得而各有合」也。天一生水，壬與癸合也。天三生木，甲與乙合也。二生火，丙與丁合也。四生金，庚與辛合也。五生土，己與戊合也。《月令》：「孟春，其數八；孟夏，其數七。」蓋以土數乘木火金水而成，即劉歆大衍之數也。皇侃《禮記義疏》云：「以爲金木水火得土而成，以水數一得土數五，故六也。火數二得土數五，爲成數七。木數三得土數五，爲成數八。又金數四得土數五，爲成數九。」《參同契》謂「土王四季，羅絡始終，青赤黑白，各居一方，皆稟中宫戊己之功」也〔二七〕。水乘土得六，火乘土得七，木乘土得八，金乘土得九，六、七、八、九，少陰、老陰、少陽、老陽之數，皆備於是矣。五行各居其位而不亂，五位相得而各有合也。天數五：一、三、五、七、九；地數五：二、四、六、八、十。天下之數，皆出於《乾》《坤》。《乾》《坤》相交成《既濟》，六爻定位，各正性命，是天地定位也。「山澤通氣」以下，可以類推矣。

爾雅小箋序目

《爾雅》之名，見于《孔子三朝記》。則《釋詁》一篇，爲周公所著無疑。《釋言》以下，則秦、漢儒生遞相增益之文矣。在當旹，經文皆篆書，讀者望文即知形聲，故但著訓義而略形聲也。至西京旹，變篆爲隸，形聲已非其舊，然篆隸之體，不甚相遠，其文猶可考索。嗣後變隸爲楷，形聲皆失矣。字體在後漢已大壞。如「持十爲斗」「屈中爲虫」，鄉壁虚造，變亂常行，此許尗重所以歎「古文欲絶」而作《説文解字》也。桓、靈之世，賄改蘭臺漆書，而文字逾壞矣。魏、晉以降，譌體百出，詭更正文，變「騧」爲「騃」，改「悖」作「背」，易「荼」爲「茶」，别「蕚」作「花」。草木之名，無不从草从木；蟲負之屬，亦皆加虫加魚。文義乖壁中，違戾六書，且傳寫多譌，帝虎魯魚，轉轉滋謬。徐鼎臣曰：「《爾雅》所載草木魚鳥之名，肆意增益，不可觀矣。諸儒傳釋，亦非精究小學之徒，莫能矯正。」此説是也。

予少習此經。乾隆四十三年，年十八矣，不揣譾陋，爲《爾雅正字》一書。承艮庭先師之學，以《説文》爲指歸，《説文》所無之字，或考定正文，或旁通叚借，不敢妄改字畫。張美和「手可斷，筆不可亂」之言，豈欺我哉！王西沚光禄見之，深爲嘆賞，謂予曰：「聞邵晉涵太史作《疏》有年矣，子俟其書出，再加訂正未晚也。」

弱冠後，千里飢驅，未遑卒業。嘉慶二十五年，年六十矣，爲阮生賜卿説《毛詩》，肄業及之。《爾雅》自郭《注》行而舊注盡廢，景純乃文章家，於小學涉獵而已。邢《疏》膚淺，固不足論。而邵《疏》又襲唐人義疏之弊，曲護注文，至於形聲，則略而不言，亦未爲盡善也。因檢舊藁，重加删訂。邵《疏》引《毛傳》《鄭箋》《説文》諸書，讀所引之文，即知訛字爲某字，故不複出。其誤者正之，未及者補之。數年中，竊聞師友之緒論，擇善而從，皆書姓氏。有其説本出於予而爲人剽竊者，直書己説，置之不辨，讀者幸勿以掠美責之。《箋》中稱「後人」者，魏、晉以後之人也；稱「陋人」者，本郭《注》之例，猶言淺人也；稱「庸人」者，有其人而不質言之，若曰「夫己氏」也。書爵、書氏、書名、書人，春秋之名例也。今據古本，釐爲三卷，易名《小箋》，變篆作楷者，俾循覽之人趣于簡易云。道光元年太歲在重光大荒落霜月庚申自敘，旹年六十又一。

爾雅小箋上

釋詁

釋言

釋訓

爾雅釋魚補義

「魚」字下四點，即「火」字，《説文》作：「𩵋，水蟲也。象形。魚尾與燕尾相似。」徐鍇曰：「下火象尾，非水火之火。」段氏《解字》謂：「其尾皆枝，故象枝形，非从火也。」與徐氏之義同。愚攷《易·姤卦》：「包有魚。」虞氏《註》：「《巽》之初爲魚，蓋《巽》下斷有魚尾之形也。」則魚象形之説非無本矣。然攷《内經·素問》言「魚熱中」，《家語》言「魚生於陰而屬陽」，醫家丹溪朱氏謂「諸魚在水，無一息之停，皆能動風動火」。則魚字亦可从火，不必泥於象形。夫庖犧畫卦，以《坎》爲水，《坎》中有一陽爻，即水中之火，魚之游泳於水中，正其具火之性，而可以勝水者也。雖南方飛鳥屬火，而魚亦可與之爲類，故文鰩有翼能飛。《説文》：「文鰩，魚名。」能飛，見《山海經》。況魚尾雙尖，亦有火之形，安知蒼頡造字，不以此爲象形乎？

鯉　鯉从里，何也？《説文》云：「里，居也。」言人所居之地，皆有此魚，故从里。邵氏《正義》云：「今鯉處處有之，是所居皆有鯉也。」《説文》以「鯉」爲「鱣」，何也？蓋「鱣」字从亶，「亶」字《説文》訓爲多穀，「穀」字訓善。鯉三十六鱗，合陰爻之全數，而獺祭之，豈非多善者乎？故鱣、鯉互訓爲一物耳。

鱣　《爾雅註》爲「黄魚」。《正義》引陸璣《疏》云：「大者千餘斤，可烝爲臛，又可爲酢，魚子可爲醬。」是亦魚之多善者也。

鰋　《説文》本作「鰋」，鮀也。鰋从匽，何也？《説文》云：「匽，安也。」天下之魚多矣，何獨以安屬「鰋」乎？《釋文》謂「鰋即白魚」。《史記》「武王伐紂，渡河中流，有白魚躍入舟中」。殷人尚白。是天將以殷之天下與周，而天下治安之兆也。此「鰋」字所以从匽也。

校勘記

〔一〕「源」，錢坤《江鄭堂河賦注》本（光緒三十一年繆荃孫刻入《藕香零拾》中）與《漢書・溝洫志贊》皆作「原」。

〔二〕漆永祥校本（收入《江藩集》，上海古籍出版社二〇〇六年版）云：「『巖』，錢坤《江鄭堂河賦注》本作『巍』。」

〔三〕「涌洸」之「洸」，原作「洸」，漆永祥校本據錢坤《江鄭堂河賦注》本改，今從。

〔四〕漆永祥校本云：「『浤』，錢坤《江鄭堂河賦注》本作『泓』。」

〔五〕漆永祥校本云：「『龍』，錢坤《江鄭堂河賦注》本作『叔』。」

〔六〕「獻子」，原作「獻于」，漆永祥校本據錢坤《江鄭堂河賦注》本改，今從。

〔七〕「舫」，原作「魴」，據《滂喜齋叢書》本改。

〔八〕「舳艫」之「舳」，原作「軸」，漆永祥校本據錢坤《江鄭堂河賦注》本改，今從。

〔九〕「臧孫」，《春秋左氏傳・文公五年》作「臧文仲」。

〔一〇〕「部」，原作「郡」，漆永祥校本據中華書局校點本《宋書》卷三六《州郡二》改，今從。

〔一一〕「樂安」之「樂」，原作「東」，漆永祥校本據《宋書》卷三六《州郡二》改，今從。

〔一二〕「邊城郡」之「郡」，原作「兩」，屬下讀；「四縣」，原作「兩縣」。漆永祥校本據《宋書》卷三六《州郡二》改，今從。

〔一三〕「水」字原脱，漆永祥校本據上文「渒水」及《隋書·地理志下》補，今從。

〔一四〕《舊唐書·地理志》無「縣五」二字。

〔一五〕「同光」，原作「開光」。按：後唐有「同光」而無「開光」年號，今據改。

〔一六〕「體」，原作「禮」，漆永祥校本據《文心雕龍·書記》篇改，今從。

〔一七〕「袁昂」之「袁」，原作「元」，漆永祥校本據《梁書》卷三一《袁昂傳》改，今從。

〔一八〕漆永祥校本云：「『教』，《梁書》卷三一《袁昂傳》作『敕』。」

〔一九〕「覲」，原作「觀」，漆永祥校本據《舊唐書》卷九九《蕭嵩傳》改，今從。

〔二〇〕「材官」前原有「衞士」二字，當屬《注》文上句「不給衞士」讀，漆永祥校本據《後漢書志·百官五》注删之，今從。

〔二一〕漆永祥校本云：「《後漢書志·百官五》注『應』下尚有『合』字。」

〔二二〕「徼」字原無，漆永祥校本據《後漢書志·百官五》注補，今從。

〔二三〕漆永祥校本云：「《後漢書志·百官五》注『吏』前尚有『鼓』字。」

〔二四〕按：中國國家圖書館藏《乙丙集》鈔稿本，卷首有江藩《自序》，云：「去蕭取艾，伐稂存禾，得一百二十八首，釐爲二卷。上卷六十五首，下卷六十三首，起乙未，終乙巳。」與《乙丙集》實際收録情況相符。

又，「下卷七十二首」，《滂喜齋叢書》本作「下卷六十三首」。

〔二五〕漆永祥校本云：「中國國家圖書館藏《乙丙集》鈔稿本，此文末尚有『乾隆丙午正月十二日江藩自序』十三字。」

〔二六〕「王允」，疑作「王充」。按：王允（一三七—一九二），字子師，山西太原人，官至司徒。王充（二七—約九七），字仲任，會稽上虞（今浙江紹興上虞）人，習《論語》《尚書》，好古文經學，有《論衡》。據所言年齒「七十」和江藩所謂「漢之經師」而論，當作「王充」爲是。

〔二七〕「功」，原作「宫」，漆永祥校本據《周易參同契》改，今從。

附：江鄭堂河賦注

附：江鄭堂河賦注

（清）錢　坤注

河賦序

班固曰：「中國川原以百數，莫著於四瀆，而河爲宗。」《白虎通》曰：「其德著大，故稱瀆。」則河之爲德也，洋洋乎大哉！

《後漢書・班固傳》：「固字孟堅，北地人也。」《前漢書・溝洫志贊》曰：「中國川原以百數，莫著於四瀆，而河爲宗。」《爾雅・釋水》：「江、淮、河、濟爲四瀆。四瀆者，發源注海者也。」《白虎通・巡狩》篇：「河謂之瀆何？瀆者，獨也。其功著大，故稱瀆也。」

昔成公子安、應瑒皆有《賦》，見酈道元《水經注》中，其文不傳。

《水經注》：「成公子安《大河賦》，應瑒《靈河賦》。」

山居讀書，慕木玄虛之賦海、郭景純之賦江，而賦靈河。

《文選注》：「今書《七志》曰：木華，字玄虛。《華集》曰：爲楊駿府主簿。傅亮《文章志》曰：廣川木玄虛爲《海賦》，文甚儁麗，足繼前良。」臧榮緒《晉書》曰：「郭璞，字景純，河東人。璞性放散，不修威儀，爲佐著作，後轉王敦記室參軍。敦謀逆，爲敦所害。」

晉以後之事，略而不取，恐汎濫則文冗長，且非古賦之體。事則稽之經史，水道合於《水經》，産則攷之於古，而徵之於今。「玉巵無當，雖寶非用；侈言無驗，雖麗非經。」左太沖之言也。

《文選》左太沖《三都賦》：「且夫玉巵無當，雖寶非用。」李善曰：「巵，一名觶，酒器也。當，底也。《韓非子》堂溪公謂韓昭侯曰：『今有白玉之巵無當，有瓦巵有當，君寧何取？』曰：『取瓦巵也。』」李善《文選注》曰：「劉廙《答丁儀刑禮書》曰〔一〕：崇飾侈言，欲其往來。」《文選注》：「臧榮緒《晉書》曰：左思，字太沖，齊國人。少博覽文史，曾作《三都賦》。」

其辭曰：

稽古帝嬀，攝政陶唐。

鄭玄《尚書注》曰：「稽，同；古，天也。言堯能順天而行之，與之同功。」《括地志》曰：「嬀州有嬀水，源出城中。」《史記注》孔安國曰：「居嬀水之汭。」《史記・五帝紀》曰：「舜年二十，以孝聞。年三十，堯舉之。年五十，攝行天子事。」《説文》曰：「陶，在濟陰。《夏書》曰：『東至於陶丘。』陶丘有堯城，堯嘗所居，故堯號曰陶唐氏。」

洪水方割，山懷陵襄。

《尚書注》曰：「洪，大。割，害也。言大水方爲害。」《史記》孔安國曰：「懷，包。襄，上也。」

迺命大禹，平分水壤。

《尚書注》曰：「禹稱大，大其功也。」《尚書・舜典》：「帝曰：『俞，咨禹。汝平水土。』」《説文》曰：「壤，柔土也。」

龍門岝嶺，⿰山蠆巒巍岡。

《水經・河水》：「南出龍門口，汾水從東來注之。」《淮南子・墬形訓》云：「龍門在河㟁。」《吕氏春秋・攷類》篇云：「昔龍門未開，吕梁未發，河出孟門，大溢逆流。」是龍門在河中阸流者也。云禹鑿以通河者。岝，《廣韻》：「鋤陌切。」嶺，《集韻》：「鄂格切，同峉。」《文選》木華《海賦》：「啓龍門之岝嶺。」⿰山蠆，《説文》曰：「巍高也。」巒，《説文》曰：「山小而鋭。」巍，《説文》曰：「高也。」岡，《爾雅》曰：

「山脊岡也。」

河出其上，瀾汗激盪。奔雷洩雲，涌濤騰浪。

《淮南子》曰：「龍門未闢，吕梁未鑿，河出孟門之上。」木華《海賦》：「洪濤瀾汗。」激，《説文》曰：「疾波也〔二〕。」盪，《水經注》：「河流激盪。」木華《海賦》：「驚浪雷奔。」《水經注》：「雷奔雲洩，濤涌波襄。」

若流浮竹，而駟馬難追；如鼓風輪，而一葦難杭。

《水經注》：「慎子下龍門，流浮竹，非駟馬之追也。」木華《海賦》：「鼓怒，溢浪揭浮，狀如天輪。」《説文》曰：「葦，大葭也。」《詩・衛風》：「一葦杭之。」《毛傳》曰：「杭，渡也。」

於是導河積石，闓闢吕梁。下民安居，定墺四方。聽濁河之音大，慶德水之靈長。

《漢書・地理志》顔師古曰：「積石山，在河關西羌中，自積石起，鑿石穿池，以通其流。」《西山經》曰：「積石之山，其下有石門，河水冒以西流。」《説文》曰：「闓，開也。」《水經注》：「城西南八十里，其水西流，歷於吕梁之山。昔吕梁未闢，河出孟門之上。蓋大禹所闢以通河也。」《孟子》曰：「人得平土而居之。」墺，《説文》曰：「四方土可居也。」《文選注》引《説文》作「四方之土可定居者也」。《漢書・溝洫志》：「河水重濁。」《淮南子·墬形訓》：「濁水音大。」《漢書·郊祀志》：「秦更名河曰德水也。」

積石之上，則泳行地中，蒲昌相連。上滂其脈，出於崑山。渤海葱嶺，是謂重源。別有三水，赤洋與丹。

江聲《尚書亼注音疏》：「《水經》云：『崑侖虛在西北，去嵩高五萬里，地之中也。河水出其東北陬詘，從其東南流入於渤海。又出海外，南至積石山下，有石門，河水冒以西南流。又南出蔥嶺山，其一源出于闐國南山，北流與蔥嶺河合，東注蒲昌海。』案：積石當河始入中國之處，葱嶺、于闐、蒲昌，皆在荒裔，迺其上流。《山海經》不言蒲昌，略之也。《水經》『又南出葱嶺山』云云，當承『南流入於渤海』之下。『又出海外』云云，當承『東注蒲昌海』之下。迺先言積石，後言蒲昌，文誤倒矣。故道元注《水經》，據釋氏《西域傳》云：『河自蒲昌，潛行地下，南出積石。』《經》文似如不比，積石宜在蒲昌海下矣。」此駁是也。《漢書·西域傳》云：「河有兩原：一出蔥嶺山，一出于闐，于闐在南山下，其河北流，與蔥嶺河合，東注蒲昌海。蒲昌海，一名鹽澤者也。去玉門、陽關三百餘里，廣袤三百里，其水亭居，冬夏不增減，皆以爲潛行地下，南出於積石，爲中國河。」是亦謂積石在蒲昌海下矣。《爾雅·釋水》：「潛行爲泳。」《淮南子》曰：「黃水三周，復其原，是謂丹水，出昆侖東北陬，赤水出其東南陬，洋水出其西北陬〔三〕。」

昆侖三級，離嵩五萬。太帝之居，戴勝之苑。

《水經注》：「《昆侖說》曰：昆侖之山三級。下曰樊桐，一名板松；二曰玄圃，一名閬風；上曰增城，一名天庭。」《水經·河水》：「昆侖虛去嵩高五萬里。」《爾雅·釋山》云：「嵩高爲中嶽。」郭璞《注》：「大室山也。別名外方，今在河南陽城縣西北。」《山海經》曰：「昆侖之丘，是實爲帝之下都。」《山海經》：「昆侖之丘西三百五十里，曰玉山，西王母所居也。西王母其狀如人，豹尾虎齒，而最善笑〔四〕，蓬髮戴勝。」

五龍之出入，百神之盤旋。生不死之樹，來不升之仙。

《水經注》：「《開山圖》曰：五龍見教，天皇被迹，天出無外柱州昆侖山上。」榮氏《注》云：「五龍治在五方，爲行神。五龍降，天皇兄弟十二人，分五方爲十二部，法五龍之迹，行無爲之化，天下仙聖治在柱州昆侖山上。」《山海經》曰：「昆侖虛有九門，門有開明獸守之，百神之所在。」《淮南子·墬形訓》：「昆侖虛上有不死樹。」東方朔《十洲記》：「方丈在東海中，有金玉琉璃之宮，羣仙不欲升天者，皆得往來也。」

新頭千仞，石立巉棧。莫步高下，莫測深淺。臨之目眩，行之息喘。縣絙如繩，渡梯類棧。甘英畏艱而去，張騫懼險而返。

《水經注》：「釋法顯曰：度蔥嶺西南行十五日，其山惟石，壁立千仞，臨之目眩。下有水名新頭河。昔人有鑿石通路施旁梯者，凡度七百渡，梯已設縣絙，過河漢之甘英、張騫，皆不至也。」巉，《說文》曰：「尤高也。」甘英，《漢書·西域傳》曰：「建初九年，班超遣掾甘英，窮臨西海而還，皆前世所不至，《山經》所未詳，莫不備其風土，傳其珍怪焉。」《漢書・傳》曰：「張騫，漢中人也。建元中，爲郎。騫以郎應募使月氏。」又《西域傳》曰：「漢興，至孝武事征四夷，而張騫始開西域之迹。」

至於泑澤，渾渾飄颾。隱淪迴湍，轉聲如雷。冬夏不減，澂渟清泚。鳥飛見影，墜耑而死。

《水經・河水》：「又東至於泑澤，即《經》所謂蒲昌海也。泑澤，河水之所潛，其源渾渾沌沌，東至玉門、陽關一千三百里，廣袤三百里，其水澂渟，冬夏不減。其中洄湍雷轉，爲隱淪之脈。當環流之上，飛禽奮翮於霄中，無不墜於耑波。」枚乘《七發》：「沌沌渾渾。」《海賦》：「飄颾其形。」洄，《說文》曰：「溯洄也。」湍，《說文》曰：「疾瀨也。」雷，《集韻》：「雷聲也。」澂，《方言》：「清也。」渟，《史記・李斯傳》：「決渟水，致之海。」《詩・邶風》：「新臺有泚。」《毛傳》：「泚，鮮明貌。」

敦煌之外，酒泉之或〔五〕。過八大山，歷十一國。

《漢書・地理志》：「敦煌郡，武帝後元年分酒泉置〔六〕。正西關外有白龍堆沙，有蒲昌海。」「酒泉郡，武帝太初元年開。」應劭曰：「其水若酒，故曰酒泉。」敦煌郡，龍勒《注》曰：「有陽關、玉門關，皆都尉治氏置。」《水經・河水》：「東注於泑澤，又東入塞，過敦煌、酒泉、張掖郡。」或，《說文》曰：「邦也。或又从土。」案：河水入中國，從敦煌、酒泉，其土所過之山，積石、蔥嶺、大頭痛、小頭痛、阿耨達、于闐、南山、赤沙，所謂八大山也。河水所經之國，罽賓、月氏、安息、陀衛、皮山、于闐，扜彌、且末、莎車、温宿，姑墨，此所謂十一國也。

源流色白，衆川濁之。一曲一直，紆行如蚍。一千七百，并渠可計。揚沫孟津，而步廣八十；中流砥柱，而一障萬里。

《爾雅》：「河出昆侖，色白。所渠并千七百一川。色黄，百里一小曲，千里一曲一直。」《物理論》曰：「衆川之流，蓋濁之也。」《周禮》鄭玄《注》：「紆，曲也。」案：蚍爲紆行之物。《淮南子》：「武王伐紂，會於孟津〔七〕。」《魏土地記》曰：「孟津，河廣八十步。」《莊子·大宗師》：「相濡以沫。」《水經·河水》：「又東過砥柱。」《注》：「山名也。」《晏子春秋》：「古冶子曰：吾嘗從君濟於河，黿銜左驂，以入砥柱之中流。」張衡《東京賦》曰：「砥柱輸流。」障，《説文》曰：「隔也。」

爾其狀也，始則潎湱澩灂，潝濞潏瀷；繼則淈湋閒淊，濛汭渙減。湀辟滂沛，滔滔不息。

木華《海賦》：「潎湙激灩。」李善《注》：「潎，流行之貌。」湱，《唐韻》：「呼陌切。」郭璞《江賦》：「漰湱澩灂。」澩，《廣韻》：「胡角切。」《爾雅·釋水》：「夏有水，冬無水曰澩。」灂，《説文》曰：「水小聲。」宋玉《高唐賦》：「巨石溺溺之瀺灂。」潝，許及切。《説文》曰：「水疾聲。」濞，匹備切。《説文》曰：「水暴至聲。」左思《吴都賦》：「濞焉洶洶。」潏，古匹切。《説文》曰：「湧出也。」《爾雅·釋水》：「水中可居曰洲〔八〕，人所爲爲潏。」瀷，《廣韻》：「與職切。」《淮南子·本經訓》：「淌游瀷減。」郭璞《江賦》：「磴之以瀿瀷。」淈，古忽切。《説文》曰：「濁也。」《楚辭》：「淈其泥而揚其波。」《博雅》：「淈，決流也。」湋，羽非切。《説文》曰：「回也。」潪，呼骨切。《玉篇》：「大清也。」潨，《廣韻》：「職戎切。」《説文》曰：「小水入大水曰潨。」《詩・大雅》：「鳧鷖在潨。」汭，而鋭切。《説文》曰：「水相入貌。」渙，呼玩切。《詩・衛風》：「溱與洧，方渙渙兮。」淢，于逼切。《説文》曰：「疾流也。」張衡《南都賦》：「漻淚淢汨。」滐辟，《爾雅・釋水》：「滐辟流川。」《説文》曰：「深水處也。」滂，普郎切。《説文》曰：「沛也。」《史記・司馬相如傳》：「洶湧滂潰。」沛，司馬相如《上林賦》：「奔揚滯沛。」滔，《説文》曰：「水漫漫大貌。」《詩・齊風》：「汶水滔滔。」

涌洸而天輪轂轉，洶淙而地軸柱側。演溢涽漩，灓溯滮派。沸佚騰超，水厲沴矣。西北時溓，東南時起。鼓觸高岸，擊搏中峙。奔流汪泓，瀰漫無涘。

涌，《説文》曰：「騰也。」《上林賦》：「洶涌硑湃。」洸，《爾雅・釋訓》：「洸，武也。」《吕氏春秋・大樂》篇：「天地車輪。」高誘《注》：「輪，轉也。」轂，《周・攷工記・輪人》：「轂也者，以爲利轉也。」洶，《説文》曰：「涌也。」淙，《説文》曰：「水聲也。」木華《海賦》：「似地軸挺拔而争迴。」李善《注》：「《河圖括地象》曰：地下有四柱，廣十萬里，有三千六百軸。」演，《説文》曰：「長流也。」左思《蜀都賦》：「演以潛沫。」溢，《爾雅・釋詁》：「盈也。」《尚書・禹貢》：「入於河，溢爲滎。」涽，《唐韻》：「古括切。」水流聲。漩，以寅切。《説文》曰：「回泉也。」灓，以官切。《説文》曰：「漏流也。」溯，桑故切。《説文》曰：「逆流而上曰溯洄。」滮，皮彪切。《説文》曰：「水流貌。」引《詩》「滮池北流」。派，阻力切。水涌貌。沸，《上林賦》：「沸乎暴怒。」沴，《說文》曰：「水不利也。」《漢書・五行志》：「氣相傷，謂之沴。沴猶臨莅，不和意也。」溓，《爾雅正字》曰：「郭注揚子《方言》云：溓之言空也。皆丘墟耳。《釋文》引《說文》曰：水之空也。《方言》云：溓之言空也。作『䆂』，亦空也。按：今本《方言》溓，空也。《注》：窞空貌。『溓』或作『歉』，虛字也。按『䆂』古無此字，且今本亦作『溓』，陸說非也。」《水經注》：「石經禹鑿，河中漱廣，夾岸崇深，其中水流交衝，渾洪贔怒，鼓若山騰。」《釋名》：「指廣搏以擊之。」峙，《廣韻》：「峻峙屹立也。」班固《東都賦》：「散若驚濤，聚如京峙。」汪，《說文》曰：「深廣也。」《淮南子・俶真訓》：「汪然平靜。」泓，《說文》曰：「下深貌。」瀰，《詩・邶風》：「河水瀰瀰。」木華《海賦》：「渺瀰湠漫。」漫，《博雅》云：「平也。」涘，《說文》曰：「水厓也。」《爾雅・釋丘》曰：「涘爲厓。」

防川如口，日夜孜孜。人力築墳，流始順⿱敄水。名爲四瀆之宗，神則河伯之司。

《周語》：「防民之口，甚於防川。」墳，《爾雅・釋丘》：「墳，大防。」《說文》曰：「墓也〔九〕。」⿱敄水，《說文》曰：「順流也。」《穆天子傳》：「天子西征，騖行至於陽紆之山，河伯馮夷之所居，是惟河宗氏者也。」

沈以圭璧，載之《周官》。備言利害，始於太史。災異契乎天象，眚祥合乎人事。

《穆天子傳》：「天子沈圭璧，以禮河伯。」《周禮・春官宗伯》：「以貍沈祭山林川澤。」鄭玄《注》曰：「祭川曰沈。」《爾雅》：「祭川曰浮沈。」太史公《河渠書》曰：「甚哉，水之爲利害也。」《易・繫辭》曰：「天垂象，見吉凶，聖人象之。」《尚書》：「眚災肆赦。」

下民恨則水赤，聖人興則水清。伏羲授《河圖》之瑞，大禹有《玉書》之禎。

《竹書紀年》：「晉昭公元年，河水赤於龍門三里。梁惠成王四年，河水赤於龍門三日。」京房《易妖占》曰：「河水赤，下民恨。」《易乾鑿度》曰：「上天將降嘉應，河水先清。」《漢書·五行志》云：「劉歆以爲伏羲氏繼天而王，授《河圖》，則而畫之〔一〇〕，八卦是也。禹治洪水，賜《雒書》，法而陳之，《洪範》是也。」

金泥玉檢，而流星升昴；璿珠玉果，而天子西行。

《水經注》：「《論語北考讖》曰：堯與舜遊首河，觀河渚，有五老遊河。一老曰：『《河圖》將來，告帝期。』《河圖》將浮，龍銜玉苞，刻板題，命可卷，金泥玉檢。書成，知我者重瞳黄姚。』歌訖，五老翻爲流星，而升於昴。」《穆天子傳》：「天子至大黄之山，河伯迺與天子視《圖》視典，以觀天子寶器，玉果璿珠，燭銀金膏等物，皆《河圖》所載。河伯以禮穆王視《圖》，方迺導天子西邁矣。」

造石出川，而巨靈之跡猶在；崩山壅河，而輦者之言可聽。

薛綜《西京賦》注：「《遁甲開山圖》曰：有巨靈胡者，偏得神元之道，能造山川出河。」《春秋穀梁傳》：「晉成公五年，梁山崩，遏河水，三日不流。召伯宗，遇輦者，不避，使車右鞭之，輦者曰：『所以鞭我者，其取道遠矣。』伯宗因問之，輦者曰：『君親縞素，羣臣哭之，斯流。』如其言，而河流。」

山有神鬼之目，濟有君子之名。

《水經注》：「河北有層山。石峰之上，多石室。室中若有積卷，而世士罕有津逮者，謂之積書巖。巖堂之内，每見神人往還。蓋鴻衣羽裳之士，俗人不悟其仙，迺謂之神鬼。漢桓帝十三年，西幸榆中，東行代地，洛陽大賈，齎金貨隨帝後行，夜迷失，往投問津長，曰：子封送之。渡河，賈人卒死，津長薶之。其子尋求父器，發冢舉尸，資費一無所損，其子悉以金與之，津長不受。事聞於帝，曰：『君子也。』即名其濟爲君子之濟。」

恃勇除黿，而浪沫皆逆；以義求蛟，而水波皆平。勇則可殄物怪，義則可動四靈。

干寶《搜神記》曰：「齊景公渡於江，沈之河，黿銜左驂没之，衆皆惕。古冶子於是拔劍從之，衺行五里，逆行三里，乃黿也。左手持黿，右手挾左驂，燕躍鵠踊而出，仰天大呼，水爲逆流三百步，而觀者以爲河伯也。」《水經注》引：「澹臺子羽齎千金之璧渡河，陽侯波起，兩蛟挾舟，子羽曰：『吾可以義求，不可以威劫。』操劍斬蛟，蛟死波休，乃投璧於河，三投而輒躍出，乃毁璧而去。」

峽橋運粱，羌迷避地。水迴浸灌，三國喪兵。

《水經注》：「羌迷、唐鐘所居也。永元五年，貫支代聶尚爲護羌校尉，攻迷、唐，斬獲八百餘級。

其麥熟數萬斛。於逢留河上築城以盛麥，作大船於河峽，作橋渡兵，迷、唐遂遠依河曲。」《漢・西域傳》：「元鳳四年，霍光遣平樂監傅介子刺殺樓蘭王，更立後王，又立前王質子尉屠耆爲王，更名其國爲鄯善。百官祖道横門。王自請天子曰：『身在漢久，恐爲前王子所害，國中有伊循城，土地肥美，願將屯田積粟，令得依威重。』遂置田以鎮撫之。敦煌索勱，字彦義，有才略，將酒泉、敦煌兵千人，至樓蘭屯田，起白屋，召鄯善、焉耆、龜茲三國兵各千，横斷注濱河。河斷之日，水奮勢激，波陵冒隄。勱厲聲曰：『王遵建節，河隄不溢。王伯精誠，呼沱不流。水德神明，古今一也。』勱勤禱祀，水猶未減，迺列陣被杖，鼓噪歡叫，且刺且射，大戰三日，水乃迴減。灌浸沃野，胡人稱神。」

其産也，則蔓芋馬帚，石髮蘪薇。惟檉惟楊，惟棗惟梨。春風習習，秋霜霏霏。垂實纂纂，布葉依依。

蔓，《説文》曰：「葛屬。」芋，《説文》曰：「大葉，實根駭人，故謂之芋也。」馬帚，《廣雅》：「屈馬第也。」石髮，張揖《博雅》：「石衣也。」蘪，《爾雅》：「蘪從水生。」《説文》曰：「蘪蕪。」薇，《玉篇》：「菜也。」《説文》曰：「似藿。菜之微者也。」檉，《廣雅》：「檟也。」《爾雅・釋木》：「檉，河柳。」楊，《説文》曰：「木名。」《爾雅》：「蒲柳。」棗，《説文》曰：「果名。」梨，《爾雅・釋木》：「樆，山梨〔一二〕。」邢昺《疏》：「在山曰樆，人植曰梨。」《文選》潘安仁《笙賦》：「棗下纂纂，朱實離離。」

寶龜靈鼉，游泳乎其隅；神龍妖蛟，出没乎其㟁。呼吸噴啞，排水淺淺。鼓濤抑浪，翥脊䶬䶬。

《爾雅·釋魚》：「四曰寶龜。」《尚書》曰：「遺我大寶龜。」陸機《毛詩草木魚蟲疏》：「鼉似蜥蜴，長丈餘，其甲如鎧，皮堅可冒鼓。黿、鼉、蛟、龍，四靈也。故謂之靈鼉。」淺，《集韻》：「音箋。水疾流貌。」《楚辭·九歌》：「石瀨兮淺淺。」《説文》曰：「䶬，龍者脊上䶬䶬。」《廣韻》：「龍鬐也。」

魴魾鰼鰌，鰝鰕鰩鯿。鞏穴之産，或鯉或鱣；周禮所獻，王鮪叔鱣。

魴，《説文》曰：「赤尾魚。」《詩·周南》：「魴魚赬尾。」魾，《爾雅·釋魚》：「大鱯。」鰌，《説文》曰：「鰼也。」鰼，《説文》曰：「鰌也。」《爾雅·釋魚》：「鰼，鰌。」郭璞《注》：「今泥鰍也。」鰝，鰕。《爾雅》：「鰝，大鰕。」郭璞《注》：「鰕，大者出海中，長一二丈，鬚長數尺，今青州呼鰕魚爲鰝。」鰩，《説文》曰：「文鰩，魚名。」《吕氏春秋》：「雚水之魚名曰鰩，其狀若鯉，而有翼。」鯿，《爾雅》：「魴，魾。」郭璞《注》：「江東呼鯿爲魴。」《水經注》：「鞏縣北有山臨城，謂之崟原丘。其下有穴，謂之鞏穴。」《水經·河水》：「又南，得鯉魚。」《注》曰：「鱣鮪也。出鞏穴。三月則上渡龍門，得渡爲龍矣。」鱣，《博雅》：「鱮也。」《漢書·馬融傳》：「魴鯉鱏鯿。」《周禮·天官·䲣人》：「春獻王鮪。」《爾雅》郭《注》曰：「鮪，鱣屬也。大者爲王鮪，小者爲叔鮪。」鱣，《説文》曰：「鯉也。」《詩·衛風》：「鱣鮪發發。」

𩺰子鼈人，浮以俞虛。舫人舟師，駕以舳艫。魚鹽之利，猗頓陶朱。流桐貢道，達於帝都。

《周禮·天官·𩺰人》：「掌以時𩺰爲梁。」《鼈人》：「掌取互物。」俞，《説文》：「空中木爲舟也。」《易·中孚》：「乘木舟虛也。」《詩·谷風》正義引鄭玄《易注》曰：「舟謂集板，如今自爲空木大爲之曰虛。」舫，《説文》曰：「舡師也。」蔡邕《明堂月令》：「舫人，習水者。」《説文》曰：「舳，船尾。」「艫，舡頭。」〔一二〕桐，顏師古《漢書注》：「古『通』字也。」《史記·貨殖傳》：「猗頓用盬鹽起。」又曰：「范蠡既雪會稽之恥，迺乘扁舟，浮五湖，變名易姓。適齊，爲鴟夷子。之陶，爲朱公。以爲陶天下之中，諸侯四通，貨物所交易也。」

一石之水，六斗之泥。決渠雨注，荷臿雲齊。直麻叢生，垂穎昂低。

《漢書·溝洫志》：「大司馬史長安、張戎言，河水重濁，號爲『一石水而六斗泥』。」《水經注》引此作張仲議曰：「河水濁，清澂一石水，六斗泥。而民引河溉田。」《史記·河渠書》：「秦使水工鄭國鑿涇水，命曰鄭國渠。」又曰：「趙白公復穿渠引涇水注渭，溉田四千餘頃，因曰白渠，人得其饒。歌之曰：『田於何所，池陽谷口。鄭國在前，白渠起後。舉臿爲雲，決渠爲雨。』」《大戴禮》：「蓬生麻中，不扶自直。」《詩》：「實穎實栗。」《毛傳》：「穎，垂穎也。」史游《急就篇》注：「臿，擔也。」

不可通漕，淤水急波。爭言水利，隴首開禾。漢則決爲三瀆，禹則播爲九河。竹楗石菑，溢決奈何。延年上書，可按地圖。

《河渠書》：「武帝令齊人水工徐伯表，數萬人穿漕渠。砥柱之限，敗亡甚多。又曰：『溉田之，度可得穀二百萬石。穀從渭上，與關中無異，而砥柱之東，可無復漕。』天子以爲然，作渠田。其後人有上書，欲通褒斜道，穿渠得龍骨，名曰龍首渠。」禾，《廣韻》：「田也。」《水經・河水》：「東道平原縣故城西而北，絶屯氏三瀆。」《漢書・溝洫志》：「元帝永光五年，河決清河靈鳴犢口，而屯氏河絶。」《禹貢》：「又北播爲九河。」《爾雅》：「九河，徒駭、太史、馬頰、覆鬴、胡蘇、簡、絜、鉤盤、鬲津。」《史記》：「頹竹林兮楗石菑。」韋昭曰：「楗，柱也。木立死曰菑。」《溝洫志》：「齊人延年上書，言河出昆侖，經中國，注渤海，是其地勢西北高而東南下。可案地圖，觀地形，令水工準高下，開大河。」

黄金可成，荒哉欒大。鐫廣砥柱，水更爲禍。

《史記・武帝紀》：「欒大曰：『黄金可成，而河決可塞。』」《水經注》：「漢鴻嘉四年，楊焉言從河上下，患砥柱隘，可鐫廣之。上乃令焉鐫之，裁没水中，不能復去，而令水益湍怒，害甚平日。」

鴻嘉以後，溢灌滂沱。河高於屋，民苦嗟呼。懷哉太史，《河渠》之書。傷矣漢武，《瓠子》之歌。

《史記·河渠書》：「天子既臨河決，悼功不成，乃作歌曰：『瓠子決黄將奈何？』」

不出禹穿，定王五載。徙其故道，涸其東北。如灉反入，隨時更改。尾爲漯川，入於天海。

《漢書·溝洫志》：「《周譜》云：『定王五年，河徙。』則今所行非禹之所穿也。又秦攻魏，決河灌其都，決處遂大，不可復補。宜徙完平，更開空使緣西山足乘高地，而東北入海，迺無水災。」《爾雅·釋水》：「灉反入。」《注》：「即河水決出復還入者。河之有灉，猶江之有沱。」《水經注》：「大河右迆，東注漯水矣。」《爾雅·釋水》注：「尾，猶底也。」案：河水自漯水下歷沇水，注濟水，又東北入海。

分爲二水，歷沇注濟。忽竭忽移，商周更遞。

《水經·河水》：「又東，分爲二水。枝津東徑甲下城南，東南歷常沇注濟。」《水經》：「河之入海，舊在碣石，今川流所導水，禹瀆也。周定王五年，河徙故瀆。故班固曰『商竭周移』也。」遞，《説文》曰：「更易也。」

合會出入，百有餘水。

「百有餘水」，見《水經》。《莊子·秋水》篇：「秋水時至，百川灌河。」

郡縣山城，過歷可次。繪以爲圖，指掌可視。影則斜絡乎天，形則貫注乎地。腠腋流化，筋脈卷舒。通中原之垢濁，爲百川之具區。古人曰：「微大禹，我其魚乎！」

《攷異郵》曰：「河者，水之氣所以流化。」《元命苞》曰：「萬物之所由生，元氣之腠腋也。」《管子》：「水者，地血氣筋脈之通流。」應劭《風俗通》曰：「瀆，通也。所以通中國垢濁。」《左傳·昭公元年》：「劉子曰：『美哉禹功，明德遠矣。微禹，吾其魚乎！』」《溝洫志贊》曰：「古人有言：『微大禹，我其魚乎！』」

本《漢書》《水經》以立言，故晉、魏後置莫論也。醇厚斑駁，亦似鄒、枚。述庵。

江先生《炳燭室遺文》，刊入《滂喜齋叢書》，此賦即第一篇，早取而讀之矣。辛丑，門人曹揆一中翰行篋攜有先生手書《河賦》，而錢君坤爲之注，並有王述庵《跋》。賦則醇厚斑駁，注亦淹雅閎通，諒爲海内所未見，敬謹付梓，以廣其傳。乙巳十月，江陰繆荃孫識。

校勘記

〔一〕「廙」，原作「𢋈」，據李善《文選注》改。

〔二〕「波」，原作「没」，漆永祥校本（收入《江藩集》，上海古籍出版社二〇〇六年版）據《説文・水部》改，今從。

〔三〕「東南陬」，原作「東北陬」，據《淮南子・墬形訓》改。

〔四〕漆永祥校本云：「『笑』，《山海經・西山經》作『嘯』。」

〔五〕漆永祥校本云：「此句《炳燭室雜文・河賦》作『敦煌、酒泉之外，玉門、陽關之域』。」

〔六〕「元年」二字原脱，漆永祥校本據《漢書》卷二八《地理志下》補，今從。

〔七〕漆永祥校本云：「『會』，《淮南子・覽冥訓》作『渡』。」

〔八〕「水」字原脱，漆永祥校本據《爾雅・釋水》補，今從。

〔九〕「墓」，原作「基」，漆永祥校本據《説文・土部》改，今從。

〔一〇〕「則」字原脱，漆永祥校本據《漢書》卷二七《五行志》補，今從。

〔一一〕漆永祥校本云：「《爾雅・釋木》作『梨，山樆』。」

〔一二〕漆永祥校本云：「《説文・舟部》：『舳，艫也。一曰舟尾。』又『艫，舳艫也。一曰船頭。』」

伴月樓詩鈔

伴月樓詩鈔卷上

宿雨亭張丈止園

迷道來投宿，村居半日閑。樓藏楊柳岸，門對夕陽山。鍊句齒應落，敲詩髪欲班。野人多好酒，談笑不知還。

谷董羹并序

予本宣州人也，我鄉人常食谷董羹。蓋著雜物於小釜中，下以火爐煨之，禦寒佳然，鄉人四時皆設。谷董者，諧聲也。其名見《苕溪漁隱叢話》。得一律呈古農師。

蓬窗雨雪聲疎密，苦菜生園吾未貧。寒夜投醪若下酒，春天雜煮洞庭蓴。佳名傳自羅浮老，好句還思陸道人。谷董羹香舊鄉景，盤餐市遠味艱新。

青黎閣下梅花爛熳手折一枝忽焉有感

揚州何遜在東閣，手折一枝心事閒。岸柳漏春人去遠，江梅破臘鶴飛還。落花片片輕烟裏，新葉毵毵夕照間。好似西湖湖上路，白雲無限滿孤山。

過愛廬師

闤門喧早市，衣葛夏初天。童子知迎客，幽人欲問禪。全芳供雜佩，新竹當疎簾。堂静生虚白，虚中復有邊。

書半客月榭吟後

元白無端夢裡通，弟兄踪跡各西東。半客有夢僕詩。言分《莊》《老》神洲大，字出《華嚴》法界空。温李香奩呼宿雨〔一〕，齊梁金粉送西風。含羞不是閑題目，雅鄭元音本略同。《月榭吟》中有《含羞詩》一首。

夢覺

片竹爲床事事慵，春雲如夢去無踪。道人不解玄機妙，那肯輕輕打曉鐘。

題艮庭先生小紅吹簫小影二首

姜詞假借君顛倒，老伏生容未易描。鄭婢知《詩》家學好，小紅不獨解吹簫。

集腋狐裘家未貧，瘦如飛燕有精神。《也詞》艮庭先生有《也字詩》一首。一闋卿知否，試問圖中識字人。

翻書有作

晉唐秘笈重琳琅，九百餘初説本荒〔二〕。青草池塘雕句苦，白雲窓室校書忙。乞兒漆碗成何器，貧女荆釵有幾行〔三〕。兩袖起來風襲襲，仍然沉水學梅香。

和汪大墨莊焚香二首

木葉燒殘火色昏，諸華香散到儒門。通靈鼻觀無生滅，更向曹溪問水源。

城南松柏北邙墳，來往新人底事勤。鴨舌獸爐經一卷，唱叉業海自然聞。

和汪大墨莊初秋有感

夏日蒼涼秋日慵，閉門著述半因窮。濃陰欲造滋枯雨，清析方舒愈病風。蓮漏滴殘殘夜永，鶴更報曉曉光空。功名兩字難回首，白髮欺人本不公。謂墨莊。

咏雪用東坡尖叉韻十六首

篵屑粰多巧至纖，奪空色相到香嚴。因風謝女吟成絮，着地吴娘笑道鹽。摧死蕙蘭貧白屋，壓枯松柏刺氷簷。栖窗聲急腸思酒，忍凍難呵手指尖。

曉起佳人畫鬟鴉，忽驚門駐白羊車。地靈盡湧崑山玉，月冷虚飄瑞木花。陰德先歸耕隴舍，清光總至讀書家。使君不殺晴無用，四壁塵生銀步叉。

禁體詩成語帶纖，歐公號令太申嚴。九重漢闕清於水，五夜天街爛若鹽。助月誤鴉鳴短堞〔四〕，乘風化鶴下危簷。舍南舍北瀰漫白，摧折幽篁搶地尖。

雲連六合噪寒鴉，偏獵風聲夜走車。帝德齊天飛玉粒，仙功離地雨銀花。映書兀兀無人處，唱曲低低定幾家。有意陽春先及物，不封條末緑枝叉。

千里楓林月色纖，關山行客冒森嚴。眼中色界空成水，野外桑田盡變鹽。愁裡忽驚霜滿髩，醉來疑是月穿簷。口含丸粉難羞擬，冷氣如捫舌本尖。

白霓光中八九鴉，四章《黄竹》漫停車。放春造化先消水，帶雨飄零不作花。萬木枯時聞鶴語，一鐘撞處有僧家。道通業海爲銀海，好向禪門唱字叉。

耐寒梅蕋白纖纖，欲轉洪鑪放凛嚴。風捲明沙如白玉，藥生玄圃似紅鹽。豆稭灰下臨無地，薝蔔花高繞矮簷〔五〕。遠岫列窓供指點，半虧青色透山尖。

煙水迢迢打食鴉，朝看門外有迷車。色摇天上精神月，巧菐人間意思花。寶鏡當中藏世界，玉壺裡面住全家。寒江慘淡真堪畫，髯擁漁翁手挺叉。

春日朝衣花樣纖，宋臣獻瑞傍莊嚴。聲希茶鼎元無火，味淡鍘虀不着鹽。澄寂光生垂四注，太虚塵墮滿三簷。出門散作消摇步，萬點青山玉换尖。

帶冰書字欹如鴉，乘興難登薄笨車。雨散龍宫飛敗甲，香消浄界落空花。呈祥先感君王德，報兆還歸子庶家。莫笑貧儒衣百結，黑羊裘敝手能叉。

玉條萬縷柳纖纖，寒氣深時破膽嚴。魏帝張筵試湯餅，周官臘祭出形鹽。但聞窸窣飄鴛瓦，不覺高低没雀簷。紅燭銀缸飛些些，佳人好賦兩頭尖。

掌大雲生沁餓鴉，亂風高轉嚮雷車。妻奔月窟元無象，夢到羅浮不是花。旋旋輕輕唐句法，疎疎密密宋詩家。朝天金闕無人到，儼立門前衆藥叉。

朝春猶布錦雲纖，薄暮翻然入雨嚴。客到定教留皛飯，女遊何處採金鹽。此時片片迷荒砌，他日聲聲滴畫簷。驢背尋梅灞橋去，西風吹面莫辭尖。

欲下綏綏噪臆鴉，可憐何處覓三車。焦先夢醒疑飛絮，玉女歸時帶落花。遠大江天無水際，分明城郭有人家。賞心亭上寒光聚，尺幅圖成卦畫叉。

銀書寒咽管端纖，八句吟成詩戒嚴。窓裡静窺無住相，庭前驚産自然鹽。漫如沙水空堆舍，錯認楊花只護簷。曹植馬頭看仔細，飄來六出出都尖。

一一齊飛白頸鴉，五雲常落燦銀車。瓊絲難入機中繡，素芷還同陌上花。皎潔藐姑宜奪色，蒼茫月姐不知家〔六〕。吟安費我連朝思，深愧温岐賦八叉。

蠟梅二首

含章花落夢離身，金屋新粧遠玉塵。地氣融和千葉色，春風涵養一家春。傳聞學士更名號，説與浮屠別寫真。七字小詩工也未，問他誰是主盟人。

初透靈犀散冷香，緑窓明月映孤芳。東君信到徵消息，寒客圖成欠釆章。《西溪叢話》：張敏叔有《十客圖》，蠟梅爲寒客，在酴醿之下。敏叔蓋以色類爲次第。然《梅譜》云：「蠟梅香極清芳，殆過梅香。」則當與梅花同列。夫酴醿香極妖豔，乃温柔鄉中物，豈得與清芳同列耶？敏叔以皃取花，失之遠矣。「釆」讀若「辨」，《古文尚書》「平章百姓」作「釆章」。花底麝熏香滿體，梢頭蜂鬧蜜生房。禪家莫托無滋味，鑪頂莫雲別有鄉〔七〕。

吾大半客滕大廋仙皆和僕作疊前韻二首

桃紅李白總凡身，初綻花苞迥出塵。絳帳半開難避雪，金鈿斜墮暗和春。融酥點處工何巧，化蠟圍邊色自真。頓有亭中爲第一，蘇黄如玉玉如人。

《解嘲》詩就減幽香，《王直方詩話》「蠟梅，山谷初見之，作二絶，緣此盛於京師。然交遊間亦有不喜者，余嘗作《解嘲》」云云。《解嘲》一詩，淺陋無味，頗爲蠟梅減價。蘭氣相同各一芳。燃燭殘花他日淚，懸鐘細字舊時章。蓓闌春意藏虚室，金辟霜寒貯煖房。分到洛陽誇獨秀，依然風景似江鄉。

續夢四首

妾依阿母住東城，彷彿從前夢裡行。蝶翅粉消無氣力，百花香底活三生。

幾年前事落西風，新夢依稀舊夢同。阿母走來故相詑，鵝兒黃酒好爲中。《穀梁・桓九年傳》：「爲之中者，歸之也。」《注》：「中謂關與婚事。」

小住虛空漫着思，成陰結子爲君遲。馬嘶驚斷門前路，恍似當年夢醒時。

春生楊柳柳生花，花落東風管歲華。兒女團圞餘夢想，不妨此處便爲家。

偶作

鑿井耕田食力安，小民元可免饑寒。勸君莫向皇州去，到處悲辛索一官。

即事呈半客

揚州有夢去匆匆，十二樓臺夕照中。身賤從容疎草木，心閒勉强注魚蟲。石鑪促節分秋雨，瓦枕婆娑受午風。賦性安慵人不識，惟君知我道空空。

早發銀山卻寄半客

行人殘夢寄征鞍，相見匆匆一夕歡。學道艱辛談道樂，讀書容易著書難。雲沉空谷天光曙，日轉蒼松江影寒。異姓弟兄如骨肉，何年同把釣魚竿。

句容道中有懷胡大眉峰

肄經識小愧聲聞，近日名流咸以經學推僕。漢宋諸儒說正紛。粗淺疎迂從物議，玄黃朱緑要君分。僕工古文，世無知者，唯眉峰亟稱之，真可謂平生第一知己也。渠穿四野秋時雨，木落千山暮夜雲。識字源頭探致論，卦爻三代以前文。

七月十一日夜宿龍潭驛韓大春山索贈口占一律

江北貴公子，讀書不好名。衣邊山色染，酒底夜光清。詩在無弦裡，文從枯樹生。龍潭道上月，皎皎到天明。

六合白雲山莊四首呈孚尹兄

地僻幽棲樂，田園時往還。門通青草路，廬結白雲山。樹老秋風裡，人喧煙水間。上方鐘磬動，傍有白雲寺。朝暮去閒閒。

閒作看雲行，一天秋氣清。居山無限好，到處有涯生。家釀三杯酒，村舂四野情。先人有深意，學道不如耕。

性懶宜於睡，無人閉草堂。偶然行藥徑，聊且卧繩床。火活春茶鬬，煙深晚飯香。蕭蕭風定後，萬木奏宫商。

氣候山中早，秋深换裌衣。人隨新月出，僧背夕陽歸。墟里炊烟直，荒村燈火微。池塘含水處，點點鷺鷥飛。

國香者荆州女子也不知其姓山谷謫居時曾屬意焉後嫁與小民家故和馬荆州水仙花詩有可惜國香天不管隨緣流落小民家所爲作也谷曾以此意告其友高子勉後山谷卒於宜州荆州地歲荒小民鬻其妻爲本州田氏侍兒子勉過荆飲於田氏田氏出侍兒侑酒子勉以山谷事告之且勸以谷詩國香字之高友王子亦聞此事於高索高作國香詩詩見任淵山谷集注十五卷中古農先生昔有和作辛丑春墨莊問及此事予爲之細述感嘆唏吁遂和高詩焉〔八〕

涪翁淪謫年將晚，春日迷花猶欵欵。迷花迷到水僊花，羅襪凌波動班管〔九〕。姬人未嫁似羅敷，荳蔻梢頭二月餘。青草岸邉才子宅，緑波江上美人居。春雲有夢夢何處，夢輕恐被風吹去。相思寫入香草篇，空向詩中弄佳句。謫官無計但含悲，夫婿輕離倦掃眉。宋家南渡將還日，白髮詞臣落魄時。太史沉泉沉未久，換字移居感故友。無端飄蕩蕩浮萍，可憐仍作風前柳。金步摇兼翠羽翹，樽前一曲態嬌嬈。美人淪落才人死，酒罷歌闌魂暗銷。翩翩風致水仙似，惱殺無雙黄國士。根出淤泥香若蘭，國香詩字爲説字。茫茫千載話難詳，紅燭春宵起夜凉。好句傳來人似玉，水仙一朵爲誰香。

孟陬十八日陪笥河夫子游聖恩寺作此以呈

先生老氣欲凌空，行地神仙道不同。月護布帆來崦口，春隨竹杖到山中。滿村樹影含朝霧，一路梅花對曉風。小閣簾開千里遠，太湖四面水濛濛。

老僧引客走香塵，袁墓南頭山色新。匹練太湖明似雪，旃檀法界白如銀。文章窟裏推先輩，仙佛中間第一人。若有朝雲相伴住，東坡居士定前身。

題季二雪坨小影

天台季子皃兀兀，坐虎蹲牛有奇骨。影形移入畫圖中，手把漁竿浮大筏。琅玕繞岸風蕭蕭，琉璃行地波汩汩。漁家娘子態娉婷，青布裹頭露雲髮。中有丫頭年十三，綃爲襖子羅爲襪。閒來月下弄玉簫，簫聲驚破瀟湘月。

題吉板橋過牆梅畫障二首

南枝向暖北枝新，畫裡紛紛點玉塵。隔院漫疑明月影，東風吹遣一枝春。

玉奴飛燕各精神，竹外枝斜覓句新。不是館娃宫裡見，錯教連理是雙身。

觀黄大石航劍器歌并序

石航，瘦弱不勝衣之儒者也，然提劍在手，則眉宇間勃勃有英氣。聞之古，有劍舞。長可以刺人，短可以自護。江郎置酒，黄郎斫地而歌。嗟乎！利器不可以示人，其柰酒酣耳熱何！

文洲招元謹遠齋及予泛舟石湖以空山無人分韻得空字

郡西山水茲爲一，試望諸峰便不同。晴雨可方明聖秀，瀰漫直與具區通。斬新樹影來蓬底，織翠湖光泛酒中。日暮上方鐘磬動，頓教仙佛一時空。

即席次元謹山字韻

最喜春陰新雨足，舟行到處聽潺湲。樹深濃翠烏鴉樂，水濶晴明白小閒。常恨終年住城市，也應半日愛湖山。蓮花峰頂堪追憶，石磴藤蘿一一攀。是日，玉松、墨莊、子乘有事不至。

和答黄大石航見寄之作時石航在廣陵

六根浄業得聲聞，願學朱陳舊使君。東坡詩：「我是朱陳舊使君。」再向蘇門求下乘，秦張或者是同羣。石航來詩，謂予近日詩文有蘇子之風。傍花村裡秋如許，黄菊經霜瘦幾分。寄我封書珍重讀，别離心赴渡江雲。

讀五代史伶官傳三首

著囊藥篋翁家物，富貴兒郎墊破巾。試看宫中調笑事，真天子作假山人。

雜戲俳優共妙伶，晉汾歌曲曲輕輕。翻成亞次新名目，按板聲如批頰聲。

先王三箭血痕多，國政如何決八哥。一自五方焚器後，銅光不用鏡新磨。

游天平山次蕪子美韻贈淡上人

吴鎮天平山，奇石難遍數。中有卓筆峰，山宫爲石主。支硎與華山，天平之弼輔。瑟瑟松楸聲，泠泠侵肺腑。石筍側出峰，飛勢若相舞。龍門一線天，雲磴疑無路。巔崖藏石刹，烟昏佛子古。山僧煮雲泉，雲泉足新雨。水爲山石髓，石竇迸如乳。何須修往生，此地已西土。山中山果落，山僧勤收取。啜荈食山果，持咒聲許許。日暮百八鐘，珈瑜和心膂。執儒又執佛，我勢若騎虎。

僕札墨莊述天平之游墨莊有詩憶山中禪客見示僕次韻答之〔一〇〕

頂禮空王見佛燈，先生詩語偈言能。清泉來往聲如磬，山石方圓大過升。《淮南子》：升之不能大於石也〔一一〕。碧草飄零飛冷院，楓林摇落送秋僧。愁思今夜天平路，明月依然挂上藤。

秋日遣价邀墨莊清話墨莊作詩報僕和韻答之

一天小雨下疎疎，歲月如流去不居。業在文書身作蠹，名藏城市夢爲魚。養成枳棘功虚用，不爨樵蕪習未除。從此與君約清話，了危莫拾晉人餘。

墨莊於九日前有詩約僕與眉峰登高賦詩豈知苦雨久陰登高之約遂不果矣得詩一首示墨莊寄眉峰〔一二〕

秋色婆娑霜有華，簷前淫雨鬧哇哇。但烝食餌嘗先品，吴俗有重陽糕，僕謂即古詩九日之食餌也，今取以爲祭品。不插茱萸滿鬢斜。清曉雞冠房脱子，西風豹脚口生花。李唐舊例更重九，再釀延年泛碧霞。

讀後漢黨錮傳弔范光禄滂

漢室衰微政久泯，澄清天下費絲綸。棄官望重能投版，去草功難竟喪身。不愧夷齊欺閹寺，夷、齊兄弟二人餓死首陽，所謂「聖之清」者，豈若滂之朋黨千人〔一三〕，互相伐異耶！且是時〔一四〕，漢雖末世，尚未亡國〔一五〕，又何必効夷、齊餓死而同葬哉！此滂之妄言，但能欺無識之中官，有識者必不爲其所惑。争名李杜恩慈親。何爲居此傷心事，節義空教説黨人。

王郎歌并序

王郎爲浩亭，浩亭能歌詩，解音律，尤善琵琶，往來勾欄中。每製豔詞，拍板教粉頭歌之。北里之尤者爲琴婉，郎之同心人也。龍巖林遠齋爲作歌，廣陵江藩步韻焉。

北里琴婉郎所私，身嬌不放春風吹。爲郎歌曲歌曼聲，氣如蘭蕙聲遲遲。十三上頭年少小，慣梳高髻知名早。兒女情多能老人，情竇通天天亦老。如雲痴情楚楚郎，似病嬌慵小小娘。隔院忽聞鐵撥聲，郎疑名昌郎姓王。花前東東敲羯鼓，燈前裊裊爲趙舞。撾乏舞定乞教歌，銀絲作字書小譜。翻成一曲一曲新，拍成一曲一曲情。桃花亂落溪水滑，山鳥争鳴春風生。城頭歷歷吹畫角，角聲入柳驚烏宿。妾心巧似妙蓮花，畢逋翻作《栖烏曲》。纖管書成情更深，催郎起讀花滿襟。意欲留儂伴成夢，煬帝句。低首但結梔子心。在花底活花底死，南部烟花止如此。莫向梵天人媱席，琉璃合眼界成水。烏啼似呪呪如歌，香塵點點涴多羅。楊柳無情起後眠，莫愁湖上風催波。

墨莊遠亝宿予家作一宵清話遠齋有詩記之次韻一首

池臺三畝家江東，小槽滴滴猩猩紅。愛殺醉鄉閒日月，招呼巢飲濃緑中。夏龜縮頸飲酒苦，花前亂擊催花鼓。酒酣忽向酒中照，妬殺山雞鏡中舞。社中諸子狂更顛，翩翩年少春衫鮮。風雨晦明天涯别，人生相見豈偶然。去年送君折楊柳，今年送客携樽酒。黄塵漫天風四角，幾度風霜便白首。焚香掃地過一生，人間多事説好名。繞屋種梅三百樹，但聽磔磔春禽聲。君子知機不入麓，何如携被同婦宿。結交更結孔方兄，眠食無憂有至樂。火蓮出火幻非真，遠齋别號火蓮居士。供無米汁常悲辛。昔日不味葷與酒，我亦婆羅門裡人。詩情通佛桃花好，謂墨莊。海南詩國知名早。近來一念修往生，欲向青山深處老。君宿我家爲我歌，鶴側丹砂哦聲多。爲問杜甫何太苦，自言花落無柰何。横斜梅景過窓隙，梅香已被東風拔。勸君且向醉鄉逃，世上炎涼難閲歷。

校勘記

〔一〕「香奩」之「奩」，原作「匳」，據《乙丙集》本改。
〔二〕「餘初」，此處指西漢小説家虞初，故當作「虞初」。
〔三〕「荆釵」之「釵」，原作「叙」，漆永祥校本（收入《江藩集》，上海古籍出版社二〇〇六年版）據《乙丙集》本改，今從。
〔四〕漆永祥校本云：「『鴉』《乙丙集》本作『鵶』。」
〔五〕「繞」，《乙丙集》本作「樓」。
〔六〕「姐」，《乙丙集》本作「姊」。
〔七〕漆永祥校本云：「『莫』，《乙丙集》本作『黄』。」
〔八〕「細述」之「述」，原作「迷」，漆永祥校本已據《乙丙集》本改，今從。
〔九〕「班管」之「班」，《乙丙集》本作「斑」。
〔一〇〕「墨莊」，原作「莊墨」，漆永祥校本據《乙丙集》本及前後文改，今從。
〔一一〕「之」，原作「子」，漆永祥校本據《淮南子·説山訓》改，今從。
〔一二〕「日」，原作「月」，據《乙丙集》本改。
〔一三〕「朋黨」之「朋」，原作「明」，據文義改。
〔一四〕「且」，原作「旦」，漆永祥校本據《乙丙集》本改，今從。
〔一五〕「亡」，原作「忘」，漆永祥校本據文義改，今從。

伴月樓詩鈔卷中

元日坐梅花樹下有作

竹爆松標歲事終，小園春到色匆匆。鳥聲囀透將千囀，花信風來第一風。清福盡消紅萼底，因緣已在緑浮中。舊年榾柮餘殘火，好撥新醅熟酒筒。

無事閒消六六時，清樽花底最相宜。綻金園柳依依緑，銷玉東風緩緩吹。居士昨宵煩遠夢，山僧隔歲寄新枝。騎驢定赴探梅約，鞭出聰明作好詩。元微之《元日》有迎富貴、鞭聰明事。

香雪海次文洲韻

山中梅開人亂行，梅花香到僧來迎。衆山霍宫名不知，但見山色蒼蒼横。僧言更向山前走，梅花似海以海名。香風醉人人欲眠，被花欺住不敢驚。如魚入水不知水，登山方見花鮮明。農家不種麥與稻，完租但望梅收成。回頭玻璃八百頃，湖光直接花光平。山中有亭闢四面，蜃樓現出開窓楹。欲看明月助花白，亭中夜守明月生。去年入山十五夜，花煩月落七寶城。世人多忙白晝游，誰肯耐此花月清。興來好取短篴吹，笛中更聽落梅聲。

遠齋招玉淞文洲半客叔均及予泛舟山塘時叔均將閩行小集餞别次文洲韻

白公堤下春水長，梅花滿枝發新香。主人好客復好事，停橈喜在青山旁。酌客以燒春之酒，酒杯瀲瀲攔山光。主人呼酒呼不已，如天虹下飲井水。醉酣忽然起贈言，座中有客歸故里。謝君翩翩清且婉，對客揮毫飛滿紙。爲食梹榔歸海濱，不辭常作紅口人。黌實惠文背如車，巉岩蚍蠣山色新。咀吞面汗初南食，今宵勿厭斟酒頻。叔均生長江南，故云「初南食」。

二月二十七日僕將渡江有人持眉峰畫索題書二絶句

揚子江頭日日風，掛帆今日去江東。手持一卷胡生筆，要我題詩在畫中。

濃翠嵐光新雨後，數家茅屋一溪灣。居人不及行人樂，江北江南飽看山。

題明皇幸蜀圖

萬里山青上翠裘，縈紆棧道路悠悠。黄塵滿地飛車轣，白日無光暗羽斿。妃子空餘坡下骨，君王能斬畫中頭。開圖莫笑郎當甚，曾願長生祝女牛。

杏花村舍

千樹紅霞夕照幽，農桑男女一村稠。陸君欄内能言鴨，鄭氏家中學字牛。桐本荷錢揺岸緑，桃根杏葉夾湖浮。我來正值春花了，金麥蕭蕭遍隴頭。

同張南溪飲清築軒

一無能事惟能飲，歲歲年年把不觚。清築主人多逸興，捲簾請客數花鬚。

二樹老人畫梅歌

梅花之名稽所出，夏時《小正》史載筆。《書》《詩》《春秋》暨《爾雅》，不以花名皆以實。集衆芳兮《離騷經》，何獨無梅花之名。豈在當時花減色，同彼凡卉俱敷榮。六朝名人工韻語，千首萬首詩縱横。後人寫入無聲詩，梅花始錚錚有聲。北宋名家花光老，南枝北枝倚晴昊。畫梅作譜趙王孫，揚湯之法窮探討。元章筆墨能超羣，作花箇箇淡墨痕。掃盡前人工緻格，落筆如生烟與雲。會稽山中二樹翁，詩書萬卷堆胸中。下筆有神寫鐵幹，直追九里山中農。自言畫梅一筆成，樹頭如欲揺春風。有時揮灑十尺長，蒼苔古蘚媚晴空。梅花萬幅詩萬首，平生墨汁費千斗。老來老氣欲凌虚〔一〕，萬鈞神力運之肘。千枝萬葉浩烟海，恍如駿馬奔九有。我讀翁畫洗煩惱，夭矯龍蛇看揮掃。孤芳不與衆芳伍，一枝何須竹外好。知翁此意有深理，見梅如見翁懷抱。昔人爲洮湖作序，借一韻。梅妖憑之使之語。今翁隱隱有神助〔二〕，梅妖其在翁之筆端歟？

作二樹老人畫梅歌後老人作梅書長歌見答遂次其韻

老人畫梅梅骨奇，不獨横斜於其枝。我來揚州生睡癖，三餐一覺有何益？我詩小如曹鄶君，羞殺翁呼陳參軍。翁詩有「君才不數陳參軍」之句。幸得侍翁共朝夕，唤起俗夢時論文。海嶽送藥冒暑熱，翁病暑，予冒熱送藥。看翁作梅如電瞥。如椽之筆洒淋漓，端谿石硯古墨凸。花光濟之何足論，浮之以酒三百樽。醉來如眠香雪海，具區萬頃升朝暾。

絶句

千枝琅玕高拂雲，前谿歸鳥趂斜曛。蘆簾草屋攤破書，時有新雨來論文。

二樹先生畫梅竹一幅并題絶句見贈舟至江口阻風細讀於水窓中次韻一首

愛梅愛竹執兩端，竹邊作梅玉攢攢。與君同好差分别，只愛花香不愛酸。詩中有「伴他清冷耐他酸」之句。

六月二十九日阻風江口作

涼風振簫終日吹，江城箄簗收津旗。瓜州城上都閫豎渡江旗，風大ㄗ旗〔三〕，則行客不得渡江。行客欲去不得去，銀浪高低舟傾欹。泊舟正在江之灣，推篷已見江南山。千叠萬叠近復遠，中有青山露烟鬟。江堤初築青草生，山外無數霞脚明。郭熙善畫工平遠，填碧染翠恐難成。頹波急浪湧復摧，金山樓閣層層開。乘興欲法乘槎叟，何妨泛宅去不回。篙師不敢渡江去，忽有野鴨銜波來。

讀玉谿生傾城消息隔重簾之句有感而作

鬱金堂北理琴絲，蜀國相如二十時。壁内花妖工度曲，樹頭木客好吟詩。茨菇葉爛郎心遠，荷芰房空妾夢遲。睡鴨鑪中香力軟，秋風飄去弱難持。

題葛閨秀春柳扇頭

夕照初黄柳葉齊，野橋無客水流西。風梳鬢影人堪醉，着个鶯兒在上啼。

夜坐和竹香韻

愁心逗破雨中烟，睡有神靈促我眠。叢菊瘦時霜滿地，菰蒲深處雁來天。千秋勳業如窺鏡，兩晉文章已論錢。不了了危詩句好，靜消長日小如年。

題聽秋圖小影

影在騷音微處求，試將此意問莊周。池生秋水從聞覺，天奏商聲與耳謀。瓦枕夢清桐葉戰，石床人静草蟲愁。昇平無事砧聲斷，不寄征衣萬里游。

月夜渡太湖

十月湖水清，扁舟去二更。丹楓當夜落，明月共潮生。樹樹碧雲合，峰峰翠靄輕。他年如泛宅，垂釣答昇平。

禦兒亭

越爲兒子吴爲父，豈料兒能典父刑。若爲夫差洗羞恥，不妨謬作語兒亭。

登烟雨樓

黄蘆叢裡西風急，乘興登樓意盡便。水氣上蒸晴亦雨，柳陰低拂日吹烟。坡塘高下東南利，浦溆平分吴越年。倚盡欄干方萬里，釣鰲磯下草芊芊。

舟至王江涇却寄鐘觀察

維摩示疾禮空王，彭澤休官學道裝。郭外漫田俱割稻，城中隙地盡栽桑。橘庭先生齋名。履道容分徑，桂釀詩情合得嘗。先生開家釀桂花三白，爲我洗塵。惟有天心湖畔好，先生有福老桐鄉。

墨莊太虛子乘文洲同甫容門集玉蘭堂以坡公桃李漫山總麤俗分韻賦海棠得桃字二首

春江淼淼漲名桃，蜀國佳人有薛濤。數點嫣然生酒暈〔四〕，好如花底潑葡萄。

枝頭結屋徐佺老，似鳥爲巢數尺高。若道成蹊總粗俗，玄都道士不栽桃。

和答玉松

僻巷無人跡，成都揚子居。暮雲天際濶，春草故交疎。謂眉峰、文洲、遠齋〔五〕。邀月呼酸酒，尋人讀冷書。商量詩格律，結習去無餘。

三載江湖夢，憣然閉户居〔六〕。日求文字樂，漸與俗人疎。蟲蝕千年紙，家貧百本書。仙翁成鶴去，無計惜春餘。謂二樹先生。

和答子乘

不住明花落，其如愛我居。有無山外色，得失夢中踈。勳業如圖畫，人情類憲書。吾儕言語過，不拾昔賢餘。

席上三首

緑簾紅燭怨涼宵，百萬纏頭興亦豪。顛倒樽前春意思，阿儂難放鄭櫻桃。

笙簫絃管響丁東，人影徘徊花影中。春夢無端夢楊柳，柳條繫住可憐蟲。

首戴萌蒲衣緼襏，忽然欲去又還留。從今檀板清樽裡，不信當年許散愁。

持螯次墨翁韻

小則穴沮洳，大則趨江海。出魯望《蟹志》。吾但甘其味，無暇爲志蟹。開介富黄雄，擘螯美肉彩。團臍與足螯，螯實爲主宰。九雌并十雄，蟹命其危殆。尚云性燥腥，夾橙清輔頬。嗟彼緯蕭者，涼夜持燈待。日日味黄中，何須烹鼎鼐。食之又談禪，墨莊詩及殺生之戒。佛性將何在。將霜籬菊肥，欲寒秋雨灑。此時不食此，其癡亦可駭。食羊便爲羊，願受爲蟹罪。放生是耶非〔七〕，非紿且爲紿。

題雪垞所藏洛神圖

從前悔嫁與中郎，夢裡何妨獻耳璫。宛若輕雲來蔽月，纖穠如讀十三行。

畫裡人如夢裡人，看他羅襪也生塵。感甄題目何須諱，冤殺東阿侮洛神。

正月十日大雪不止越日遠齋過我出用放翁韻長歌一首見示遂次其韻

半夜一日六寸雪，江南得此已叫絶。滿高下凹凸空隙，更奇隨樹枝曲折。坐卧不出裹敝裘，看山有癖登層樓。山中積雪當忘想〔八〕，如夢如幻如卧游。六月踏氷苦不得，今日誰敢雙腳赤。窓外老梅寒到骨，三枝兩枝倚側石。雖未作花亦可觀，不必縮頸歪驢鞍。忍凍何苦好爲此，灞橋冷殺孟夫子。

遠齋雪中過我薄暮即去用東坡大雪獨留尉氏韻

雪飛蓆大稱大觀，川之峨眉塞之北。近日南國得其半，着地色白漫空黑。數見不至誤楊花，南人以此廣見識。客來向火看煨雪，蚯蚓竅中茶烟濕。飲之以酒客掉頭，若曰路塞畏深夕。爲客牽驢急跨鞍，出門手冷不能策。

十一日大雪不止季二雪坨同其弟蓉湖過舍茶話季氏仲季雅善調律玉笛牙板互相角勝頗慰岑寂用六一先生聚星堂雪詩禁體韻〔九〕

尖纖合度六出萼，平漫高低无厚薄。下積寸指將及尺，作而復止止而作。鐘聲遠透識僧寺，炊烟上尋知城郭。二子幽興頗不淺，冒雪叩門亦矍鑠。共聽密密疎疎聲，香參淨界空花落。有酒一罌火一鑪，此間大煖勝狐貉。寒林飛起覓食鴉，五穀之精飢則攫。屋角屋角有鳥巢，千點萬點噪黃雀。君今莫恤羽族飢，爲我放歌王子屬。笛聲清兮鼓聲急，百千斛愁翻爲樂〔一〇〕。肺腸已涴無埃氛，俗耳又得新聲瀹。推窗仰視勢轉嚴，太虛塵墮萬衆漠。歐九善戰無寸鐵，巨筆橫掃如橫槊。老門生詩實過之，我欲追配殊大噱。東坡《聚星堂詩序》：「僕以老門生繼公後，不足追配先生。」

讀墨莊詩書其後用坡翁書林逋卷尾韻

性僻愛住梅花麓，卅年飽飲山水緑。吐向剡谿千萬紙，掬非手盡皆珠玉。先生本是三泖人，娶婦生兒諳藕俗。有時作詩調老妻，還是當年賦花燭。得酒雄辯如懸河，其妙猶在醉中足。語言文字有牙竈，管城子本不食肉。性情所至俯拾之，着手成春隨筆録。酒酣酣態亦自在，忽然低度無腔曲。愛梅最恨結酸子，口饞不許笋成竹。置之冷梅脩竹裡，悠哉斯人淡如菊。

寄呈述菴夫子

風雨蕭蕭到水鄉，先生愛客勝圭璋。圖書情思尊周孔，金石文章數漢唐。十國世家搜典故，先生有《五代史注》。兩川征戰記農桑。先生有書記兩川風土。徐君空讀《春秋》例，但繼歐公論滅亡。謂徐無黨。

經訓堂中秋色老，山光摇落泖湖前。草生南國蕭蕭畫，人住東方點點煙。兩漢學行三十載，六書藝絶一千年。道高大力持風雅，紅豆分枝火獨然。

梅窗獨坐憶文洲歸舟遇雪用山谷竹軒咏雪韻寄之

孟陬之九日，客子當夕發。朔風捲明沙，聽窗知洒雪。舴艋舟中人，哦雪應未歇。塞向尚云寒，蓬底尤冽冽。詩脾不必湔，斯人本自潔。有詩當寄我，讀之必過悦。譬諸食甘蔗，一節美一節。雪擁爐更冷，無長者車轍。幸有破臘梅，末花傲夜月。

殘雪用山谷韻

敗葉紛紛掃還落，捲空堆雪似堆沙。中山《浪淘沙》：「卷起沙堆似雪堆。」向南久已融朝盡，背北猶能傲日斜。枕上夢回疑聽雨，樹頭鳥啄不成花。報晴春已梅將吐，好入山中看歲華。

上元夕同子乘藥師王廟觀燈用坡公雪後到乾明寺遂宿韻

試燈風雨皆成雪，着屐泥中滑滑行。象板冰絃歌里巷，銀花火樹鬧吴城。人因新月消寒夜，天爲疎梅放早晴。唯有酒腸禁不得，春來社鼓太平聲。

玉松家梅花盛開作此索飲

陶令閒愛菊，逋仙能愛梅。我則兼愛之，春秋多佳懷。飲酒濡巾角，洗濯古尊罍。苦雨更不飲，形神俱虺䫺。雨雨若雨酒，願築糟邱臺。君家老梅花，料因風雨催（一一）。爲我急置酒，不妨只舊陪。謂墨莊、子乘、遠齋。暗香雨中度，散落滿莓苔。花底潑燒春，春色浮酒杯。醉矣穿梨雲，鄙笑夢大槐。主人能辨此，風雨吾當來。

書去年事

如幻如真實蹈虛，去年何事夢蘧蘧。三人同口疑成虎，一字諧聲誤買驢。累我昏昏尋鬼訂，虧他咄咄向空書。好迎富貴醫詩病，努力謀生讀與耡。

春風有感寄墨莊遠齋

具癖尊閒道可傳，夢中結得暗香緣。安排笠屐勤春事，撿點魚蝦辦酒錢。蜂放衙時催蜜課，伎成圍裡竊花權。若能了却今生願，也近沙門也近仙。

廣文朱先生送胙羊一支僕轉餽胡丈澹園丈作詩道謝語似久不味葷酒者怪其寒儉和韻嘲之

廣文七十首常搖，胙肉分來裹白茅。他日西川爲節度，萬羊盡可散知交。

太常齋禁爲誰開，費却床頭淘米醅。豈夢臟神頻致語，放羊踏破菜園來。

與墨莊子乘文洲遠齋題范箴牧羊圖以牧人驅犢返分韻得返字

江南江北春未晚，烟雨中有柳千本。農事勤作牧人忙，忙裡閑臥牛背穩。簑衣箬笠服制古，何必冠蓋方衮衮。驅之渡水不過橋，其意豈以阡陌遠。一牛在水已没腹，二牛欲渡勢難挽。中有牝者回顧犢，犢鼻未穿恐不返。柴門待牧故不關，絶無人屋唯牛圈。驅之策之非避雨，急欲歸家飼牛飯。古人畫牛在點睛，中有童子仆而偃。紫瑯畫牛固神手，牛目炯炯神不損。他年若得負郭田，豢養九十務開墾。雖然誰謂我無牛，苦在畫中殊偃蹇。

春日雜興

春日身如不繫舟，年來詩句解探幽。踏殘芳草應成恨，坐得青山合便休。濯濯宜爲香案吏，昏昏拜倒醉鄉侯[一二]。伊人欲走三千里，瘴雨蠻烟古福州。竺香先生近有福州之行。

去歲友人持扇頭索書僕以墨莊所作七律書以畀之今年春細讀此詩於友人扇頭詩中有芳草不生窮巷地好花多散夕陽天之句有感於僕之近況作此寄之

去年書扇今年讀，只向江流感舊交。一室僅存懸似磬，此身無用繫如匏。豈因敗履思東郭，墨莊常着敗履。直欲低頭拜孟郊。他日逃禪香雪海，子雲何事被人嘲。

耳鳴

去年學道求仙旨，耳中成韻韻不已。守一握固坐枯禪，耳韵聲洪心便喜。豈知外聲引内聲，一朝引去如流水。今年《離》火反填《坎》，雷霆之郭摩耳底。作勞原與不勞同，地下笙簧鳴不止。仙經有術求草木，先生之病彌月矣。欲書符籙請軒轅，爲我一修崑崙耳。

今歲耳鳴異於往昔至他人喧笑漠然不聞仙經所云聞内聲不聞外聲皆參悟之矣復叠前韻冀其清浄與古人驅瘧之詩同例云

閉門飲酒辨甘旨，甘旨之味辨難已。一朝酒酣耳有聲，耳鳴之病實傷於酒。如聞天籟心歡喜。二千女樂隨帝釋，絲竹綿綿似流水。有時仰卧察无形，牛鬭牟摇竹床底。豈因晝永入矮屋，萬蟻戰酣哦不止。豈因不欲聞是非，耳根之塵真盡矣。羡殺雞冠老秀才，耳聰頭上生三耳。

題蒸砂方丈歌郎李金玉小影張雪鴻筆也

愛他顧陸丹青手，寫出漁洋絶妙詞。畫裡陽關今幾叠，世間唯有右丞知。影名《半江紅樹賣鱸魚》。

作賦吟詩湖海流，雲郎端合爲君愁。低眉欲結同心帶，渾似登場唱務頭。

假裝雲鬢早知名，畫裡相逢也目成。我見猶憐無足怪，阿翁白髮老成精。「老成精」三字出《楞嚴》。

阻雨盤古山莊

索綯盖茅屋，四面緑楊遮。雨潤虚心竹，秋生得意花。採蔬開野圃，乞酒向鄰家。欲到西山去，占晴看晚霞。

寒夜危坐小樓聞胥江舟人呷啞聲愴然生江湖之感有懷眉峰得五絶句

西風勒住月明天，艓子呀咻倍愴然。江北江南三百里，一年六踏渡江船。予去年六次渡江。

車軨騾鐸紙燈紅，無力今朝犯曉風〔一三〕。人語潮生霜外落，江湖盡到小樓中。

琵琶絃索響嗚嗚〔一四〕，北調淒涼趙女歌。底事飢驅千里路，風塵欺客鬢間多。

欲辯人聲聲轉遥，篙師剌水柁工摇。相思南北三千里，明月西風共此宵。

讀書飲酒腹便便，隔斷人烟得穩眠。老在江南山裡住，安知不是地行仙。

栢因軒有梅一株倚墻而生今年春筍河夫子探梅見此𢱢挲樹本以竹杖去其枝頭蛛網謂藩曰何其古也十一月二十六日與墨莊約明年春宿還元閣作衆香國主人談及此事而先生已歸道山矣唏噓久之泫然泣下感而作此

春風春雨春山道，春風嫋嫋梅信早。吾家山下司徒廟，梅花如屏倚墻倒。花飛點額壽陽睡，睡起無力春態好。栢樹有因梅有緣，因緣暗結東坡老。喜歡無量弄苔蘚，瘴雨蠻烟被花掃。先生從閩中來。𣲵挲不去花間坐，牛頭梅子禪參破。橫杖枝頭撥蛛網，美人恐與風塵涴。玉堂神仙今羽化，灞橋驢背誰人跨。催花風去敗花雨，梅爲誰開爲誰罷。春風未來梅已胎，梅花又被春風嫁。浪説明年踏香雪，忍在山中過春夜。

解嘲

羽陵紙裏手中開，僻陋書生眼帶灰。試展南華《秋水》讀，不教河伯望洋回。

校勘記

〔一〕漆永祥校本云：「『虚』，《乙丙集》本作『空』。」

〔二〕漆永祥校本云：「『隱隱』，《乙丙集》本作『奕奕』。」

〔三〕漆永祥校本云：「『亍』，《乙丙集》本作『收』。」

〔四〕「嫣然」之「嫣」，原作「媽」，據《乙丙集》本改。

〔五〕按：林遠齋，號火蓮居士，福建龍岩人。

〔六〕「憣然」之「憣」，《乙丙集》本作「番」。

〔七〕「放生」之「放」，原作「故」，據《乙丙集》本改。

〔八〕「忘」，《乙丙集》本作「妄」。

〔九〕「日」，原作「月」。按：前詩題作「正月十日大雪不止越日遠齋過我……」，可知作於十一日，此詩亦作於當日，故「十一月」當作「十一日」，漆永祥校本已據改，今從。
〔一〇〕「翻」，《乙丙集》本作「番」。
〔一一〕「料」，《乙丙集》本作「殘」。
〔一二〕「拜倒」，《乙丙集》本作「例拜」。
〔一三〕漆永祥校本云：「『今朝』，《乙丙集》本作『輕貂』。」
〔一四〕「絃索」，原作「錢索」。按：絃索，指樂器上的絃，且江藩《詩鈔》卷下《章夏店觀妓》詩有句云「絃索丁東笑語譁，數間茅屋客停車」，今據改。

伴月樓詩鈔卷下

呈簡齋先生

公才如大河，從天下注地。一瀉一萬里，氣可吞淮泗。不屑事章句，讀書通大義。發爲古文辭，畢天下能事。徐、庾作奴隸，韓、柳亦愕眙。文章見性情，經史供驅使。讀者眩生花，作者實游戲。仁者見爲仁，智者見爲智。高論法漢魏，稍卑宗李杜。此皆詩囚語，攟拾前人吐。作詩寫性靈，何必立門户。公詩通造化，揮灑天花雨。藩籬破腐儒，靈音振聾瞽。並驅蔣心餘先生與趙甌北先生〔一〕，餘子何足數。大哉詩世界，公作風騷主。置身天地外，安得不千古。垂老不佞佛，居山不學仙。出處任所之，萬事皆隨緣。休官築別墅，六朝山色前。園中花與木，亦各全其天。看山行萬里，縮地至海邊。詩文到處佳，往往如參禪。方知仙與佛，公身早兼焉。

昔我年二十，拜公於山塘。十年復見公，仍在雲岩傍。春花正爛熳，月照琉璃觴。公枉過飲於蠅須館。鬚髩白於雪，欲争花月光。望之若神仙，剪水雙瞳方。聲名斗牛懸，四海所仰望。嫫母不知醜，技癢呈篇章。定當拜床下，私心拈瓣香。

玉上人云寺内鳴鐘聲聞在此聞聲在彼是現在聲是虚空聲請下一轉語爲述二十八字

羅筏城中無有我，毘盧門裏住千人。鐘聲祇在阿難耳，耳本無塵豈有音。

書司馬相如傳後

泰山梁父兩茫茫，秦漢先儒説更荒。只道蓋棺諸事了，又將封禪媚君王。

游支硎歸舟作

春日游支硎，薄暮蕩槳歸。歸塗何所見，楊柳空依依。河魚萍底躍，白鷺水面飛。輕舠如竹葉，遠遠入翠微。疎林新月上，斷岸草色肥。來兹曠潤境，始悔出山非。故人半零落，良友日漸希。詩成反覆吟，深感知音稀。

梅花嶺弔史閣部

埋骨荒郊劇可憐，玉梅零落剩蒼烟。美人舞破《桃花扇》，狎客翻成《燕子箋》。獨立不同牛李黨，孤忠猶憶甲申年。至今江上吹霜角，聲在寒花夕照邊。

探梅弔古不勝悲，絶筆家書血淚垂。莫怨北征無遠略，從來南渡揔難支。亂臣詭説清君側，聖主還興問罪師。冷雨斜風斑竹路，家亡國破欲何之。

出古北口

窮廬牙帳曉煙籠，路出幽燕古戍雄。唤夢荒雞啼落月，依人老馬怯長風。千山排闥一門瑣，百雉插天萬里通。多少苻秦慕容事，興亡都在亂流中。

登齊山〔二〕

危梯高百級〔三〕，曲折逕通幽。人與鳥争路，僧邀雲住樓。山收千里翠〔四〕，石放衆溪流。空際聞鐘磬，聲從何處求。

三楚

三楚傳消息，連天草色空。傷心歌《碩鼠》，極目送歸鴻。楊柳誰家月，笙簫别院風。兩川估客斷，米價問江東。

寓樓

東風料峭覺衣單，樓閣清虚夢未殘〔五〕。病裡拚教花事去〔六〕，愁來肯放酒杯寬。畫圖勸客看山色，書卷留人忍夜寒。去歲家書今歲達，老親爲我定加餐。

題阮梅叔明經亨鴛湖秋泛圖

瀲灩波光滿目秋，釣鰲磯下客生愁。菱塘傍晚花纔放，漁舍初晴網未收。兩岸桑麻開尺幅，一樓烟雨入扁舟。當年曾譜《鴛鴦曲》，載酒江湖憶舊游。

山谷次韻王定國揚州見寄詩中有明珠論斗煮雞頭之句今揚州並無雞頭何古今之殊若此遂次其韵

揚子江頭不盡流，城頭江色晚來收。涪翁少小來邗上，遷客無端去洛州。夜静雷聲多豹脚，河清雪練少雞頭。古今不獨殊方物，空有竹西鼓吹愁。揚州竹西，昔人艷稱之，今不知其處矣。

山谷在廣陵有之字韻詩三首清新可愛追和其韻

捲簾十里春風郭，褦襶騎驢聽所之。平山堂多騎驢子。嬌女但能誇着錦，可憐吴女費蠶絲。

督郵風情真惡矣，難教徐邈得中之。揚州木瓜酒，惡酒也，余點滴不沾唇。但烹茗粥權爲樂，静對平山數雨絲。

十里荷花二月分，小僧悟也便知之。憐他絶代風流客，半世銷魂病似絲。

壽滕養魚六十

百隊紫綃曲，泠泠奏管絃。子成天下器，翁是地行仙。澄極蓬萊水，清和瑶島天。鳩形制節竹，携曳杖鄉年。

夜推南極步，應現壽人星。菊助長生術，杞分不老經。仙麟肥勝肉，法酒緑於醽。漫酌彼康爵，閒看玉雪屏。

友人從蜀中來話兵後風景有誌

昨夜天山唱凱歌，七年魂夢繞琱戈。羽書竟報三苗格，鳥道生看萬馬過。寂寂嶺邊猿亦少，哀哀澤畔雁偏多。於今海内增銅柱，不羨當時馬伏波。

紅旗聞已赴神京，巴蜀初回大地春。望遠喜無林障眼，入村幸免犬驚人。版圖舊跡仍歸漢，父老生還不避秦。最是天陰腸欲斷，蕭蕭山雨濕青燐。

朋舊

朋舊年來嘆寂寥，敢將貧賤向人驕。蘭叢在昔多生棘，泮水於今有集鴞。别駕和香偏忌麝，沈郎封事要彈蕉。自南自北飄風攪，静咏《毛詩》日易銷。

章夏店觀妓

絃索丁東笑語譁，數間茅屋客停車。朦朧老眼昏黄月，來看山村鼓子花。

一尺長眉掃緑蛾，樽前也解唱《廻波》。漫誇名士多於鯽，不及琵琶比甑多。

見漱石齋中盆梅有感

蕭齋瞥見玉攢攢，緑萼回風舞翠盤。春信已來千里遠，暗香不禁十分寒。恍如好友經年别，勝得奇書盡日看。夢斷虎山橋外路，月明初上角聲殘。

題吴蘭雪國博蓮花博士圖

東鄉才人老博士，青蓮花眼明如水。愛看初日映芙蕖，納涼坐卧香風裏。金河橋外瑶海西，紅衣出浴環玻璃。郫筒痛飲大官酒，花前醉倒花魂迷。夢入山陰鑑湖曲，頓使情紅意亦緑。湖光花影兩茫茫，七百年夢詩人續。醒來半輪曉月明，詩魂還繞花千莖。羅衣露濕不知冷，蒹葭深處扁舟横。柳色模糊漾虚碧，白鷺猜疑是狂客。人在不夷不惠間，冰雪聰明花作骨。看花無賴到三秋，霜墜蓮房相對愁。莫向蓬萊怨摇落，空教身世感滄洲。畫卷生綃長一尺，煙波魚藻雲霞宅。悠然似有冷香來，披圖令我悲陳跡。當時流寓日南坊，蝦菜亭中看夕陽。曾爲荷花作生日，卅年舊事斷人腸。

贈程半人

四海習鑿齒，六朝陰子春。避囂非佞佛，知足不求人。詩句斲山骨，須眉少市塵。文殊休問病，丈室有前因。

書蘭亭後

五百斤油日日磨，東陽潁上事規摩。金龜玉兔誰能辨，贋本《蘭亭》世上多。

食蟹有感

肥擘雙螯玉樣同，橙黄蘇紫菊花風。年年芒稻輸東海，不救秋來一臂紅。

宿翠屏洲贈王柳村

江上翠屏洲，中有高人屋。詩文不受塵，日飲江光渌。好風吹我來，弄潮曲江曲。夢裡似曾經，散步村路熟。匝地盡垂楊，緣坡森野竹。鷗鳥如故人，回翔頗凝矚。草堂面水開，插架書萬軸。著述不好名，歌咏消清福。洗盞酌香醪，堆盤剪新蔌。酒酣耳熱時，出語驚世俗。縱談明月沉，濤聲斷復續。自笑塵緣牽，匆匆桑下宿。題詩約卜鄰，數椽擇幽築。富貴豈可求，飽啜桃花粥。白雲聞此言，終老荒江麓。

題月香畫蘭

美人曉起鏡中酣，絶似朝蘭露半含。却恨天風吹不斷，夜深有夢落湘南。

古風

松根千歲化茯苓，服之可以壽百齡。仙人淡舌本，出世棄鱻腥。一靈不爲游絲牽，精神澒洞通昊冥。日誦《黄庭》何物者？此心即可朝天庭。世人能音耐俗求紛紜，象有齒兮身自焚。嗟乎羊叔子，不如銅雀妓，富貴於我如浮雲。

趙大仰葵索贈至江口却寄

學詩學字愧無能，幸得同時好服膺。可惜相逢便言别，江流天末本清澄。

和林三遠峰題吴玉松太守涵碧樓原韻

小閣三間占武邱，華嚴彈指現清流。從來好景都依水，自古神仙愛住樓。七里煙霞人外境，四時花鳥鏡中秋。登臨不敢誇新句，有客題詩在上頭。

題宋丈芝山所畫葉農部雲谷武邱餞别圖

羅浮神仙海上來，梅花香到雲岩隈。陊陬山人弄狡獪，潑墨作畫烟霞開。小槽壓碎珍珠紅，山光闌入杯影中。白堤楊柳影涵碧，先春三日摇東風。東風吹緑晴江水，自憐老病空山裏。夢想當年塞北雲，送君忍看孤帆起。

題李小雲刺史吉祥止止圖

坡翁細和淵明句，向子能通莊叟文。南海歸來無長物，袖間衹帶吉祥雲。
蒲團一个證菩提，小築幽居近白堤。笑指此心如止水，不言桃李自成蹊。

題林三遠峰雙樹圖行看子

我識雙樹生，三十有八載。一别十五春，清狂如故態。其身成削頎而長，亭亭直榦凌風霜。其氣輪囷勢無兩，欝欝盤空高十丈。閒情乙乙抽繭絲，開花老樹無醜枝。新詩篇篇如屈鐵，偃蓋蒼松積古雪。奇才不遇山中眠，此生但結詩酒緣。吁嗟乎！此生但結詩酒緣，星星白髮堆髩邊。我今乍醒江湖夢，杯酒樂與好友共。酒酣不受古人欺，誰云材大難爲用。

除夕呈三溪舅氏

吳門親戚盡華顛，投老重來有夙緣。眠食如常真壽考，米鹽粗了即神仙。東風竹報平安信，午夜人歡潑散筵。明日游山陪杖履，澹香樓外坐梅邊。

樓居

我愛樓居喜見山，樓西鑿壁露烟鬟。夕陽一角樓頭掛，無數詩情在此間。

廣南紀夢

珠江閑住狎江鷗，月色昏黄數客舟。夢裡踏殘芳草路，緑楊城郭是揚州。

題郭頻伽靈芬館圖

家占烟霞城市遠，柴門長掩長蓬蒿。自甘白屋丁年老，却笑黄金甲第高。顯志漫成馮衍《賦》，揚芬且續屈原《騷》。明年定放松陵棹，爲我先蒭二石醪。

和洪樾林客中感舊二首

蕭蕭兩鬢已霜華，匹馬曾經萬里沙。笑我雙聲諧競病，愛君險韵押尖叉。嫖姚死事悲荒塚，范式生還哭海涯。一卷新詩紀遊歷，至今怕問佛桑花。

駱馬楊枝一夢中，自言身是可憐蟲。幾回邗上春光好，再到吴趨落月空。眼見功名草頭露，情忘身世絮兼風。我來欲買康山住，腰鼓琵琶弔武功。

校勘記

〔一〕「甌北」，原作「鷗北」。按：此處指趙翼，號甌北，今據改。

〔二〕「登齊山」，袁枚《隨園詩話補遺》卷一引作「登齊雲山」，吴翌鳳《卬須集》卷四引作「齊雲山」。

〔三〕滐永祥校本云：「『級』，袁枚《隨園詩話補遺》卷一引作『步』，吴翌鳳《卬須集》卷四引作『尺』。」

〔四〕「翠」，吴翌鳳《卬須集》卷四引作「碧」。

〔五〕「清虚」，袁枚《隨園詩話補遺》卷一引作「虚空」，吴翌鳳《卬須集》卷四引作「虚無」。

〔六〕「拚」，袁枚《隨園詩話補遺》卷一、吴翌鳳《卬須集》卷四皆引作「已」。

伴月樓詩鈔跋

（清）江　璧

吾本𪊲山之舊族也。先叔祖鄭堂公，生而神異，過目輒不忘，束髮受書，從余古農、家艮庭兩先生遊。兩先生爲惠氏弟子，經學湛深。叔祖從之學，盡得其淵源，卓然爲當代經師。暇而爲詩，其餘事也。早年詩不自重，間有所作，散見於諸同人集中，無專稿焉。中年遊京華，主韓城相國家，凡相國諸製多半出公之手。在京與士大夫相贈答，稿亦罕有存者。有彷《文選》體《河賦》一篇，最爲當時稱誦。當時若陽湖孫淵如、洪稚存，武進黄仲則諸前輩，皆與公爲文字交。公年五十始南歸，居廣陵之城北草堂。維時，適吴穀人祭酒、洪桐生太史掌教在揚，而華亭汪墨莊從吴中來，主於吾家，顧千里先生亦從虎邱買舟來揚，一時士大夫並汪容甫、趙介南諸公相爲過從，文酒之宴無虚日，酬唱之作最多，甚盛事也。

公自中年後，亦稍自檢校，集其所爲詩，得若干首，編爲四卷，名曰《伴月樓詩拾》。年六十復游粵，載其詩南下。厥後，此稿亦遺落不復存。在粵時，嘆粵中無可與言詩者，偶有所作，脱稿後輒焚之，故粵中詩今無一留者。蓋當是時，諸名士死亡過半，而其存者又散處四方，公遂罷此調而不彈也。歲在戊子，復歸廣陵。是時曾賓谷先生在揚掌鹺務，深喜公之歸，而恨公歸之晚也，爲之改館授餐，猶有風雅之意焉。未幾，賓谷先生謝任去，公贅贅不適，絶口不談文字，逾年遂卒。

嗟呼！予生也晚，當公壯盛時，既無由領公之教訓；洎乎晚而歸也，予年已弱冠矣，又值公衰髦之日，欲聆其議論，復不可得。家有達人而無從受教，此則予之不幸也！夫今公之亡，已廿有餘年矣。公舊刻有《周易述補》《爾雅小箋》《漢學師承記》《宋學淵源記》《隸經文》《扁舟載酒詞》諸書，今其板皆在予先伯以臨公家。先伯以臨爲凫山詩人，亦攻考據，善守先業，寶公之諸書而珍之，惟《扁舟載酒詞》一卷，板已散失。予今於公故人處，與予兄筱素搜羅公之舊作，得百餘首，暇與筱素兄校正而釐訂之，遂合《扁舟載酒詞》一卷、《詩》三卷同付梓人，聊誌吉光片羽之存云爾。

姪孫璧謹跋。

扁舟載酒詞

序

（清）顧廣圻

蓋聞填詞之有宫律，譬則規矩也；其辭句之美，譬則巧也；所謂能事者，盡規矩之道以施夫巧者也。詞家之盛，由兩宋以溯唐、五季而涉金、元，罔有不知此旨者。更明三百年，陵夷衰微，迨至國朝復起其廢。善言宫律者，椎輪萬氏，囊括《詞塵》是已。善用宫律而辭句兼美者，吾友江子屏，方今之一也。子屏於詞，乃餘事中之餘事，而《扁舟載酒》一卷，清真典雅，流麗諧婉，追《花間》之魂，吸《絶妙》之髓，專門名家，未能或之先也。特是讀者知其辭句之美易，知其字字入宫律難。予往者亦嘗留意於《碧雞漫志》《樂府指迷》等諸家之説，用求卷中衆作，不啻重規疊矩，故敢首揭此旨，將以待聞絃賞音者之擊節云。嘉慶乙亥中秋後五日顧廣圻序。

浪淘沙惜春

春色赴屏山。酒冷燈殘。旲緜無力怯輕寒。聞道梅花開過了，月上闌干。　心事幾多般。夢窄春寬。遣愁無計且偷閑。白日黄雞人易老，鏡裏朱顔。

晝夜樂效柳七體

吟魂慣被花留住。也拚却、歸期誤。憐他粉冷香銷，不問鶯猜燕妬。最恨漫天飛柳絮。恁匆忙、罨煙籠霧。生怕弄風流，變作相思樹。《楊枝》一曲斜陽暮。悔從前、等閒度。今番特地思量，竟要把黄金鑄。剛夢棃雲香草路。又恐被、孟婆吹去。别恨寫離情，只有江郎《賦》。

撼庭秋題畫絡緯

秋水秋雲秋色。絡緯聲無力。拆金花下，牽牛葉底，短籬斜日。　孤燈夢冷，疎簾風細，那堪啾唧。看抽毫調粉，機絲錦字，不如蠶織。郲經《絡緯》詩：「燈下有人抛錦字，機絲零亂不成文。」〔一〕

浪淘沙慢題張大鄂樓十二梧桐小影

大海上、寒潮暮汐，送到狂客。鄂樓自浙航海至京師，遇颶風，舟幾覆。雪浪追奔陣馬，腥風亂轉彩鷁。却愛看蛟龍時出没。驀忽地、吹至遼東，賴畫中、桐影浸寒碧。行李盡秋色。　憶昔。自誇俠氣仙骨。到今日、空作依人計，奈此蕭蕭髮。想往時僧寺，禪關岑寂。流光荏苒，三十年，夢裏難尋踪迹。鄂樓少時讀書僧寺，寺中有十二梧桐室。尤堪恨、饑來驅我，清閒福、豈可再得。不如去、重盟舊水石。閱歷過、世路風波，險更劇，洗梧莫笑倪迂癖。

隔浦蓮近拍 題汪大肯堂冷香水榭填詞圖

紅衣香染藻荇。一片清涼境。十五蕭郎竹，荷風吹脱新粉。高榭堪賞静。芭蕉影。緑映琴書潤，好題詠。　鸞箋自寫，多緣花氣勾引。宫商細嚼，嗣響水雲遺韻。香逗吟魂夢耐冷。幽景。看池中月華靚。

一點春 汪大飲泉索題程四研紅畫梅花便面

江南春色滿，淡墨寫梅魂。羅浮好夢匆匆醒，記得枝頭月一痕。

八歸 汪大飲泉招同人集東柯草堂送石大遠梅返吴門

清霜初降，朔風纔緊，衰柳慘淡蕪城。消磨歲月無他計，十千且辦青錢，買酒同傾。可笑三年槐夢醒，祇能得酒國爭名。坐中諸公，大半皆下第者。　海月上、横掛東柯[二]，向離筵偏明。離情。江天雲樹，寒濤千疊，翠摇浮玉螺青。醉中分袂，送人南浦，生怕聽平聲。踏歌聲。祝布帆無恙，棹回射瀆凍波皴。探梅信、虎山橋外，詩吟香雪春。

鶯啼序

乾隆乙卯，至金陵應布政司試，同人集小西湖。汪十三古香約填《鶯啼序》一闋，古香詞先成，予匆匆渡江，未暇倚聲。嘉慶戊午，重來白下，熊三姓欄復舉此會，遂填是調，以踐前約云。

當年夜游芸館，正秋風鞠吐。想陳迹、春夢無痕，感歎人似朝露。謂兮伯物故。望雲海、松鳴舊侶，離情脈脈停雲句。瑶圃家松鳴山下。更傷心人癖烟霞，病魔沈痼。謂林二庚泉。三載重來，塲影水色，尚籠煙罥霧。碧梧葉、平分秋色，绿雲侵入庭户。換羣鵝、閣名羣鵝。萍花破碧，拜奇石、園中駐鶴峰，長丈餘。苔痕封土。漫盤桓，休把流光，等閒輕度。金臺月白，紫塞風寒，予自京師歸。自悲作客苦。喜此會、遠來山谷，黄進士笑曰。近有方干，子雲先生。景伯歸耕，匡衡抗疏。稗存太史。孱王下殿，孤臣辭國，傷情羈旅江南怨，安南閉，阮還客。綺筵開、舊雨兼新雨。題襟勝事，藏鉤拇戰分曹，共建酒壘旗鼓。湖光弄影，草色摇空，頗有林壑趣。憶昔日、西江耆舊，滌齋太史。爲此勾留，種枳編籬，藝花成圃。風流邈矣，蒼松無恙，山邱華屋堪浩歎，賴才人、能作鷗盟主。生憎秋到垂楊，夢遠江天，挂帆北去。姓欄將之官山左。

月華清 桂

花媚秋雲，枝團涼露，一輪蟾影纔滿。三五圓時，放遍誰家庭院。賞芳華、金粟芬菲，歎揺落、玉犀撩亂。悲怨。問根生下土，何如月殿。漫説牢騷難遣。正蕙佩同紉，平聲。桂漿頻勸。萬斛藏香，怎貯閑愁無算。耆卿詞：「一粒粟中香萬斛，君有梢頭幾金粟。」最恨那、雨冷風盲，恰少箇、蝶迷蜂款。依戀。怕殘黄褪色，元黄庚《木樨花》詩：「殘黄銷骨現金粟。」零香成片。

於中好 蝸牛

牽蘿補屋蝸廬小。斷牆上、篆文顛倒。旋螺宛轉藏身好，雨過處，埋幽草。　人間若箇抽身早。要升高、不愁枯槁。古今興廢真無定，看蠻觸，何時了。

感恩多 叩頭蟲

晉人工韻語。描寫求生苦。晉傅咸有《叩頭蟲賦》。是蟲兒也囉。小幺麽。　卻恨乞憐昏夜，感恩多。感恩多。忍辱含羞，怎知無奈何。

九張機 蠶蛾

春天，東風楊柳已三眠。蛾眉畫了人應倦。卻愁紅瘦，幾絲情縷，難續再生緣。

秋宵吟 扁豆花

暑初收，江鄉好。處處沿離開早。風前立、看嫩葉柔絲，向空中裊。翠條勻，玉蕊飽。最愛司花心巧。分明是、月上緑雲邊，蛾眉低小。扁豆花，一名蛾眉豆花。　野圃無人，亂壓著、繩棚欹倒。晚香纔放，宿雨初晴，一片秋光到。詩思枝頭繞。幾點疎花，斜映落照。每更闌、約伴乘涼，人語蟲語絮不了。

新雁過粧樓 雁來紅

三徑就荒。閑吟賞、來看遍地丹黃。錦名十樣，染出葉葉秋光。嫩緑輕盈同野菊，膩紅淺淡傍衰楊。斷人腸。只須色艷，何必花香。　千里關山夜月，正雁聲叫曉，影落瀟湘。冷烟暮雨，堪歎滿目蒼涼。神方可能駐景，秋容老朱顔借夕陽。還惆悵，笑草中仙客，也飽風霜。

惜紅衣 題倪大米樓蓮衣夢景圖

水浴紅衣，風翻翠蓋，冷香殘暑。惱殺花間，糢糊夢來去。無端賦別，愁一水、盈盈難訴。憐汝。房空粉墜，又秋來涼雨。　相思最苦。霜落汀洲，藕絲化情縷。鴛鴦睡醒烟波，渺何許。遥想芰裳雲佩，生怕美人遲暮。畫出花消息，香滿鳩江路。

澡蘭香 題何三夢華媚蘭小影

誰家燕子，那答鴉兒，鏡裏芙蓉夢覺。花開並蒂，帶結同心，日暮寒生修竹。最傷心、草没裙腰，風吹平聲。湖心縐緑。再到西泠，怕聽《迴波》哀曲。　卻恨韶光有限，九十匆匆，浴蘭簾幙。春風料峭，夜雨淒涼，不管國香流落。奈何郎、萬種情痴，偏少明珠十斛。只賸得、幻影離魂，幽香盈幅。

疎影 題倪大米樓帆影圖

愁心悄寂。正去帆孤影，和烟欹側。擊檝閑看，片片糢糊，遮斷天邊山色。飄零莫説鄉關遠，恐惱殺、十年孤客。數倚檣、幾點昏鴉，又是暮潮聲急。　千里波平似鏡，恰江上細雨，東風無力。客裡相思，夢逐疎篷，歸路迷離難識。憑他六幅隨湘轉，衹一半、横拖空碧。到晚來、卸卻蘆灘，臥聽凉宵漁笛。

聲聲慢 題汪大飲泉秋隱莽填詞圖

霜彫老樹，葉落茅莽，四圍山色如屏。冷淡生涯，商量減字偷聲。一瓣香熏白石，譜新詞、笛怨琴清。笑傖父、歌樓酒社，浪得虚名。　休唱《大江東去》，有玉奴無賴，慣按銀箏。度曲樽前，將紅豆記分明。幽人慣多悲怨，解閑愁、還倩卿卿。拋象管，駐歌喉，秋思滿庭。

暗香　題郭十三頻伽畫箑

朱欄翠箔。算俗塵不到，華嚴樓閣。尺八低吹，住字偷聲費斟酌。搓粉揉酥好手，還怕那、吴姬奚落。自度曲、鬲指和囉，湘月譜新格。　飄泊。歎落拓。但載酒江湖，幾番離索。緑楊繞郭。今日揚州夢初覺。辜負蓴鄉好景，隔水聽、簫聲脆弱。想夜夜、風露冷，玉人寂寞。

薄倖　過紅如舊院有感索澹生太史同作

落花人遠。恰重過、忘憂别館。想當日、香温春老，蹙損眉山痕淺。聽酒邊、《多麗》歌殘，新愁舊恨難消遣。算釀密蜂兒，銜泥燕子，曾到垂楊深院。　還記憶、離亭畔，含别淚、更闌夜短。二分無賴月，長圓長缺，清光偏照秦臺滿。眼枯腸斷。怎禁他情似抽絲，自縛紅蠶繭。長洲夢近，又被雞聲唤轉。

望梅花

月香以胭脂水畫紅梅數朶，嫣然可愛。芝山、澹生皆有題詠，邀予同作。

枝上胭脂賸馥。不數寒香如玉。九九圖成花睡足。待得春回平緑。紅褪香殘風雨促〔三〕。莫被游蜂摧撲。

金縷曲 題車秋舲翦刀池畔讀書圖

夢冷吹簫侶。悵人天、匆匆小別，飛空如雨。從此難磨芙蓉鏡，剩得孤鸞羞舞。忍追憶、悼亡心緒。經卷藥罏空寂寞，剔殘燈、祇有書聲苦。思往事，堪淒楚。　香銷玉化悲如許。想華年、傷心錦瑟，一絃一柱。愁讀遺編紅蠶句，秋舲夫人名曜，號蓮漪。工詩，有《紅蠶閣小草》一卷。化作情絲千縷。畫圖裡、只留眉嫵。頭白潘郎難制淚，恨冤禽、錯注鴛鴦譜。腸斷也，向誰語。

龍山會 九月十日秦澹生太史招飲即席作

苦雨今朝止。再把茱萸，痛飲呼知己。弄東籬菊蕊。人孤冷、恰與寒花相似。笑氈毯歸來，夢初醒、澆愁梦尾。奈尊前、秋風鬢影，星星如此。　當年塞北燕南，作賦登高，也算奇男子。歎江郎老矣。空搔首、不問昔非今是。且縱酒高歌，看溝壑、誰人餓死。强如他、朱門肉臭，綺羅叢裡。

朝中措 送人還江南

一勾蟾影暮雲合。恰是月初三。怕聽黄昏清角，明朝何處停驂。　燕臺風冷，客中送別，情緒難堪。只恨潞河春水，幾時流到江南。

紅牕睡 題織雲畫蘭扇贈陳月墀

睡起朦朧慵掠鬌。添幾許、惱人丰韻。畫樓香滿紗窗淨，問幽蘭芳訊。　扇底春風春色嫩。愁他這、花枝颭顫，湘魂不定。箇儂傚倖，抵千金相贈。

六么令 夜泊袁江聞笛

夢回孤枕，驚起關山笛。篷窗雨絲纔住，漁火昏烟夕。多事《梅花三弄》，惱殺江湖客。酒腸偏窄。消愁無計，怎不教人早頭白。　忽按商聲側犯，吹得蒼崖裂。看取九折黄流，夜静魚龍寂。聽到更殘漏轉，驀地傷離别。天邊明月。悽涼如此，千里相思向誰説。

玉簟涼 雨後見新月有感

秋到蕉窗。恰小院晚晴，玉簟生涼。愁紅衣亂落，早雨冷蓮房。奩開蟾魄半吐，睡未穩、幾度思量。緣底事，一樣天邊月，偏斷人腸。　難忘。情多夢少，燈炧酒闌，今夜惱殺清光。憑欄閑獨立，又素影昏黄。長娥不管别恨，竊藥去、但搗元霜。頻悵望，那忍聽、花裡啼螿。

定風波 閨情

惜别生憎蠟燭殘。替人垂淚未曾乾。滿院亂紅飛不定。花影。夜深獨自倚闌干。　休攬惹鴛鴦夢境。交頸。醒時容易睡時難。七寶鑪温蓮漏永。香冷。可憐無事忍春寒。

水調歌頭 題陳大月墀紅笑集

舟停紅藥岸，客住緑楊城。西泠才子，疑雲疑雨賦閑情。一卷《香奩》别體，惹起花枝欲笑，錦字織難成。新詩寫歌扇，香繞筆端生。　惱舉舉，憐惜惜，愛卿卿。杏欺桃妬，北里南部盡争名。十二樓頭春色，廿四橋邊明月，嬴得髩絲更。憶昔年癡夢，不忍聽簫聲。

鬭百草 題澹生太史少壯三好圖行看子

棐几筠簾，好翻卷帙思訛字。許緑難明，紂紅誰辨，專刻影抄部次。用丹鉛、掃落葉無聲，忙中活計。是福地瑯環，人間津逮，館名五笥。　誰使圖摹展氏，書捧飛仙，真箇是鸞簫鳳翅。辟蠹添香，撿芸開軸，看珠圍、教人妬忌。叮嚀囑，湘管凝香莫投棄。且游戲。畫蛾眉、黛痕淺試。

木蘭花慢 題翻書美人圖有感圖中瓶插芍藥二枝

捲珠簾獨坐，惜春去，檢新枝。正粉褪香消〔四〕，緑肥紅瘦，惹怨添悲。淒其。影隨夢遠，怪連宵冷雨逗將離。可惜名花寂寞，帶圍減了腰肢。　相思。别恨有誰。知午倦，又難支。且去理芸籤，亂翻殘帙，心緒如絲。攢眉。淚侵黛淺，想今人、不似古人癡。多少傷情倩女，斷魂吹到天涯。

清商怨

蛾眉纏架半卷。看緑雲堆滿。蛺蝶先知，秋來花數點。　匆匆一霎夢短。翅粉消、尋香休晚。幾度西風，沿籬愁翠減。

調笑令

春夜。春夜。重到當年舞榭。花陰漏轉三更。惆悵一庭月明。明月。明月。偏照銷魂離别。

酷相思 閨怨

幾度玉釵敲欲折。怯夜冷、霜如雪。却追悔、前番輕決絶。郎眼裡、相思血。妾眼裡、相思血。　繡罷鴛鴦收線帖。睡不穩、漏聲徹。擁衾坐、殘燈還未滅。郎夢裡、關山月。妾夢裡、關山月。

暗香疏影

白石老仙製《暗香》《疏影》二曲，本仙吕宫。考段安節《樂府雜録》論五音二十八調，仙吕在去聲宫七調之内，則填此二曲，當用去聲。而白石用入聲者，北音入聲皆作去聲讀，今伶工歌北曲，所謂「入作去」也。蓋二曲本用去聲，以入代去，多纏聲而流美矣。此夢窗、蘋洲、玉田所以謹守成法而不變。又彭元遜《解佩環》調即《疎影》，用去聲韻，亦一證也。張肯又採《暗香》前段、《疎影》後段合成《暗香疎影》一闋，變而爲夾鍾宫。夾鍾即燕樂之中吕宫，亦在去聲宫七調之内，當用去聲，近入聲之韻，斯爲協律。仙吕宫下工字住，中吕宫下一字住，清上五字住，此曲用上五住也。春日讀《香研居詞麈》，忽悟此理，乃填是曲，以繼絶響。然自南宋以後，三百年世無知之者矣。嗟乎！倚聲之難也如此。

户庭春至。看玉梅破臘，紅燈初試。影上小窗，冷逗幽香繞詩思。無奈昏黄月下，是何處、簫聲流吹。怎禁仄聲。得、和怨和愁，嗚咽惱花睡。　剛被哀音破夢，翠禽又踏啄，殘粉低墜。囑咐東皇，疎雨疎風，好點綴蕭閒地。去年人日關山路，怕説那、斷魂天氣。折一枝、多少相思，隴首却教誰寄。

聲聲慢

萬紅友《詞律》「《聲聲慢》末段結句用平仄仄平，乃一定之體，用上聲猶可」云云。考玉田生此調結句一首云「却是故鄉」，一首云「不是晉時」，俱用入聲，可知結句第一字四聲皆可用也。蓋失腔不失腔，在住字煞聲。詞中有一二拗嗓者〔五〕，配管色時可以融化入律。紅友既不博考諸名家詞，又昧於音律，故爲此刻舟求劍之説耳。秋日寓秦淮水榭，病起無聊，偶作此以自遣云爾。

清涼山外，白下城邊，三間小閣占寒流。隔岸菰蒲，西風葉戰颼颼。衰楊幾枝作態，逗蟬聲、夕照初收。空惆悵，看六朝山色，特地悲秋。病起郎當堪笑，對藥爐茶竈，何處忘憂。酒陣花圍，辜負了十三樓。江潮暗催月上，譜新詞、數盡更籌。燈影裡，拍紅牙、字字引愁。

淒涼犯 仙吕調犯商調

寒夜不寐，披衣獨坐，萬籟無聲，百端交集，殘燈半滅，曉月微明，四顧蕭條，不覺悲從中來。乃填是曲，擲筆愴然。

淒涼戍角。朦朧裡、三更短夢驚覺。明月在天，霜華滿地，此情怎託。寒風又作。恰鄰舍荒雞喔喔。剔銀釭、殘燈似豆，顧影感淪落。　五十吾衰甚，如許頭顱，一身無著。浮沉苦海，歎飄零、燕來巢幕。計拙謀生，竟難覓休糧妙藥。每銷愁、痛飲不醉，魯酒薄。

按仙吕調上字住，起畢下四字、清五字。商調下五字住，起畢上字。此調當用清五字住，若用上字，則住字不同，不容相犯矣。

杏花天影 閨怨

箇人遠去三千里。撫瑶琴、偷彈緑綺。可憐無處説相思，暗地。織迴文，湊錦字。　封姨妬、吹紅墮紫。却春日、芳心不死。恨他池上好鴛鴦，兩兩。浴晴波，並頸睡。

按《白石道人歌曲》有《杏花天影》一曲，與《杏花天》不同，越角調也。此調當用上聲韻，白石用上、去者，取其流美耳。然兩結句用去聲韻，而第二字必用上聲始爲協律，過片句必用去聲韻。緣上段去聲韻住，接用去聲，則曲調緊而悦耳。若用上聲，則緩而平矣。越角調六字住，白石宫譜住字填六、凡，凡乃寄煞也。

琵琶仙 轂人先生招同人爲消夏會

消夏開尊，聚吟侶、盡是江湖狂客。紅藥才別春風，生香上瑶席。家釀熟、人人自遠，却無奈、酒腸枯窄。怕見流鶯，愁聽啼鴂，催我頭白。　最堪歎、愁裏詩邊，恨春去、無端感平昔。誰問百年身世，把時光空擲。休論那、平原故事，拚醉倒、痛飲今夕。祇惜涼夜簫聲，月明難得。

夢芙蓉

此吴夢窗自度曲也，詞家絶無繼聲者。夏日泛舟湖上，獨酌荷花中，不覺大醉，醒時已四鼓矣，遂填是詞。明日入城，乞莊生吹笛，按譜有不叶者，改易數字，音節和諧，幸不失邯鄲故步，相對痛飲，極歡而散。

魂消殘夢裏。恰平湖放棹，鬧紅折翠。那家池館，風送冷香過。仄聲。露花欲墜。依稀清景難憶。脱卻荷衣，正朦朧酒醒，城上角聲起。　自悔當年情事。辜負花光，曲罷無人記。舊歌重按，休把裀紅洗。並頭書錦字。關河路遠誰寄。玉漏催歸，芙蓉帳外，月如流水。

六州歌頭 出古北口有感

單車出塞，山色馬頭前。殘月黑，狂風緊，角聲乾。漫流連。獨走灤陽道，幾行柳，幾行雁，十里戍，三里堠，盡荒煙。望裏邊牆，雉堞因山築，隔斷幽燕。逐牛羊水草，另是一山川。仰視飛鳶。感華年。　歎星星鬢，蒼蒼髮，真骯髒，百憂煎。人易老，征塵撲，冷車氈。有人焉。開府干城寄，催後勁，擁中權。嗚鉦鼓，行酒炙，敞華筵。堪笑將軍負腹，如何浪，用水衡錢。看書生身手，有力拓弓弦。七札能穿。

氐州第一 出龍泉關

更促雞鳴，風送雁影，眉間落月低小。關内桃紅，關前雪白，如夢渾難分曉。遥望南臺，有玉柱、亭亭天表。五臺山有千古不消之雪，雪久成堅冰，遠望峰巒若瑶簪玉柱。柳眼凝青，溪流凍碧，不知春老。予到臺懷，時交初夏，冷似三冬。祇有金蓮才放了。怎禁得、朔風亂攪。虎跡縱横，驢蹄蹀躞，那答韶光好。説曼殊、曾現化，旃檀樹、輪迴五道。古刹猶存，訪遼宫、都埋荒草。

八聲甘州 易水 用柳七體

正寒風作意，捲層波，奔流幾時平。想千年遺恨，衝冠怒氣，都變濤聲。當日悲歌擊筑，本不求生。空送將軍首，大事難成。試問合從辯士，高談抵掌，立取功名。豈能判一死，直刺嬴正。客來過、衰楊蕭瑟，天半晚霞明。還疑是、白虹光射，匣劍長鳴。

按「奔流幾時平」句，第三字當用上聲，或用去聲，若用入聲，則不叶矣。起句「正寒風作意」，或豆或爲句皆可，無一定之格。

惜分釵

西郊路。三年住。木樨滿院香風度。篆烟消。夢無聊。雨滴梧桐，雨滴芭蕉。瀟瀟。
芙蓉渡。沾衣露。綠波江上傷心賦。樹影摇。竹聲敲。似有人來，水複山遥。迢迢。

彩雲歸 記湘雲事

芙蓉並蒂浴夗央。愛河翻、割斷柔腸。當乍晴乍雨，心情惡，如中酒、轉側方牀。起來遲、入簾歸燕，恰雙棲畫梁。只恨山程水驛，偏種垂楊。思量。燈殘宵冷，閉紗窗、月色昏黃。晚風吹落花片也，算一度滄桑。料得你、平聲。扁舟吹笛，曲罷無限淒涼。停泊處，蘆荻洲邊，夢遠瀟湘。

孤鸞

秣陵天遠。正夜雨瀟瀟，白楊多少。送到蕪城，怎禁玉啼花惱。病來更加瘦損，自驚疑、衩裙腰小。忽地幽蘭摧折，此恨如何了。聽戍樓、畫角秋江曉。便算後思前，十年夢好。嬾去尋春，怕看玉鉤荒草。尚畱舞衫疊起，悵人天、海山雲杳。只剩孤鸞飄泊，怕向鏡中照。

滿江紅 雪夜渡江北上

衣帶長江，恰一葉、雙槳破潮。帆懸岸闊明月夜，山積瓊瑶。兩點金焦浮翠色，千層雲樹浸寒濤。看玉龍、殘甲滿天飛，風怒號。　孤蓬底，魂暗銷。雪侵鬢，歎刁騷。那日飢驅了，世事全拋。却又風餐還水宿，客愁如海不能消。悵望家、山在有無間，難畫描。

平調《滿江紅》始于白石，謂仄調多不協律，末句第二字用去聲方諧音律。予細讀姜詞，玩其音節，第二句五字當用上聲，六字當用去聲，七句六字當用上聲，下半曲第九句五字當用上聲，始爲合律，不拘歌喉矣。白石是曲，押寒、山韻，而「阻江南」句闌入侵、覃，蓋一時失於檢點耳。

霓裳中序第一

中秋海上月。遍地清光如水活。聽夜半殘漏徹。望天際彩雲，依稀仙闕。星河半滅。何處歌聲恁愁切。匆匆過，一年令節，此恨向誰説。　愁絶。木樨香屑。引逗我回腸百結。生涯真箇鶻突。六十平頭，世網難脱。學仙求秘訣。客夢裡、飛身蟾窟。塵寰外，看冰輪滿，萬古不殘缺。

按白石在衡岳得商調《霓裳》十八闋，皆虚譜無字，乃填《中序》以傳于世，則此調當以姜詞爲正，平仄宜參用个翁、草窗二家。个翁詞有脱字，草窗下半闋「悵洛浦分綃，漢皋遺玦」，較之白石詞多一「悵」字，《詞律》謂之領句字，即今北曲之襯字。白石、个翁、草窗皆用入聲韻，有用去聲韻者，非正格矣。

風入松 書儀君墨農劍光樓詞鈔後

蘋洲壓笛譜新詞。吹冷胭支。不裁柳七輕盈體，愛他非曲非詩。八寶樓臺拆下，争如茅舍疎籬。　夜深明月上梅枝。簾影花移。斷腸好句和香歇，最銷魂、兩髩添絲。滴粉揉酥小令，牽儂多少鄉思。

采緑吟

初秋同友人泛舟珠江，聽珠娘度曲，琵琶拉雜，都操土音，不知其詞，但覺其聲之怨抑也。

蕩槳清波曲，水拍緑楊堤。斜陽欲暮，蟬鳴初歇，人映玻瓈。粉香熏到了，搔頭裡、歌聲出花圍。撥琵琶，吴絲緊，依稀詞苦韻悽。　還唱《摸魚歌》，哀音變淒迷，絃緩聲膩。不是醉吟仙，拭淚也沾衣。望珠江、明月飛來，城頭上、驚起烏栖。聽歌罷，燈暗酒闌，眉促黛低。

按玉田生《采緑吟序》云〔六〕：「霞翁會吟社諸友於西湖，采蓮葉，探題賦詞，余得《塞垣春》，翁爲番誤數字〔七〕，短簫按之，音極諧婉，因易今名云。」是曲較之《塞垣春》，詞句不同，且《塞垣春》用仄韻，此用平韻，蓋亦如仄韻《滿江紅》之不合律也。予在吴門，以玉田詞付與老伶工張仲芳譜之，按以洞簫，凡拗句音極清脆，惜歌譜失去，不復記憶矣。如第七句當填「平平入平平」，「依稀」二字叶韻，上段末句「平去去平」，下段第二句「平平去平平」，三句「平去平去」，末句「平入去平」。楊霞翁精於音律，所謂「番誤」數字者，即此也。玉田押齊、微韻，又用支韻，南宋詞家嚴於聲律，而寬於用韻，不如北宋人之謹嚴矣。

校勘記

〔一〕「邾經」，原作「郝經」。按：邾經，一作「朱經」，字仲誼，號觀夢道人，維揚海陵（今泰州）人，有《觀夢集》《玩齋集》等。其《題絡緯圖》詩云：「牽牛風露滿籬根，淡月疏星夜未分。燈下有人抛錦字，機絲零亂不成文。」今據改。

〔二〕「掛」，原作「卦」，據詞意改。

〔三〕「褪」，原作「腿」，據詞意改。

〔四〕「褪」，原作「腿」，據詞意改。

〔五〕「嗓」，原作「噪」，據文義改。

〔六〕按：《采緑吟》詞及《自序》爲周密所作，故「玉田生」當作「草窗」。

〔七〕「番誤」，周密《采緑吟序》作「翻譜」。

跋

（清）張丙炎

《扁舟載酒詞》一卷，甘泉江子屏先生所著也。先生少居吴門，師事吴縣余古農、江艮庭兩先生，得師傳於紅豆惠氏。博聞宏覽，心貫羣經，精研鄭君之學，故又號「鄭堂」焉。與阮文達公同學交善。入都，主韓城王文端公家，文端雅重之。又嘗從王蘭泉先生、朱笥河先生游。阮文達督漕駐山陽，聘主麗正書院講席，以布衣爲諸生師。迨開府兩粤，延先生纂輯《皇清經解》《廣東通志》《肇慶府志》，留幕府最久。所得館金，盡易端谿石硯以歸，歸裝壓擔，暴客疑其挾巨金，尾之兼旬，易舟發篋，乃唾而去。性恬退，所交盡當世達人名彦，而以布衣終老，其《過畢弇山尚書墓道》詩有云「公本愛才勤説項，我因自好未依劉」，即平生風節可略見矣。先生爲人倜儻權奇，襟懷磊落，走馬奪槊，有逾健兒，遍遊齊、魯、燕、趙、江、浙、閩、粤諸勝，其豪邁雄俊之氣，一發之於詩詞。及其窮老倦游，閉門著述，蕭然一室，泊如也。雲間汪墨莊，工詩，少共唱酬，已而落魄江、淮，乃館之於家，時人謂先生好客忘貧，今之顧俠君也。其標格如此。先生經術湛深，尤熟於史事，至如詞章、金石、考證之學，旁及九流、二氏之書，兼綜條貫，靡不通擅。嘗作《河賦》，沈博絶麗，論者謂可與木玄虚《海賦》、郭景純《江賦》並傳。少時恭纂《純廟詩集注》，王文端爲之進呈，聖情欣賞，賜《御製詩五集》，復諭召對圓明園，會林爽文陷臺灣報至，遂輟，人惜其數奇。幼蓄書萬餘卷，歲饑，盡以易米，作《書窩圖》以寓感，一時耆宿題詠殆遍。嘗自云「十口之家，無一金之産，跡類浮屠，鉢盂求食，睥睨紈袴，儒歌誤身，耳熱酒酣，長歌當哭」，亦可悲矣。卒年七十一。生時議以兄子爲後，卒不果。所著《周易述補》《國朝漢學師承記》《國朝經師經義》《國朝宋學淵源記》《隸經文》《樂縣考》諸書，皆在粵刊板，餘如《經傳地理通釋》《儀禮補釋》《考工戴氏車制圖翼》《爾雅小箋》《石經源流考》《禮堂通義》《乙丙集》《炳燭室雜文》《伴月樓詩鈔》《蠅須館雜記》〔一〕，稿皆藏於家。先生研究音律，窮極窈眇，寄之倚聲。是集當與《夢窗甲乙藁》《白石道人歌曲》相頡頏，不僅辭句流美已也。丙炎外舅式新先生，先生之從孫也。道光間，外舅曾刊補其遺集，兵燹轉徙，板復殘闕。近問泉内弟檢點遺編，丙炎謂詞集篇葉無多，盍先印行，問泉乃補其闕佚，印以傳世。因述崖略，以告世之讀先生詞者。光緒丙戌秋七月儀徵張丙炎。

校勘記

〔一〕「乙丙」，原作「乙炳」，據中國國家圖書館藏江藩稿本《乙丙集》改。

補遺

舟車聞見録補遺一卷

高明峰輯

石糞

從化縣北九珠山多青石，居民燔灰以糞田，名石糞。（清阮元修、陳昌齊等纂《（道光）廣東通志》卷九四《輿地略一二》，《續修四庫全書》影印道光二年刻本，史部第六七一册第一七八頁）

排草香

合香諸方多用排香，草根也。白色，狀如細柳，産廣州、河南、揚州。香客每歲至廣收買此草，捆載而北者不可勝計。（清阮元修、陳昌齊等纂《（道光）廣東通志》卷九四《輿地略一二》，史部第六七一册第一八〇頁；清鄧淳輯《嶺南叢述》卷三五《珍寶下》，道光十五年刻本，第一六頁）

洋酒

外洋有葡萄酒，味甘而淡紅。毛酒色紅，味辛烈。廣人傳其法，亦釀之，與洋酒無異。洋酒有數十種，惟此二種，内地人能造之，其餘不能釀也。又有黑酒，番鬼飯後飲之，云此酒可消食也。番人藥物，多蒸爲露，或榨爲油，如薔薇露、桂花露、荷花露、丁香油、肉桂油、薄荷油、檀香油，今廣人皆能爲之。（清阮元修、陳昌齊等纂《（道光）廣東通志》卷九五《輿地略一三》，史部第六七一册第一八八頁；清鄧淳輯《嶺南叢述》卷三六《飲食》，第三一四頁）

蛇總管草

《本草》有蛇銜，一名威蛇。蘇頌曰：「人家種之辟蛇，一莖五葉或七葉。」今嶺南有蛇總管草，即威蛇也。（清阮元修、陳昌齊等纂《（道光）廣東通志》卷九四《輿地略一二》，史部第六七一册第一八一頁；清鄧淳輯《嶺南叢述》卷三九《草木下》，第一三頁）

西瓜

廣州西瓜不佳，多紅色，惟白雲山所産者黄色，味亦甘美。（清阮元修、陳昌齊等纂《（道光）廣東通志》卷九五《輿地略一三》，史部第六七一册第一八九頁；清鄧淳輯《嶺南叢述》卷四三《蔬穀上》，第二頁）

南華菇

南人謂菌爲蕈，豫章、嶺南又謂之菇。産於曹溪南華寺者，名南華菇，亦家蕈也。其味不下於北地蘑菇。（清阮元修、陳昌齊等纂《（道光）廣東通志》卷九五《輿地略一三》，史部第六七一册第一九一頁；清鄧淳輯《嶺

南叢述》卷四四《蔬穀上》，第四頁）

青皮柿

青皮柿出東安縣，無核。（清阮元修、陳昌齊等纂《（道光）廣東通志》卷九五《輿地略一三》，史部第六七一册第一九一頁；清鄧淳輯《嶺南叢述》卷四一《百果上》，第一五頁）

橙

廣南橙子出新會者佳，頂有紋如圓圈，土人以此辨真僞。陳獻章《白沙子集》詠橙詩，俱稱枳壳，不知所本。（清阮元修、陳昌齊等纂《（道光）廣東通志》卷九五《輿地略一三》，史部第六七一册第一九二頁；清鄧淳輯《嶺南叢述》卷四一《百果上》，第一〇頁）

波羅蜜

瓊南多波羅蜜，實出枝間，有生於根者。在地中結實時，土隆起，瓊人以此爲驗，挖取之。大如百石之瓠。（清阮元修、陳昌齊等纂《（道光）廣東通志》卷九五《輿地略一三》，史部第六七一册第一九七頁）

糖

粵東産糖，以潮州爲最。（清阮元修、陳昌齊等纂《（道光）廣東通志》卷九五《輿地略一三》，史部第六七一册第一

九九頁）

佛手

佛手，香緣之類。高州産佛手，大而清香，他處弗及也。（清阮元修、陳昌齊等纂《（道光）廣東通志》卷九五《輿地略一三》，史部第六七一册第一九九頁；清鄧淳輯《嶺南叢述》卷四一《百果上》，第九頁）

黎朦子

黎朦子，又名宜濛子，又名宜母果，似橙而小。二三月黄色，味極酸。婦人懷妊不安，食之良，故有宜母之名。製以爲漿，甘酸，辟暑，名解渴水。（清阮元修、陳昌齊等纂《（道光）廣東通志》卷九五《輿地略一三》，史部第六七一册第二〇〇頁）

紫榆

紫榆，來自海舶。似紫檀，無蟹爪紋，刳之，其臭如醋，故又名酸紫。（清阮元修、陳昌齊等纂《（道光）廣東通志》卷九六《輿地略一四》，史部第六七一册第二〇七頁；清鄧淳輯《嶺南叢述》卷三八《草木》，第一一頁）

冬青

冬青，廣人呼爲殺鬼樹，見《羅浮山志》。（清阮元修、陳昌齊等纂《（道光）廣東通志》卷九六《輿地略一四》，史

部第六七一册第二〇八頁)

瑞香

廣南瑞香有紅、白、紫三色。紫色者香最烈,如麝臍。梅蘭襲其香氣,花片即時焦枯。(清阮元修、陳昌齊等纂《(道光)廣東通志》卷九六《輿地略一四》,史部第六七一册第二一三頁;清鄧淳輯《嶺南叢述》卷三七《百花》,第一三頁)

草菊

草菊生叢草之中,狀若茶菊,有紅、紫、藍、白四色。味甘如杭菊,不似甘菊及苦薏之但苦而不甘也。(清阮元修、陳昌齊等纂《(道光)廣東通志》卷九六《輿地略一四》,史部第六七一册第二一五頁;清鄧淳輯《嶺南叢述》卷三七《百花》,第四頁)

粉背金鐘

粉背金鐘,蕉類也。高四五尺,花入弔鐘,外白内赤,故名。亦有外紫内紅者。(清阮元修、陳昌齊等纂《(道光)廣東通志》卷九六《輿地略一四》,史部第六七一册第二一六頁;清鄧淳輯《嶺南叢述》卷三七《百花》,第一七頁)

洋繡毬

洋繡毬,藤本,來自海外。一蕊或五花,或六花,黄、白二色。花心白者鵝黄色,黄者紅色,鮮艷異常。（清阮元修、陳昌齊等纂《（道光）廣東通志》卷九六《輿地略一四》，史部第六七一册第二一六頁；清鄧淳輯《嶺南叢述》卷三七《百花》，第一二頁）

玫瑰

玫瑰以葉爲花，葉香如玫瑰，以手揉之，香氣經日不散。（清阮元修、陳昌齊等纂《（道光）廣東通志》卷九六《輿地略一四》，史部第六七一册第二一六頁；清鄧淳輯《嶺南叢述》卷三七《百花》，第一五頁）

牡丹

牡丹亦以葉爲花，葉攢生如牡丹。（清阮元修、陳昌齊等纂《（道光）廣東通志》卷九六《輿地略一四》，史部第六七一册第二一六頁；清鄧淳輯《嶺南叢述》卷三七《百花》，第一五頁）

茅筆

陳獻章所居圭峰，其茅多生石間，色白而勁。以茅心束縛爲筆，作字多樸野之致。白沙稱爲茅君，又嘗稱爲茅龍。今人多做爲之。（清阮元修、陳昌齊等纂《（道光）廣東通志》卷九七《輿地略一五》，史部第六七一册第二三〇頁）

番紙

番紙，番鬼攜來之紙，其白如雪，堅而光潤，用粗紙裱背。又有一種，紙中隱隱有各種花紋。

（清阮元修、陳昌齊等纂《（道光）廣東通志》卷九七《輿地略一五》，史部第六七一册第二二一頁；清鄧淳輯《嶺南叢述》卷三三《器物下》，第一四頁）

綿紬

綿紬，順德人所織，仿湖州綿紬，有粗、細二種。又有各種細紬，謂之順德綢。（清阮元修、陳昌齊等纂《（道光）廣東通志》卷九七《輿地略一五》，史部第六七一册第二二三頁；清鄧淳輯《嶺南叢述》卷二八《服飾》，第七頁）

繡

繡以潮州繡工爲上，所刺者，又以程鄉繭爲上，皆男子爲之，精於女工。（清阮元修、陳昌齊等纂《（道光）廣東通志》卷九七《輿地略一五》，史部第六七一册第二二三頁；清鄧淳輯《嶺南叢述》卷二八《服飾》，第一〇頁）

規矩器

規矩器中藏墨牘，錐削畫圖，器皮以小革囊以爲佩。（清阮元修、陳昌齊等纂《（道光）廣東通志》卷九七《輿地略一五》，史部第六七一册第二二七頁；清鄧淳輯《嶺南叢述》卷三三《器物下》，第一一頁）

荷包鯽

荷包鯽，形似荷包，多子。（清阮元修、陳昌齊等纂《（道光）廣東通志》卷九八《輿地略一六》，史部第六七一册第

二四〇頁；清鄧淳輯《嶺南叢述》卷四九《鱗介上》，第一六頁）

燕窩

瓊海海山危壁之上多燕窩，人不能取，縱馴猿取之。色黄有黑點，土人謂之老燕。（清阮元修、陳昌齊等纂《（道光）廣東通志》卷九九《輿地略一七》，史部第六七一册第二四九頁）

高冠鳥

高冠鳥小如黄雀，黑色，頂有紅羽，高五六分，廣州人喜畜之。（清阮元修、陳昌齊等纂《（道光）廣東通志》卷九九《輿地略一七》，史部第六七一册第二五二頁）

鴈

廣南無鴈，近年亦間有之。明時有鴈集於瓊山縣學宫泮池，丘濬爲之記，見《瓊臺集》。（清阮元修、陳昌齊等纂《（道光）廣東通志》卷九九《輿地略一七》，史部第六七一册第二五二頁）

犀牛黄

犀牛黄，出陜西、甘肅者，謂之西黄；出廣南者，謂之廣黄。《本草綱目》不著犀牛黄，偶遺之爾。（清阮元修、陳昌齊等纂《（道光）廣東通志》卷九九《輿地略一七》，史部第六七一册第二五四頁；清鄧淳輯《嶺南叢述》

卷四七《走獸上》，第五頁）

鹿

康熙時，粤東藩司某畜鹿數頭於後園。生育日蕃，乃以木爲閑，防其奔觸。百年以來，十百成羣，呦呦之聲，達於牆外矣。（清阮元修、陳昌齊等纂《（道光）廣東通志》卷九九《輿地略一七》，史部第六七一册第二五五頁）

騰豺

騰豺山，《太平寰宇記》作「騰豻嶺」，豻，野狗也。騰豺山在高要西七十五里。騰豻狀類猴，頭正方，髮長丈許，覆其面。欲有所視，輒摇頭，以兩手披之。上樹甚捷。粤東無豺狼，惟此嶺有之。（清阮元修、陳昌齊等纂《（道光）廣東通志》卷九九《輿地略一七》，史部第六七一册第二五六頁）

猨

瓊州多猨，有蒼、黑二種，間有通臂者。（清阮元修、陳昌齊等纂《（道光）廣東通志》卷九九《輿地略一七》，史部第六七一册第二五七頁）

墨猴

墨猴，高、化等處間有之。能磨墨，磨畢跳入筆筒中，聞閣筆聲復出，以舌舐研墨如洗，復入。（清阮元修、陳昌齊等纂《（道光）廣東通志》卷九九《輿地略一七》，史部第六七一册第二五七—二五八頁；清鄧淳輯《嶺南叢述》卷四八《走獸下》，第六頁）

希姓

廣南希姓，莫古於仍氏。仍弩見《吴志·離牧傳》，若倫氏、容氏，乃粤東之望族。又有利氏，廣州多此姓。奇莫奇於禤氏，音「揎」，廣西有禤家洲，聚族而居，千有餘家。宋時欽州有耑某者，曾爲耑長。維氏、那氏，猺、黎之姓也。（清阮元修、陳昌齊等纂《（道光）廣東通志》卷九一《輿地略九》，史部第六七一册第一四一頁；清鄧淳輯《嶺南叢述》卷二三《人事下》，第一四頁）

王安國

王安國，字書城，高郵人。雍正甲辰會元，殿試第二人，授編修。十一年，擢司業。十二年，遷侍講。九月，提督廣東肇、高學政。十月，擢侍讀學士，遷僉都御史，仍留學政任。乾隆二年，疏言：「丁憂官回籍守制，親赴省會，易衣冠拜院司，送禮赴席，恬不知怪，請嚴行禁止。」四年五月，遷左副都御史。十一月，擢刑部右侍郎。五年三月，轉左。九月，擢左都御史。會兩江總督馬爾泰覆奏廣東巡撫王謩徇縱各欵，命安國審訊得實，召謩還，著安國以都御史銜管廣東巡撫事。七年，奏裁大埔坪、大官田同知二員，高廉運判一員，三水縣西南、清遠安遠、曲江芙蓉、英德正陽驛丞四員，陽江縣那龍司巡檢二員，崖州、陵水、感恩、昌化等州縣訓導四員，部議從之。又言欽州與安南接界，商販出洋，貧民業操舟者不可數計，最難稽察。請將瀕海船隻報官印烙，船户水手出洋，給照一紙，歸時繳查，暫羈者准于三年内附載歸港。並行文安南國王，必有印照方准收留。即有事，不得過三年。從前出洋之人，生長彼地者聽，餘勒限三年附載回籍，違者拿送正法。九年正月，晉兵部尚書。尋丁父憂，廣州將軍策楞奏安國孤介廉潔，歸葬無資，與護巡撫託庸等助銀回籍。十年十一月，授禮部尚書。雷州人士請封陳文玉爲雷祖，安國建議闢之。二十年，遷吏部尚書。二十一年，致仕歸，卒于家，謚文肅。（清阮元修、陳昌齊等纂《（道光）廣東通志》卷二五五《宦績録二五》，史部第六七四册第三四八頁）

託庸

託庸，字師健，滿洲富察氏。雍正初，以部郎出爲山西冀寧道。乾隆初，遷廣東按察使。七年，署布政司。尋擢廣東巡撫，内轉兵部侍郎。（清阮元修、陳昌齊等纂《（道光）廣東通志》卷二五五《宦績録二五》，史部第六七四册第三四八—三四九頁）

惠士奇

（惠士奇）丙午還朝，丁未奉旨修鎮江城，以産盡停工罷官。高宗即位，以講讀用。己未告歸，攜其子棟至嶺南，校刊所著《春秋説》十五卷。游羅浮，過潮州，惠潮諸生迎謁者千餘人。歸時諸生送行，有踰嶺及贛江者。卒年七十一。（清阮元修、陳昌齊等纂《（道光）廣東通志》卷二五六《宦績録二六》，史部第六七四册第三五四頁）

陶元淳

（康熙）三十三年到官。（清阮元修、陳昌齊等纂《（道光）廣東通志》卷二六〇《宦績録三〇》，史部第六七四册第四一八頁）

莊有恭

有恭撫江浙時，辨理荒政，督率屬吏，視給胥役，不得侵漁，所立條教，至今奉以爲法。……吴中松、婁二江宣洩太湖，爲東南水利第一。雍正五年大挑後，至乾隆時三十餘年，江身淺窄，而濱河港汊茭蘆充塞，淤佔成田。一遇水潦，數縣成灾。有恭疏請開濬，凡茭蘆魚蕩之圈佔者，除之；城市民居之不可毁者，别開月河以導之。迄今八十餘年，吴松無水患。（清阮元修、陳昌齊等纂《（道光）廣東通志》卷二八七《列傳二〇》，史部第六七五册第五八—五九頁）

吳六奇

（吳六奇）以舟師居南澳。順治七年，天兵下韶州，六奇與碣石僞總兵蘇利迎降。六奇貧時乞食粵東諸郡，悉山川形勢，請爲嚮道，招撫各邑以自効。……時（順治十年）靖南王耿繼勳剿李定國在肇慶，靖南將軍喀喀木自江寧奉命征粵未至，六奇晝夜固守，以待援師。越五月，大軍至，圍始解，隨軍攻尚久。六奇所部皆精鋭，以雲梯兵攻城，尚久窘迫，投井死，潮州平。……及劉道章皆爲内應。六奇遣游擊曾蘭擊之，賊遁。詔褒六奇勳，晉左都督。（康熙）四年，狂僧邱義首告六奇匿桂王子爲壻，又與崇禎帝子通問，及私開銀礦事，靖南王以所告皆誣入奏，義伏誅。五月，六奇卒。先是，蘇利復叛，剿平碣石之後，六奇疏言：「碣石既平，毋須設鎮，且臣乃潮人，亦不宜久官鄉土，請調别省。」事下兩藩及提督議，議未定而六奇卒矣。至是，平南王尚可喜疏稱：「六奇所屬汛地最爲衝險，所部兵俱投誠隨帶。頻年恢剿招徠，築城造艦，不遺餘力。今既物故，其子啓豐乃將士宿所推服，請令統率。」部議總兵無世襲例，特旨即令伊子吳啓豐管轄，不爲例。贈少師兼太子太師，賜祭葬，謚順恪。（清阮元修、陳昌齊等纂《（道光）廣東通志》卷二九五《列傳二八》，史部第六七五册第一六九—一七〇頁）

陳璸

（康熙）四十二年，行取授刑部主事，遷本部員外郎，又遷郎中。四十八年，充會試同考官，出任四川提學道。聖祖仁皇帝諴飭四川官員加派恣肆諭，及瓆任學道，操守清廉，福建巡撫張伯行奏請以瓆爲臺灣廈門道，上從之。至閩，疏言防海之法，謂：「臺、廈海防與沿海不同，沿海之賊在突犯内境，臺、廈海賊乃剽掠海中。自廈門出港，同爲商船，而劫商船者，即同出港之商船也。在港時，某商之貨物、銀兩探聽既真，本船又有引線之人；一至洋中，易如探囊取物。故臺、廈防海，必定會哨之期，申護送之令，取連環之保。今令水師哨船書某營某哨於旂上，每月會哨一次，彼此交旂爲驗。如提標水哨至澎湖交旗，澎湖至臺協交旂，俱送臺灣鎮驗。臺協水哨至澎湖交旂，澎湖水哨至廈門交旂，俱送提督驗。若無哨旂交驗，即取某營官職名；某月海洋有失事，則取巡哨官職名：則會哨之法行矣。廈門至澎湖商船，不宜零星放行，候風信順利，齊放二三十船。臺、廈兩汛，各撥哨船三四護送至澎湖交代，各取『某日護送商船自某汛出港、至某汛並無疎虞』甘結，按月彙送督撫衙；如無印信甘結，即以官船職名申報：則護送之法行矣。商船二三十同出港時，把口官逐一點明各船貨物、搭客及器械填單，取各船連環保；若遇賊必首尾相救，如不救，即以通行劫論：則連環保之法行矣。」疏下，部議以防海已有定例，所奏繁瑣難行議覆。上是瓆所奏，如所請行。是年，兼攝閩浙總督。五十六年，卒於官，年六十有三。追授禮部尚書，凡祭葬立碑與諡皆照尚書例，并廕一子入監讀書。尋賜謚清端。廣東巡撫楊宗臣以瓆子居隆、居誠並舉人，請廕孫子温，部議從之。乾隆六年，恩賜其孫陳子良舉人。十三年，以原廕之陳子温未仕而故，允部議補廕瓆孫陳子恭，授刑部員外，遷郎中，出任知府。（清阮元修、陳昌齊等纂《（道光）廣東通志》卷三〇〇《列傳三三》，史部第六七五册第二四五—二四六頁）

劉九畹〔一〕

友人三原王君愚齋言其鄉先生劉九畹工詩古文，博通經史，並出刊本《九畹集》見示。九畹名紹攽，字繼貢，其弟行七名紹錡，字繼信，亦能詩，早卒。九畹以古文見知於王侍郎信芳，爲之延譽。雍正時，陝西巡撫碩色薦之於朝，以諸生爲四川什邡縣，調南充，有政聲。喜講古韵及方程、句股，其學以朱子爲宗，又參以象山、陽明之説，如涉大海，茫無涯岸。平生以古文自命，熟於史事，且留心國朝典章制度，及國初諸老軼事。然不知體例，動筆即謬。《集》中《顧甯人傳》，事既失實，文亦粗率，惟《王侍郎傳》及《關中人文傳》差有可觀，而紕繆之處，亦復不少。如王交河位至卿貳，而謚法乃朝廷之大典，天子不予謚，不敢私謚，故古人惟隱逸不仕之人，始有私謚，如晉之陶淵明，宋之徐仲車是也，然二君一忠於晉，一孝其親，亦不過謚以「靖節」「節孝」而已。交河一文學侍從之臣，非學貫天人之士，謚以「文誠」，不可也；竟以私謚名傳，尤不可也。文中云甯人分古韵十部，公界以六，甯人謂妙契古先，遂不及改其十爲六。今《音學五書》具在，並無六部之説。又云「聖祖以《廣、集韵》，學者鮮能通，而近世韵書戾於古，命公參定，期年成帙。及竣，聖祖親製序，賜名『音韵闡微』」云云。康熙五十五年，大學士李光地等奉敕撰《音韵闡微》，雍正四年告成，蓋交河預纂修之職，聖祖特命安溪爲總裁，非特命交河也。且「廣集韵」亦不成語，當云「廣韵集韵」。又云「已酉上復浙江科舉」云云。先是，浙省查嗣庭、吕留良獄起，世宗怒兩浙士習儇薄，停止科舉。未幾，特旨復行。今不云「停止」，但云「復浙江科舉」，忽突不明，令讀者費解。顧公琮爲諸生時，不容於後母，非爲總河時也。文云「總河顧公琮以繼母故，屏居外」，亦欠明晰。《關中人文傳》李中孚父死於軍，乃云「齊衰，哭于城隍廟」，以父喪爲母喪，則不經甚矣。（清錢儀吉輯《碑傳集》卷一三九《文學下》，光緒十九年江蘇書局刻本，第五三册第一四—一五頁）

英吉利國

《明史》之丁機宜，《職方外紀》之諳厄利，《海國聞見録》之英機黎，以輿圖核之，即英吉利。蓋對音翻譯，無一定之字也。其國本在歐邏巴之西，爲荷蘭屬國，後漸富强，與荷蘭搆兵，遂爲敵國。又不知何時占據北亞未利加之地，稱加那大英吉利，稱歐巴之國爲本國。雍正十二年，始來粤貿易。其地産麥，所貿易聯屬之地，皆稱港脚，來船甚多。（清阮元修、陳昌齊等纂《（道光）廣東通志》卷三三〇《列傳六三》，史部第六七五册第七三三頁；清鄧淳輯《嶺南叢述》卷五七《諸蠻》第一八頁）

端石刻帖

明黄諫謫官廣州時，採端石刻泉州二王帖，我鄉楊景素爲兩廣總督，得此石，移歸邗上，今在部郎江元卿家。（清阮元修、陳昌齊等纂《（道光）廣東通志》卷三三一《雜録一》，史部第六七五册第七五六—七五七頁）

校勘記

〔一〕題目據文義擬。原題作「舟東筆談一則」。按：《舟東筆談》當即《舟車聞見録》。

炳燭室雜文補遺一卷

王欣夫輯

周禮注疏獻疑序

儀徵許君楚生，篤志古學，治《周官經》，著《獻疑》一書示予。予卒讀之而爲之序曰：西京大儒，專守師承，不爲異説，明知師説之可疑，而不敢疑也。至高密鄭君，始疑師説，如《詩箋》之疑《毛傳》，《周官》之疑前鄭、杜子春是矣。然無疑經者，有之自《周官》始。何劭公創義於前，林孝存發難於後，爰及趙宋諸人，改竄經文，漫譏注疏，俞廷椿爲變亂之魁，王與之爲煽助之黨，分門別户，轇葛蔓延，至明末尚祖其謬説，此疑所不當疑者也。鄭《注》、賈《疏》自漢及唐爲專門之學，讀《禮》之宗，雖王肅好難鄭氏，然無異説。宋歐陽修以《周禮注疏》多引讖緯，又改經字，其《請校正五經劄子》欲删削其書，然先秦以前之緯，其書皆出聖門弟子，如《乾鑿度》諸書非盡不可據，即先秦以後之緯，亦有所本，豈可概以讖緯爲不經之書而棄之哉！若改字之説，如某字當作某字，所見本異也。如讀如、讀曰，或義從音出，或音從義出，乃聲音訓詁之學，非改字也。後人因歐九不學之説，遂集矢於鄭《注》、賈《疏》，不亦慎歟！此亦疑所不當疑者也。但知者千慮，必有一失，鄭、賈二君，雖顓門名家之學，而訓詁節文，亦有可疑者，乃千慮之一失也。宋、元諸儒恣肆排擊，僅摭拾其引讖緯改字而已，非不欲攻訓詁節文之失，然麤心浮氣，又苦《禮經》難讀，不能心通其義，而不能疑也。

許君潛心力學，十有餘年，博綜羣籍，精研本經，疑所當疑，不疑所不當疑，爲鄭、賈之諍友，盡掃前人聚訟陋習，是書一出，而王昭禹、易祓諸人之説皆可廢矣。嘉慶十六年十一月朔，甘泉友人江藩作。（清許珩《周禮注疏獻疑》卷首，《四庫未收書輯刊》影印嘉慶十六年刻本，北京出版社一九九七年版，第三輯第八册第六九一頁）

夏小正注敘

《太傅禮》三十九篇，盧景宣爲之注。《夏小正》，三十九篇之一也。當時《小正》又別行於世，故《隋書·經籍志》有《夏小正》一卷。宋政和中，山陰傅崧卿從其外兄關澮得《夏小正》一卷，不著作傳人名氏，崧卿從杜預《春秋例》，先列正文，後附傳文，月爲一篇，釐成四卷，作傳名氏雖不可考，然相沿爲太傅作，而疑義衍闕，讀者每掩卷不能卒業。太學任君心齋集先儒舊説，參以己意，而爲之注，數千年之霾蘊不明者，一旦軒露，考古之功，可謂精且博矣。太史公曰：「孔子正夏時，學者多傳《夏小正》云。」蓋敬授民時，聖人之所重也，烏可不討論哉！治《小戴》之學者，漢有盧植、孫炎，而《大戴》無傳。今得任君，《大戴》有傳矣。則任君之功，不在盧植、孫炎下。歲在柔兆敦牂之壯月，邗上江藩鄭堂氏。（清任兆麟《夏小正注》卷首，《續修四庫全書》影印清乾隆五十一年忠敏家塾藏版刻本，上

海古籍出版社二〇〇二年版，經部第一〇八册第一八八頁）

孟子時事略序〔一〕

任太學文田述《孟子時事略》成，舉以示余，余披而讀之，考核精詳，穿穴經史，其趙、陸之功臣乎！郝楚望、譚梁生輩之歧途交出，一旦示以周行矣。然孟子生於烈王四年，卒於赧王二十四年，徵之經史，莫得其實，諸家之説，弟以《孟譜》爲據。夫譜學之盛，盛於南北朝，故劉孝標所見百七十餘家，兵燹之後皆亡矣，譜學繇此放絶。如《孟譜》之傳來已久，何唐、宋人卒無人道及，此即太學自叙所謂「無鑿鑿之年月」者也。然捨此則無可據，亦不得已仍其説耳。不稱《年譜》而稱《時事略》者，重時事不重生卒也。余舉而書之，以告後之讀《時事略》者。乾隆歲在昭陽單閼相月，邗上江藩書。（清任兆麟《孟子時事略》卷首，光緒十三年吴縣朱氏家塾校刊《槐廬叢書》本，第六五册第一頁）

正信録序

初祖西來，不立文字。自南嶽、青原以下，語多棒喝，話似瘋顛，此乃度人不得已之苦心，皆不失西來大旨。逮宋、元間，禪衲居士老婆舌説口頭禪，公案紛紜，本來日昧。蓮池大師，别開方便之門，曲盡錘鑪之妙，念彼彌陀，往生浄土。夫往生之因，生於一念之誠，念念相續，而蓮華芬馥，此即吾儒所謂「誠則明」。

吾兩峰居士，出儒入佛，悟證人天，作《正信録》，窮諸妄想，究論萬緣，以蓮界之思，爲歸宿之所，以經傳之文，爲近取之譬。嗟乎！至道無歧，同歸於一，生分别心者，其居士之罪人乎！言如寶筏，度己度人；身坐針鋒，信人信我。具此阿閦鞞，以我之信，求人之信，如水合乳，如磁引鐵。則是書之有補於二氏，厥功甚偉，當與《法藏碎金録》同生天壤，歡喜讚歎而爲之叙。辟支迦羅居士江藩書。（清羅聘《正信録》卷首，中國國家圖書館藏嘉慶十六年潮陽郭氏校刊本，第六—八頁）

校禮堂文集序

《校禮堂文集》三十六卷，亡友凌君次仲之文也。次仲歿於歙，受業弟子宣城張文學聱伯南走歙，北走海州，攟拾次仲之著述及詩古文詞，編次讎校，先刊《燕樂考原》六卷，又手寫《文集》。渡江至淮壖，就正於阮侍郎。返棹過邗江，因藩與次仲有縞紵之雅，屬藩爲序。伏讀卒卷，爲之序曰：

君學貫天人，博綜《丘》《索》。繼本朝大儒顧、胡之後，集惠、戴之成。精於《三禮》，專治《十七篇》，著《禮經釋例》一書，上紹康成，下接公彦。而《復禮》三篇，則由禮而推之於德性，闢蹈空之蔽，探天命之原，豈非一代之禮宗乎！釋禮之暇，謂樂由中出，禮自外作，合情飾貌，相須爲用者。乃辨六律五音，明四旦七調，著《燕樂考原》，絶無師承，解由妙悟，容積周徑之説，《河圖》《洛書》之謬，皆可廢矣。《記》曰：「禮義立則貴賤等，樂文同則上下和。」君之學可謂本之情性，稽之度數者也。出其緒餘，爲古文詞，經禮樂，綜人倫，通古今，述美惡，大則憲章典謨，俾贊王道，小則文義清正，申紓性靈。嗟乎！文章之能事畢矣。蓋先河後海，則學有原委；菲史枕經，則言無支葉。卓爾出羣，斯人而已。近日之爲古文者，規倣韓、柳，模擬歐、曾，徒事空言，不本經術，汙潦之水不盈，弱條之花先萎，背中而走，豈能與君之文相提並論哉！

藩與君交垂三十年，論樂會意，執禮析疑，雖隔千里，同聲相應。自謂他年得遂耦耕，且代磨琢，豈知日景西頽，遽從短運，遺跡餘文，觸目增泫，絶絃投筆，恒有酸辛，涕之無從，言不盡意。悲夫！嘉慶十七年十一月既望，甘泉江藩作。（清凌廷堪著、王文錦點校《校禮堂文集》卷首，北京中華書局一九九八年版，第三頁）

宋刻新編古列女傳跋

《列女傳》八卷，宋建安余氏所刻。余氏名仁仲，曾刊《注疏》，何義門學士所謂萬卷堂本也。卷末有余靖庵模刊款，靖庵豈仁仲之號與？汲古閣册上藏經紙標籤爲子晉手書，下題「秘閣藏書」者，蓋明内府藏本也。書尾有「永樂二年」云云一條，不知爲何人書矣。

予少時聞此書在吴中迎駕橋顧氏家，恨不得見。乾隆戊申，此書爲亡友顧君抱沖所有，始得見之，不覺爲之色飛眉舞。抱沖從弟千里以此本開雕，因王回《序》有「好事爲圖」之語，遂不刻上方畫像。予謂千里曰：「此《圖》即好事者爲之，亦宋畫也，存之爲是。」然書已殺青，不能重刻矣。後於宋丈芝山處見趙文敏臨愷之《列女傳・仁智圖》，如蘇子容之言，各題頌於像側，其畫像佩服與刻本一一吻合，始悟此《圖》乃顧畫之縮本，王回特未之見耳。嘉慶二十五年三月十一日，甘泉江藩題後，時年六十。（漢劉向編撰、東晉顧愷之圖畫《新編古列女傳》卷末，道光五年《文選樓叢書》本，第一—四頁）

南漢紀跋

五代十國紀事之書，吴則有《釣磯立談》，南唐則有馬、陸二《書》，吴越則有《備史》，楚則有《新録》，蜀則有《錦里耆舊傳》，惟南漢胡賓王之《劉氏興亡録》佚而不傳。黄文裕修《廣東通志》時，其書尚存，《志》中所載南漢事不見羣籍者，疑即《興亡録》也。國朝吴任臣《十國春秋》，攟拾甚富，所載故事不注出於何書，讀者病之。吴石華博士枕經葄史，無所不通，倣前、後《漢紀》之例，年經事緯，輯爲此書，各注書名以矯其失，至於輿地沿革，考覈精詳，尤非任臣所能及矣。

予謂著正史易，著霸史難，正史有史宬之《起居注》《實録》在，據事直書而已。霸朝多僻處偏隅，又少人士，不設著作郎，不立起居注，著霸史者，勢必採之稗官野史。然小説家或傳聞異辭，或詭隨失實，非明決擇，嚴去取，必致變亂黑白，顛倒是非。就南漢而論，歐《史》世家之紀年，職方之地名，尚有舛誤，況不及歐陽氏者哉！是《紀》導禾去節，不支不蔓，當與常璩、崔鴻並肩，陸游、馬令之徒不足道矣。甘泉江藩跋。（清吴蘭修《南漢紀》，中國國家圖書館藏道光十四年鄭氏淳一堂刊本，第二册第一頁）

書任心齋詩後

昭陽單閼之歲，余歸邗上，任君文田辱寄《心齋詩稿》。余適有平山之行，挾其詩而至平山，誦於青松翠柏間，每逢佳處，如佛言譬如食蜜，中邊皆甜，東坡居士所謂參禪者，余又將喚起醉翁而語之矣。心齋詩，其格在右丞、蘇州間，至其發纖穠於簡古，寄至味於淡泊，直可與畫戟凝香者分席而坐，蓋得於王者十之三，得於韋者十之七八。昔人謂蘇州性情高潔，鮮食寡欲，君亦寡欲之士也。且好道家言，其與蘇州乃性之所近，則其吐屬自然清深妙麗若此也。韓子蒼云：「柳州、蘇州，歐陽公尚未之愛。」余以爲不足怪也。夫歐陽之學，文深於詩，何以云然？北宋之初，宋白等以律賦競名，晚唐之餘習未除，至士元之雖矯於流俗，尚不能力挽唐季之衰陋，逮歐陽氏，則博大昌明，洋洋乎追武昌黎矣。其於詩，生平自矜者《廬山高》一篇，然不過倣太白《行路難》耳，遂自負曰太白可及，余甚駭梅河豚、郭青山之深以此言爲然。太白之筆，直榦凌空，去天一尺，《廬山高》如蚍蜉撼樹，不自知其力弱，何異於禪房花木深之反思螺蛤也！試觀今人讀《行路難》者多，讀《廬山高》者少，此即千古之定論有在也。自負者曰太白可及，是不知太白者也；不知太白，烏能知蘇州哉！蓋深於詩者知詩，深於文者知文，歐陽氏之不知太白、蘇州，是不深於詩者，余是以讀心齋詩於平山之上，欲起醉翁而問之者也。甘泉江藩纂。（清任兆麟《有竹居集》卷首，嘉慶二十四年兩廣節署鋟板，第一一—一二頁）

漢帳構銅跋

右漢帳構銅，重今權□□兩，高□□，中空，文十五，藏秦敦夫太史家。帳構銅見《西京雜記》，《宋書・江夏王義恭傳》《南史・崔祖思傳》南監本或作「鉤」，或作「搆」，「搆」誤「木」爲「扌」也。周廣業據《南齊書・崔祖思傳》及《玉海》所引作「鉤」，紛紛辨論，謂改「構」爲「鉤」，當避宋高宗諱，《南齊書》亦宋人所改，廣業偶未檢南監本《宋書》與《南史》耳。考帳構之製，《宋書・江夏王義恭傳》「帳鉤不得作五花、竪笥形」，以意度當如蓋之達常上爲笥距，以内空中故，通計其長，長一丈也。高八尺五寸者，計帳之高也。構必有四，立於四阿，以架帳構。《説文解字》曰：「蓋也。杜林以爲椽桷字。」《玉篇》曰：「架屋也。構如屋之有柱，若架屋然，故名爲構。」厲鶚《景初帳構銅詩序》云：「狀圜如箭，徑一寸，長四寸，中空，而底方，旁出歧枝。」此乃歧枝形也，是器乃竪笥形也。景初帳構中尚方所造，蓋魏時歧枝、直笥上下通用，至劉宋時諸王以下定制用歧枝，惟天子得用竪笥矣。文係隸書，極細而勁挺古茂，與海寧沈匏尊拓本相似，在方西疇所藏景初帳構之上，當是漢代之物無疑也。（王欣夫輯《炳燭室雜文補遺》，王氏學禮齋鈔稿本，藏復旦大學圖書館，無頁碼）

宋拓本隸韻跋

敦夫太史所藏，乃餘清齋之故物，董文敏有跋語，惜闕《表》一首。老友趙晉齋云天一閣藏本有《表文》半篇，今爲雲臺先生所得。《碑目》亦殘闕不全，藩曾補完之。敦夫刻本《碑目》下半册，即藩所輯也。嘉慶庚辰九月二十一日，江藩識。（宋劉球編《隸韻》卷首，明天一閣藏宋拓本，今藏上海圖書館，無頁碼）

題宋拓魏晉隋唐小楷

《護命經》　右《護命經》，相傳爲柳公權書。藩記。

《尊勝陁羅尼咒》　唐人書《陁羅尼經咒》不下數百種，見於類帖者惟此一種，或以爲歐陽詢書，或以爲陸棨書，疑不能明也。節甫記。

《褚河南書閻立本畫靈室度人經小楷》　是帖載《庚子銷夏記》，乃宋時傳刻本，非《秘閣續帖》也。江藩記。

《陶貞白書茅山帖》　是帖明時人定爲貞白書，貞白於大同二年告化，斷無稱湘東謚法之理。文中「長沙嗣王所造長沙之館」云云，乃弘景化後事，非陶書明矣，明時人妄説往往如此。長沙嗣王，蕭韶也。江藩。嘉慶廿年六月九日邗上江藩觀於宵市橋西一草堂。（王欣夫輯《炳燭室雜文補遺》，無頁碼）

與焦理堂書

藩白理堂足下：己酉六月自豫章歸，爲人解説《考工》車制，取戴太史東原《考工記圖》讀之，其書可謂精且確矣。但説有未明，意有未盡，使學者疑惑，循覽之餘，乃作《戴氏考工車制圖翼》，正其謬，引信其説。因貧病相攻，未遑輯録。正月奴子來自廣陵，得手書及大作《與阮兄良伯書》一篇，比例精審，議論詳明，疎陋如藩者豈能贊一辭哉！然所論之任正後軫掩軓，求之予心，則有未安者，故將《車制圖翼》録成就正，而復爲之説。

康成以「軓」謂「輿下三面之材，輢式之所樹，持車正也」。又曰：「任正者，謂輿下三面材，持車正者也。」又曰：「軫，輿後横木。」戴君校之曰：「輈、衡、軸皆任木。任正者〔二〕，輈也；衡任者，軸也、衡也。此先發其意，下文乃舉其制，《記》中文體若是多矣。輿下之材，合而成方，通名軫，故曰『軫之方也，以象地也』。鄭《注》專以輿後横木爲軫，以輢式之所樹爲軓，又以軓爲任正。如其説，軓記於《輿人》，今輈人爲之〔三〕，殆非也。」藩謂鄭説誤，戴説是也。

蓋輈之長，丈四尺四寸，總名曰輈，分言之則軓前十尺爲頸，爲侯人，輿下四尺四寸爲當兔，爲踵。軸長一丈三尺二寸，除兩轂内六尺六寸，餘六尺六寸承輿爲方徑，即所謂衡任也。軫者，前後左右四面之木，合而成方形，故《記》曰「軫之方也，以象地也」。康成獨言「後軫」者，舉一以知三耳。軓，《説文解字》「車軾前」，鄭司農云「書或爲軋」者，誠如足下所言「軷祭之範」也。今《大馭》作「犯」，《説文解字》讀與「犯」同，《大馭》作「犯」，乃假借字也。然軋祭之訓，皆謂封土爲山，與車制無涉。蓋軓，式前揜版，故《毛傳》曰：「揜，軓也。」《釋名》曰：「横側車前，所以陰笭也。」《記》曰：「六尺六寸之輪，軹崇三尺有三寸，加軫與轐焉，四尺也。」鄭《注》：「此軫與轐並七尺。」則康成定軫與轐爲七寸可見矣。

然軹崇三尺有三寸者，約大數言之，實三尺九寸零六六六五也。何以明之？令牙厚一寸三分寸之二，輻長二尺六寸，轂徑一尺零六六六六二，去軹徑三寸二分六六六二，餘八寸四分零零六，中詘之四寸二分零零三，并軹徑與轂餘徑凡六寸四分六六五，加牙輻之崇，是三尺九寸零六六五也。康成言七寸者，亦約大數也，實六寸八分六六九。何以明之？衡任之圍一尺三寸二分，方徑三寸三分。入賢之軸，圓徑四寸四分，當兔與轐在衡任上，當推衡任之徑。衡任之徑三寸三分，去軹徑二尺二分六六二，餘一寸零三三八，中詘之五分一六九，加當兔方徑三寸六分，軫方徑二寸七分五，是六寸八分六六九也。轐之厚與當兔等，輿底版在軫一寸二分八釐之上，餘一寸四分有奇，高出輿底版之上，如臥牀之有枕，故《釋名》曰：「軫，枕也。」若輿底版上與軫平，則不得訓爲枕矣。後踵圍七寸六分八，方徑一寸九分二，小於當兔之徑一寸二分八，則踵必上屈一寸二分八以承軫，此乃軫下出一寸二分之明證也。以此推之，則輿下四尺四寸之輈於前軫之下，亦必屈一寸二分八以承前軫，即《禮》所謂「範祭」之範也。

軓有二：一爲揜版之軓，一爲軷範之範。揜版之軓，从車凡聲。範前之範，从車笵省聲。足下「空處爲神」之説，自是千古定論，至「刻軫陷輈」之説，則近乎鑿矣。《記》：「軹崇三尺有三寸，加軫與轐焉，四尺也。人長八尺，登下以爲節。」蓋自牙至後崇四尺，今合軹崇與軫轐之崇四尺五寸九分三三一，所争在尺寸之間。《記》舉成數言之，不亦可乎？良伯云「後軫與任正交固若一」，此乃墨守鄭説之誤。輈長丈四尺四寸，軓前十尺之輈，亦名任正。入輿下四尺四寸之輈，亦名任正。當兩轐之間，又名當兔。《記》云：「任正者，十分其輈之長，以其一爲之圍。」《記》既言任正之圍，而又云十分其輈之長，以其一爲當兔之圍者，以别於任正也。良伯之書，藩雖未之見，然據足下之文而思其意，則於軓輈、任正、衡任、當兔、後踵，皆未深考，足下亦坐此病。不考軓輈、任正、當兔、後踵之所在，而但求其所謂「四尺七寸」者，則臆説縱横，動與古違矣。若此其大略也。若夫詳言之，有戴氏之《圖》與藩之《圖翼》在。狂瞽之言，希糾正，幸甚！（清王昶主編《湖海文傳》卷四〇《書》，《續修四庫全書》影印清道光十七年經訓堂刻本，集部第一六六八册第七三九—七四〇頁）

校勘記

〔一〕漆永祥校本（收入《江藩集》，上海古籍出版社二〇〇六年版）改「序」作「跋」，然任兆麟原書作「敘」，故仍從王氏輯本之舊。

〔二〕「正」字原脱，漆永祥校本據戴震《考工記圖注》卷一補，今從。

〔三〕「軥」，原作「軓」，漆永祥校本據戴震《考工記圖注》卷一改，今從。

炳燭室雜文續補一卷

漆永祥輯

漢延熹西嶽華山碑考序

《漢延熹西嶽華山碑》，明嘉靖時，地震石壞，墨拓傳世者，僅存長垣、四明、華陰三本而已。雲臺司空得四明本，後至日下，獲見長垣、華陰二本，互對缺文，與秦泰山二十九篆字，重模勒石，植於北湖祠塾，輯《考》四卷。適司空門下士程侍御國仁督學廣東，勘校付梓。殺青竟，藩得伏讀數過焉。卷首博采著録諸家之説，二卷叙長垣本，三卷叙四明本，四卷叙華陰本。三本之中，長垣最舊，一字不缺，所以叙次在四明之上也。四明與華陰，同有缺文，然四明乃未翦之本，唐、宋人題名，二本皆無，所以叙次又在華陰之上矣。近世好古之士，但見雙鉤本，及如臯姜氏、歙巴氏、江氏翻刻本，往往誤長垣、華陰爲一。今歷叙流傳之緒，又縮刻碑文，以長垣本校多之字，補四明、華陰之缺，而以墨綫界之，已損之字，以墨圈識之，瞭如指掌，較若列眉。金石家循覽是編，可以不爲異説所惑，豈非快事哉！至於考覈精審，則出《天發神讖碑考》《瘞鶴銘考》之右矣。甘泉江藩拜撰。

（清阮元《漢延熹西嶽華山碑考》卷首，《叢書集成新編》本，第五三册第一—三頁）

算迪序

數學與推步之術，我朝咸推宣城梅氏，然所著之書，叢脞淩雜，始末不能明備。聖祖仁皇帝《欽定數理精蘊》及《欽定曆象考成》，窮方圓之微眇，薈中西之異同，伊古以來未有此鴻寶鉅典矣。元和惠半農先生，仰鑽聖學，兼通樂律。督學粵東時，何君西池爲入室弟子，親受業焉。如松崖徵君雖淹貫經史，博綜羣書，然於算數測量則略知大概而已。此乃余古農師之言也。何君之書，由梅氏之書而通之，典學、筆算、籌算、表算、方程、句股、開方、帶縱幾何、借根方諸法，皆述梅氏之學，至於割圓之八綫、六宗、三要、二簡及難題諸術，本之梅氏而又闡《精蘊》《考成》之旨矣。近日爲此學者，知法之已然，不知立法之所以然。若何君可謂知立法之所以然者，豈人云亦云哉！藩昔年即知此書，嘉慶二十五年來粵東，訪求不可得。道光元年六月，曾文學勉士於友人處得之，吴孝廉石華將付之剞劂，謂藩曰：「何君衍梅氏之義，似不及梅書之詳贍也。」答之曰：「是爲孤學，一知半解尚難其人，況中西之法無所不通耶！且寒士有志於九章、八綫之術者，力不能購欽定諸書，熟讀《算迪》，亦可以思過半矣。」孝廉以爲然。江藩作。（清何夢瑶《算迪》卷首，《四庫未收書輯刊》第五輯，第一三册第三頁）

小維摩詩稿序

《碧岑遺稿》者，吴縣江珠之詩，吾君半客之婦，予之三妹也。碧岑生稟淑質，長益貞純。諳習

《内則》之儀，隱括傅姆之訓。定省寢門，夙嫻四德。出就家塾，日誦千言。邃於七經，兼通三史。八綫、九章，辨中西之術；五行、三式，究壬道之奇。乃不櫛之通儒，掃眉之畸士也。

嘗謂河内女子，昔傳《泰誓》之篇；鄭氏家奴，亦解《衛風》之説。況貞順采自《詩》《書》，訓誡本之《曲禮》者哉！詠柳絮之因風，人誇聰慧；頌椒花於元日，自負才華。徒事篇章，不攻根柢，是不知無本之木，推之則折；有源之水，挹之不窮也。至於繡菡萏於深閨，織夗央於當户，抑又末已。於是分剛柔之日，課晝夜之程，校元朗《音義》十三經，讀尗重《説文》九千字。欲明訓詁，先求《爾雅》。蔡謨不識彭蜞，田敏不知日及，學之陋也。遂精研郭《注》，博採舊聞，釋玳瑁爲釵，解竿椸從竹。雖終軍之對鼮鼠，進士之問天鶏，不能擅美於前矣。又因《女史圖》不傳，《婦姒訓》久佚，今所有者，惟中壘之《傳》，虎頭之《圖》。貞淫並著，乃彤管之董狐；善惡相彰，洵青閨之金鑑。就王回之本，補大家之《注》。解故通經，兼採韓嬰《外傳》；稱先稽古，博参秦漢羣言。惜乎屬草未成，遺文零落。憶昔筆硯與鏡奩互置，丹鉛與粉黛同研。杳若前塵，已成往跡，良可悲夫！

陋步幛之解圍，設紗廚而授業。擔簦來自千里，著録實有百人。執經問難，環列生徒；面命耳提，自稱都講。課讀之餘，間談聲律；治經之暇，偶有詩歌。四愁十索，題寫蠻牋；疊韻雙聲，音諧象管。然而妙齡通《易》，綺歲知《書》。笑刻楮之徒工，薄雕蟲之小技。抽紙伸懷，不自收拾，閒吟橐筆，嬾付胥鈔。若夫論詩之旨，賦茗之才，固可述其緒餘也。五古則辭決義貞，争驅於正始；緩歌清曲，發響於建安。七古近體，則裁風骨於李杜，騁論説於韓蘇。詞必窮力而追新，情必極貌以寫物。綜而核之，可謂清麗居宗，華實並用者焉。豈如近日女郎之作，但撫唐音；托興之詩，祇工柔語者乎！蓋學有淵源，自少緣情之作；言宗《風》《雅》，應無累德之篇也。

碧岑瘦骨支衫，細腰減衩，病魔纏體，藥裹關心。皈依浄土，捨萬劫之愛纏；頂禮空王，出四生之汩没。伊蒲豈長生之藥，安養無起死之方。兼之親故睽離，母喪哀毁。人非宿莽冬生，拔心不死；命似黄楊閏厄，頹景難延。此潘令《悼亡》，所以憂沈遺挂，雖蒙莊曠達，不能不泣下沾衿也。暇拾殘篇，半存綫篋；每思誤字，時剔蘭釭。寫向烏絲闌内，裝成古錦函中。今日編陳研北，空憐白燭之吟；他年傳徧江東，定入《玉臺》之選。

僕也既寡兄弟，又少期功，一姊遠嫁在黄海之陰；弱弟早殤，厝雲岩之麓。惟吾與汝，篤友于之愛，居然雁序分行；敦急難之情，不捨鴒原常處。方期秦家夫婦，白首相莊；詎意劉氏名姝，黄腸先葬。才遜《三都》，歎參軍之尚在；書成百卷，悲固妹之早亡。是以集編滿願，范征西之淚眼將枯；文序令嫻，劉阿士之愁腸欲斷矣。嘉慶十六年歲在辛未三月朔日兄藩序。（清江珠《小維摩詩稿》卷首，中國國家圖書館藏嘉慶十六年金陵劉文奎家鋟本，第一—三頁）

易大義跋

惠松崖徵君《周易述》三十八卷，内闕十五卦及《序卦》《雜卦》二傳，其《易大義》三卷，《目録》云：「《中庸》二卷，《禮運》一卷，闕。」乾隆中葉以後，惠氏之學大行，未刻之《易例》《明堂大道録》《禘説》《易漢學》，好事者皆刊板流傳矣，惟《易大義》世無傳本。嘉慶二十三年春，客遊南昌，陽城張孝廉子潔出此見示，爲艮庭先師手寫本，云係徐述卿學士所贈，藩手録一帙，知非《易大義》乃

《中庸注》也。蓋徵君先作此《注》，其後欲著《易大義》以推廣其説，當時著於録而實無其書，嗣君漢光先生即以此爲《大義》耳。是《注》雖徵君少作，然七十子之微言，亦具在是矣。昔年欲補此三卷，於《中庸》之旨，略通其誼，至於《禮運》，則反復求之而不能明也。今行年六十矣，垂老氣盡，學業無成，弗克繼先師之緒言，徒傷日月之易邁。悲夫！嘉慶二十五年三月朔，門人江藩敬跋。（清江藩《周易述補》附《易大義》卷首，道光九年刻《節甫老人雜著》本，第二册第一頁）

惠氏手批本説文解字題記

己亥，假朱大秋崖所藏惠氏手批本録。其墨筆者，半農説也；其硃筆者，松崖説也。其凡遇「聲」字闕筆者，□□祖諱也。江飆記。（王欣夫撰，鮑正鵠等整理《蛾術軒篋存善本書録·庚辛稿》卷一《説文解字》，上海古籍出版社二〇〇二年版，上册第四七頁）

多寶塔帖跋

顔文忠《千福寺碑》，歐陽六一《跋尾》未經著録，趙明誠《金石録》始録之，王弇州謂此帖結法整密，但貴在藏鋒，小遠大雅，不無佐史之恨，太倉之言，非心賞者不能知也。乃世人不喜《家廟》之遒勁，獨喜佛塔窘束，是以碑工争相模搨，幾至日搨千紙。金源時，碑尚完好。至明初，則無「化城」之「化」字，「期滿六年」之「期」字，「還懼真龍」之「龍」字，「史華刊」之「刊」字，已斷泐不全。逮中葉，「宿心鑿井」之「鑿」字，又漫漶不可辨識矣。國朝康熙時，又缺「可託本願同歸」六字。凡碑中模黏之字，俗工以意修改，跡似塗鴉，豈特如王柏所云「字體變動」已耶？近日顔書《家廟》諸刻，皆楷法高妙，波磔如新，然無有過而問之者，而臨池家獨寶此剥蝕之本，亦可怪矣。嘉慶四年夏仲，思無邪堂主人出此見示，予定爲明初搨本，並屬書數語於後。（《國粹學報》第一年第四號《撰録門》，第二頁）

祖帳集跋

文端公予告歸里，同官公餞於翰林院，公賦二章留别，一時和者幾及百人，亦一代詞林之掌故也。道光四年夏五月，更叔觀察攝兩廣鹽鐵都轉事，出草稿命藩編次。今以和韻詩爲上卷，送行詩爲下卷，公之原唱，見《遺集》中，兹不復録。門下士甘泉江藩恭紀。（清王杰等撰《祖帳集》卷末，道光時粤東刊本，下册第三二—三三頁）

遂初堂詩集跋

數峰先生掉鞅詞場三十餘年，當乾隆朝蘭泉、筍河兩夫子主盟壇坫，天下奉爲宗匠。藩是時年甫弱冠，隅坐侍側，聞兩夫子稱先生之詩不去口。嘉慶二十年秋，邂逅廣陵，得盡讀《遂初堂集》，始知兩夫子之言不我欺也。先生之詩，出唐入宋，不矜才，不使氣，在從容閒暇之際，不爲無病之呻吟，處窮困抑鬱之時，不作有激之叫嘵，即詩以觀人，可以知其品節之高矣。先生不以藩爲譾陋，囑校文字。嗟乎！三十餘年舊友，落落如晨星，昔日小友如藩者亦兩髩蒼然，白頭老人商榷此冷淡生活，良可悲也！（清何青《遂初堂詩集》卷首，嘉慶間刻本，第一册第一頁）

周太僕銅鬲釋文

周太僕散邑，迺即散周田。[illegible]未詳，或云「獻」字。自滏當是「濾」字。涉以南至于大沽，一表，以降。二表，至於邊柳，復涉濾。降雩𢽿邍陕。以西，表于𢽿郭楂木，表于若[illegible]，未詳。表于若導內。降若，登于厂汝。表割歷陕陵剛歷，表于䍜導，表于原導，表于周導。以東，表于游東彊右導，表于[illegible]未詳。導以南，表于谿[illegible]未詳。導以西，至于鴻莫。[illegible]未詳。井邑田，自桴木導左至于井邑。表，導以東，一表，導以西，一表，降剛，三表。降以南，表于同導。降州剛，登歷、降棫二表。大人有司[illegible]未詳。田，義租，牧戎人、西宮襄、豆人虞丁、原貞、師人右相、小門人豯、原人虞芊準、司工[illegible]、未詳。孝嗣登父、鴻人有司刑丁、井丨右五夫。子[illegible]未詳。大舍散田，司土[illegible]未詳。[illegible]、未詳。司馬䍜墨、牧人司工駷君、宰導父。散人子𡫳小爲髮，或云小子二字。[illegible]，未詳。田戎、牧父、效栗人父。[illegible]未詳。之有司橐、州享、攸條嵩，井散有司丨夫。唯王九月亥十乙卯。大畀義祖𠭯旅誓曰：我孫付散人田器，有爽實。余有散人毋貸，則援千罰千。傳[illegible]未詳。[illegible]，義且罪旅則誓。迺畀西宮襄戎父誓曰：我戎父則誓，右幸圖大王于豆祈宮東廷，右左執賡史子中鬲。（清李斗撰、汪北平等點校《揚州畫舫録》卷一《草河録上》，北京中華書局一九九七年版，第六頁）

陳逆簠釋文

銘曰：「唯王正月初吉丁亥，少子陳逆曰：余陳狟子之裔孫，余𡋯事齊侯，懽卹宗家。㒸乃吉金以作，乃元配季姜之祥器，鑄茲寶笑以享，以孝於大宗。封槾、封犬，于封，毋作龙，永命沔壽萬年，子子孫孫羕保用。」

此與《東明尊》並汪孝廉孟慈藏，其先人所寶吉金彝器。嘉慶二十一年，孟慈官内閣舍人，其母太夫人就養，攜之入都，載在後一舟，次於宿遷，夜毁於火。孟慈哀先澤之就湮，遂終身不治金石之學。（清汪喜孫《汪氏學行記》卷四，清汪喜孫撰、楊晉龍主編《汪喜孫著作集》，臺灣「中央研究院」文哲所二〇〇三年版，下册第九九六頁）

與焦理堂書一

藩啓禮堂大兄先生：西湖歸接手書，頗慰渴想，諸君子因良伯來書分作《纂故》一書，唯小學最難。如《説文解字》，皆訓詁也，其同異譌錯，不能筆述，容來揚時面談。且《纂故》，藩不知其體例如何，足下以《説文》爲主，千古不磨之論，若以《廣韻》爲主，便落下乘矣。至「周旋」「窈窕」，歸「周」「窈」二韻。總之，是書必以《説文》爲主。藩當作札與良伯，使改其體例可也。藩八月中必爲豫章之行，顧小謝先生昔曾有「將伯助予」之説，見時乞爲致候，並請日安。榜花開後，即惠佳音是荷。制弟江藩頓首。外良伯、少白信望代寄進京。（閔爾昌《江子屏先生年譜》，北京圖書館出版社一九九九年版《北京圖書館藏珍本年譜叢刊》本，第一二二册第五九八頁）

與焦理堂書二

藩於六月閒自豫章歸吴，貧病相攻，形神俱喪，屢欲來邗，皆以乏資斧至繭雙足，良可歎也。山居獨處，於米鹽瑣碎之暇，將《爾雅》舊注見於《史》、《漢》、類書中及注疏中者，盡行録出。去年拜懇摘録《御覽》舊注，想已卒業，今乘奴子來揚之便，草此奉請萬安，並祈將所摘舊注交付奴子帶回是荷。足下天資高厚，閉户窮經，比來必有所得，能示我一二，以開茅塞否？明春試鐙後當相見也。不具。教弟江藩萬頓首。（閔爾昌《江子屏先生年譜》，第五九八—五九九頁）

夜讀遂初堂詩二首

一卷仙音消永夜，每逢佳處輒高歌。賜環不渡伊犁水，磨盾曾當曳落河。絲竹愁來豪興減，篇章老去感懷多。閉門覓句南窗下，坐困詩魔與病魔。

卅載聲華藉甚時，海南燕北繫人思。蠻衣好織都官句，佛藏應收太傅詩。世上炎涼君莫問，此中甘苦我能知。可憐鉢臂彫肝客，賺得秋霜兩鬢絲。（清何青《遂初堂詩集》卷首，第一册第一頁）

芍藥吟贈淮陰史上舍

鼠姑香殘過穀雨，續芳紅藥當階吐。淡紅香白滿城闉，豐臺名花賤如土。史侯愛花不好名，前身曾主芙蓉城。千枝萬朵塞破屋，浮空一片香雲生。斯人肝腸艷於雪，棄紅取白更癡絶。清宵人静姮月明，不放銀蟾騁皎潔。重簾犀押垂窗櫺，抽毫日寫《靈飛經》。蜂鬚蜨翅不敢近，護花郭女通三靈。廣陵江郎住隔屋，孝先自笑便便腹。閒時默誦孫樵文，鼻息摇花睡方熟。將離引我夢還鄉，篠園池館臨斜陽。晚風活色正惝怳，醒來鼻觀留餘香。慰我鄉思覓紅友，三百青銅沽一斗。酒酣耳熱忽高歌，醉向花前酹殘酒。願花莫作錦繡堆，四圍金帶争先開。魏公秋容淡老圃，他年誰可調鹽梅。（清凌廷堪《校禮堂詩集》卷八《淮陰史上舍性嗜花江鄭堂賦芍藥吟贈之癸丑夏客灤陽出以見示並索和章因次鄭堂韻》附江藩詩，《續修四庫全書》影印復旦大學藏道光六年張其錦刻本，集部第一四八〇册第六六頁）

衛霍

伏波久駐五谿蠻，看徧湘南處處山。只恐成功枯萬骨，天教馬革裹屍還。（清王豫《羣雅集》卷二七《江藩》，嘉慶十三年王氏種竹軒刻本，第六册第一二頁）

題碧岑詩集

《玉臺》風格總卑靡，掃盡前人粉黛姿。直是蘇門四君子，阿誰識得女郎詩。原注：《論詩絶句》之一。（清張允滋選、任兆麟纂《吴中女士詩鈔》卷二江珠《清藜閣詩》卷首，乾隆五十四年刊本，第三二頁）

過畢弇山宫保墓道（殘句）

公本愛才勤説項，我因自好未依劉。（清洪亮吉著、陳邇冬點校《北江詩話》卷四，人民文學出版社一九八三年版，第六九—七〇頁）

送蘭泉從方伯升司寇入都（殘句）

民情愛冬日，朝命轉秋官。（清袁枚著、顧學頡校點《隨園詩話》下册《隨園詩話補遺》卷一，人民文學出版社一九八年版，第五七六頁）

炳燭室雜文拾遺一卷

高明峰輯

廣東廣西得名説

廣東廣西，輿地諸書不言得名之義，或云粤東在湖廣之東，粤西在湖廣之西，故名廣東廣西，無明文可證。竊謂廣者，指廣信言之也。漢武元鼎六年開南粤地，置南海、蒼梧、合浦三郡，屬交州刺史。司馬彪《續漢書·郡國志》「蒼梧郡廣信」，劉昭《注》：「《漢官》曰：刺史治。」縣名廣信者，謂初開粤地，宜廣布恩信也。是可知交州刺史治廣信縣矣。至孫吴黄武七年，割南海、蒼梧、鬱林、高梁四郡立廣州，交趾、日南、九真、合浦四郡爲交州，俄復舊。永安七年又分立交、廣二州。廣州之名實始於此。所以名廣州者，因刺史治在廣信，乃取縣名之一字以爲州名耳。迨及宋時分廣東路、廣西路，於是有廣東、廣西之名矣。元、明、本朝因之。漢之廣信，今之封川縣，交州刺史治廣信，統領三郡。今分三郡之地爲二省，封川以西，廣西也；封川以東，廣東也。吴以廣名州本於廣信，宋以廣名省亦本於廣信也。若湖廣之名始於明時，元以前烏得有湖廣之名哉！原注：江藩《炳燭室文集》。（原無題目，據文意及《炳燭室雜文·六安州沿革説》等擬。清阮元修、陳昌齊等纂《（道光）廣東通志》卷八十

三《輿地略一》，《續修四庫全書》影印道光二年刻本，史部第六七〇册第六〇三—六〇四頁）

本仁堂記

吴會諸任，實維先賢當陽侯大宗之裔，宋元以來稱巨族焉。任子祠肇自宋紹興時。五十九世孫盡言在吴淞江陽之同里，顧無祭産，祀典闕而罔舉稔矣。七十六世孫兆麟畫焉傷之，重爲庀飭，輯家乘，定祠規，建宗子以主奉，祀事乃倡。蠲己所積修資若干，俾生息之，以供歲時祭饗暨祖墓屋址税賦葺治之用。前堂三楹，爲齋宿講學所。阮雲臺宫保爲書「本仁」以扁諸楣，蓋取禮本仁以聚之之義也。夫講學之方，如農夫之穮蓘其田，存是去非，必本仁以斂之，不斂則學不固。爲仁有本，自孝弟始，而孝弟之本莫先於尊祖。是以禮稱尊祖敬宗，收放也。抑仁者，博愛之謂，然博愛之道，繇親親以及民物，故敦本之務，必立宗祠以序昭穆、别親疏。即子姓散處四方，俾知祖所自出，以遡夫水原木本之由，孝弟之心自油然而生矣。推而廣之，自修齊以暨治平，有不横乎四清者哉！然則登斯堂者，念祖修德，當知務爲學之本已。（清金福曾等修、熊其英等纂《（光緒）吴江縣續志》卷五《營建四》，《中國地方志集成·江蘇府縣志輯》影印光緒五年刻本，江蘇古籍出版社一九九一年版，第二〇册第三五八頁）

毛詩物名釋序

物之義，不明六書聲音，則物失其名矣。名不正，則言不順。孜孜爲訓之學者，其可忽乎哉！漢時説經，口授專門，皆有師承。自宋儒創爲性命之理，憑虚臆説，以讀書爲玩物喪志，由是而漢學絶。天下沿趙宋之陋，縉紳先生、學士大夫，始則以不識爲恥，久則以不識爲高，較之莫言鄭服非者，罪有甚焉。藩竊恥之，從事於斯，作《毛詩名物解詁》《爾雅正字》二書。風雨晦明，人事間之，尚未卒業也。丁未冬，見理堂於廣陵，出是書示藩，閱三月而竟。可謂班父豹鼠，無愧終軍；八足二螯，熟讀《荀子》。通文字之津涉，粹訓詁之潭奥。辨證《毛詩》，旁通《爾雅》。其閉户覃思之苦，蓋深有慨於不辨菽麥者矣。藩小巫見大巫，如莆萠之於稻稌，瑕礫之於玉石，將焚棄舊稿，用安其拙揆檮昧？敢肆厥詞，爲亦有涉乎此也。歲在著雍涒灘，炳月，日躔大梁之次，吴下經生江藩作。（清焦循《毛詩物名釋》卷首，稿本，藏上海圖書館，無頁碼）

劉希仁文集序

李唐一代文章，世推昌黎爲正宗，其文取法於子車氏，與柳子厚以文雄於時。而同時希仁，亦法孟子，與韓、柳不謀自合，所以當時與二子齊名也。第其文流傳甚少，後世但知韓、柳之下，有歐陽詹、李觀、李翱而已。之五子者，唯柳子之説，出入儒、釋，餘子之文，其要義皆尊德性，闢邪説。然而退之《原性》，未達孔孟之旨；習之《復性》，竟同空有之言，豈能正誼明道乎？蓋韓子之學，實爲宋儒鼻祖，同一空談，反不如宋儒之能擘肌分理也。至希仁之學，致力于《春秋》《孟子》，持論甚正，不雜禪語，不墜理障。雖行文波瀾不如韓子之汪洋恣肆，而謹嚴則過之。其文在韓子之下，歐陽諸子之上，若中山、文泉，瞠乎後矣。且希仁當楊虞卿、牛僧儒用事之時，能不避權貴，作《牛羊日曆》譏之，其立朝風節，概可想見，又豈子厚所能及哉！

嘉慶歲庚辰，修粤東省志及于《希仁文集》，阮宫保以爲當與《曲江集》並存，因付之梓。甘泉江藩敘。（唐劉珂《劉希仁文集》卷首，道光刻《嶺南遺書》本，第二集第一册第一頁）

談階平遺書敘録

談泰，字階平，江寧舉人，官南匯縣訓導。泰博覽勤學，精於天算，得梅氏算學之傳，所著考證經史之書曰《觀書雜識》二十卷。其算術之書有《測量周徑正誤》《周髀經算四極南北游法》《增補武成朔閏譜》《召誥月日譜》《歲次月建異同辨》《春秋歲次考》《三統術推》《一歲食限數交食一月終數推》《漢高九年六月晦》《孝文十一月晦》《孝文元年至七年大小餘》《孝文二年五年天正冬至》《靈帝光和元年大小餘》《四分術譜》《劉宋武帝五年天正冬至》〔一〕。又著《三統術譜》《冬至權度紀略》《天官書節次斗分辨》《分野辨》《操縵卮言正誤》《圓壺周徑積實》《祖沖之䖍法辨》《䖍内方非十尺辨》《喪服傳溢説》《五服經帶數》等書。又著《古算書細草》十餘事。（清阮元《儒林傳稿》卷二《談泰傳》，《續修四庫全書》影印南京圖書館藏嘉慶刻本，史部第五三七册第六五二—六五三頁）

宋刻本金石録跋

《金石録》宋時刻於龍舒。開禧時浚儀趙不讉又刻之。此本疑是浚儀重刊本也。藩與玉屏先生之長君定甫交，三十年前獲觀此書及《謝皋羽像》。嘉慶二十年六月五日，晉齋先生出此命題，爰書數語，以志眼福云。書於邗上宵市橋西一草堂，江藩跋。（宋趙明誠《金石録》卷末，宋刻本，藏上海圖書

館，第四册，無頁碼）

宋刻本金石録題記

馮硯祥名文昌，祭酒夢禎之子〔二〕，幾社黨人。開先收藏甚富〔三〕，得右軍《快雪時晴》真跡，因築快雪堂於西湖之孤山，自嘉禾移居武陵，遂爲杭人焉。江藩識。（宋趙明誠《金石録》卷首，第一册，無頁碼）

宋拓本鼎帖跋

《鼎帖》，紹興十一年辛酉十月，郡守張斛刻於常武。常武爲鼎州，武陵乃常武之附邑，所以每數十行後有「武陵」二字。刻時以《千字文》編號，又有「海鹽稱」字樣也。余訪求是帖垂三十年，不見真本，所見者皆俗工以《新蜂帖》僞爲之者。今年夏五月，得此本於吴下，寶之無異珊瑚鈎矣。嘉慶十六年六月荷花生日，江藩記。（宋張斛輯《鼎帖》卷末，宋拓本，藏上海圖書館，無頁碼）

宋拓本鼎帖題記

《閒者軒帖考》云：「《武陵帖》小字《黄庭經》精妙絶倫。」惜予未之見也。節甫又記。（宋張斛輯《鼎帖》卷末，無頁碼）

宋拓本漢石經殘字跋

《熹平石經》予所見者三本：一爲孫退谷藏本，舊藏華亭王氏，今歸孫淵如先生〔四〕；一爲吾郡玲瓏山館馬氏藏本，後歸黄氏小松；一爲蔡松原所藏本，伯元文選樓珍秘即此本也。考宋時重刻有二本，會稽洪文惠刻於蓬萊閣，石熙明刻於越州。何義門、徐壇長皆云朱竹垞見退翁所藏，不察爲石氏原刻，誤爲中郎原石。此説予以爲不然。今以三本互勘，小松本《盤庚》篇無「凶德綏績」四字，與孫、蔡本不同，安知非文惠所刻耶？越州石氏刻石名《博古堂帖》，退翁《閒者軒帖考》既載《博古堂帖》矣〔五〕，而《庚子銷夏記》又載《石經殘字》，且於碑尾手記數語，則非石氏帖無疑。退翁精於鑒賞，豈家藏是帖，漶漫不省耶？此册與退翁本點畫波磔一一相同，雖非洛陽舊跡，並爲蓬萊閣本，蓋可知矣。蔡松原名嘉，丹徒人，能詩善畫，亦玲瓏山館座上之客也，附書於後。嘉慶戊寅秋九月，甘泉江藩跋。（《漢石經殘字》卷末，民國間上海有正書局影印文選樓藏宋拓本，無頁碼）

宋拓本漢石經殘字題記

是册爲賜卿所藏。道光四年六月，重觀於兩粤節署。當時松原先生用不全宋本紙剪付裝池，所以丁「聘義」二字也。江藩又記。（《漢石經殘字》卷末，無頁碼）

明刻本十二子跋

嘉慶八年四月，借白下朝天宫《道藏》本校於五笥仙館。江藩記。（唐逄行珪注《鬻子》卷末，明刻本《十二子》，江藩校，藏上海圖書館，第二頁）

嘉慶八年四月，以《道藏》本校，江藩記。（《尹文子》卷末，明刻本《十二子》，第一七頁）

嘉慶八年四月十九日，以《道藏》本校於五笥仙館。江藩記。（戰國公孫龍《公孫龍子》卷末，明刻本《十二子》，第一五頁）

明刻本唐語林跋

晁公武《郡齋讀書志》「《唐語林》十卷」，云「未詳撰人，效《世説》體分門記唐世事，新增『嗜好』等十七門，餘仍舊」云。此本上下二卷，上卷四門，下卷十一門，凡十五門，乃未增之本，第殘缺破損，惜無善本一校耳。江藩記。（宋王讜《唐語林》卷首，明嘉靖二年齊之鸞刻本，藏湖北省圖書館，第一册，無頁碼）

明鈔本後村居士詩文集跋

嘉慶二十二年，江藩校於白堤舊居伴月樓中。（宋劉克莊《後村居士詩文集》卷一尾頁，明鈔本，江藩校，藏上海圖書館，第一册，無頁碼）

明末清初拓本張猛龍碑跋

張猛龍碑在曲阜，是册有退谷先生題跋，然不見於《庚子銷夏記》。《金石略》云「冏音忽」，詳玩碑文，作「冏」，冏，「淵」字也，名猛龍，所以字神淵。質之墨卿先生，以爲然否？江藩跋。（《張猛龍碑》，明末清初拓本，人民美術出版社二〇一三年影印，第八四頁）

清鈔本吴越備史跋

予舊弆《吴越備史》四卷，乃述古堂精鈔本。乾隆壬寅年，是書及《道藏》本李荃注《太乙紫庭經》爲同門南沙程君在仁借去，未幾在仁物故，此書不覆醬瓿亦爲針線帖矣。嘉慶丙子冬，客游吴下，晤枚庵，吴丈出此見示，重校秘書，如獲奇珍。雖非廬山真面目，然漢武得見李先人幽魂，豈非快事哉！吴丈跋云「維揚江氏」，即予家也。節父江藩書於白堤舊居之伴月樓中。（宋錢儼《吴越備史》卷末，清鈔本，藏上海圖書館，第二册第二頁）

清鈔本吴越備史題記

嘉慶二十二年六月校畢，江藩記。書中「左右」之「左」皆作「上」，避忠獻王嫌名也。藩又記。（宋錢儼《吴越備史》卷四，第二册第四二頁）

江氏手鈔本燈下閒談跋

乾隆丙申，假滋蘭堂本粗録一過。十月初三日，江水松。（繆荃孫《藝風堂藏書記》，上海古籍出版社二〇〇六年版，第一九八頁）

虢叔大林鐘釋文〔六〕

虢叔旅曰：不顯皇考惠叔，穆秉元明德，御于乃邦，頓手[illegible][illegible]。旅敢啓帥井皇考威義，□御于天子。迺天子……

大林和鐘即無射之覆，作無射爲大林以覆之，其律中林鐘，説見《國語注》。無射，乾之上九。林鐘，坤之初六。上九位高聲細，初六位下聲大。無射之聲爲大林之聲所抑，是以「細抑大陵，不容於耳」。然則大林鐘，其聲乖於律度，必無和理，而名曰「和鐘」者，蓋無射律長四寸六千五百六十一分之六千五百二十四，林鐘律長六寸，先以無射之律爲本，又加以林鐘之律，此賈侍中之所謂覆也。藩以爲「和」當讀作「和較」之「和」，用無射、林鐘二律之和數以鑄此大林鐘也。鼓間花紋刻作雙鼂，寓鼂氏爲聲之意。（清蔣光煦《東湖叢記》卷一《雜考類》，光緒九年繆氏刻《雲自在龕叢書》本，第一册第八—九頁）

與焦理堂書

藩啓理堂仁兄足下：兩得手書，知起居勝常爲慰。藩自入韓城相國幕中，事煩心苦，碌碌終年，局促如轅下駒，殊可笑也。今春隨從臺麓，四月中始回日下，即謀納粟下闈，至七月終，甫得考列，率爾進場，虛應故事而已。

何文伯來，得悉近祉，並知精究九章之學。我朝明算學者無過梅氏，然其書亦有未盡，所以江布衣永有《梅翼》之作。其書今不可得，散見於《五禮通考》中。足下既欲著爲一書，發明梅氏之學，則江布衣之説亦不可不讀也。成書後祈示我一讀，以開茅塞。

藩近日纂《春秋解詁》一書，頗有所得，唯杜預《長曆》，心知其謬，而年根置閏，推算煩重，且史册紀年往往踈舛，無從下手。《三統曆》之踈密，又遠無可據，如「冬，城向」釋例一條，讀劉炫所規，不知孰曲孰直矣。未審年根置閏有何捷法，便中希見示。

汪掌庭昆季近況若何？庾客去後有消息否？紅塵十丈中，舉目皆即起鄉思，尤不能去諸懷者，一二故人也。草此並候文祺，不一。江藩頓首上。（潘承厚輯《明清藏書家尺牘》，民國三十年影印，上海圖書館藏，第四册，無頁碼）

與汪喜孫書一

《羅鄂州集》一本，曲子一本，希檢入。足下所作《許浦都統司甎考》，乞録付一紙。並候即安，不一。孟慈世講足下。江藩頓首。（《乾嘉諸老投贈廿九札》，稿本，藏河北大學圖書館，無頁碼）

與汪喜孫書二

拙著《漢學師承記》望付來手。非石《急就篇考》可擲下一讀。籍候即安，不既。江藩頓首。

（《乾嘉諸老投贈廿九札》，無頁碼）

與汪喜孫書三

來帖乃明時接頭接尾之僞本也，然皆用舊翻《潭》《絳》合成之。藩幼時曾見一部，邇年來絶少矣。江藩頓首覆。（《乾嘉諸老投贈廿九札》，無頁碼）

與汪喜孫書四

前接手書，因有極不如意之事，久羈裁答。伏惟起居迪吉，體候勝常爲慰。承問三事：《華林徧略》，徐勉撰。祖孝徵以《華林徧略》質鄂蒲錢文，即此書也。《修文御覽》即祖珽撰。《隋書·經籍志》《新唐書·藝文志》載此二書。《太平御覽》盛行於世，二書遂亡矣。春秋諸臣仕於周者，止晉悼一人，斷非知悼子，疑是晉悼公。晉悼在周，見於《左傳》，而《史記·晉世家》最詳，然仕周不仕周，無明文可證，俟更考之。《宋書·地理志》：「南濟陽太守，領縣二：考城、鄄城。」至《南齊》：「濟陽郡，領縣一，考城。建武三年，省鄄城，度屬南濮陽郡。」「度」者，移之之謂也。《元史》一本呈上，希檢閲。草此奉復，兼請日安，不一。孟慈大兄足下。江藩白。（《乾嘉諸老投贈廿九札》，無頁碼）

與汪喜孫書五

前月接到手書，得悉北堂安吉暨足下平善，遥企五雲，曷勝欣慰。尊公《述學》雕本甚精，與宋槧無異。即此一事，足徵足下之孝思無窮矣。

拙著二種呈上，希削政。中多錯字，緣《通志》事冗，未暇校正耳。藩平日從不敢以學問傲人，不知何故，見罪於近日自許之通人名士，大肆詆訶，頗悔災梨。足下讀畢之後，希勿輕以示人，爲我藏拙可也。草此並候，不一。上孟慈大兄先生足下。世愚弟江藩拜手。（《乾嘉諸老投贈廿九札》，無頁碼）

集快園詩

客比東南竹箭多，催詩擊鉢太煩苛。主人卻愛狂奴態，約我看花日日過。（清凌霄《快園詩話》卷二，嘉慶二十五年凌霄刻本，第一册第三頁）

失題

子夜愁聞觱篥歌，漫天風雪戍交河。君王莫更開邊塞，青海西頭白骨多。（清凌霄《快園詩話》卷十，第三册第七頁）

游吾園柬主人

蔬圃魚塘槿作笆，名園水木湛清華。百弓地種層層竹，四照堂開面面花。閑約酒徒飛白墮，來看野鶴側丹砂。詩人有福春如海，吟徧綏山萬樹霞。（清李筠嘉《春雪集》卷六，帶鋤山館藏板，第一二頁）

夢揚州 題畫舫録

廣陵城。蘸碧塘，垂柳煙横。暮雨送春，到處笙歌盈盈。倩才人吮毫描寫，翰墨緣波皺花明。湖光裏，樓臺影，東風吹斷簫聲。追憶當年夜行。微妙景牙牌，句麗詞清。問柳愛花，往事空悲枯榮。別裁短李《名園記》，翠織成山水文情。青未殺，洛陽紙貴，人問書名。（清李斗《揚州畫舫録》卷首《題詞》，乾隆六十年自然盦刻本，第一册第四頁）

紫玉簫 題月底修簫譜

明月初升，玉梅剛吐，畫成無限梨雲。風催緑萼，認暗香疏影，應是前身。洞簫輕按，花拍疊、舊譜翻新。郎無賴，不管玉奴，吹冷朱唇。　薲洲自度漁笛，算近日、江南第一詞人。閑修尺八，聽悠揚嗚咽，破夢傷春。怕柔腸斷，頻囑咐，悄唤真真。簫聲緊，莫犯側商，驚醒梅魂。（清郭麐《靈芬館詞話》，《詞話叢編》本，中華書局二〇〇五年版，第二册第一五一八頁）

淞雲草堂吟稿序（存目，篇目見清應寶時修，俞樾、方宗誠纂《（同治）上海縣志》卷二十三《顧清泰傳》，同治十年吴門臬署刊本，第一〇册第一三頁）

遊山具記（存目，篇目見清李斗撰，汪北平等點校《揚州畫舫録》卷十二《橋東録》，第二七六頁）

海印閣
（存目，篇目據清達三《誠齋詩鈔》卷三《和江鄭堂海印閣原韻》，道光四年刊本，第一七頁）

眉嫵
題浮眉樓圖（存目，篇目據清郭麐《靈芬館詞話》，第二册第一五一六頁）

唐多令
（存目，篇目據清顧廣圻《思適齋集》卷四《唐多令·和江鄭堂原韻》，《續修四庫全書》影印清道光二十九年徐渭仁刻本，集部第一四九一册第四一頁）

佚句

一個女郎留不得，笑他磨盾説從戎。（清凌霄《快園詩話》卷六，第二册第二頁）

是處樓臺先得月，誰家楊柳不勝鴉。（清江藩《國朝漢學師承記》卷首《紀略》引阮亨《珠湖草堂筆記》，嘉慶二十五年藝古堂刊本，藏上海圖書館，第一册第一頁）

簾内當風紅燭冷，庭前礙月綠蔭稠。（清江藩《國朝漢學師承記》卷首《紀略》引阮亨《珠湖草堂筆記》，第一册第一頁）

校勘記

〔一〕「十一月」與「元年」之前的「孝文」，原均作「考文」，據阮元《揅經室續集》卷二《談泰傳》改。

〔二〕「子」，疑作「孫」。《杭郡詩輯》載：「馮文昌字研祥，嘉興諸生，有《吴越野民集》。」《注》云：「研祥（即硯祥）爲司成（國子監祭酒别稱）開之孫。」按馮夢禎（一五四八——一六〇六），字開之，號具區，又號真實居士，浙江秀水（今嘉興）人。官國子監祭酒。

〔三〕「開先」之「先」，疑作「之」。按馮夢禎，字開之，移家杭州，築室於孤山之麓。因家藏王羲之《快雪時晴帖》，遂名其堂爲「快雪」。著有《快雪堂集》《快雪堂漫録》等。

〔四〕「如」字原脱。按：退谷藏本後歸孫星衍所有，星衍字淵如，今據補。

〔五〕「考」前衍一「者」字，今删。

〔六〕馮登府《閩中金石志》卷一亦加引録，文字頗有異同，一併移録於下，以供參考：大林和鐘，即《國語》「鑄無射而爲之大林」也。其法作無射爲大林以覆之，其律中林鐘，説見賈侍中《注》。無射，乾之上九。林鐘，坤之初六。上九位高聲細，初六位下聲大。無射之聲爲大林之聲所抑，故伶州鳩曰「細抑大陵，不容於耳」。然則大林之鐘，其聲乖於律度，必無和理，而名曰「和鐘」者，「和」當讀作「勾股和較」之「和」。用無射、林鐘二律之和數以鑄此鐘。蓋無射律長四寸六千五百六十一分之六千五百二十四，林鐘律長六寸，以無射之律與林鐘之律兩數相併爲和耳。

附

録

附録一

江子屏先生年譜

鄉後學閔爾昌編

吾鄉子屏江先生，淵源紅豆，箸述等身，飢驅朔南，布衣終老，亦可悲已。平江李氏《先正事略》、江陰繆氏《儒林傳稾》，敍先生行事頗簡，《儒林傳稾》既載《續碑傳集》中。筱珊入民國，復爲清史館撰《儒學傳》，余嘗假得其手稾觀之，先生一傳已從刪汰，不識果何意也。汪孟慈嘗稱《漢學師承記》一書聞見廣而義據嚴，「異時采之柱下，傳之其人，先生名山之業，固當坿此不朽。或如司馬子長《史記》、班孟堅《漢書》之例，撰次《敍傳》一篇，亦足屏後儒擬議規測之見」。爾昌今爲先生《年譜》，殊未詳備，彌惜無《敍傳》可攷耳。十六年十月十日，閔爾昌。

清高宗乾隆二十六年辛巳三月二十二日　先生生

先生姓江氏，諱藩，字子屏，號鄭堂，晚號節甫，揚州甘泉人。淩次仲撰《周易述補序》稱「旌德江君國屏」，先生蓋初字國屏。洪稚存《北江詩話》謂先生「寓居江都，實旌德人」。張褧伯亦稱「旌德江鄭堂先生」。汪醇卿《廣陵思古編》又云先生「歙縣籍，後居江都」。

父學佛有年，明於去來，嘗曰：「儒自爲儒，佛自爲佛，何必比而同之？學儒、學佛亦視其性之所近而已。儒者談禪，略其迹而存其真，斯可矣。必曰佛、儒一本，亦高明之蔽也。」先生守庭訓，少讀儒書，不敢闢佛，亦不敢佞佛。先生家諱棟，未詳何人。阮文達《揅經室集》於先生有「舊家」之稱。李艾塘《揚州畫舫録》云：「天瑞堂藥肆在多子街，旌德江氏生業也。」

二十七年壬午　二歲

二十八年癸未　三歲

二十九年甲申　四歲

三十年乙酉　五歲

三十一年丙戌　六歲

三十二年丁亥　七歲

三十三年戊子　八歲

三十四年己丑　九歲

三十五年庚寅　十歲

三十六年辛卯　十一歲

三十七年壬辰　十二歲

先生少長吳門。是年，從薛香聞先生受句讀，香聞諭以涵養工夫。一日，先生忽叱僕人，香聞婉言開導曰：「讀書以變化氣質爲先，汝如此氣質，尚能讀書乎？況彼亦人子也，爲汝役者，逼於飢寒耳。方哀矜之不暇，忍加訶責邪？」先生又嘗從汪愛廬先生游，愛廬謂先生曰：「吾于儒、佛書，有一字一句悟之十餘年始通者。讀《二録》《三録》，當通其可通者，不可强通其不可通者。」《二録》《三録》，愛廬所箸書也。先生從愛廬游，未詳何年。程在仁亦從愛廬游，與先生友善，嘗下榻先生家。又先生與袁壽階少同里閈，後攜家邗上，壽階館於康山，蹤迹最密，談論經史有水乳之合。並坿記於此。

三十八年癸巳　十三歲

三十九年甲午　十四歲

四十年乙未　十五歲

先生束髮時，即能爲五七言詩。是年，從余古農先生游，始知《風》《雅》之指，《乙丙集》即始於是年。南陵徐氏《積學齋叢書》中《炳燭室雜文·乙丙集自序》：「年十五，從余先生游。」《廣陵思古編》載《乙丙集自序》則作「年十六」。《乙丙集》既始於是年，今從《積學齋》本。案：阮文達《揅經室再續集·高密遺書序》云：「子屏之師爲余蕭客仲林，爲惠松崖先生之弟子，曾館子屏家，此子屏昔所告予者。」又《定香亭筆談》稱：「元和惠徵君定宇經學冠天下，鄭堂受業於惠氏弟子余君仲林，盡得其傳。」張午橋跋《扁舟載酒詞》云：「先生師事吴縣余古農、江艮庭兩先生，得師傳於紅豆惠氏。」章枚叔亦言：「江翁受業余翁，余翁之學，本吴惠君。」明先生爲惠氏再傳弟子也。乃吴石華跋《隸經文》及《廣陵思古編》並云先生「受學於元和惠氏」，《（同治）揚州府志》、繆筱珊《儒林傳稾》直云「少受學於元和惠棟，吴縣余蕭客、江聲」，三先生並列，一似先生親受業於惠氏者，不知松崖卒於乾隆二十三年戊寅，彼時先生尚未生，烏從而受學乎？況先生於《漢學師承記》自言：「綰髮讀書，授經於吴郡通儒余古農、同宗艮庭二先生，明象數制度之原、聲音訓詁之學。」如先生親受業于惠氏者，安得不敘述及之乎？《漢學師承記》於古農、艮庭稱先生，《宋學淵源記》於薛香聞、汪愛廬稱師，並先生親受業者，而於松崖固未嘗加以此稱也。松崖嘗言：「古人親受業者稱『弟子』，轉相授者稱『門人』。」先生於《周易述補》《易大義》對松崖自稱「門人」，亦是一證。

四十一年丙申　十六歲

受知朱笥河先生。每酒闌燈灺時，笥河嘗謂先生曰：「吾儕當以樂死，功名利鈍，何足介意哉！」以《笥河集》考之，是年實在京師，先生亦尚未北游，不知何緣得相見也。竢再考。

四十二年丁酉　十七歲

四十三年戊戌　十八歲

是年，余古農先生歿。此依吴子修《續疑年録》。《續疑年録》「年四十七」與《漢學師承記》合。任文田撰《余君墓誌銘》云：「歿於乾隆四十二年，年四十有九。」古農爲文典博古茂，不苟作。先生編次爲集，得二十餘篇藏焉。

古農歿後，先生汜濫諸子百家，如涉大海，茫無涯涘。江艮庭先生教之讀七經、三史及許氏《説文》，乃從艮庭受惠氏《易》。《節甫字説》云：「弱冠時，受《易》漢學於艮庭。」讀書有疑義，質之艮庭，指畫口授，每至漏四下，猶講論不已。

先生承江艮庭先生之學，箸《爾雅正字》，以《説文》爲指歸，《説文》所無之字，或考定正文，或旁通叚借，不敢妄改字畫。王西沚光禄見之，深爲歎賞，謂先生曰：「聞邵晉涵太史作《疏》有年矣，子竢其書出，再加訂正未晚也。」此依《爾雅小箋序目》「乾隆四十三年，年十八」，《漢學師承記》作「十六歲」，蓋「十八」之誤。西沚又嘗謂先生曰：「予門下士以金子璞園爲第一。予近日得見好學深思之士，惟子及李子賡芸、費子士璣三人而已。」

朱二亭名筼。見先生歌詩，屬張舊山名居壽。爲介紹，引爲忘年之交。後舊山死，詩稾散失無存，先生因録其唱和投贈之作爲一册而序之。案：先生攜家邗上，當在此數年中。

四十四年己亥　十九歲

四十五年庚子　二十歲

春，從朱文游借得汲古閣影宋鈔《九僧詩》，至壬寅讀《羣賢小集》，始知《九僧詩》即《聖宋高僧詩選》之《前集》也。

弱冠時，與汪容甫定交，日相過從。容甫嘗謂先生曰：「予於學無所不窺，而獨不能明九章之術。近日患怔忡，一構思，則君火動而頭目暈眩矣。子年富力强，何不爲此絶學？」以梅氏書贈先生。先生自以知志位布策，皆容甫之教也。

李成裕往江陵〔一〕，留宿先生家，然燭豪飲，議論史事，成裕朗誦史文，往往達旦。明日，先生取史文核之，一字不誤也。先生交成裕時年少，好詆訶古人，成裕從旁謂先生曰：「王子雍有過人之資，若不作《聖證論》攻康成，豈非淳儒哉！」少頃，又曰：「若夫佛氏輪回因果之説，淺人援儒入墨之論，不可不辨，子車氏所謂『正人心，息邪説』。苟不力闢之，是無是非之心矣。」

先生與阮文達同學交善。文達稱先生爲早年益友。案：先生與成裕、文達定交並未詳何年，姑坿於與容甫定交之後。

陽湖洪稚存、黄仲則流寓日下，貧不能歸，偕飲於天橋酒肆。遇優師武虛谷，招之入席。盡數盞後，虛谷忽左右顧盼，哭聲大作，樓中飲酒者駭而散去。先生嘗叩虛谷曰：「何爲如此？」虛谷曰：「予幸叨一第，而稚存、仲則則寥落不偶。一動念，不覺涕泣隨之矣。」先生戲之曰：「君乃今日之唐衢也。」案：先生是年又似曾至京師。

四十六年辛丑　二十一歲

是年，朱笥河先生歿。

四十七年壬寅　二十二歲

六月，於揚州書肆中得宋槧本《羣賢小集》，乃馬氏玲瓏山館舊藏，後爲汪雪礓所有。

四十八年癸卯　二十三歲

四十九年甲辰　二十四歲

在揚州，汪容甫介凌次仲與先生定交，次仲爲作《周易述補序》。惠松崖先生箸《周易述》，未竟而卒，闕自《鼎》清國史館《惠棟傳》作《革》，誤。至《未濟》十五卦、《序卦》《雜卦》二傳，先生補之。《凌次仲年譜》：容甫手書海内通人夙相交契者十有六人，示次仲，中有先生。《校禮堂文集・與張生其錦書》云：「近日學者風尚，多留心經學，而史學惟錢辛楣先生用功最深，江君鄭堂亦融洽條貫，相與縱談今古，同時朋好莫與爲敵，蓋不僅經學專門也。辛酉與今科在江寧，子聆其言論氣概，當更有以感奮興起矣。」又《梅邊吹笛譜・齊天樂・同汪容甫訪江豫來留飲》云：「泥人金粉雷塘路，依依半城煙柳。後望雕花，清辭鏤月，比户鴛鴦争繡。儒風在否，好攜取經神，華門偕叩。訓故專家，阿誰吴下嗣紅豆。欣然相視一笑，便盤餐小酌，同話耆舊。《易》溯荀、虞，《書》研馬、鄭，信有師承傳授，淵源細剖。漸暝色蒼然，月窺虛牖。洗盞重斟，碧篘香到酒。」繹其意義，疑豫來即先生。《校禮堂文集》又有《與江豫來書》，首云：「癸丑冬，同出都門。」癸丑，先生與次仲同客王文端許，大約歲暮又同南歸也。惟「豫來」之字，它處罕見，姑記於此以竢考。

五十年乙巳　二十五歲

乙巳、丙午間頻遭喪荒，以所聚書易米。書倉一空，作《書窩圖》以寓感，一時耆宿題詠殆徧。「書窩」，《孳經室四集》作「書窠」。「書窠小東門，出城路不轉」，文達題句也。先生又有《秋江聽潮圖》，見歙汪鋆《雅安詩集》。

五十一年丙午　二十六歲

歲大饑，日唯一饘粥。貧居無事，發所爲詩八百首讀之，起乙未，終乙巳，存一百四十九首，釐爲二卷，名曰《乙丙集》。《積學齋》本《雜文·乙丙集自序》「上卷七十七首，下卷七十二首」，數恰合。《廣陵思古編》下卷作「六十三首」，則少九首矣。惜此集未得見。〔一〕

五十二年丁未　二十七歲

客游江西，在謝蘊山先生處，交胡雒君。名虔，嘗於友人許見先生致焦理堂手札兩通，並及游豫章事，録於下：「藩啓禮堂大兄先生：西湖歸接手書，頗慰渴想，諸君子因良伯來書，分作《纂故》一書，唯小學最難。如《説文解字》，皆訓詁也，其同異譌錯不能筆述，容來揚時面談。且《纂故》，藩不知體例如何，足下以《説文》爲主，千古不磨之論，若以《廣韻》爲主，便落下乘矣。至『周旋』『窈窕』，歸『周』『窈』二韻。總之，是書必以《説文》爲主。藩當作札與良伯，使改其體例可也。藩八月中必爲豫章之行，顧小謝先生昔曾有『將伯助予』之説，見時乞爲致候，並請日安。榜花開後，即惠佳音是荷。制弟江藩頓首。外良伯、少白信望代寄進京。」又「藩啓理堂先生足下：藩於六月閒自豫章歸吴，貧病相攻，形神俱喪，屢欲來邗，皆以乏資斧至繭雙足，良可歎也。山居獨處，於米鹽瑣碎之暇，將《爾雅》舊注見於《史》《漢》、類書中及注疏中者盡行録出。去年拜懇摘録《御覽》舊注，想已卒業。今乘奴子來揚之便，草此奉請萬安，並祈將所摘舊注交付奴子帶回是荷。足下天資高厚，閉户窮經，比來必有所得，能示我一二，以開茅塞否？明春試鐙後當相見也。不具。教弟江藩萬頓首」。案：前札書「制」字，以乙巳、丙午閒頻遭喪荒計之，當是丁父憂。以《焦理堂日記》嘉慶元年，先生母夫人尚在蘇州也，此二書自是此一、二年中所作。良伯蓋阮文達字，段若膺《經韻樓集》有《與阮梁伯書》，「良」「梁」音同，惟《雷塘盦主弟子記》已不載此字。《纂故》謂《經籍籑詁》，文達在館閣日與孫淵如、朱少白、馬魯陳相約分纂，當亦屬諸江、焦，後乃由浙士編録也。

先生纂《純廟詩集注》，王文端爲進呈，賜《御製詩五集》，復諭召對圓明園，會林爽文陷臺灣報至，遂輟，人惜其數奇。林爽文事在是年，故列此。伊墨卿《留春草堂詩鈔》贈先生詩：「丞相禮賢意，俾韜金馬門。通儒經學重，上客布衣尊。慷慨憂時志，迂疏復古論。蕭蕭方落木，碩果盼秋原。」《自注》：「鄭堂館韓城王文端公邸第二十年。」案：先生館文端第未識始於何時，阮文達《高密遺書序》云：「子屏嘉慶初年入京師，予薦館王韓城師相家，備查列《御製詩注》之事，終落魄歸揚州。」先生館文端第既二十年，不得至嘉慶初年始入京師。坿記於此，以竢再考。

冬，在揚州與葉霜林名英。訪焦理堂。先生與理堂皆以淹博經史爲藝苑所推，時有「二堂」之目。厥後又稱「江焦黄李」，謂黄謙牧、名承吉。李濱石名鍾泗。也。

五十三年戊申　二十八歲

臘月二十一日，王蘭泉先生招翁學使振三及先生，與曹仲梅等官齋小集。己酉正月初八日，復邀振三、仲梅諸君小集。《春融堂集》並有詩，蘭泉時官江西布政使，先生蓋仍客江西。

五十四年己酉　二十九歲

五十五年庚戌　三十歲

有《廩膳生吴君墓表》。吴名兆松，字蒼虯，江都人，卒於是年，故列此。蒼虯子夢熊，字曰達，先生與曰達有尹、班之雅。每見蒼虯，執弟子禮，嘗謂先生曰：「讀書當融釋，講學在縝密；不讀書無入德之門，不講學無自得之樂。」

五十六年辛亥　三十一歲

館王文端第。洪稚存時以編修充《石經》收掌詳覆官，文端爲《石經》館總裁。稚存手定條例，屬先生呈之文端，文端是其説。彭文勤主其事，以爲不然，文端不能與之争也。後文勤自作凡例，文端命先生勘定，駁其紕謬者數十條。文勤大怒，謂先生與稚存互相標榜。

五十七年壬子　三十二歲

五十八年癸丑　三十三歲

淩次仲和先生《芍藥吟》。淮陰史上舍性嗜花，先生賦《芍藥吟》贈之。在灤陽，史以示次仲，因和先生韵。先生原作録下：「鼠姑香殘過穀雨，續芳紅藥當階吐。淡紅香白滿城闉，豐臺名花賤如土。史侯愛花不好名，前身曾主芙蓉城。千枝萬朵塞破屋，浮空一片香雲生。斯人肝腸豔於雪，棄紅取白更癡絶。清宵人静妒月明，不放銀蟾騁皎潔。重簾犀押垂窗櫺，抽豪日寫《靈飛經》。蜂須蜨翅不敢近，護花郭女通三靈。廣陵江郎住隔屋，孝先自笑便便腹。閒時默誦孫樵文，鼻息摇花睡方熟。將離引我夢還鄉，篠園池館臨斜陽。晚風活色正惝怳，醒來鼻觀留餘香。慰我鄉思覓紅友，三百青銅沽一斗。酒酣耳熱忽高歌，醉向花前酹殘酒。願花莫作錦繡堆，四圍金帶争先開。魏公秋容淡老圃，它年誰可調鹽梅。」案：次仲是年夏五月隨王文端往熱河，先生當亦偕行。

自山右至都門，道出保陽，於查觀察處手摹《九歌》石刻。

在都與淩次仲、王更叔文端季子，名堉〔三〕。講求象緯之學。

五十九年甲寅　三十四歲

六十年乙卯　三十五歲

至金陵應布政司試，同人集小西湖。章枚叔云：「江翁没世，未嘗試府縣廷。」然先生實以國子監生屢應鄉舉而不第者。

冬，阮文達自山左移任浙江，過揚州，先生偕黄秋平、林庾泉、鍾鼓崖、徐心仲、汪晉蕃、掌廷、方月槎、黄春谷、焦里堂、方菊人、汪味芸、李濱石、濮朝衡、翼符、子耕、李艾堂、周采巖、鄭雲洲、何夢華餞之於虹橋浄香園。是日，寒雨滿湖，未及平山而返，奚鐵生爲作《虹橋話舊圖》。文達嘗稱先生「淹貫經史，博通羣籍，旁及九流二氏之書，無不綜覽。所爲詩古文詞，豪邁雄俊，卓然可觀。爲人權奇倜儻，能走馬奪槊，豪飲好客，至貧其家，徧游齊、晉、燕、趙、閩、粤、江、浙〔四〕。王韓城師極重之」。

在揚州，與徐心仲親善，講習經史。心仲攜婦入城，與先生所賃之屋衡宇相望，每相遇，輒日旰忘食，夜分不寢。心仲出所箸《論語疏證》，先生爲之序。

仁宗嘉慶元年丙辰　三十六歲

有《亨年室銘》。爲黄謙牧作。先生長謙牧十齡，締交時先生甫及壯，見《夢陔堂文集》

先生《象贊序》。

二年丁巳　三十七歲

春，與六安張篠原同客王文端第，談釋地沿革之難，作《六安州沿革説》。先生又有《與張篠原書》。

三年戊午　三十八歲

在白下作《鶯嗁序》一闋。是年，自京師歸，重來白下。先是，乙卯同人集小西湖，汪古香約填《鶯嗁序》，先生悤悤渡江，未暇倚聲。是年，熊甡欄復舉此會，先生乃填是調，以踐前約。

秋，焦理堂出所製《釋椭》示先生，先生爲之序。

四年己未　三十九歲

夏仲，有《多寶塔帖跋》。

先生從王蘭泉先生游，垂三十年，論學談藝，多蒙鑒許。蘭泉因袁簡齋以詩鳴江浙閒，從游者若鶩，乃痛詆簡齋，比之「輕清魔」。提唱風雅，以三唐爲宗，而江浙李赤者流，以至吏胥之子、負販之人，能用韵不失拈者，皆在門下。是年，先生從京師南還，至武林，謁蘭泉於萬松書院，從容言曰：「明時湛甘泉，富商大賈多從之講學，識者非之。今先生以五七言争立門户，而門下士皆不通經史、惝知文義者，一經盼飾，自命通儒，何補於人心學術哉！且昔年先生謂笥河師『太丘道廣』，藩謂今日殆有甚焉！」是時，依草坿木之輩，聞先生言，大怒，造謗語搆怨，幾削箸録之籍。先生先見知蘭泉，後游京師，入王文端幕。先生嘗作《河賦》，沈博絶麗，論者謂可與木玄虚《海賦》、郭景純《江賦》並傳。蘭泉《跋》云：「本《漢書》《水經》以立言，故魏晉後置莫論也，醇厚班駁，亦似鄒、枚。」金鐘越《椶亭詩鈔・書江鄭堂河賦後》云：「黄河西北來，銀夏受其利。延緣出龍門，厥性乃暴肆。分疏爲九道，聖人巧用智。因勢而利導，所行在無事。後世賈讓策，獨見乃棄地。堨流雖有法，但作目前計。況今廟堂儒，窮源得根蒂。試採宋元書，襭兹漢魏製。文瀾既益雄，賦則當更麗。請君放厥詞，庶以繼其志。」《河賦》有錢坤《注》，江陰繆氏刊入《藕香零拾》中。

先生遇洪稚存於宣城，論《説文解字》「五龍六甲」之説及「冕」「旒」字，不合。稚存出示所作古文，先生又指摘其用事譌舛。稚存斷斷强辯，先生曰：「君如梁武之護前矣。」因談及「輿縣」，稚存云在江都，先生據《文選注》赤岸山之證，當在六合。先生又謂《太平寰宇記》鄧艾石鼈城、白水陂事，不見於史而已，並未言無此事也。稚存忽寓書先生，謂興縣實在江都，而鄧艾事樂史本之《元和郡縣志》，豈可疑無此事者？先生恐激其怒，不答一字，遂不復相見矣。《北江詩話》稱先生《過畢弇山宫保墓道》詩曰：「公本愛才勤説項，我因自好未依劉。」亦隱然自具身分，惜其爲飢寒所迫，學不能進也」。南海伍氏謂爲「報復之師」。案：《北江年譜》己未稚存似未曾至宣城，稚存至宣城當在丙寅、丁卯修《寧國府志》時。《淩次仲年譜》丙寅二月，《與寧郡魯子山太守札》有「今日之招，雖鄭堂、稚存舊雨咸集，竟不敢奉陪」之語，是先生與稚存宣城遇後，遂不復見。疑非嘉慶四年事，姑記於此以竢考。

是年，江艮庭先生殁。孫淵如《平津館文稾·江聲傳》：「嘉慶四年九月三日卒，年七十有九。」《續疑年録》同。《漢學師承記》云：「年七十有八。」卒年未詳。案：《尚書集注音疏》卷十二末艮庭自識「乾隆五十四年，年六十有九」，又《小引》「五十八年，年七十有三」，以此計之，卒嘉慶四年實七十有九，若年七十八，則當卒嘉慶三年矣。疑《漢學師承記》誤。

五年庚申　四十歲

六年辛酉　四十一歲

汪孟慈以《許浦都司塼考》見賞於先生，孟慈時方十六歲。

七年壬戌　四十二歲

是年秋，王文端乞休，明年春歸里。

八年癸亥　四十三歲

九年甲子　四十四歲

十年乙丑　四十五歲

正月，王文端卒於京邸。文端以去年謝賜壽入京。

先生與宋帥初、名葆淳，安邑人。焦理堂、秦敦夫、阮文達擬送唐石佛入焦山，未果。後道光十年，齊梅麓始親載石佛入山，見《焦山志》。

有《與阮侍郎書》。文達以所作先人《墓表》示先生，先生致書論之。案：文達以是年丁父憂，故列此。

雲間汪墨莊名緄。工詩，少與先生共唱酬，已而落魄江淮，乃館之於家。王柳村謂先生「好客忘貧，今之顧俠君也」。《北江詩話》云：「墨莊寄食江上舍藩家，聞余至揚，偕江來訪，同至傍花村看菊。明日，攜之謁揚州太守伊君秉綬，屬爲之地。」案：墨卿守揚在乙丑至丁卯閒，姑坿於此。

十一年丙寅　四十六歲

春，在宣城。時洪稚存修《寧國府志》，淩次仲主敬亭講席，並在宣城。

阮文達在甘泉山惠照寺獲四石，先生以爲漢淮南厲王胥冢石也〔五〕。翁覃溪蘇齋《跋》云：「是胥自造宮殿石，非冢中石。」

十二年丁卯　四十七歲

六月十二日〔六〕，釋粟莽告先生舊城二巷井闌有宋嘉定三年蔣世顯刻字，字五行，計六十八字，先生即同兄仙舟、表弟方象明攜紙墨往。是日，赤日如爐，火雲似織，揮汗搨之。旁觀咸以爲癡，而三人不顧也。

儀徵令顏公續修《縣志》，阮文達屬先生以《輿地紀勝》中《真州》一卷，校補前令陸公舊《志》，得數十條，顏刻諸《續志》之末。

有《與伊墨卿太守書》。先生先在江寧聞墨卿丁父憂，返揚見訃有「稽顙拜」「拜稽顙」

之文，作弔入署，見門狀亦然，因致書論之。

有《清故刑部山東司員外郎鄭君墓誌》。鄭名宗汝，字翼之，江都人，以是年葬江寧，故列此。

十三年戊辰　四十八歲

三月既望，作《朱處士墓表》。月日見《二亭詩鈔》卷首。

十四年己巳　四十九歲

春，客游四明，道出吴門。季秋，復來吴，作《吾母王孺人傳》。先生母先王孺人殁，先生扶柩回邗上，見《傳》中，惟未詳何年。王孺人長子學海，與先生同學，娶先生妹，妹亦先王孺人殁。

十五年庚午　五十歲

有《節甫字説》。

有《詞源跋》。秦敦夫刻《詞源》在嘉慶庚午，重刻在道光戊子，姑繫於此。《半氈齋題跋》又有《駱賓王文集》《草堂詩餘》二跋，當亦爲敦夫作也。

十六年辛未　五十一歲

先生既爲《漢學師承記》，復以《傳》中所載諸家撰述有不盡關經傳者，有雖關經術而不醇者，乃取其專論經術而一本漢學之書，倣唐陸元朗《經典釋文》傳注姓氏之例，作《經師經義目録》一卷，坿於《記》後。其義例有四：一，言不關乎經義小學、意不純乎漢儒古訓者；一，書雖存其名而實未成者；一，書已行於世而未及見者；一，其人尚存，箸述僅坿見於前人《傳》後者，並不箸録。命子鈞繕録。良月既望，鈞因識其後。先生無子，嘗有「門衰祚薄，養姪爲兒」之歎。《（同治）揚州府志》：「江懋鈞，字季調，年十六父殁，早補諸生。叔父藩以樸學名東南，所交多海内通儒，每宴集，懋鈞皆侍，由是問學日進。箸有《詩經釋義》《爾雅旁證》《鷗寄齋古今體詩》。」先生《樂縣考》末坿懋鈞《宫縣建鼓設於四隅辨》，當即鈞。懋鈞子璧，同治四年進士，進賢知縣。璧子賡學，諸生，有孝行。

十七年壬申　五十二歲

在揚州，作《淩次仲校禮堂文集序》。略云：「藩與君交垂三十年，論樂會意，執禮析疑，雖隔千里，同聲相應。豈知日景西頹，遽從短運，遺迹餘文，觸目增泫。」

汪孟慈爲作《國朝漢學師承記跋》。

十八年癸酉，五十三歲

阮文達督漕，延先生主講山陽麗正書院，以布衣爲諸生師。先生發策問漢、魏《易》十五家，山陽丁儉卿晏條萬餘言，摭羣籍之精，抉象數之奥，先生歎賞之。

應鄉試，宣城張褧伯名其錦。謁先生於江寧，先生出《樂縣考》示之。九月望日，褧伯爲作序。褧伯稱先生「體豐神壯，興趣勃勃」。

十九年甲戌　五十四歲

二十年乙亥　五十五歲

中秋後五日，顧千里爲作《扁舟載酒詞序》。《思適齋集》又有《江鄭堂詩序》，録於下：「世之論詩者，以爲有學人之詩，有詩人之詩，此大不然。詩也者，學中之一事，如其不學，無所謂詩矣。是故吾友江君鄭堂，人咸知其爲學人也，而其詩神思雋永，體骨高秀，鎔裁精當，聲律諧美，雖窮老盡氣期爲詩人者，未見其能臻此也。生平所作極富，散失幾盡，今子某始掇爲二卷。吾觀天下詩人讀鄭堂詩者，曉然曰『學之所至，詩亦至焉』，則詩道其興矣。敢書斯言以爲序。」吴山尊亦有《半氈齋詩集跋》，見《汪氏學行記》。又《山尊集》中《初三日晚晴補和鄭堂元日雪中詩》有「延齡專倚長桑術」句，《注》：「時病甚，專服君方。」先生殆善醫矣，坿記於此。

二十一年丙子　五十六歲

秋，在揚州，以畫蟬柳扇索顧千里題，千里爲填《小重山》一闋。

秋，得痹疾。冬十一月，遇宋帥初於白公隄上，方晴江爲先生作《募梓圖》。

帥初《跋》云：「甘泉江君節甫樂志典墳，潛心撰箸，箸有《周易述補》四册、《易大義》三卷（案：今《江氏叢書》中有《易大義》一册，爲惠松崖徵君撰，非先生箸。先生嘗欲爲松崖補《易大義》三卷，未成。見先生嘉慶二十五年撰《易大義跋》中。惟宋《跋》云已繕寫成書，與先生《跋》不合矣）、《樂縣考》二卷、《國朝漢學師承記》八卷、《舟車聞見録》十卷，皆繕寫成書矣。嘉慶二十一年冬十一月，相遇於白公隄上，節甫謂余曰：『某今秋忽得士安痹疾，幾成鑿齒半人，視富貴如浮雲矣。惟平生精力半瘁於此，恐魂魄一去，將安秋草。欲謀剞劂，募之同學。』適淳安方君晴江在坐，云：『在歙時見仇十州畫《朱性夫募驢圖》，祝京兆、唐解元皆出資書疏中。仿其意爲作《募梓圖》，持游江湖，當有應之者。』《圖》成，予爲之記。」案：此《圖》後爲江建霞所得。

二十二年丁丑　五十七歲

龔瑟人爲先生敘所箸書。略云：「江先生以布衣爲掌故宗且二十年，乾隆朝佐當道治四庫、七閣之事，於乾隆名公卿、老師宿儒，畢下上齮齕，萬聞千睹。窺氣運之大原，孤神明以突往。」謂《漢學師承記》也。冬至日，瑟人又坿與先生《箋》。固始蔣子瀟湘南嘗從先生問奇字、研經術，見《七經樓文鈔》閻彤恩《序》，坿記於此。

二十三年戊寅　五十八歲

客游南昌。陽城張孝廉子絜出惠松崖徵君《易大義》示先生，爲江艮庭先生手寫本。徵君《易大義》三卷，《目録》云：「《中庸》二卷，《禮運》一卷，闕。」當時箸於目而實無其書。徵君子漢光即以此爲《大義》耳。先生手録一帙，知非《易大義》，乃《中庸注》也。

夏，客羊城。先生先晤陽城張君，後來嶺表，見《揅經室二集·李尚之傳》。先以箸述數種付刊問世，四方争傳誦焉。

阮文達延先生纂輯《皇清經解》《廣東通志》《肇慶府志》，留幕府最久。所得館金，盡易端谿石硯。後去粤時，歸裝壓擔，暴客疑其挾巨金，尾之兼旬，易舟發篋，乃唾而去。文達嘗擬取清代諸儒説經之書以及文集、説部加以翦截，引繫於羣經各章句之下，勒成一書，名曰《大清經解》，以爲能總其事、審是非、定去取者，海内學友惟先生及顧君千里二三人。案：此所云《經解》，與後來體例不同，學海堂本爲嚴厚民所輯，實以人之先後爲次序，不以書爲次序也。又文達《高密遺書序》云：「子屏飢驅至嶺南，余延總纂《廣東省通志》，數年書成。余調任雲南，遂歸揚州，不再相見。子屏隨手揮霍，雖有陸賈裝，無益也。」案：文達於道光丙戌六月調雲南，而先生姪孫順銘則云「道光乙酉退息里門」，殆先一年歸矣。

是年除夕，阮文達爲作《國朝漢學師承記序》。《夢陔堂詩集·觀〈漢學師承記〉懷江鄭堂粤東》云：「祖龍燔書《六經》喪，漢儒續絶嚴師傳。西京人自守一説，力抱殘缺存簡編。由無之有等㧑護，與失微緒寧拘牽。所以當時重授受，專經譜系如曾玄。東都學者閒旁涉，邵公幼季尤稱賢。偉哉鄭許靡不貫，有似巨海納百川。自從肅弼逞臆會，立言非必皆古先。紛紛同異每互證，南葉北葉各有偏。貞觀諸儒作《義疏》，但解徵綜不解研。焉知宋後實學廢，自許精義徒空詮。坐談性命固道本，苟無禮樂何由宣。物名象數如可置，何必一畫文開天。我朝古義發無隱，闢使有藴胥昭懸。聖人如日衆星列，中天景運由陶甄。太原德清濬導始，後逮吴歙雙渟淵。支流派衍遂分出，師承不異昭宣年。邇來混沌盡鑿破，一埽疑似歸本然。脱非兩漢能繼述，四代何自供搜穿。聲音弗通字莫釋，訓詁弗講辭難箋。不明制作人道舛，不究推步天行愆。秦郵王氏潤州段，新安程叟疁城錢。目中所見幾先輩，在漢可列經師筵。吾友淩焦及江李，曩時聚訟猶目前。三君墓木皆已拱，江君遠客如南遷。夢寐康成志矻矻，淵源紅豆膺拳拳。不忘數典創斯作，直憑一綫垂仔肩。茫茫絶業望千載，一堂恍接逵與虔。太常籍奏虎觀論，對此猶遜覃敷全。悔我平生學《詩》《禮》，篋中殘稾成遷延。故人垂問倘見及，更何歲月饞丹鉛。此書一出俗儒省，導訓可令長緜緜。文章性道本一貫，無忘博約求高堅。」

二十四年己卯　五十九歲

二十五年庚辰　六十歲

三月朔，作《惠松崖徵君易大義跋》。

九月二十一日，跋宋搨本《隸韻》。文云：「敦夫太史所藏，乃餘清齋之故物，董文敏有跋語。惜缺《表》一首。老友趙晉齋云天一閣藏本有《表》文半篇，今爲雲臺先生所得。《碑目》亦殘缺不全，藩曾補完之。敦夫刻本《碑目》下半册，即藩所輯也。」

爲阮賜卿名福，文達子，先生弟子也。說《毛詩》，因檢《爾雅正字》舊稾，重加删訂，據古本釐爲三卷，易名《小箋》。

宣宗道光元年辛巳　六十一歲

霜月庚申，作《爾雅小箋自序》。霜月，見《韓勑造孔廟禮器碑》。《集古録》以霜月爲九月，黄扶孟、劉楚楨從之。錢竹汀、王石臞並引《爾雅》「七月爲相」，以霜月即相月。坿記於此，竢考。

阮文達刻《江蘇詩徵》成。是書王柳村所輯，文達束其稾入粵，屬先生與許楚生、淩曉樓删訂校正者也。阮賜卿倣祭詩故事，隨先生祭之，有詩畫卷。

是年八月二十六日，曾晃士爲作《隸經文序》。此先生從諸文中删存者，苟非説經皆不録。

九月，吴石華爲作《隸經文跋》。晃士稱先生「善漢學，不喜唐宋文，每酒後耳熱，自言文無八家氣云」。石華稱先生「今年六十有一矣，矍鑠善飯」。

二年壬午　六十二歲

嘉平月，長白達三字誠齋。爲作《國朝宋學淵源記序》。在粵東榷署。又先生《自序》略云：「近今漢學昌明，有一知半解者，無不痛詆宋學。然本朝爲漢學者，始於元和惠氏，紅豆山房半農人手書楹帖云：『《六經》尊服鄭，百行法程朱。』不以爲非，且以爲法。藩爲是《記》，實本師説。嗟乎！耆英彫謝，文獻無徵，甚懼斯道之將墜，恥躬行之不逮也。」

三年癸未　六十三歲

四年甲申　六十四歲

五年乙酉　六十五歲

退息里門，窮老益甚，所僦屋遷徙無定，客羊城時所刻書板，亡失過半。阮文達《高密遺書序》云：「黄右原奭言幼讀書，入安定書院，曾賓谷先生異之，曰：『爾勿爲時下學，余薦老師宿儒一人與爾爲師。』乃甘泉江子屏藩也。右原以重脩禮延之館其家。四年，子屏老病卒。」蓋先生退息里門後事也，當在丙戌、丁亥閒，坿記於此。

六年丙戌　六十六歲

七年丁亥　六十七歲

八年戊子　六十八歲

九年己丑　六十九歲

姪孫順銘等請於先生，將所刻書板修補而彙萃之，顔曰《節甫老人雜箸》。光緒丙戌，姪曾孫巨渠又以板多殘闕，命二子朝棟、朝楨校讐補刊，今《江氏叢書》即此本。

十年庚寅　七十歲

十一年辛卯，七十一歲

先生卒。張午橋跋《扁舟載酒詞》云「卒年七十一」，未言何年。以生乾隆二十六年推之，應卒道光十一年。陳穆堂《讀騷樓詩二集·汪冬巢寒林獨步圖序》云：「道光庚寅，江鄭堂、許楚生、李練江、周樂夫相繼殂謝。」則當年七十矣。包慎伯《安吴四種·汪冬巢傳》亦云：「庚寅，君之執友三數人皆以物故，爲《寒林獨步》之圖。」坿記於此，以竢再考。汪孟慈跋《爾雅小箋序目》云：「江先生爲大興朱學士弟子，博覽九流，尤精史學。爲人闊達大度，視友朋如性命，散其家産，結納滿天下，竟以餓死。吁！可悲也。」黄謙牧《夢陔堂詩集·江鄭堂没已數月秋窗坐憶惻然成詩》云：「緊予弱冠年，文章頗馳騖。經書雖爛熟，但解事章句。如何爲貫穿，茫然若乘霧。逭論其室堂，不知有門户。無何遇江君，言論迥異趣。吐詞必宗古，内實外敷布。朗如列宿分，不特百川注。瞠乎若有失，側聳叩以故。君曰吾語汝，此豈空領悟。古來善讀書，讀横不讀竪。要在研精微，能使經義著。記誦非可師，經師有先路。由是俗見祛，恍然若趨曙。明我以六書，析我以九數。通我以金石，擴我以傳註。後來交浸多，引類從此赴。我行雖未逮，非君莫假步。君身爲學海，君胸即武庫。鑄金事高密，重以廣資助。窮源極窔奥，闢盡妄與固。箸書今滿家，顛倒横竹素。當時游京華，宰相汲延譽。高名崛非常，幾將致殊遇。如何竟無成，奔走四依附。東看錢塘朝，西尋豫章樹。南登越王臺，北臨耿公渡。歸來已衰年，窮愁畢呈露。回憶少壯時，酣飲數指顧。答人問百家，未有一字誤。光怪如目前，聞者莫不妒。曾是遂蹉跎，無人與調護。吾鄉邃經者，幾輩皆就墓。賴君爲靈光，今日復訣去。舊會滋銷沈，通儒不再晤。所關鍾靈奇，奚獨感遲暮。慚負駑蹇姿，每念飛子御。嘆逝益思哀，滔滔水空度。」又《文集·江鄭堂象贊》云：「江君懋學，式懷淵充。千秋一師，源窮派通。江君植躬，載以夷曠。不屑不潔，而非儻蕩。孟喜不達，范丹長貧。憂乃騷屈，樂亦蠖伸。南樓依人，北海好客。飲三百杯，傲二千石。塵席已矣，衡門闃然。想其堂階，如流百川。學毋云遥，經神宛在。金石豈渝，丹青不改。」王句生《舍是集·挽江鄭堂先生》云：「實學昭代崇，宗風遞流衍。《六經》觀文章，根柢固不淺。先生信好資，哀籍縱流眄。異説明師承，深心獨精闡。蚤年負書游，聲華轢京輦。吮筆窺宸章，旁徵引墳典。鈔成奏松扉，五雲翼丹篆。皇情頗忻悦，召傳俞未遣。金鞍捧賜函，榮耀照軒冕。（先生恭撰《純廟詩小注》，由王韓城相國進呈，恩賞

《御製詩五集》。後許召對圓明園，因聞林爽文逆信，廟謨勞旰，遂未果召。）脱略時公卿，無心致通顯。東南學海堂，坐抗廣筵辯。都講風每移，操行石匪轉。山嶽論知交，黄金一言踐。元禮天下模，詎徒藝文選。晚從粤嶠歸，足息剩雙趼。舊篋新生塵，零落紙萬卷。糲食餔旰光，席門臥陰蘚。蕭條睇孤雲，奄忽送餘喘。往余接德鄰，青天屢容展。（嘉慶間，曾與先生同住北城外。）裁縑旁質疑，豹鼠指能辨。回首高山頽，馬悲涕長泫。廟食同慨梁，豐碑莫置峴。人壽徒須臾，悠悠孰徵善。遺編多待傳，募梓更虚願。（先生已刻書，惟《周易述補》《隸經文》《國朝漢學師承記》《宋學淵源記》，餘稾多散失。又嘗畫《募梓圖》，載之行篋。）空徇假年心，再想音塵緬。名實伸其常，庶令後來眷。」薛介伯《學詁齋文集·揚州十經師贊·江氏藩》云：「昭代崇經，黜浮持正。韋布高名，上達天聽。學究師承，辨章爲盛。《周易述補》，精於攷證。捧手受教，塒見氏姓。文箸《隸經》，不同餖飣。博稽六藝，希風後鄭。緊無小同，禮堂誰定？」

無子，生時議以兄子爲後，卒不果。《夢陔堂文集》先生《象贊序》云：「屬伯道之嗟，嗣從旁治。罔穫先疇，浮沈筲斗。」又似有嗣子而不肖者。

先生自京歸，盛稱徐星伯及徐少鶴曰：「京師學者，孰與二徐！」先生殁，星伯出泉十萬貫，俾汪孟慈録先生遺書，與吴太守、陳明經是正之。

先生所箸書有《周易述補》五卷、在《學海堂經解》及《江氏叢書》中，卷七、卷八合爲一卷，故《經解》祇四卷。《國朝漢學師承記》八卷、《經師經義目録》一卷、《國朝宋學淵源記》二卷、《埘記》一卷、《隸經文》四卷、《續隸經文》一卷、《樂縣考》二卷、以上數種在《江氏叢書》及《粤雅堂叢書》中，《隸經文》亦在《經解續編》中，惟《續隸經文》，《粤雅堂》及《經解續編》並無之。《扁舟載酒詞》一卷、在《江氏叢書》中。又有題《六家詩詞》者，内有《扁舟載酒詞》。六家爲金冬心、朱老匏、朱二亭、汪巢林、羅兩峰及先生。《爾雅小箋》三卷、《鄦齋叢書》中。《炳燭室雜文》一卷、《滂喜齋叢書》及《積學齋叢書》中。《半氈齋題跋》二卷、《功順堂叢書》中。《經傳地理通釋》、《儀禮補釋》、《考工戴氏車制圖翼》、《石經源流考》、《禮堂通義》、《通鑑訓纂》、《揅經室集》有《序》，略云：「江君鄭堂，專治漢經學，而子史百家亦無不通。于《通鑑》讀之尤審，鈔成《資治通鑑訓纂》若干卷，皆取其所采之本書而互證之，引覽甚博，審決甚精。」《乙丙集》、《伴月樓詩鈔》、王柳村《羣雅集》載先生詩四首，録於下。《三楚》一首：「三楚傳消息，連天草色空。傷心歌碩鼠，極目送哀鴻。楊柳誰家月，笙簫别院風。兩川估客斷，米價問江東。」《月夜渡太湖》一首：「十月湖水清，扁舟去二更。丹楓當夜落，明月共潮生。樹樹碧雲合，峰峰翠靄輕。它年如泛宅，垂釣答昇平。」《答吴玉松》一首：「僻巷無人迹，成都揚子居。暮雲天際闊，春草故交疏。（謂眉峰、文洲、遠齋。）邀月呼酸酒，尋人讀冷書。商量詩格律，結習去無餘。」《衞霍》一首：「伏波久駐五溪蠻，看徧湘南處處山。只恐功成枯萬骨，天教馬革裹屍還。」《蠅須館雜記》、計五種，爲《槍譜》

《葉格》《茅亭客話》《緇流記》《名優記》〔七〕，見《揚州畫舫録》。《舟車筆談》、嘉興錢氏《碑傳集》曾載一則。《舟車聞見録》十卷。此目見宋帥初《募梓圖跋》中。疑即《舟車筆談》。

案：《經傳地理通釋》以下數種，並尚未見。又有《經解入門》八卷，署甘泉江藩纂，前有阮文達序，光緒中上海石印，十九年癸巳復刻於廣西書局，馮德材《跋》已決其非先生真本矣。

自題江子屏先生年譜槀後六首

萬聞千睹拓規模，學術寧因漢宋殊。早有淵源溯紅豆，並尊服鄭法程朱。

敖游南北布衣尊，長揖升階禮數敦。一事傲它洪太史，未從幕府拜師門。

同心汪阮播蘭芬，樸學揚州自一軍。不似桐城矜義法，卓然雄俊《隸經文》。

先生自言文無八家氣，蓋猶汪容甫不慊於方靈皋諸人之意耳。

十載秋風海上琴，箸書辛苦鬢霜侵。歸裝賸壓端谿石，豪客休疑陸賈金。

《載酒扁舟》引興長，《仲軒》《薇竹》亦芬芳。填詞老去風流在，不獨談經豔二堂。《扁舟載酒詞》，中華書局印《清史列傳》作《江湖載酒詞》，誤。吾揚經師有詞集者，似只江、焦二家，它人尚未見。

千秋青史詎相關，《列傳》《儒林》待要删。付與旁人評得失，朱翁一例落孫山。《清史稿》竹君、正三及先生並無傳。

校勘記

〔一〕「江陵」，《國朝漢學師承記》卷七《李惇》作「江陰」。

〔二〕按：《乙丙集》稿本今藏中國國家圖書館，卷上六十五首，卷下六十三首，共一百二十八首，卷首《自序》所言亦與此合。

〔三〕按：據王杰弟子阮元所撰《王文端公年譜》，王杰（謚文端）共有四子，長子名垛時，次子名埒時，三子名埴時，四子名塽時。故閔《譜》稱王更叔「文端季子，名埴」有誤，當作「文端叔子，名埴時」。閔《譜》「在都與淩次仲、王更叔文端季子，名埴。講求象緯之學」一條，當出自張其錦撰《淩次仲先生年譜》「五十八年癸丑，先生三十三歲」條下「是年，在都與江鄭堂藩。及王文端公季子更叔埴。講求象緯之學」，乃張氏不明王杰子嗣情況而誤記。

〔四〕「江浙」，原作「浙江」，據阮元《定香亭筆談》改。

〔五〕按：此條材料采自阮元《揅經室三集》卷三《甘泉山獲石記》，原文亦作「淮南厲王胥」。然劉胥为漢武帝劉徹第四子，元狩六年（前一一六）封爲廣陵王，謚號厲，故後人稱廣陵厲王，則此處「淮南」當作「廣陵」。

〔六〕「六月十二日」，《功順堂叢書》本《半氈齋題跋·宋嘉定井欄題字》作「六月十一日」。

〔七〕「茅亭客話」，中華書局校點本《揚州畫舫録》作「茅亭茶話」。

附録二

新編江藩年譜〔一〕

高明峰編

清高宗乾隆二十六年辛巳(一七六一) 一歲

三月二十二日,先生生於吴縣寓所。(江藩《隸經文》卷四《節甫字説》、江沅《染香盦文外集·處士江公墓誌銘》)

先生初名帆,一作颿,字雨來,一作豫來。後改今名,字子屏,一作國屏,號鄭堂,又號水松、竹西詞客,晚號節甫、節父、節甫老人、炳燭老人等,佛號辟支迦羅居士。祖籍安徽旌德,自祖父日宙遷徙揚州後,遂著籍甘泉。先生父名起棟,字胥容,號秋莊,佛號若波。學佛有年,明於去來。嘗曰:「儒自爲儒,佛自爲佛,何必比而同之?學儒學佛亦視其性之所近而已。儒者談禪,略其迹而存其真,斯可矣。必曰佛、儒一本，亦高明之蔽也。」先生守庭訓，少讀儒書，不敢闢佛，亦不敢佞佛。（江沅《染香盦文外集・處士江公墓誌銘》、江藩《國朝宋學淵源記・附記・程在仁》）

先生母吴孺人、徐孺人，姐某，生年皆不詳。先生乃徐孺人所出。（江沅《染香盦文外集・處士江公墓誌銘》）

是年，先生師友中，吴兆松五十二歲，袁枚四十六歲，朱筤四十四歲，童鈺四十一歲，江聲四十一歲，王昶三十八歲，汪縉三十七歲，王杰三十七歲，錢大昕三十四歲，余蕭客三十三歲，朱筠三十三歲，羅聘二十九歲，翁方綱二十九歲，薛起鳳二十八歲，李惇二十七歲，段玉裁二十七歲，謝啓昆二十五歲，吴翌鳳二十歲，方正澍十九歲，江鏐十九歲，邵晉涵十九歲，汪中十八歲，武億十七歲，洪亮吉十六歲，吴錫麟十六歲，吴雲十五歲，宋葆淳十四歲，李斗十三歲，胡量十一歲，劉台拱十一歲，胡虔九歲，伊秉綬八歲，石鈞七歲，吴鼒七歲，凌廷堪六歲，褚華四歲，錢泳三歲，鈕樹玉二歲，曾燠二歲，秦恩復二歲，鍾褱一歲，朱錫庚一歲。

二十七年壬午（一七六二）　二歲

是年，余蕭客撰成《古經解鉤沈》三十卷，並題寫《後序》。（余蕭客《古經解鉤沈》

卷一上《後序》）

是年，顧鳳毛、達三生。鳳毛爲九苞長子，後向阮元薦舉先生參纂《經籍籑詁》。先生亦嘗致函焦循，請代爲問候顧氏。（閔爾昌《江子屏先生年譜》乾隆五十二年條）

二十八年癸未（一七六三）　三歲

是年，王鳴盛丁母憂返里，旋卜居蘇州閶門，專意著述。（錢大昕《潛研堂文集》卷四十八《西沚先生墓誌銘》）

是年，汪中二十歲，治舉子業，深究群經注疏。時李因培督學江蘇，試《射雁賦》，汪中應試，榜出，列揚州府屬第一，入江都學爲附生。時杭世駿主講安定書院，見汪中文，深加歎賞，汪中因從杭氏借讀群經正義，學以日進。（汪喜孫《容甫先生年譜》乾隆二十八年條）

是年，李鍾泗、袁廷檮、焦循生。

二十九年甲申（一七六四）　四歲

是年，先生妹珠生。江珠字碧岑，號小維摩，善詩，有《小維摩詩稿》《青黎閣

詩》等，於乾隆四十六年嫁與吾學海。先生另有一弟，早殤。（江珠《小維摩詩稿》卷首江藩《序》）

是年，王文誥生。後先生與文誥同客阮元廣州幕府，稱許文誥爲鎔經鑄史之學。（梁鼎芬修，丁仁長纂《（宣統）番禺縣續志》卷二五《王文誥傳》）

是年，徐復、阮元生。

三十年乙酉（一七六五）　五歲

是年，乾隆南巡，王念孫以大臣之子迎駕，獻頌册，得賞舉人。（閔爾昌《王石臞先生年譜》乾隆三十年條）

是年，汪光爔生。

三十一年丙戌（一七六六）　六歲

是年，樂鈞、何元錫、吴嵩梁、王引之生。

三十二年丁亥（一七六七）　七歲

是年，臧庸、郭麐、江沅生。

三十三年戊子(一七六八) 八歲

秋,汪中應省試,本已中式,後不知何故被黜。尋病怔忡,遂不就省試。在江寧刻《策學謏聞》。(汪喜孫《容甫先生年譜》乾隆三十三年條)

是年,焦循受業於表兄范徵麟。(閔爾昌《焦理堂先生年譜》乾隆三十三年條)

是年,汪萊、李鋭、彭兆蓀、王豫、張鑑生。後先生與汪萊、李鋭時相過從,稱汪萊爲「密友」,於李鋭則自稱「老友」,與彭兆蓀、王豫、張鑑等亦有詩詞唱和。

(《國朝漢學師承記》卷六《汪萊》、李鋭《李氏遺書》之《漢三統術注》《漢四分術注》《漢乾象術注》卷末署「甘泉老友江藩校」、彭兆蓀《小謨觴館詩餘·齊天樂江鄭堂繪五更疏欲斷一樹碧無情詩意屬題爲賦此解》、江藩《伴月樓詩鈔》卷下《宿翠屏洲贈王柳村》、張鑑《冬青館乙集》卷二《北征集》有《過揚州見江鄭堂藩》)

三十四年己丑(一七六九) 九歲

是年,張鏐生。

三十五年庚寅（一七七〇） 十歲

是年，儀徵鹽船失火，汪中作《哀鹽船文》，杭世駿爲之序。（汪中著，田漢雲校點《新編汪中集》之《文集》第七輯《哀鹽船文》）

是年，顧廣圻生。

三十六年辛卯（一七七一） 十一歲

是年，汪中在當塗朱筠學使幕。（汪喜孫《容甫先生年譜》乾隆三十六年條）

是年，劉彬華、黄承吉生。

三十七年壬辰（一七七二） 十二歲

先生少長吴門。是年，先生從薛起鳳受句讀，諭以涵養工夫。（江藩《國朝宋學淵源記·附記·薛香聞師》）

是年，汪中在泰州與劉台拱、李惇相見，因與定交。冬，汪中與王念孫定交於朱筠幕中。（汪喜孫《容甫先生年譜》乾隆三十七年條）

是年，淩霄、方東樹生。

三十八年癸巳（一七七三） 十三歲

是年，清廷始修《四庫全書》。（《四庫全書總目》卷首《聖諭》）

是年，江聲撰成《尚書集注音疏》十二卷。（江聲《尚書集注音疏》卷末《後述》）

是年，汪中爲朱筠撰《朱先生學政記》。（汪喜孫《容甫先生年譜》乾隆三十八年條）

是年，劉華東生。

三十九年甲午（一七七四） 十四歲

冬，因朱筠之薦，汪中往寧波依馮廷丞。朱筠在薦書中稱汪中「通人也，其學知經傳之義，而達於史事，又善爲古文詞」。（汪喜孫《容甫先生年譜》乾隆三十九年條）

約是年，先生偕妹珠，從汪縉問學。汪氏嘗誨先生曰：「吾於儒、佛書，有一字一句悟之十餘年始通者。讀《二録》《三録》，當通其可通者，不可强通其不可通者。」（江珠《小維摩詩稿》卷末吾學海《後序》、江藩《國朝宋學淵源記·附記·汪愛廬師》）

是年，先生妹珠承嚴命從吴雲夫人學針黹事。先生與吴雲時相唱和，其《伴

月樓詩鈔》有《和答玉松》《玉松家梅花盛開作此索飲》等詩。(江珠《小維摩詩稿》卷末吾學海《後序》)

是年,薛起鳳卒,倪稻孫、金學蓮生。

四十年乙未(一七七五) 十五歲

先生束髮時即能爲五七言詩。是年,先生從惠棟弟子余蕭客游,始知《風》《雅》之旨,「於是上窺漢、魏、六朝,下逮李唐、趙宋,雖不能入天廚、竊禁臠,而鍾嶸之《品》、皎然之《式》,亦三折肱而思過半矣」。(江藩《乙丙集自序》)

先生《乙丙集》所録之詩,始於是年,集中第一首爲《宿雨亭張丈止園》。第二首爲《谷董羹》,乃與余師唱和之作,亦當作於此一、二年間。(江藩《乙丙集自序》)

是年,馮廷丞調臺灣道,汪中以母病不能偕往,於四月歸里。(汪喜孫《容甫先生年譜》乾隆四十年條)

是年,王念孫會試中式。殿試二甲第七名,改翰林院庶吉士。(閔爾昌《王石臞先生年譜》乾隆四十年條)

是年,胡世琦生。後與先生有詩唱和。(《國粹學報》第六年第十二號《撰録》之《贈

江上舍藩一首》《江上舍藩以日前在魯太守銓筵上辨説文中五龍六甲之義因步前韻見答復疊韻奉柬一首》）

四十一年丙申（一七七六）　十六歲

是年，先生受知於朱筠〔二〕。筠嘗勸諭先生及時爲樂，勿以功名利鈍爲意，先生甚爲折服，有「文章窟裏推先輩，仙佛中間第一人。若有朝雲相伴住，東坡居士定前身」之句〔三〕。（江藩《國朝漢學師承記》卷四《朱笥河先生》）

是年，余蕭客托書賈錢聽墨假滋蘭堂朱奐所藏《燈下閒談》，命先生鈔録一本。先生鈔録後題跋其上，署「江水松」。（繆荃孫《藝風堂藏書記》）

是年，汪中在江寧，受知於謝墉，與程瑶田定交。（汪喜孫《容甫先生年譜》乾隆四十一年條）

四十二年丁酉（一七七七）　十七歲

是年，先生師余蕭客卒。余氏爲文典博古茂，不輕易爲之。先生編次爲集，得二十餘篇藏焉。余氏卒後，先生師從江聲讀七經、三史及許氏《説文》，乃從之

受惠氏《易》。（任兆麟《余仲林墓誌銘》、江藩《國朝漢學師承記》卷二《江艮庭先生》）

是年，汪中被選入太學。王念孫與汪中、李惇同訪賈田祖，草堂歡聚，送汪中北行。五月，賈田祖卒，汪中爲撰《墓誌》。（汪喜孫《容甫先生年譜》乾隆四十二年條）

是年，戴震卒，汪潮生生。

四十三年戊戌（一七七八）　十八歲

是年，先生承江聲之學，著《爾雅正字》，以《説文》爲指歸。《説文》所無之字，或考定正文，或旁通假借，不敢妄改字畫。嘉定王鳴盛見之，深爲歎賞，謂先生曰：「聞邵晉涵太史作《疏》有年矣，子俟其書出，再加訂正未晚也。」（江藩《爾雅小箋》卷首《序目》）

是年，朱筤見先生歌詩，囑弟子張居壽爲介紹，引爲忘年之交。張氏與先生亦時有唱和，後張氏殁，先生輯録其與己酬贈之作爲一册，並爲之序。（朱筤《二亭詩鈔》卷首江藩《朱處士墓表》〔四〕、江藩《炳燭室雜文·張舊山詩集序》）

是年，吾學海之父爲學海求婚於秋莊公，聘先生妹珠爲妻室。（江珠《小維摩詩稿》卷末吾學海《後序》）

是年，吴慈鶴、車持謙、陳逢衡生。

四十四年己亥（一七七九）　十九歲

是年，先生假朱邦衡所藏惠士奇、惠棟父子手批本《説文解字》，鈔録並題記，署「江飆」。（王欣夫撰，鮑正鵠等整理《蛾術軒篋存善本書録·庚辛稿》卷一《説文解字》）

是年，焦循十七歲，應童子試，補縣學生。循受知於學使劉墉，並從之習經。後劉氏卒，循作《感大人賦》以紀之。（閔爾昌《焦理堂先生年譜》乾隆四十四年條）

是年，先生族姪懋莊生。後先生所刻《周易述補》《爾雅小箋》《漢學師承記》《宋學淵源記》《隸經文》《扁舟載酒詞》諸書，其板皆藏懋莊家。懋莊寶先生諸書而珍之，惟《扁舟載酒詞》一卷，板已散失。（江藩《伴月樓詩鈔》卷末江璧《跋》）

四十五年庚子（一七八〇）　二十歲

春，先生從朱奂處借讀汲古閣影宋鈔《九僧詩》。（江藩《半氈齋題跋》卷上《羣賢小集》）

時王昶、朱筠主盟文壇，天下奉爲宗匠，先生常侍左右。（何青《遂初堂詩集》卷首江藩《跋》）

是年，先生拜袁枚於山塘，袁氏盛稱先生之詩清拔工切。（江藩《伴月樓詩鈔》卷下《呈簡齋先生》、袁枚《隨園詩話補遺》卷一）

是年，先生與汪中定交，日相過從。容甫嘗謂先生曰：「予於學無所不窺，而獨不能明九章之術。近日患怔忡，一搆思則君火動而頭目暈眩矣。子年富力强，何不爲此絶學？」以梅氏書贈先生，先生遂知志位布策。（江藩《國朝漢學師承記》卷七《汪中》）

是年，洪亮吉、黄景仁流寓日下，貧不能歸，先生偕飲於天橋酒樓。遇武億，招之入席，盡數盞後，忽左右顧盼，哭聲大作，樓中飲酒者駭而散去。武氏謂先生曰：「予幸叨一第，而稚存、仲則，寥落不偶，一動念，不覺涕泣隨之矣。」先生以今日之唐衢戲之。（江藩《國朝漢學師承記》卷四《武億》）

是年，李惇會試中式。（江藩《國朝漢學師承記》卷七《李惇》）

四十六年辛丑（一七八一）　二十一歲

春，朱筠由閩返京，途經蘇州，與先生同游探梅。旋病逝，先生作詩悼之，有

「玉堂神仙今羽化，灞橋驢背誰人跨。催花風去敗花雨，梅爲誰開爲誰罷」云云。（江藩《伴月樓詩鈔》卷上《孟陬十八日陪筍河夫子游聖恩寺作此以呈》、卷中《栢因軒有梅一株倚墻而生今年春筍河夫子探梅見此㸌㸌樹本以竹杖去其枝頭蛛網謂藩曰何其古也十一月二十六日與墨莊約明年春宿還元閣作衆香國主人談及此事而先生已歸道山矣唏噓久之泫然泣下感而作此》）

是年，先生妹珠歸於吾學海。（江珠《小維摩詩稿》卷末吾學海《後序》）

是年，阮元與凌廷堪訂交於揚州。（阮元《揅經室三集》卷五《凌母王太孺人壽詩序》）

是年，徐松、汪鋆生。汪鋆爲先生友錫維長女，後與先生有詩唱和。（汪鋆《雅安書屋詩集》卷一《江鄭堂父執屬題秋江聽潮圖集唐人句》）

四十七年壬寅（一七八二）　二十二歲

六月，先生於揚州書肆中得宋槧本《羣賢小集》，乃馬氏玲瓏山館舊藏，後爲汪雪礓所有。先生録有《序目》一卷。先生亦因讀《羣賢小集》，始知《九僧詩》即《聖宋高僧詩選》之《前集》。（江藩《半氈齋題跋》卷上《羣賢小集》）

七月，《四庫全書》修成，永瑢等進表奏上。（《四庫全書總目》卷首《表文》）

是年，程在仁從先生處借述古堂精鈔本《吴越備史》及《道藏》本李荃注《太乙紫庭經》，後因程氏亡故而散失。程氏嘗下榻先生家，喜與秋莊公談論，自悲身世，憤激不平。秋莊公責其學儒、佛十餘年，胸中尚不能消「秀才」二字，遂醒悟。程氏與先生有書信論學，先生嘗致函程氏，答復居喪稱「棘人」之説。（上海圖書館藏清鈔本《吴越備史》江藩《跋》、《國朝宋學淵源記・附記・程在仁》、《隸經文》卷四《答程在仁書》）

是年，焦循傳家教，好《孟子》書，立志爲《正義》。子廷琥生。（閔爾昌《焦理堂先生年譜》乾隆四十七年條）

是年，阮元結識汪中於揚州。（阮元《揅經室續集》卷三《汪容甫先生手書跋》）

是年，童鈺卒。先生與童鈺時有唱和，其《伴月樓詩鈔》卷中有《二樹老人畫梅歌》《作二樹老人畫梅歌後老人作梅書長歌見答遂次其韻》《二樹先生畫梅竹一幅并題絶句見贈舟至江口阻風細讀於水窗中次韻一首》等詩。

四十八年癸卯（一七八三）　二十三歲

春，凌廷堪在京師聞先生作《周易述補》，心慕其人，惜未得見。（江藩《周易述

補》卷首凌廷堪《敘》）

是年，先生歸邗上，有平山之行。爲任兆麟作《孟子時事略序》和《書任心齋詩後》。先生與任氏訂道義交，時有「吴中二彦」之目。（任兆麟《孟子時事略》卷首江藩《敘》，王欣夫輯《炳燭室雜文補遺·書任心齋詩後》，張滋蘭選録、任兆麟閲定《吴中女士詩鈔·清溪詩稿》卷首江珠《讀松陵任夫人春日閒居詩即次原韻奉寄》）

是年，汪中往江寧，修《南巡聖典》。（汪喜孫《容甫先生年譜》乾隆四十八年條）

是年，黄景仁卒，阮元從弟阮亨生。黄氏與先生爲文字交。（江藩《伴月樓詩鈔》卷末江璧《跋》）

四十九年甲辰（一七八四）　二十四歲

是年，在揚州，汪中介凌廷堪與先生定交，廷堪爲先生《周易述補》作序。（江藩《周易述補》卷首凌廷堪《敘》）

是年，凌廷堪上書翁方綱，薦舉阮元，信中提及先生與汪中。（凌廷堪《校禮堂文集》卷二二《上洗馬翁覃谿師書甲辰》）

是年，謝墉督學江蘇，歲試揚州，阮元取入儀徵縣學第四名。先生因與阮氏

同學交善。（張鑑等《雷塘庵主弟子記》乾隆四十九年條、江藩《國朝漢學師承記》卷首阮元《序》）

是年，李惇卒。李惇嘗往江陰，留宿先生家，燃燭豪飲，議論史事，惇朗誦史文，往往達旦。明日，先生取史文核之，一字不誤也。時先生年少氣盛，好詆訶古人，惇從旁謂先生曰：「王子雍有過人之資，若不作《聖證論》攻康成，豈非淳儒哉！」少頃，又曰：「若夫佛氏輪回因果之説，淺人援儒入墨之論，不可不辨，子車氏所謂『正人心，息邪説』。苟不力闢之，是無是非之心矣。」（江藩《國朝漢學師承記》卷七《李惇》）

五十年乙巳（一七八五）　二十五歲

先生自編詩集《乙丙集》所收之作，止於是年。（江藩《乙丙集》卷首《自序》）

是年，先生於江安家觀覽其父立所藏宋刻本《金石録》及《謝皋羽像》。（潘祖蔭《滂喜齋藏書記》卷一「宋刻金石録十卷」條載江藩《金石録跋》）

是年，程晉芳卒。

五十一年丙午(一七八六)　二十六歲

正月十二日,先生自序《乙丙集》,有「丙午歲大饑,日唯一饘粥。貧居無事,發八百首讀之,吟哦之聲與饑腸雷鳴聲相斷續,乃去蕭取艾、伐稂存禾,得一百二十八首,釐爲二卷,上卷六十五首,下卷六十三首,起乙未,終乙巳」云云。(江藩《乙丙集》卷首《自序》)

二月五日,先生父秋莊公殁,年六十五。(江沅《染香盦文外集·處士江公墓誌銘》)

八月,先生爲任兆麟《夏小正注》作序。(任兆麟《夏小正注》卷首江藩《序》)丙午、丁未間,頻遭饑荒,先生以所聚書易米,書倉爲之一空,遂作《書窠圖》以寓感,一時耆宿題詠殆徧。先生所藏明初槧本《農書》,上有業師余蕭客《跋》,亦於此間轉手散失。(江藩《炳燭室雜文·石研齋書目序》《炳燭齋雜著·舟車聞見雜録續集·架田》)

是年,談泰中舉。談氏從錢大昕游,與先生、焦循等友善。亡故後,先生爲作《談階平遺書敘録》,采録於阮元《儒林傳稿》中。(阮元《儒林傳稿·談泰傳》)

是年，阮元應鄉試，以第八名中式。後抵京師，得見前輩學者邵晉涵、王念孫及任大椿。（張鑑等《雷塘庵主弟子記》乾隆五十一年條）

是年，林爽文在臺灣率天地會起義，攻占彰化，清廷命常青、徐嗣曾等剿辦。（《清史稿》卷一五《高宗本紀六》）

是年，汪喜孫生。

五十二年丁未（一七八七）　二十七歲

正月，汪中謁太興朱珪侍郎於錢塘節署，作《廣陵對》三千言。（汪喜孫《容甫先生年譜》乾隆五十二年條）

先生自西湖歸揚，接焦循手書，即致函焦氏，討論阮元主編《經籍纂詁》事，並言八月必爲豫章之行。後遂客游江西，在謝啓昆處，交胡虔。時先生又有致阮元、朱錫庚書，請焦氏代寄進京。（閔爾昌《江子屏先生年譜》乾隆五十二年條、江藩《半氈齋題跋》卷上《三輔黄圖》）

冬，先生與葉英訪焦循。先生獲睹焦氏《毛詩物名釋》，閲三月而讀竟，遂題序其上。後先生與焦循以淹博經史爲藝苑所推，時有「二堂」之目。（焦循《雕菰樓

集》卷二一《葉霜林傳》、焦循《毛詩物名釋》卷首江藩《序》、王豫《羣雅集》卷一九《焦循》）

是年，焦循以文質汪中，汪中曰：「爇之，此唐、宋人小説，何不學左丘明、司馬遷？」（汪喜孫《容甫先生年譜》乾隆五十二年條）

是年，阮元《考工記車制圖解》撰成付梓。（阮元《揅經室一集》卷七《考工記車制圖解跋》）

是年，先生母吴孺人卒，殯於甘泉之寶城。（江沅《染香盦文外集·處士江公墓誌銘》）

五十三年戊申（一七八八）　二十八歲

十二月，先生妹珠自敍《青藜閣詩稿》並呈任兆麟審閲。先生有《題碧岑詩集》一首。（江珠《青藜閣詩稿》卷首《自敍詩稿簡呈心齋先生》、江藩《題碧岑詩集》）

十二月二十一日，王昶招翁方綱及先生、曹秉鈞、王尚鈺、金鴻書、施晉、汪庚、吴照、何元錫諸君於江西官署小集。（王昶《春融堂集》卷一九《臘月二十一日招翁學使振三及曹仲梅秉鈞家若農金寶函鴻書施錫蕃晉江子屏藩汪上章庚吴照南照何夢華元錫諸君小集》）

是年，先生請焦循摘録《御覽》舊注。（閔爾昌《江子屏先生年譜》乾隆五十二年條引江藩《與焦理堂書》）

是年，先生於蘇州顧之逵家獲睹宋刻《列女傳》，爲之眉飛色舞。（王欣夫輯《炳燭室雜文補遺·宋刻新編古列女傳跋》）

是年，任兆麟《述記》刊印，先生嘗參與審定。（任兆麟《述記·鑒閱參訂姓氏》）

是年，林爽文兵敗被殺。（《清史稿》卷一五《高宗本紀六》）

是年，顧鳳毛卒，姪懋鈞生。後先生以樸學名東南，所交多海内通儒，每宴集，懋鈞皆侍，由是學問日進，著有《詩經釋義》二十卷、《爾雅旁證》八卷、《鷗寄齋古今體詩》八卷。（英傑修，晏端書等纂《（同治）續纂揚州府志》卷一三《江懋鈞傳》）

五十四年己酉（一七八九）　二十九歲

正月初八日，王昶復邀翁方綱及先生等官齋小集。（王昶《春融堂集》卷二〇《初八日復邀振三及仲梅諸君官齋小集》）

孟春既望，先生妹珠爲張滋蘭《清溪詩集》題詞。（張滋蘭《清溪詩稿》卷首江珠《清溪詩集題詞》）

五月，先生妹珠爲任兆麟《簫譜》作序。（任兆麟《簫譜》江珠《簫譜後敘》）

閏五月，張滋蘭等吴中女士於林屋吟榭會課《白蓮花賦》，任兆麟評江珠爲第一。（任兆麟評《翡翠樓閨秀雅集》卷首《目録》、張芬《兩面樓詩稿·晚春小飲懷碧岑江姊》）

六月，先生自豫章歸吴下，貧病相交，形神俱喪。爲人解説《考工》車制，乃作《考工戴氏車制圖翼》。（閔爾昌《江子屏先生年譜》乾隆五十二年條、王昶《湖海文傳》卷四〇江藩《與焦里堂書》）

秋，先生妹珠爲席蕙文《采香樓詩集》作序。（席蕙文《采香樓詩集》卷首江珠《敘》）

是年，吴照拔貢。吴氏與先生同客王昶幕府，後有詩憶之，稱許先生云：「鄭堂能文兼好武，凜凜鬚眉真丈夫。」（吴照《聽雨齋詩集》卷二三《古今體詩·廣陵漫興》）

是年，鈕樹玉於紫陽書院拜謁錢大昕，後又獲見江聲、先生等，切磋問難，每有所聞見，因筆録之。（鈕樹玉《鈕匪石日記》卷首自題）

是年，張滋蘭選録、任兆麟閲定《吴中女士詩鈔》刊印，收録張滋蘭、江珠等十位吴中閨秀詩詞。（張滋蘭選録、任兆麟閲定《吴中女士詩鈔》，乾隆己酉夏鐫本）

是年，汪中游武昌，居湖北總督畢沅幕。爲撰《黄鶴樓銘》，程瑶田書石，錢坫篆額，時人稱「三絶」。（汪喜孫《容甫先生年譜》乾隆五十四年條）

是年，焦循與黄承吉交。（閔爾昌《焦理堂先生年譜》乾隆五十四年條）

是年，阮元中會試第二十八名，旋中殿試二甲第三名，賜進士出身，改翰林院庶吉士。（張鑑等《雷塘庵主弟子記》乾隆五十四年條）

是年，吴蘭修、黄式三生。後黄氏作《讀江氏隸經文》《漢學師承記跋》。（黄式三《儆居集》四《子集三・讀江氏隸經文》、五《雜著一・漢學師承記跋》）

五十五年庚戌（一七九〇）　三十歲

正月，先生家僕自揚州還，得焦循手書及焦氏《與阮良伯書》。焦氏致函阮元論《考工》車制，先生以爲焦説比例精審，議論詳明，然亦有未安者，遂將所撰《戴氏考工車制圖翼》録成就正，復爲之説。（王昶《湖海文傳》卷四〇江藩《與焦里堂書》）

春，顧廣圻師從江聲，成先生同門學侣。（顧廣圻《思適齋集》卷一五《題江艮庭先師遺札册後》）

是年，袁枚嘗過先生蠅須館，詩酒唱和。先生有《呈簡齋先生》四首。（江藩《伴月樓詩鈔》卷下《呈簡齋先生》）

是年，先生與黄承吉交。（黄承吉《夢陔堂詩集》卷三二《江鄭堂没已數月秋窗坐憶惻

然成詩》）

是年，吴兆松卒，先生爲撰《墓表》，有「每見君，執弟子禮，謂藩曰：『讀書當融釋，講學在縝密；不讀書無入德之門，不講學無自得之樂』」云云。（江藩《炳燭室雜文·廩膳生吴君墓表》）

是年，汪中自武昌歸里。（汪喜孫《容甫先生年譜》乾隆五十五年條）

是年，焦循館於揚州卞氏。撰成《群經宫室圖》二卷，旋刊行於世。江聲有書信與之辯難。（閔爾昌《焦理堂先生年譜》乾隆五十五年條）

是年，凌廷堪應萬壽恩科會試，中式第四名。（張其錦《凌次仲先生年譜》乾隆五十五年條）

是年，清廷頒發三部《四庫全書》，分庋文宗、文匯、文瀾三閣。（《四庫全書總目》卷首《聖諭》）

五十六年辛亥（一七九一）　三十一歲

是年，先生晤阮元於京師，談及焦循近況。（焦循《群經宫室圖》卷首阮元《致焦循函》）

是年，得阮元之薦，先生館東閣大學士兼管禮部事務王杰府第。時，王杰爲《石經》館總裁，洪亮吉充《石經》收掌詳覆官。亮吉手定條例，囑先生呈之，杰是其説。副總裁彭元瑞主其事，杰不能與之争。後元瑞自作凡例，杰命先生勘定，駁其秕謬者數十條。元瑞大怒，謂先生與亮吉互相標榜。期間，先生又嘗協助王杰編輯《御製詩五集》，備查列《御製詩注》之事。（江藩《國朝漢學師承記》卷四《洪亮吉》、阮元《揅經室再續集》卷三《高密遺書序》）

約是年前後，吴鼒館朱珪府第，時與洪亮吉、趙懷玉等雅集。吴氏嘗病甚，專服先生所開藥方，後吴氏有詩紀之。（吴鼒《吴學士詩集》卷四《初三日晚晴補和鄭堂元日雪中詩》）

是年，阮元任詹事府詹事、文淵閣直閣事。復充《石經》校勘官，校《儀禮》十七篇。（張鑑等《雷塘庵主弟子記》乾隆五十一年條）

五十七年壬子（一七九二）　三十二歲

十一月，先生致書焦循，言及撰《春秋解詁》一書，並向焦氏請教年根置閏之捷法。十二月，焦循有《答江子屏論春秋曆法書》《答江鄭堂書》，答先生之疑，並談及擬撰《加減乘除》等算學三書。焦氏《答江鄭堂書》有「京師華聚之所，曾有志相合而可以埤助者乎」云云，知是年先生仍在京師。（焦循《里堂文稿・答江子屏論春秋曆法書》《里堂文稿・答江鄭堂書》）

是年，汪中寫定《述學・内篇》三卷、《外篇》一卷，刊行於世。復寫定鄭氏《周易》、衛包未改《古文尚書》及《儀禮・喪服》子夏《傳》，教授喜孫於禮堂。（汪喜孫《容甫先生年譜》乾隆五十七年條）

是年，凌廷堪作《與焦里堂論路寢書》。（張其錦《凌次仲先生年譜》乾隆五十七年條）

是年，汪縉卒，龔自珍生。

五十八年癸丑（一七九三）　三十三歲

年初，先生蓋嘗南返至吴，與段玉裁交〔五〕。（段玉裁《經韻樓文集補編》卷上《有竹居集序》）

初夏，先生嘗至五臺山，有《氐州第一》（出龍泉關）詞。復至保陽，於查觀察處手摹《九歌石刻》。（江藩《扁舟載酒詞・氐州第一》、《半氈齋題跋》卷下《九歌石刻》）

其後，先生又嘗至古北口，有《六州歌頭》（出古北口有感）、《出古北口》紀游。後又至灤陽。（江藩《扁舟載酒詞・六州歌頭》、《伴月樓詩鈔》卷下《出古北口》、《舟車聞見録》卷下《歐李》）

五月，凌廷堪隨座主王杰至熱河（今河北承德，亦稱灤陽）。先生後游熱河，遇淮陰史上舍，賦《芍藥吟》贈之，凌廷堪次韻和之。（張其錦《凌次仲先生年譜》乾隆五十八年條，凌廷堪《校禮堂詩集》卷八《淮陰史上舍性嗜花江鄭堂賦芍藥吟贈之癸丑夏客灤陽出以見示並索和章因次鄭堂韻》）

五月，阮元爲焦循《群經宫室圖》作序。六月，阮元任山東學政。（閔爾昌《焦理堂先生年譜》、張鑑等《雷塘庵主弟子記》乾隆五十八年條）

五月三十日，蔣立崖攜夫人遺照索題於先生妹珠，時珠病，立秋後一日方好轉，遂執筆題詩。（江珠《小維摩詩稿・癸丑五月晦日立崖先生攜王夫人遺照索題是夕珠寒熱交作奄臥終月至立秋後一日始能坐起信筆率成聊以塞責》）

先生返京師，仍寓王杰邸，與凌廷堪及王杰子堉時講求象緯之學。（凌廷堪《校禮堂文集》卷一《懸象賦並序》）

冬，先生與凌廷堪同出都門，廷堪返板浦。途中談及時文，先生云：「近見爲文者，稽之於古，則訓詁有乖；驗之於今，則典章多舛。」又云：「能文者必多讀書，讀書不多必不能文。」廷堪深爲折服，以爲非真讀書人不能道也。（凌廷堪《校禮堂文集》卷二四《與江豫來書》）

是年，林道源過吴，至吾學海家，詢先生近況，江珠感而贈詩。（江珠《小維摩詩稿·癸丑正月林庚泉過吴至舍詢鄭堂近況感而賦贈》）

五十九年甲寅（一七九四）　三十四歲

是年，錢敬開與鈕樹玉談及先生嘗在江西見王安石《新經》。（鈕樹玉《鈕匪石日記》）

約是年前後，先生爲羅聘《正信録》作序。（羅聘《正信録》卷首江藩《序》）

是年，汪中卒，丁晏生。

六十年乙卯（一七九五）　三十五歲

六月八日，鈕樹玉舟次揚州，訪先生。先生示所藏秦刻《嶧山碑》、阮元《儀禮考》，並偕鈕氏訪徐復。先生謂鈕氏曰：「揚州學者，焦、徐而已。」（鈕樹玉《鈕匪石

日記》）

八月，先生至金陵，應布政司試，未中。與同人集小西湖。（江藩《扁舟載酒詞·鶯啼序》）

是年，先生與徐復親善，講習經義。每相遇，輒日旰忘食，夜分不寢。後徐氏出所著《論語疏證》，先生爲之序。（江藩《隸經文》卷四《徐心仲論語疏證序》）

是年，凌廷堪有《與江豫來書》。（張其錦《凌次仲先生年譜》乾隆六十年條）

是年，焦循隨阮元游幕山東。冬，阮元自山東移任浙江，過揚州，先生偕黄文暘、林道源、鍾褱、徐復、汪光爔、黄承吉、焦循、方仕燮、仕傑、汪澍、李鍾泗、濮士銓、士鈐、士鈴、李斗、周瓚、鄭兆珩、何元錫諸人餞之於虹橋浄香園。是日，寒雨滿湖，未及平山而返，奚岡爲作《虹橋話舊圖》。（閔爾昌《焦理堂先生年譜》乾隆六十年條、阮元《定香亭筆談》卷三）

是年，焦循有《與孫季逑比部辨考據著作書》，提及先生與焦氏談及孫星衍之爲人。先生與孫氏爲文字交，此前當已有交游。（焦循《里堂文稿·與孫季逑比部辨考據著作書》、江藩《伴月樓詩鈔》卷末江璧《跋》）

是年，顧清泰拔副貢。顧氏性孝友，善吟詠，有《淞雲草堂吟稿》，先生爲之

序。（應寶時修，俞樾、方宗誠纂《（同治）上海縣志》卷二三《顧清泰傳》）

是年，王引之應順天鄉試，成孝廉。（劉盼遂《高郵王氏父子年譜》乾隆六十年條）

是年，蔣湘南生。後師從先生，閻彤恩《七經樓文鈔序》稱蔣氏「從江鄭堂、阮芸臺兩先生問奇字、研經術」。（蔣湘南《七經樓文鈔》卷首閻彤恩《序》）

仁宗嘉慶元年丙辰（一七九六）　三十六歲

正月，先生爲黄承吉作《亨年室銘並序》。（江藩《炳燭室雜文·亨年室銘並序》）

六月，焦循子廷琥患濕幾危，循送之吴中就醫。七月初七日，焦循趨山塘，過先生家，見太夫人生活艱苦，贈錢一千文。（焦循《里堂日記》）

是年，王念孫《廣雅疏證》粗成，自爲之序。（閔爾昌《王石臞先生年譜》嘉慶元年條）

是年，邵晉涵卒，儀克中生。

二年丁巳（一七九七）　三十七歲

春，先生與張篠原同客王杰邸，談釋地沿革之難，作《六安州沿革説》。後又

有《與張篠原書》，考釋《通典》和《文獻通考》中一則史料。（江藩《炳燭室雜文·六安州沿革説》《與張篠原書》）

時先生與焦循因讒言而生誤會。先生多次致函焦循，語帶責備；焦氏遂答書解釋，言辭懇切，有「幸無以小人之讒而踐韓、富之轍也」云云。（焦循《里堂文稿·丁巳手札·答江子屏》）

是年，先生在京師，黄承吉作《寄江鄭堂》懷之，有「吾子振長策，三度游京師。……酒味長如此，人生何別離」云云。（黄承吉《夢陔堂詩集》卷三《寄江鄭堂》）

是年，凌廷堪致函阮元，論李斗《揚州畫舫録》得失，欲請阮元偕先生及焦循、汪光爔等纂輯《補遺録》。（凌廷堪《校禮堂文集》卷二三《與阮伯元閣學論畫舫録書》）

是年，阮元主持修纂《經籍籑詁》。《疇人傳》亦開始編纂。（張鑑等《雷塘庵主弟子記》嘉慶二年條）

是年，王引之《經義述聞》刊行，自爲之序。（劉盼遂《高郵王氏父子年譜》嘉慶二年條）

是年，袁枚、朱筼、王鳴盛、葉英、顧之逵、徐復卒。

三年戊午（一七九八）　三十八歲

正月，阮元主纂之《淮海英靈集》修成，先生嘗協助徵詩。（阮元《淮海英靈集》卷首《凡例》）

先生自京師歸，重至金陵，應布政司試，仍未中。與方正澍等雅集。先生作《鶯啼序》一闋，憶及汪廷桂、林道源諸友。方正澍有《贈江鄭堂》詩，或作於此間。是詩稱先生豪邁超逸，並勸先生少飲酒、多珍重。（江藩《扁舟載酒詞·鶯啼序》、方正澍《子雲詩集》卷八《贈江鄭堂》）

秋，焦循出所製《釋椭》示先生，先生爲之序。（江藩《炳燭室雜文·釋椭序》）

九月初三日，阮元主纂之《經籍籑詁》書成。冬，阮元委臧庸往廣東刊刻，次年刊成印行。九月十二日，阮元任滿入都。阮元是年有《題江子屏藩書窠圖卷》，當作於入京前。（阮元等《經籍籑詁》卷首臧庸《後序》、張鑑等《雷塘庵主弟子記》嘉慶三年條、阮元《揅經室四集》卷四《題江子屏藩書窠圖卷》）

十月，應石鈞之招，先生與王昶暨汪文錦、李斗、程贊和、贊皇、吴鼒、程法、趙廷樞、焦循、錢東、許珩、李周南、汪光爔、光烜、黄恩長、楊試昕、李鍾泗、黄承吉、黃至馥、汪潮生等二十餘人休園文燕，王豫有詩紀之。（王豫《種竹軒詩選》卷三《戊午十月石遠梅招同家述庵司寇暨汪繡谷李艾塘斗程夔齋吴山尊程硯紅法程平泉贊皇趙劍南廷樞江鄭堂焦里堂錢玉魚東許白齋珩李靜齋周南汪芝泉光爔黃蒼雅恩長汪春山光烜楊時庵試昕李濱石鍾泗黃春谷秋谷至馥汪飲泉潮生諸子休園文燕》）

至是年，先生已與黃承吉結交至密，亦因黃氏之故，結交汪潮生。（黃承吉《夢陔堂文集》卷六《汪飲泉冬潮詩集序》）

是年，凌廷堪致函王昶，言及先生數年前借閲凌氏舊作雜文一編，得王氏殷殷稱道。（凌廷堪《校禮堂文集》卷二四《與王蘭泉侍郎書戊午》）

是年，王引之撰成《經傳釋詞》，自爲之序。（劉盼遂《高郵王氏父子年譜》嘉慶三年條）

四年己未（一七九九）　三十九歲

三月二十日，鈕樹玉泛舟訪先生於山塘。先生云畢沅幕中有三人：方正澍、洪亮吉、孫星衍也。若人品辭華，尤推方爲第一。又言《方言》斷非揚雄所作，皇侃《論語義疏》亦不可信。樹玉獲睹先生所藏玉剛卯，上有銘文十六字，與《漢

書》及《輟耕録》所引不同，定爲漢器。（鈕樹玉《鈕匪石日記》）

夏仲，思無邪堂主人出《多寶塔帖》見示，先生定爲明初拓本，並題跋於後。（《國粹學報》第一年第四號《撰録》之《多寶塔帖跋》）

十月，阮元編成《疇人傳》，自爲之序。（阮元《疇人傳》卷首《序》）

是年，先生自京師南歸，至武林，謁王昶於萬松書院，言其以五七言詩争立門户，而門下士皆不通經史，無補於人心學術。依草坿木之輩，遂造謗語搆怨，幾削著録之籍。然先生終不忍背師立異。先生從王昶游，垂三十年，論學談藝，多蒙鑒許。（江藩《國朝漢學師承記》卷四《王蘭泉先生》）

是年，先生遇洪亮吉於宣城，論《説文解字》及《太平寰宇記》等，多有不合。（江藩《國朝漢學師承記》卷四《洪亮吉》）

是年，王引之成一甲三名進士，授翰林院編修。（劉盼遂《高郵王氏父子年譜》嘉慶四年條）

是年，江聲、羅聘、武億卒。

五年庚申（一八〇〇）　四十歲

是年，先生與黄承吉往復論學，黄氏有詩紀其事。（黄承吉《夢陔堂詩集》卷四《鄭

堂見過論及字書音義別後申前意成詩簡之》）

約是年，先生折足復愈，黄承吉有詩紀之。（黄承吉《夢陔堂詩集》卷四《喜江鄭堂折足復愈》）

是年，阮元自序《定香亭筆談》，刊印行世。（阮元《定香亭筆談》卷首《敘》）

是年，凌廷堪自序詞集《梅邊吹笛譜》。（張其錦《凌次仲先生年譜》嘉慶五年條）

是年，江鏐卒。

六年辛酉（一八〇一） 四十一歲

是年，汪喜孫以《許浦都統司甎考》見賞於先生，先生爲之延譽。（汪喜孫《汪荀叔自撰年譜》嘉慶六年條）

是年，先生、焦循、李鍾泗、張其錦俱至江寧應鄉試，焦循、李鍾泗中式舉人。（凌廷堪《校禮堂文集》卷二五《與張生其錦書》、閔爾昌《焦理堂先生年譜》嘉慶六年條、焦循《雕菰樓集》卷二三《撿選知縣李君濱石事狀》）

是年，生母徐孺人卒於吴，先生扶柩回邗上，乃啓殯，與父秋莊公、母吴孺人合葬於甘泉西鄉。（江沅《染香盦文外集·處士江公墓誌銘》）

是年，先生與汪萊共論算學。（汪萊《衡齋算學》第五册《序》）

是年，黄瑞鄉試中舉。（楊鍾羲《雪橋詩話餘集》卷六）

是年，章學誠卒，阮元三子福生。

七年壬戌（一八〇二）　四十二歲

是年，金學蓮有《題江鄭堂上舍藩書窠圖》。方正澍亦有《江鄭堂索題書窠圖》，以爲先生「清福異才天最靳，儒林文苑爾兼堪」。（金學蓮《三李堂集》卷六《題江鄭堂上舍藩書窠圖》、方正澍《子雲詩集》卷八《江鄭堂索題書窠圖》）

是年，焦循入京會試，下第歸里，作《壬戌會試記》紀其事。（閔爾昌《焦理堂先生年譜》嘉慶七年條）

是年，王杰乞休，奉旨慰留。（阮元《王文端公年譜》嘉慶七年條）

是年，謝啓昆卒。

八年癸亥（一八〇三）　四十三歲

四月，先生借白下朝天宫《道藏》本，於秦恩復五笥仙館校明刻本《十二子》之

《鬻子》《尹文子》《公孫龍子》，涉及文字的勘正、篇目的釐定等，各書卷尾皆有先生題跋。除此三種外，《十二子》之《小荀子申鑒》《無能子》《玄真子》，先生未作校勘；《關尹子》《鄧析子》《亢倉子》僅校改一二字；《鬼谷子》似有人先校點，先生復校，或增字校補，或在原字徑改；《天隱子》有多處文字校改，卷尾有先生朱筆題記：「原刻不錯，所改俱非」；《鹿門子》不知何人所點，先生頗爲不滿，寫有如下多條題記：「未知何人所點，可恨」，「點書之人，可杖八十」，「如此點法，惡極」。（上海圖書館藏明刻本《十二子》，江藩校）

春，焦循訪先生於秦恩復家，見先生晝夜著書不輟。先生示所著《周易述補》，囑焦氏作序。焦氏讀之三月，序而歸之。（焦循《里堂文稿·江子屏周易述補敘》）

是年，王杰予告歸里，嘉慶帝恩賜乾隆御用玉鳩杖及《御製詩》二章，以寵其行，王杰及朝中達官依韻奉答。後先生據之編成《賜杖集》二卷。（阮元《王文端公年譜》嘉慶八年條）

是年，先生姪懋鈞之父逢俊歿，母哀痛失明，懋鈞涕泣之餘，强爲歡笑以解母憂。（英傑修，晏端書等纂《（同治）續纂揚州府志》卷一三《江懋鈞傳》）

是年，焦循爲汪萊《衡齋算學》作序，又有《與黄春谷論詩書》。（閔爾昌《焦理堂先生年譜》嘉慶七年條）

是年，奚岡卒。

九年甲子（一八〇四）　四十四歲

八月十七日，江珠病卒。（江珠《小維摩詩稿》卷末吾學海《後序》）

秋，阮元刻成《積古齋鐘鼎彝器款識》十卷，自爲之序，提及先生、秦恩復等亦爲同好者。（阮元《揅經室三集》卷三《積古齋鐘鼎彝器款識序》）

是年，郭麐客邗上，張鏐爲作《靈芬館第三圖》，先生作《題郭頻伽靈芬館圖》。張氏有《題江藩書窠圖》，或作於此時。（郭麐《靈芬館詩話》卷七、張鏐《求當集》卷七）

是年，先生、張其錦俱至江寧應鄉試。凌廷堪致函張其錦，爲其今科鄉試文稿深感狂喜，且言及先生史學融洽條貫。（凌廷堪《校禮堂文集》卷二五《與張生其錦書》）

甲子、乙丑間，劉大觀僑居揚州，嘗客先生諸舊家。劉氏作《題江子屏書窠圖》，稱「我友吴門江子屏，兩眼不向衆人青。簡册圍身效任昉，詞華震世輕徐陵」，且詩中《注》云：「時子屏傷足，臥榻五十餘日。」（阮元《揅經室三集》卷五《邗上集序》、劉大觀《玉磬山房詩集》卷四《邗上集·題江子屏書案圖》）

是年，阮元爲錢大昕《十駕齋養新録》作序，旋刻之行世。（錢大昕《十駕齋養新録》卷首阮元《序》）

是年，錢大昕、胡虔、褚華卒。先生嘗向錢氏請益問學，而與褚華唱和甚多。（南京博物院藏丁以誠寫真、費丹旭補圖《鄭堂先生小像》之戴熙、蕭光裹題詩，江藩《伴月樓詩鈔》卷上《文洲招元謹遠齋及予泛舟石湖以空山無人分韻得空字》、卷中《香雪海次文洲韻》《梅窗獨坐憶文洲歸舟遇雪用山谷竹軒詠雪韻寄之》等）

十年乙丑（一八〇五）　四十五歲

正月初十日，王杰卒於京邸。（阮元《王文端公年譜》嘉慶十年條）

三月，顧廣圻爲秦恩復《石研齋書目》作序，先生已先於顧氏序之。（顧廣圻《思適齋集》卷一二《石研齋書目序乙丑三月》）

五月二十二日，劉台拱卒。秋，先生讀阮元《劉端臨先生墓表》，作《與阮侍郎書》，就「親家」稱謂等問題商兑。（阮元《揅經室二集》卷二《劉端臨先生墓表》、江藩《炳

燭室雜文·與阮侍郎書》）

七月十七日，鍾裦卒。黄承吉有《挽鍾菣厓》詩悼之，提及先生與焦循。（焦循《雕菰集》卷二十二《甘泉優貢生鍾君墓誌銘》、黄承吉《夢陔堂詩集》卷九《挽鍾菣厓》）

冬，郭麐作《寒雁篇同穀人先生蓮裳芙初甘亭金手山學蓮顧芝山麟瑞江鄭堂藩蔣秋竹知節儲玉琴潤書作銷寒第一集》《銷寒第六集飲鄭堂齋中即題壁間金粟道人像》。（郭麐《靈芬館詩三集》卷二《邗上雲萍集》）

是年，先生與宋葆淳、焦循、秦恩復、阮元擬送唐石佛入焦山，未果。（閔爾昌《江子屏先生年譜》嘉慶十年條）

時，汪紱落魄江淮，先生館之於家〔六〕。先生少時即與汪氏交游唱和，其《伴月樓詩鈔》有《和汪大墨莊焚香二首》《和汪大墨莊初秋有感》《僕札墨莊述天平之游墨莊有詩憶山中禪客見示僕次韻答之》等酬贈之作十餘首。（洪亮吉《北江詩話》卷三）

是年，石鈞、鍾裦卒。鍾裦子獒嘉嘗問學於先生，今《樂縣考》有先生與獒嘉答問樂律之語。（江藩《樂縣考》卷末《答問》）

十一年丙寅(一八〇六)　四十六歲

春,先生在宣城。時寧國知府魯銓聘洪亮吉主修《寧國府志》,邀凌廷堪撰《寧國府沿革》,復聘凌氏主敬亭書院。三月十五日,凌廷堪邀同仁南樓小集,席間洪亮吉有詩贈先生。十六日,先生歸揚,洪氏又餞行送別。期間,先生曾與洪氏論《説文解字》「五龍六甲」之説及「冕旒」字,不合。洪氏出示所作古文,先生又指摘其用事謬舛。洪氏斷斷强辯。先生比之爲梁武之護前,洪氏遂愠怒形於色。因談次偶及輿縣,洪氏認爲在江都,先生則據《文選注》赤岸山之證,以爲當在六合。先生又謂《太平寰宇記》鄧艾石鼈城、白水陂之事不見於史而已,並未言無此事。洪氏忽寓書於先生,謂輿縣實在江都;而鄧艾事,樂史本之《元和郡縣志》,不可疑爲無此事。灑灑千言,反復論辯。先生恐激洪氏之怒,未答一字,豈知益增其怒,遂不復相見。(江藩《國朝漢學師承記》卷四《洪亮吉》、洪亮吉《更生齋詩續集》卷四《徑山大滌集·三月十五日凌教授廷堪約同人南樓小集酒半率賦即贈江上舍藩》《十六日集賓月閣餞江上舍藩》)

三月,阮元與揚州知府伊秉綬相約纂輯《揚州府圖經》〔七〕,延先生與焦循、袁

廷檮、嚴觀、臧庸、趙懷玉、王豫等共襄其事，後因伊氏丁憂，阮公入都，未果。（王豫《羣雅集》卷二三《伊秉綬》）

十月，阮元主纂之《十三經校勘記》刊成。（張鑑等《雷塘庵主弟子記》嘉慶十一年條）

是年，先生將《九歌石刻》摹本檢付裝池，並題跋於後。（江藩《半氈齋題跋》卷下《九歌石刻》）

是年，阮元於甘泉山惠照寺獲四石，半薶於土，色甚古，若有文字，以帚振水刷之，其文字之體在篆、隸之間，歸而命工以紙拓之。其一石可辨者「中殿第廿八」凡五字，又一石「弟百册」三字，其二石尚未能辨。以拓本示先生，先生以爲漢淮南厲王胥冢石〔八〕。後翁方綱以爲廣陵厲王胥自造宮殿石，非冢中石。（阮元《揅經室三集》卷三《甘泉山獲石記》）

是年，王昶卒，懋莊子順銘生。

十二年丁卯（一八〇七）　四十七歲

六月十二日，先生與兄仙舟、表弟方象明往舊城二巷井欄拓宋嘉定三年蔣世

顯刻字。（江藩《半氈齋題跋》卷下《宋嘉定井欄題字》）

七月三日，阮元招先生與胡量、袁廷檮、嚴觀等讌於文選樓，胡氏有詩紀之。胡氏僑居吴門，與先生早有交游，唱和頗多，先生《伴月樓詩鈔》有《句容道中有懷胡大眉峰》《文洲招元謹遠齋及予泛舟石湖以空山無人分韻得空字》《即席次元謹山字韻》《墨莊於九日前有詩約僕與眉峰登高賦詩豈知苦雨久陰登高之約遂不果矣得詩一首示墨莊寄眉峰》《寒夜危坐小樓聞胥江舟人咿啞聲愴然生江湖之感有懷眉峰得五絶句》諸篇，而《句容道中有懷胡大眉峰》「粗淺疎迂從物議，玄黄朱緑要君分」《注》云「僕工古文，世無知者，唯眉峰亟稱之，真可謂平生第一知己也」，足見其交誼之深。胡氏《海紅堂詩鈔》則有《元日對酒奉酬江大鄭堂》等酬唱之作。（胡量《海紅堂詩鈔·丁卯七月三日阮芸臺中丞招同江鄭堂袁受階嚴子進讌文選樓》）

是年，儀徵令顔希源續修縣志，阮元囑先生以《輿地紀勝》中《真州》一卷校補前令陸師舊《志》，得數十條，顔刻諸《續志》之末。（劉毓崧《通志堂文集》卷七《輿地紀勝序代阮文達公作》）

是年，伊秉綬丁父憂去職。先生在江寧，抵舍見訃，有「稽顙拜拜稽顙」之文。

後作弔入署，見門狀亦然，心竊疑之。及讀伊氏所刊《陰静夫先生遺文》，始知「稽顙拜拜稽顙」之説出於陰氏。先生以爲「稽顙拜」用於世俗之謝帖則可，用於訃書、門狀則不可，遂致函伊秉綬，與之商権。（江藩《隸經文》卷四《與伊墨卿太守書》）

是年，先生爲鄭宗汝作《墓誌》。（江藩《炳燭室雜文·清故刑部山東司員外郎鄭君墓誌》）

是年，錢大昕子東塾家刻本《潛研堂全書》刊成。先生纂《國朝漢學師承記》參考錢氏《潛研堂文集》《十駕齋養新録》甚多，故《師承記》主要編纂時間約始於是年。（漆永祥《江藩年譜新編》嘉慶十二年條）

是年，段玉裁撰成《説文解字注》三十卷。（劉盼遂《段玉裁先生年譜》嘉慶十二年條）

是年，汪光爔卒。

十三年戊辰（一八〇八）　四十八歲

三月既望，先生爲亡友朱篔作《朱處士墓表》。（朱篔《二亭詩鈔》卷首江藩《墓表》）

是年，王豫《羣雅集》刻成，稱先生「胸羅典籍，世推博雅，尤爲王文端所器重，而好客忘貧，今之顧俠君也」。（王豫《羣雅集》卷二五《江藩》）

十四年己巳（一八〇九）　四十九歲

春，先生客游四明，道出吴門。季秋，復來吴，應吾學海之請，作《吾母王孺人傳》。學海與先生同學交好，後娶先生妹珠爲妻，結爲姻親。先生與吾氏唱和甚多，今《乙丙集》有《書半客月榭吟後》《吾大半客滕大庾仙皆和僕作疊前韻二首》《即事呈半客》《早發銀山卻寄半客》諸詩。（江藩《炳燭室雜文・吾母王孺人傳》）

是年，兩淮鹽政阿克當阿主修《揚州府志》，延先生與姚文田、白鎔、朱方增、洪梧、吴慈鶴、秦恩復、龍雲圻、貴徵、江漣、胡秉虔、焦循等共事纂輯，以之前伊秉綬主修之《揚州府圖經》爲本，訂譌補缺，於次年刊成。（阿克當阿修，姚文田、江藩等纂《（嘉慶）重修揚州府志》卷首阿克當阿《序》）

是年，張鑑隨阮元入京，見先生於揚州，有詩相贈。（張鑑《冬青館乙集》卷二《北征集・過揚州見江鄭堂藩》）

是年，方正澍、洪亮吉、凌廷堪、袁廷檮、李鍾泗卒。

十五年庚午（一八一〇）　五十歲

二月廿七日，江西吴嵩梁奉許太宜人出都，春間過揚州，與先生及張鏐游桃花庵，吴氏有詩紀之。吴氏又有《江子屏藏善本書甚多歲歉持用易米念之心惻自記以文屬爲賦詩》，約作於此數年間。（吴嵩梁《香蘇山館詩鈔·今體詩鈔》卷七《桃花庵同江子屏張子貞作》、《香蘇山館詩鈔·古體詩鈔》卷八《江子屏藏善本書甚多歲歉持用易米念之心惻自記以文屬爲賦詩》）

三月穀雨後五日，秦恩復重刻《詞源》，偕先生題跋其上。（嘉慶十五年秦恩復刻《詞源》秦恩復、江藩《跋》）

是年，先生擇元日令辰，啓櫝出筮，得《坎》之《節》，因自號節甫，作《節甫字説》。又作《淒涼犯》詞，有「五十吾衰甚，如許頭顱，一身無著。浮沉苦海，歎飄零、燕來巢幕。計拙謀生，竟難覓休糧妙藥。每銷愁，痛飲不醉，魯酒薄」云云。（江藩《隸經文》卷四《節甫字説》、《扁舟載酒詞·淒涼犯》）

是年，先生撰《國朝漢學師承記》卷二之《余古農先生》，感歎治生艱難，有負師訓。（江藩《國朝漢學師承記》卷二《余古農先生》）

是年，阮元補翰林院侍講，兼國史館總輯，輯《儒林傳》。嘗寄書焦循、臧庸、張鑑等人，徵詢纂修意見。焦氏等旋有論見呈上。（張鑑等《雷塘庵主弟子記》嘉慶十五年條、焦循《雕菰集》卷一二《國史儒林文苑傳議》、汪喜孫《汪氏學行記》卷三録臧庸《上阮雲臺先生論儒林傳書》、張鑑《冬青館文甲集》卷五《答阮侍郎書》）

十六年辛未（一八一一）　五十一歲

三月朔，先生作《小維摩詩稿序》。是書乃先生妹珠之遺作，由吾學海輯校付梓，並作《小維摩詩稿後序》。（江珠《小維摩詩稿》卷首江藩《序》、卷末吾學海《後序》）

夏五月，先生在吴地覓得《鼎帖》。臘月廿二日，於楊兆鶴太守寓中展示此帖，錢泳賞鑒後題記其上。（上海圖書館藏宋拓本《鼎帖》江藩《跋》、錢泳《題記》）

十一月朔，先生爲儀徵許珩作《周禮注疏獻疑序》。許書初有二百數十條，後删與江永等人之説雷同者數十條，增采數十條，時復删訂。是年秋暑退後，許氏歸揚州，送贄於先生門下，乞爲修正，先生爲舉錯謬者數十條，兩可者數十條，復假戴震《考工記圖》、金榜《禮箋》、程瑶田《通藝録》諸書，使更訂之。既成，先生遂爲之序。（許珩《周禮注疏獻疑》卷首江藩《序》、卷末許珩《跋》）

是年，先生撰成《漢學師承記》八卷，復以《傳》中所載諸家撰述有不盡關經傳者，有雖關經術而不醇者，乃取其專論經術而一本漢學之書，倣唐陸元朗《經典釋文》傳注姓氏之例，作《經師經義目録》一卷，附記於後。其義例有四：一，言不關乎經義小學、意不純乎漢儒古訓者；一，書雖存其名而實未成者；一，書已行於世而未及見者；一，其人尚存，著述僅附見於前人《傳》後者，並不著録。次列既，命姪懋鈞繕録。十月十六日，繕録畢，懋鈞題識於後。（江藩《國朝漢學師承記》附《經師經義目録》江懋鈞《識語》）

是年，崔瑶、臧庸卒。

十七年壬申（一八一二）　五十二歲

五月七日，汪喜孫爲先生作《漢學師承記跋》。（江藩《國朝漢學師承記》卷末汪喜孫《跋》）

八月十六日，阮元奉到上諭，調漕運總督任。二十日，阮元將纂辦粗畢之《儒林傳》稿本交付國史館。《文苑傳》創稿未就。（張鑑等《雷塘庵主弟子記》嘉慶十七年條）

十一月望日，在揚州，先生爲亡友凌廷堪《校禮堂文集》作序，以爲凌氏學貫天人，博綜《丘》《索》，繼顧炎武、胡渭之後，集惠棟、戴震之大成，並言及二人相交垂三十年，論樂會意，執禮析疑，雖隔千里，同聲相應。（凌廷堪《校禮堂文集》卷首江藩《序》）

是年，阮元囑先生整理阮氏鈔自《永樂大典》之楊輝《摘奇》及《議古》等文獻。（羅士琳《疇人傳續編》卷一《楊輝傳》）

是年，先生從吴鼒寓所借得《三輔黄圖》校本，一日録畢，並題跋於後。（江藩《半氈齋題跋》卷上《三輔黄圖》）

是年，王念孫《讀書雜志》始陸續付梓。（劉盼遂《高郵王氏父子年譜》嘉慶十七年條）

是年，薛壽生。後作《揚州十經師贊》，名列先生，以志嚮往。（薛壽《學詁齋文集》卷上《揚州十經師贊》）

是年，張鏐卒。

十八年癸酉（一八一三）　五十三歲

先生至江寧，再應鄉試，仍不中。宣城張其錦謁先生於江寧，先生出《樂縣

考》示之。九月望日,張氏序之。(江藩《樂縣考》卷首張其錦《序》)

是年,先生應汪喜孫之請,爲其高祖鎬京作《墓表》〔九〕。(江藩《炳燭室雜文·汪先生墓表》)

是年,先生應漕運總督阮元之聘主講山陽麗正書院,以布衣爲諸生師,丁晏等從之學。(丁晏《石亭記事·重修麗正書院記》)

是年,阮元撰成《漢延熹西嶽華山碑考》四卷,先生爲之序,旋刊於廣東。(阮元《漢延熹西嶽華山碑考》卷首江藩《序》)

是年,汪萊卒。

十九年甲戌(一八一四) 五十四歲

二月,阮元得觀先生所薦蕭令裕、文業兄弟之《文集》。同觀者有阮亨、王豫、王實齋、阮琴士、阮小雲諸人。(蕭令裕《寄生館文集》卷首王豫評、蕭文業《永慕廬文集》卷首阮亨評)

閏二月十二日,《全唐文》輯成。董誥等三人爲正總裁官,阮元等五人爲總閱官。(《全唐文》卷首《序》《編校全唐文職名》)

三月二十二日，阮元奉到上諭，調任江西巡撫。（張鑑等《雷塘庵主弟子記》嘉慶十九年條）

是年，曾燠開校刻《全唐文》館，吴鼒薦先生入館，未果。（袁昶《安般簃詩續鈔·題江子屏小像》）

是年，焦循取三十年來手録之讀書筆記，編次爲《里堂道聽録》五十卷，自爲之序。（閔爾昌《焦理堂先生年譜》嘉慶十九年條）

是年，樂鈞卒。樂氏有《江鄭堂詩序》，稱「君詩葩流雪絜，泉吐玉鳴。氾濫而循涯，馳騁而遵路。因椎輪爲大輅，易繡帨以輕縑。鎔裁通變，自成馨逸」。又嘗囑先生校正吴翌鳳手鈔影宋本《楊太真外傳》，並刊印傳世。（樂鈞《青芝山館文集》卷上《江鄭堂詩序》、江藩《半氈齋題跋》卷上《楊太真外傳》）

二十年乙亥（一八一五）　五十五歲

六月五日，先生應趙魏之囑，爲其所藏宋刻本《金石録》題跋。（潘祖蔭《滂喜齋藏書記》卷一「宋刻金石録十卷」條載江藩《金石録跋》）

六月九日，先生觀《護命經》《尊勝陁羅尼咒》《褚河南書閻立本畫靈室度人經

小楷》《陶貞白書茅山帖》諸帖於宵市橋西一草堂，並作題跋。（王欣夫輯《炳燭室雜文補遺·題宋拓魏晉隋唐小楷》）

秋，在揚州，先生邂逅何青，得盡讀其《遂初堂集》，遂爲之跋，並有《夜讀遂初堂詩》二首。（何青《遂初堂詩集》卷首江藩《跋》）

中秋後五日，顧廣圻爲先生《扁舟載酒詞》作序，以爲「清真典雅，流麗諧婉，追《花間》之魂，吸《絶妙》之髓，專門名家，未能或之先也」。顧氏另有《江鄭堂詩序》，以爲先生之詩「神思雋永，體骨高秀，鎔裁精當，聲律諧美，雖窮老盡氣期爲詩人者，未見其能臻此也」。（江藩《扁舟載酒詞》卷首顧廣圻《序》、顧廣圻《思適齋集》卷一二《江鄭堂詩序》）

是年，王念孫作《江容甫述學敘》。（閔爾昌《王石臞先生年譜》嘉慶二十年條）

是年，姚鼐、段玉裁、伊秉綬卒，先生姪懋鈞子璧生。江璧曾與兄筱素搜羅校訂先生之詩，合《扁舟載酒詞》一卷、《詩》三卷，同付梓人。然今未見刻本。（江藩《伴月樓詩鈔》卷末江璧《跋》）

二十一年丙子（一八一六）　五十六歲

夏閏六月，秦恩復重刊宋蜀本《駱賓王文集》十卷，先生有《駱賓王文集跋》。

（江藩《半氈齋題跋》卷上《駱賓王文集》）

秋，阮元主纂之《十三經注疏》附《校勘記》刻成。（張鑑等《雷塘庵主弟子記》嘉慶二十一年條）

秋，在揚州，先生以畫蟬柳扇，索顧廣圻題，顧氏爲填《小重山》一闋。後郭麐、金學蓮等亦有題先生蟬柳扇詞。（顧廣圻《思適齋集》卷四《詞・小重山江鄭堂持畫蟬柳扇索題於時秋也即景賦之・丙子在揚州作》、郭麐《靈芬館詞・懺餘綺語》卷二《台城路爲江子屏題蟬柳畫扇》、金學蓮《三李堂集》卷一〇《西子妝慢爲江子屏賦畫蟬柳和郭頻伽彭甘亭》）

秋，先生得痹疾。冬十一月，遇宋葆淳於白公堤上，先生告以得痹疾，幾成鑿齒半人，恐魂魄一去，著述零落，欲謀剞劂，募之同學。適方晴江在座，爲先生作《募梓圖》，宋氏爲之記。時先生所撰《周易述補》四卷、《樂縣考》二卷、《國朝漢學師承記》八卷、《舟車聞見録》十卷，皆已繕寫成書。（葉昌熾《緣督廬日記鈔》卷六「庚寅十二月初四日」條引宋葆淳《募梓圖跋》）

冬，先生客游吴下，晤吴翌鳳，獲睹吴氏所示《吴越備史》，重校秘書，如獲奇珍。（錢儼《吴越備史》江藩《跋》，上海圖書館藏清鈔本）

去歲，汪喜孫官内閣中書。是年，迎母太夫人就養入都，舟次宿遷，不戒於火。家藏陳逆簠、東昍尊等古硯彝器之屬，載在後一舟，悉毁於火。其父《述學》舊板，與喜孫所著書稿，一時俱燼。喜孫哀先澤之就湮，遂終身不治金石之學。先生有《陳逆簠釋文》，並紀其事。（汪喜孫《汪喜荀自撰年譜》嘉慶二十年、二十一年條，《汪氏學行記》卷四録江藩《陳逆簠釋文》）

是年，阮元爲焦循作《雕菰樓易學序》。（閔爾昌《焦理堂先生年譜》嘉慶二十一年條）

是年，趙曾卒。

二十二年丁丑（一八一七）　五十七歲

六月，先生完成《吴越備史》之鈔校，並題記於後。（錢儼《吴越備史》卷四江藩《題記》，上海圖書館藏清鈔本）

八月二十八日，阮元調補兩廣總督，於十月二十二日到任接印。（張鑑等《雷塘庵主弟子記》嘉慶二十二年條）

十月，先生自吴門歸，以鈔校之《吴越備史》示秦恩復。秦氏讀竟，遂題跋於後。（錢儼《吴越備史》秦恩復《跋》，上海圖書館藏清鈔本）

是年，龔自珍作《江子屏所箸書序》《與江子屏牋》。在《序》中論先生《漢學師承記》爲「窺氣運之大原，孤神明以冞往。義顯，故可以縱横而側求；詞高，故可以無文字而求」。然《牋》中則論先生書名曰《國朝漢學師承記》有「十不安」，建議改爲《國朝經學師承記》，則「渾渾圜無一切語弊矣」。（龔自珍著，王佩諍校《龔自珍全集》第三輯《江子屏所箸書序》、第五輯《與江子屏牋》）

是年，焦循寫定《雕菰樓易學》四十卷。（閔爾昌《焦理堂先生年譜》嘉慶二十二年條）

是年，洪梧、李鋭、李斗卒。先生嘗爲李斗《揚州畫舫録》題詞，李氏《揚州畫舫録》則有多處提到先生，如卷一載録先生《周太僕銅鬲釋文》一篇，爲先生文集所失收；卷九《小秦淮録》記録先生之學行著述——「天瑞堂藥肆在多子街，旌德江氏生業也。江藩字子屏，號鄭堂，幼受業於蘇州余仲林，遂爲惠氏之學。又參以江慎修、戴東原二家，著有《周易述補》《考工戴氏車制圖翼》《儀禮補釋》《石經源流考》，又《蠅須館雜記》五種，爲《鎗譜》《葉格》《茅亭茶話》《緇流記》《名優記》」；卷一一《虹橋録下》言及先生家庖之「十樣豬頭」風味絶勝；卷一二《橋東録》記載江增性好山水，嘗製茶擔以濟勝，行列甚都，名曰「游山具」，先生爲之作

一二）《游山具記》。（李斗著，陳文和點校《揚州畫舫録》卷首《題詞》，卷一、卷九、卷一一及卷

二十三年戊寅（一八一八）　五十八歲

春，先生客游南昌，陽城張子絜出惠棟《易大義》示先生，爲江聲手寫本，云係徐述卿學士所贈。先生遂手録一帙，知其非《易大義》，乃《中庸注》也。（江藩《周易述補》附《易大義》卷首《跋》）

夏，先生南下廣州，入阮元幕，並告知李鋭已歿之事。後阮元應李鋭子繼淑之請撰《李尚之傳》。（阮元《揅經室二集》卷四《李尚之傳》）

十一月十五日，阮元攜廣東巡撫李鴻賓奏《纂修廣東省通志摺》，聘先生與陳昌齊、劉彬華、謝蘭生等四人爲總纂。後吴蘭修、曾釗、劉華東、方東樹、許珩、鄭兆珩、韓衛勳、儀克中等亦參與其事。（《（道光）廣東通志》卷首阮元、李鴻賓《纂修廣東省通志摺》《重修廣東通志職名》）

是年，阮元將王豫所輯《江蘇詩徵》稿交先生與許珩、淩曙三人，囑删定校正。（阮元《揅經室二集》卷八《江蘇詩徵序》）

是年，先生在廣州刻成《國朝漢學師承記》八卷附《國朝經師經義目録》一卷〔一〇〕，爲後來諸本之祖。

除夕，阮元爲先生作《國朝漢學師承記序》，稱先生「得師傳于紅豆惠氏，博聞强記，無所不通，心貫羣經，折衷兩漢。……所纂《國朝漢學師承記》八卷，嘉慶二十三年居元廣州節院時刻之。讀此可知漢世儒林家法之承授，國朝學者經學之淵源，大義微言，不乖不絶，而二氏之説亦不攻自破矣」。先生極爲看重此《序》，故其後《國朝漢學師承記》諸本皆録之。（江藩《國朝漢學師承記》卷首阮元《序》）

是年，汪喜孫刊其父《述學》成。此本較舊刻增入《補遺》《别録》。先生有《與汪孟慈書》，稱雕本甚精，足徵喜孫之孝思無窮。（汪喜孫《汪氏學行記》卷四《江鄭堂先生與喜孫書》）

是年，翁方綱、吴錫麟、孫星衍、倪稻孫卒。先生與倪氏時有贈答，其《扁舟載酒詞》有《惜紅衣·題倪大米樓蓮衣夢景圖》《疏影·題倪大米樓帆影圖》二闋。

二十四年己卯（一八一九）　五十九歲

正月二十三日，阮元、李鴻賓奉到嘉慶帝硃批，准其修纂《廣東省通志》。

（《（道光）廣東通志》卷首阮元、李鴻賓《纂修廣東省通志摺》）

三月，方東樹赴粤東，阮元延其修《廣東通志》，初任分纂，一月後改任總纂事。（鄭福照《方儀衛先生年譜》嘉慶二十四年條）

約是年，先生將《國朝漢學師承記》初刻版剜改，增入阮《序》後重印，即後來誤認爲初刻本者。（漆永祥《江藩年譜新編》嘉慶二十四年條）

是年，焦循《孟子正義》草稿成，次爲三十卷。（閔爾昌《焦理堂先生年譜》嘉慶二十四年條）

是年，吴翌鳳卒。先生於吴氏以「老友」視之，嘗得吴氏所贈《李賀歌詩編》，又題跋於後。（江藩《半氈齋題跋》卷上《楊太真外傳》《李賀歌詩編》）

二十五年庚辰（一八二〇）　六十歲

三月朔，先生爲先師惠棟《易大義》題跋。（江藩《周易述補》附《易大義》卷首《跋》）

三月初二日，阮元創辦學海堂於廣州城西文瀾書院。（張鑑等《雷塘庵主弟子記》嘉慶二十五年條）

三月十一日，先生爲阮元藏《宋本列女傳》題跋，於道光五年刊入《文選樓叢

書》中。（《文選樓叢書》本《新編古列女傳》卷末江藩《跋》）

夏，阮亨《瀛舟筆談》刊印。是書卷八載：「余見江鄭堂上舍藩。所藏舊鏡銘云：『古鐵頑銀不計年，道袍一拂泠光鮮。分明照得人間事，賣與無鹽不值錢。』詩旨寄託深遠，恐非唐人能及。」（阮亨《瀛舟筆談》卷八）

五月，阮亨於揚州收到先生郵寄之《國朝漢學師承記》刻本，讀書之暇，頗喜翻閱，以爲深得史家體例。爰囑藝古堂坊友黄信仲校正，由同人捐資重刊。（嘉慶二十五年揚州黄氏藝古堂刊《國朝漢學師承記》卷首阮亨《序》）

九月二十一日，先生跋阮元藏宋拓本《隸韻》。（王欣夫輯《炳燭室雜文補遺·隸韻跋》）

是年，先生爲阮福説《毛詩》，肄業及《爾雅》。因檢《爾雅正字》舊稿，重加删訂，據古文釐爲三卷，易名《爾雅小箋》。（江藩《炳燭室雜文·爾雅小箋序目》）

是年，先生有《霓裳中序第一》詞。（江藩《扁舟載酒詞·霓裳中序第一》）

是年，焦循卒，年五十八。阮元作傳，稱其「通儒」。黄承吉有《挽焦里堂》，憶及先生。循卒後半年，子廷琥亦病逝。（閔爾昌《焦理堂先生年譜》嘉慶二十五年條、黄承吉《夢陔堂詩集》卷二〇《挽焦里堂》）

是年，陳昌齊卒。

宣宗道光元年辛巳（一八二一） 六十一歲

三月二十一日，爲先生誕辰前一日，先生出丹陽丁以誠寫真、西吴費丹旭補圖之《鄭堂先生小像》，李黼平、鄭兆珩、韓衛勳、阮元、阮福等皆奉題作詩，以賀先生誕辰。（南京博物院藏丁以誠寫真、費丹旭補圖《鄭堂先生小像》）

六月，吴蘭修欲刻何夢瑶《算迪》，先生爲之序。惜不知何故，未能刻成。至道光二十六年，方由伍崇曜刊入《嶺南遺書》中。（何夢瑶《算迪》卷首江藩《序》）

七月，《江蘇詩徵》刻成。除夕，阮元設酒脯祭之，賓僚有祭詩。阮福倣祭詩故事，隨先生祭之，有詩畫卷。（張鑑等《雷塘庵主弟子記》道光元年條）

霜月庚申〔二〕，先生作《爾雅小箋自序》。（江藩《炳燭室雜文·爾雅小箋序目》）

八月二十六日，曾釗爲先生《隸經文》作序。九月，全書刊成，吴蘭修爲作《隸經文跋》。先生嘗爲吴氏作《南漢紀跋》。（江藩《隸經文》卷首曾釗《敘》、卷末吴蘭修《跋》，吴蘭修《南漢紀》江藩《跋》）

是年，阮元撰成《性命古訓》，先生爲之跋，盛讚阮氏揭千古沉霾之精義，可謂

功不在禹下。（江藩《隸經文》卷四《書阮雲臺尚書性命古訓後》）

時阮元欲萃國朝經説，條繫之爲《大清經解》，擬聘先生總其事。（江藩《隸經文》卷末吴蘭修《跋》）

是年，方東樹主粵東廉州海門書院。（鄭福照《方儀衛先生年譜》道光元年條）

是年，吴鼒、彭兆蓀、張鏐卒。

二年壬午（一八二二）　六十二歲

三月二十八日，《廣東通志》修成。閏三月丙子朔，阮元爲之序，並刻印行世。（張鑑等《雷塘庵主弟子記》道光二年條、《（道光）廣東通志》卷首阮元《序》）

閏三月，曾燠以巡撫銜巡視兩淮鹽政。（《清史列傳》卷三三《曾燠傳》）

十二月，先生纂成《國朝宋學淵源記》二卷《附記》一卷，達三於粵東榷署爲之序。（江藩《國朝宋學淵源記》卷首達三《序》）

達三另有《和江鄭堂海印閣原韻》，約作於此前後。（達三《誠齋詩鈔》卷三《和江鄭堂海印閣原韻》）

約是年，黄承吉有《觀漢學師承記懷江鄭堂粵東》詩。（黄承吉《夢陔堂詩集》卷二二《觀漢學師承記懷江鄭堂粵東》）

三年癸未（一八二三） 六十三歲

六月，先生在粤刻《國朝漢學師承記》八卷、《國朝經師經義目録》一卷、《國朝宋學淵源記》二卷《附記》一卷、《扁舟載酒詞》一卷[一二]。又先生《端研記》一卷、《續南方草木狀》一卷、《廣南禽蟲述》一卷附《獸述》諸書，亦當撰成於前後數年間。（漆永祥《江藩年譜新編》道光三年條）

是年，先生師江聲之孫江沅與先生遇於粤東，先生乞沅爲父秋莊公撰《墓誌銘》。又江沅攜汪縉《文録》及《制義》至南海，張杓、曾釗讀而善之，出資爲刻《文録》，先生爲汪氏高足，故分任之，計五十餘金而十卷之工竣，即道光三年張杓等刻本。（江沅《染香盦文外集·處士江公墓誌銘》、汪縉《汪子文録》卷一〇江沅《跋》）

是年，李鋭《李氏遺書》刊成，其中《漢三統術注》《漢四分術注》《漢乾象術注》等三書由先生校勘。（李鋭《李氏遺書》之《漢三統術注》《漢四分術注》《漢乾象術注》卷末署「甘泉老友江藩校」）

是年，先生應肇慶知府夏修恕之聘，往端州纂輯《肇慶府志》。阮元、周世錦、田翀、蕭光襄等皆有詩送行。（南京博物院藏丁以誠寫真、費丹旭補圖《鄭堂先生小像》）

約是年或稍後，汪喜孫聞先生「有《宋學師承記》已刊行」，遂致函先生，希寄贈。（汪喜孫《從政録》卷一《與江鄭堂先生書》）

是年，阮元《揅經室集》刻成，分作四集。（張鑑等《雷塘庵主弟子記》道光元年條）

是年，方東樹主粤東韶州韶陽書院。（鄭福照《方儀衛先生年譜》道光元年條）

是年，徐頲卒。

四年甲申（一八二四）　六十四歲

五月，王杰子堉時攝兩廣鹽鐵都轉事，出杰《祖帳集》草稿乞先生編次。杰予告歸里，同僚餞於翰林院，公賦二章留别，一時和者幾及百人，爲一代詞林之掌故。先生遂釐爲二卷，以和韻詩爲上卷，以送行詩爲下卷。王杰另有《賜杖集》[一三]，與《葆淳閣集補遺》《讀書劄記》合刻爲一册，亦爲經先生之手編定者。（王杰等《祖帳集》卷末江藩《跋》）

是年，阮福承父命，刻成焦循《雕菰樓集》二十四卷附焦廷琥《蜜梅花館文録》一卷《詩録》一卷。（道光四年揚州阮氏嶺南節署刊《雕菰樓集》附焦廷琥《蜜梅花館詩録》卷末阮福《跋》）

是年，方東樹館阮元幕中。著成《漢學商兑》三卷，以糾揚漢抑宋之弊，並作《上阮芸臺宫保書》，尋求支持。（鄭福照《方儀衛先生年譜》道光四年條、方東樹《儀衛軒文集》卷七《上阮芸臺宫保書》）

五年乙酉（一八二五）　六十五歲

是年，先生自嶺南退息里門，窮老益甚。所僦屋遷徙無定，客羊城時所刻書版亡失過半。先生在肇慶時，極嗜端溪石硯，著有《端研記》一卷，考論其形制，復以所得館金，盡易端硯。後去粤時，歸裝壓擔，暴客疑其挾巨金，尾之兼旬，易舟發篋，乃唾而去。歸揚州後，嘗贈曾燠端硯，曾氏有《鄭堂自嶺外歸見惠端硯爲作歌》紀其事。（江藩《節甫老人雜著》卷首江順銘《跋》、江藩《扁舟載酒詞》卷末張丙炎《跋》、曾燠《賞雨茅屋詩集》卷一七《鄭堂自嶺外歸見惠端硯爲作歌》）

是年，阮元輯刻《皇清經解》，主事者爲錢塘嚴杰。阮氏嘗有意囑先生總其事，終未果。（張鑑等《雷塘庵主弟子記》道光五年條、江藩《隸經文》卷末吴蘭修《跋》）

是年，方東樹授經阮元幕中。著《書林揚觶》二卷。（鄭福照《方儀衛先生年譜》道光五年條）

是年，趙魏卒。

六年丙戌（一八二六）　六十六歲

四月，兩淮鹽政曾燠奉詔回京，以五品京堂候補。先是，先生自嶺南退息里門，曾氏向黄奭推薦先生，以爲「老師宿儒」，黄氏遂禮聘先生館其家，專誠受教達四年之久。（《清史列傳》卷三三《曾燠傳》、阮元《揅經室再續集》卷三《高密遺書序》）

是年，方東樹作《漢學商兑序例》，倣朱熹《雜學辨》例，摘録原文，各爲辯正於下。（方東樹《漢學商兑》卷首《序例》）

是年，阮元調任雲貴總督，方東樹遂辭阮元聘自粤歸里，旋往浙右。（張鑑等《雷塘庵主弟子記》道光六年條、鄭福照《方儀衛先生年譜》道光六年條）

是年，王豫、吴慈鶴卒。

七年丁亥（一八二七）　六十七歲

秋，曲阜東野隆吉校刻先生《國朝漢學師承記》八卷、《國朝經師經義目録》一卷、《國朝宋學淵源記》二卷《附》一卷。（孫殿起《販書偶記》卷三《經部・諸經總義類・

諸經授受源流之屬》）

是年，黃承吉作《孟子正義序》，憶及先生與焦循、李鍾泗及黃氏四人嗜古同學，時有「江焦黃李」之目。（黃承吉《夢陔堂文集》卷五《孟子正義序》）

是年，汪潮生重晤何元錫，極道三十年來離別之感，題詩以贈，憶及先生，有「昔君三十我二十，坐上春風動顔色。……幾度低回異死生，鬢眉惟有江郎鄭堂。在」云云。今先生《扁舟載酒詞》有《一點春·汪大飲泉索題程四研紅畫梅花便面》《八歸·汪大飲泉招同人集東柯草堂送石大遠梅返吴門》《聲聲慢·題汪大飲泉秋隱莽填詞圖》等贈答汪氏之作。（汪潮生《冬巢集》卷二《重晤何夢華極道三十年來離别之感爲歌以贈之明日夢華即返武林兼以志别》）

是年，姚文田、鈕樹玉卒。

八年戊子（一八二八） 六十八歲

秋，阮福撰成《滇南金石録》，自爲之序。（阮福《滇南金石録》卷首《序》）

冬末，曲阜東公印行先生《隸經文》四卷《續》一卷[一四]，先生同門顧廣圻得之，後賜弟子某，弟子於除夕題跋於後。（江藩《隸經文》，南京圖書館藏，卷末有《跋》，扉頁有顧廣圻《題記》：「此吾同門江子屏文，刻於粤東。戊子冬杪，曲阜東公印行。」）

是年，劉文淇、劉寶楠與諸友赴金陵應鄉試，不中。始相約各治一經，劉文淇任《左傳》，劉寶楠任《論語》。後二人分别撰成《左傳舊疏考正》八卷和《論語正義》二十四卷。另，先生卒後，汪喜孫偕劉文淇、劉寶楠校録先生《爾雅小箋》。（小澤文四郎《劉孟瞻先生年譜》道光八年條、上海圖書館藏清鈔本《爾雅小箋》卷首汪喜孫《跋》）

秦恩復刻《詞源》後，閲十餘年，得吴縣戈載所校本，勘訂譌謬，精嚴不苟。自哂前刻鹵莽，幾誤古人，以誤後學。爰取戈本重付梓人，公諸同好，庶免魚魯之譌。（道光八年刊《詞源》秦恩復《跋》）

是年，凌霄卒。凌氏與先生乃吟侣，推許先生「博雅」，其《快園詩話》輯録先生《集快園詩》《失題》等詩。凌氏嘗與先生同游莫愁湖、桃花庵，有詩紀其事。（凌霄《快園詩話》卷二、卷十，吴嵩梁輯《溟鷗集》卷三凌霄《洪稚存提學亮吉孫淵如觀察星衍蔣秋竹孝廉知節江鄭堂上舍藩同游莫愁湖舟中口占》《范平圃邦政汪寧溪百川江鄭堂吴蘭雪嵩梁汪玉屏張子貞汪元波承達江素山暨蘭溪弟同集桃花庵各成一律》）

九年己丑（一八二九）　六十九歲

秋，姪孫順銘等請於先生，將所刻書板修補而匯萃之，顔曰《節甫老人雜著》，收録《周易述補》四卷附惠棟《易大義》一卷、《國朝漢學師承記》八卷、《國朝經師經義目録》一卷、《國朝宋學淵源記》二卷《附記》一卷、《隸經文》四卷《續》一卷，凡五種二十二卷〔一五〕。後光緒十二年丙戌，順銘子巨渠又以板多殘缺，命二子朝棟、朝楨校讎補刊，增《樂縣考》二卷、《扁舟載酒詞》一卷，凡七種二十五卷，改題《江氏叢書》。（江藩《節甫老人雜著》卷首江順銘《跋》、江藩《江氏叢書》卷首江巨渠《跋》）

九月，《皇清經解》刻成，計一千四百卷，收書一百八十三種，撰著者七十三家。（《皇清經解》卷首夏修恕《序》）

十一月，阮福《孝經義疏補》刊成。（張鑑等《雷塘庵主弟子記》嘉慶九年條）

約是年，汪喜孫致函先生，告知先生《周易述補》已刊入《皇清經解》，並索求先生《文集》《漢學師承記》諸書。（汪喜孫撰、楊晉龍主編《汪喜孫著作集》上册《汪孟慈集》卷五《與鄭堂先生書》）

是年，何元錫、劉彬華卒。先生與何氏有贈答之詞，又嘗得何氏所贈《梁武祠

堂畫像》，作有考釋文字。（江藩《扁舟載酒詞·澡蘭香題何三夢華媚蘭小影》、《半氈齋題跋》卷下《梁武祠堂畫像》）

十年庚寅（一八三〇）　七十歲

春夏間，先生卒。葬揚州桃花庵側，友朋以詩文悼之。（陳逢衡《讀騷樓詩二集》卷一《汪冬巢寒林獨步圖》、包世臣《安吴四種》卷一六《藝舟雙楫·汪冬巢傳》、汪潮生《冬巢集》卷四《曩以卜生庵圖册乞題於鄭堂練江題未成而兩君皆殁秋窗展玩愴憶爲詩》、黄承吉《夢陔堂文集》卷一《江鄭堂像贊並序》、《夢陔堂詩集》卷三二《江鄭堂没已數月秋窗坐憶惻然成詩》、汪喜孫《抱璞齋詩集》卷五《五哀詩·江鄭堂先生》、丁晏《頤志齋感舊詩·江鄭堂師》、王翼鳳《舍是集》卷四《挽江鄭堂藩先生》）

先生無嗣，嘗以姪懋鈞繼之。（江藩《國朝漢學師承記》卷七《汪中》、江藩《國朝經師經義目録》卷末江懋鈞《跋》）

昔年，先生自京師歸，嘗盛讚徐松及徐頲曰：「京師學者，孰與二徐！」先生殁後，徐松出泉十萬貫，俾汪喜孫校録先生遺書，《爾雅小箋》即其中之一。（上海圖書館藏清鈔本《爾雅小箋》卷首汪喜孫《跋》）

先生博學多識，著述等身。所撰大抵可分獨著、參編、輯校三類。獨著傳世者有《周易述補》四卷（一作五卷）、《樂縣考》二卷、《爾雅小箋》三卷、《隸經文》四卷《續》一卷、《國朝漢學師承記》八卷、《國朝經師經義目録》一卷、《國朝宋學淵源記》二卷《附記》一卷、《舟車聞見録》二卷《雜録續集》一卷《續録三集》一卷、《端研記》一卷、《續南方草木狀》一卷、《廣南禽蟲述》一卷附《獸述》一卷、《半氈齋題跋》二卷、《炳燭室雜文》一卷、《炳燭室雜文補遺》一卷（王欣夫輯）、《炳燭室雜文續補》一卷（漆永祥輯）、《炳燭室雜文拾遺》一卷（高明峰輯）、《乙丙集》二卷、《伴月樓詩鈔》三卷、《扁舟載酒詞》一卷，凡十六種四十六（或四十七）卷；存目者有《考工戴氏車制圖翼》《儀禮補釋》《禮堂通義》《經傳地理通釋》《石經源流考》《通鑑訓纂》《蠅須館雜記》計五種，爲《槍譜》《葉格》《茅亭茶話》《緇流記》《名優記》。《竹西詞鈔》等，凡十二種。參編者有《（嘉慶）揚州府圖經》八卷、《（嘉慶）重修揚州府志》七十二卷《卷首》一卷、《（道光）廣東通志》三百三十四卷《卷首》一卷、《（道光）肇慶府志》二十二卷《卷首》一卷，凡四種四百三十九卷。輯校者有《校補陸志》一卷、《祖帳集》二卷、《賜杖集》二卷等十餘種〔一六〕。而舊題先生參編之《（嘉慶）揚州府圖經》，很可能非先生所爲。舊題先生所撰之《經解入門》，則絶非先生所爲。漆永祥整理先生《詩文集》，收録有《隸經文》四卷、《續隸經文》一卷、《炳燭室雜文》一卷、《半氈齋題跋》二卷、《伴月樓詩鈔》三卷、《扁舟載酒詞》一卷及《炳燭室雜文補遺》一卷、《炳燭室雜文續補》一卷等，可見先生文辭之概貌〔一七〕。

注釋

〔一〕本譜參考閔爾昌《江子屏先生年譜》（民國十六年江都閔氏刊本）、漆永祥《江藩年譜新編》（見漆永祥《江藩與〈漢學師承記〉研究》附録一，上海古籍出版社二〇〇六年版，第四〇八—四九九頁）、薛以偉《江藩年譜補訂》（南京師範大學二〇〇七年碩士學位論文），特此致謝，文中恕不一一出注。凡遇諸《譜》載録歧異者，擇善而從。爲省篇幅，擇要在有關條目下標注出處，引文從略。

〔二〕此據江藩之自述，見《國朝漢學師承記》卷四《朱笥河先生》。漆永祥以爲其事似無可能（見漆氏《江藩與〈漢學師承記〉研究》，上海古籍出版社二〇〇六年版，第四五頁），因語係猜測，無法確證，故仍采江藩自述之語。

〔三〕引詩出自江藩《伴月樓詩鈔》卷上《孟陬十八日陪笥河夫子游聖恩寺作此以呈》，清鈔本，藏上海圖書館。

〔四〕按：江藩《朱處士墓表》有異文。江藩《炳燭室雜文》收録此文，云「乾隆四十二年，處士見藩歌詩……」。是書初刻爲同治、光緒間《滂喜齋叢書》本。然朱質《二亭詩鈔》卷首江藩《朱處士墓表》稱「乾隆四十三年，處士見藩歌詩……」，是書爲嘉慶刻本。從刻印時間而言，當以《二亭詩鈔》所録爲是。薛以偉《江藩年譜補訂》據此繫於乾隆四十三年，今從。

〔五〕漆永祥《江藩年譜新編》據段玉裁作於乾隆五十八年的《有竹居集序》有「余自蜀中歸，訪友吴中，若汪明之元亮、江雨來藩，皆博雅士也」云云，且段玉裁於乾隆五十七年避禍移居蘇州，遂繫於乾隆五十七年。然據焦循寫於乾隆五十七年的《里堂文稿·答江鄭堂書》，内有「京師華聚之所，曾有志相合而可以埤助者乎」云云，知是年江藩仍在京師，難與移家蘇州的段玉裁相見。而乾隆五十八年，江藩自山右入都門，或於年初有南返吴門之舉，故繫於此。

〔六〕按：洪亮吉《北江詩話》卷三載有洪氏偕汪緄訪揚州知府伊秉綬一事，據《(嘉慶)重修揚州府志》卷三八《秩官四》，伊秉綬於嘉慶十年至十二年任揚州知府，姑繫於是年。

〔七〕今存八卷本《揚州府圖經》，題署焦循、江藩撰，今人張連生認爲即是其後好事者將當時搜集之部分編寫「事志」之文獻彙編成册者。參見張連生《八卷本〈揚州圖經〉作者質疑》，文載《揚州大學學報》二〇〇一年第二期。

〔八〕按：劉胥爲漢武帝劉徹第四子，元狩六年（前一一六）封爲廣陵王，謚號厲，故當稱廣陵厲王。

〔九〕據《墓表》，鎬京卒於康熙四十一年（一七〇二），卒後一百一十二年，江藩應汪喜孫之請爲撰《墓表》，故繫於嘉慶十八年（一八一三）。漆永祥《江藩年譜新編》誤繫於嘉慶十七年（一八一二）。

〔一〇〕該版藏中國國家圖書館，封面題「嘉慶戊寅刊」，依《目録》、《國朝漢學師承記》正文、汪喜孫《跋》、《國朝經師經義目録》編次，然無阮元《序》。

〔一一〕按：七月或九月均可別稱爲霜月。

〔一二〕全書一函六册，藏上海圖書館。封面左上隸書題「道光癸未六月刊」，中間隸書大字兩行「國朝漢學師承記」，右下題「江都胡培題」。

〔一三〕漆永祥《江藩年譜新編》及《江藩與〈漢學師承記〉研究》第四章《江藩著述考》誤作《賜枚集》。

〔一四〕按：此東公當即本譜道光七年條所載校刻江藩《國朝漢學師承記》八卷、《國朝經師經義目録》一卷、《國朝宋學淵源記》二卷《附》一卷之東野隆吉。

〔一五〕此據上海圖書館藏本。中國國家圖書館、北京大學圖書館亦有藏本，較上圖藏本多收《樂縣考》二卷。

〔一六〕詳參高明峰《江藩研究》第三章《江藩著述敘録》，中國文史出版社二〇一五年版，第九七—一一六頁。

〔一七〕詳參江藩著、漆永祥整理《江藩集》，上海古籍出版社二〇〇六年版。

附録三

江鄭堂像贊並序

（清）黄承吉

江君尚友百家，精師二漢。尤宗高密，俎豆在躬。蚤年顔鄭於堂，因爲别字，示不忘也。長予十齡，締交時，君甫及壯，屬爲著記，述所由來。厥後南北東西，皆將車轍，終焉落魄。没經二年，回憶生平，杪析談天，源沿説地，剖膺置酒，横獵古今。而語不空階，情無别障，於茲歇絶，更不重聞。屬伯道之嗟，嗣從旁治。罔獲先疇，浮沉宵斗。乃至琴書入市，景跡臨衢。道有鬻者，君之遺像也。當其置身一壑，弄頰三毛，詎有風流，方其意氣，然而騂騮凋喪，畫肉徒勞，雷霆不震，點睛虚矣。乃以桃椎置肆，售夫千錢；諒非黨進傳真，原施夫金。薄也梅子，執經候謁。當君暮年，道越乎神父，跡留於貌合，覯君惟肖，中路傷之，以貝易歸，懸諸稽庵之壁。夫衡以斧藻，則君爲通儒；企之金蘭，則君爲摯友。前年室毁，並記之稿本而俱燼焉。昔人睹遺掛在牀，猶不能自已，況於褒衣宛具玉山，居然撫縑追骨，抑何可感！爰爲之贊曰：

江君懋學，式懷淵充。千秋一師，源窮派通。江君植躬，載以夷曠。不屑不潔，而非儻蕩。孟喜不達，范丹長貧。憂乃驥屈，樂亦蠖伸。南樓依人，北海好客。飲三百杯，傲二千石。塵席已矣，衡門闃然。想其堂階，如流百川。學母雲遥，經師宛在。金石豈渝，丹青不改。（清黄承吉《夢陔堂文集》卷一，道光二十三年刻本，第一册第五—六頁）

挽江鄭堂藩先生

（清）王翼鳳

實學昭代崇，宗風遞流衍。《六經》觀文章，根柢固不淺。先生信好資，裒籍縱流眄。異説明師承，深心獨精闡。蚤年負書游，聲華轢京輦。吮筆窺宸章，旁徵引墳典。鈔成奏松扉，五雲翼丹篆。皇情頗忻悦，召傳俞未遣。金鞍捧賜函，榮耀照軒冕。先生恭撰《純廟詩小注》，由王韓城相國進呈，恩賞《御製詩五集》。後許召對圓明園，因聞林爽文逆信，廟謨勞旰，遂未果召。脱略時公卿，無心致通顯。東南學海堂，坐抗廣筵辯。都講風每移，操行石匪轉。山嶽論知交，黄金一言踐。元禮天下模，詎徒藝文選。晚從粤嶠歸，足息剩雙趼。舊篋新生塵，零落紙萬卷。糲食餔昃光，席門臥陰蘚。蕭條睇孤雲，奄忽送餘喘。往余接德鄰，青天屢容展。嘉慶間曾與先生同住北城外。裁縑旁質疑，豹鼠指能辨。回首高山頹，馬悲涕長泫。廟食同慨梁，豐碑莫置峴。人壽徒須臾，悠悠孰徵善。遺編多待傳，募梓更虚願。先生已刻書惟《周易述補》《隸經文》《國朝漢學師承記》《宋學淵源記》，餘稿多散失。又嘗畫《募梓圖》，載之行篋。空狥假年心，再想音塵緬。名實伸其常，庶令後來眷。（清王翼鳳《舍是集》卷四，道光二十一年刻本，第四册第四頁）

江藩傳

（清）李元度

先生諱蕭客，字仲林，别字古農，吴縣布衣也。……

弟子江藩，字子屏，甘泉人。博聞强記，心貫群經。纂《國朝漢學師承記》八卷，使兩漢儒林家法之承授，本朝經學之源流，釐然可考。又作《宋學淵源記》三卷，分北學、南學，附記，共若干人。又取諸家撰述，凡專精漢學者，倣唐陸元朗《經典釋文》傳注姓氏之例，作《國朝經師經義目録》一卷，於《易》取胡氏渭之《易圖明辨》，惠氏士奇之《易説》，惠氏棟之《周易述》《易漢學》《易例》及《本義辨證》，洪氏榜之《易述贊》，張氏惠言之《虞氏義》《虞氏消息》，顧氏炎武之《易音》；於《書》取閻氏若璩之《古文尚書疏證》，胡氏渭之《禹貢錐指》，惠氏棟之《古文尚書考》，宋氏鑒之《尚書考辨》，王氏鳴盛之《尚書後案》，江氏聲之《尚書集注音疏》《尚書經師系表》；於《詩》取惠氏周惕之《詩説》，戴氏震之《毛鄭詩考正》，顧氏炎武之《詩本音》，錢氏坫之《詩音表》；於《三禮》取沈氏彤之《周官禄田考》，惠氏棟之《禘祫説》，江氏永之《周禮疑義舉要》，戴氏震之《考工記圖》，任氏大椿之《弁服釋例》，錢氏坫之《車制考》，張氏爾岐之《儀禮鄭注句讀》，沈氏彤之《儀禮小疏》，江氏永之《儀禮釋宫譜增注》，褚氏寅亮之《儀禮管見》，金氏曰追之《儀禮正譌》，張氏惠言之《儀禮圖》，凌氏廷堪之《禮經釋例》，黄氏宗羲之《深衣考》，惠氏棟之《明堂大道録》，江氏永之《深衣考誤》《禮記訓義擇言》，任氏大椿之《深衣釋例》，惠氏士奇之《禮記説》，江氏永之《禮經綱目》，金氏榜之《禮箋》；於《春秋》取顧氏炎武之《左傳杜解補正》，馬氏驌之《左傳事緯》，陳氏厚耀之《春秋長曆》《春秋世族譜》，惠氏棟之《左傳補注》，沈氏彤之《春秋左傳小疏》，江氏永之《春秋地理考實》，惠氏士奇之《春秋説》；於《論語》《孟子》取閻氏若璩之《四書釋地》，江氏永之《鄉黨圖考》，戴氏震之《孟子字義疏證》，錢氏坫之《論語後録》，劉氏台拱之《論語駢枝》；於諸經總義取顧氏炎武之《九經誤字》，惠氏棟之《九經古義》，江氏永之《群經補義》，臧氏琳之《經義雜記》，余氏蕭客之《古經解鉤沈》，武氏億之《經讀考異》《義證》，劉氏台拱之《經傳小記》；於《爾雅》取邵氏晉涵之《正義》，戴氏震之《方言疏證》，江氏聲之《釋名疏證》《續釋名》，任氏大椿之《小學鉤沈》《字林考逸》，桂氏馥之《説文解字義證》，吴氏玉搢之《别雅》；於音韻取顧氏炎武之《音學五書》，江氏永之《古韻標準》《音學辨微》《四聲切韻表》，戴氏震之《聲韻考》《聲類表》，洪氏榜之《四聲均和表》《示兒切語》；於樂律取江氏永之《律吕新論》《律吕闡微》，錢氏塘之《律吕考文》，凌氏廷堪之《燕樂考原》，皆專宗漢學。凡言不關乎經義小學，意不純乎漢儒古訓者，皆不著録，亦可謂篤信謹守者矣。（清李元度《國朝先正事略》卷三六，《續修四庫全書》影印清同治八年循陔草堂刻本，史部第五三九册第五四—五五頁）

江藩傳

繆荃孫

江藩，字子屏，江蘇甘泉人。監生。少受業元和惠棟，吴縣余蕭客、江聲〔一〕。博綜群經，尤熟於史事。性不喜唐宋文，每被酒，輒自言文無八家氣，人目爲狂，不屑也。幼蓄書萬餘卷，歲饑，盡以易米。作《書窠圖》志感，一時耆宿題詠殆徧。曾恭撰《純廟詩集注》，由大學士王杰進呈，恩賞《御製詩五集》。後諭召對圓明園，值林爽文陷臺灣報至，遂輟，人惜其遇。《廣陵思古編》。纂《國朝漢學師承記》八卷，使兩漢儒林家法之承授，本朝經學之源流，釐然可考。又作《宋學淵源記》三卷，分北學、南學、附記，共若干人。又取諸家撰述，凡專精漢學者，倣唐陸元朗《經典釋文》傳注姓氏之例，作《國朝經師經義目録》一卷，於《易》取胡氏渭之《易圖明辨》，惠氏士奇之《易説》，惠氏棟之《周易述》《易漢學》《易例》及《本義辨證》，洪氏榜之《易述贊》，張氏惠言之《虞氏義》《虞氏消息》，顧氏炎武之《易音》；於《書》取閻氏若璩之《古文尚書疏證》，胡氏渭之《禹貢錐指》，惠氏棟之《古文尚書考》，宋氏鑒之《尚書考辨》，王氏鳴盛之《尚書後案》，江氏聲之《尚書集注音疏》《尚書經師系表》；於《詩》取惠氏周惕之《詩説》，戴氏震之《毛鄭詩考正》，顧氏炎武之《詩本音》，錢氏坫之《詩音表》；於《三禮》取沈氏彤之《周官禄田考》，惠氏棟之《禘祫説》，江氏永之《周禮疑義舉要》，戴氏震之《考工記圖》，任氏大椿之《弁服釋例》，錢氏坫之《車制考》，張氏爾岐之《儀禮鄭注句讀》，沈氏彤之《儀禮小疏》，江氏永之《儀禮釋宫譜增注》，褚氏寅亮之《儀禮管見》，金氏曰追之《儀禮正譌》，張氏惠言之《儀禮圖》，凌氏廷堪之《禮經釋例》，黄氏宗羲之《深衣考》，惠氏棟之《明堂大道録》，江氏永之《深衣考誤》《禮記訓義擇言》，任氏大椿之《深衣釋例》，惠氏士奇之《禮記説》，江氏永之《禮經綱目》，金氏榜之《禮箋》；於《春秋》取顧氏炎武之《左傳杜解補正》，馬氏驌之《左傳事緯》，陳氏厚耀之《春秋長曆》《春秋世族譜》，惠氏棟之《左傳補注》，沈氏彤之《春秋左傳小疏》，江氏永之《春秋地理考實》，惠氏士奇之《春秋説》；於《論語》《孟子》取閻氏若璩之《四書釋地》，江氏永之《鄉黨圖考》，戴氏震之《孟子字義疏證》，錢氏坫之《論語後録》，劉氏台拱之《論語駢枝》；於諸經總義取顧氏炎武之《九經誤字》，惠氏棟之《九經古義》，江氏永之《群經補義》，臧氏琳之《經義雜記》，余氏蕭客之《古經解鉤沈》，武氏億之《經讀考異》《義證》，劉氏台拱之《經傳小記》；於《爾雅》取邵氏晉涵之《正義》，戴氏震之《方言疏證》，江氏聲之《釋名疏證》《續釋名》，任氏大椿之《小學鉤沈》《字林考逸》，桂氏馥之《説文解字義證》，吴氏玉搢之《别雅》；於音韻取顧氏炎武之《音學五書》，江氏永之《古韻標準》《音學辨微》《四聲切韻表》，戴氏震之《聲韻考》《聲類表》，洪氏榜之《四聲均和表》《示兒切語》；於樂律取江氏永之《律吕新論》《律吕闡微》，錢氏塘之《律吕考文》，凌氏廷堪之《燕樂考原》，皆專宗漢學。凡言不關乎經義小學，意不純乎漢儒古訓者，皆不著録，亦可謂篤信謹守者矣。《先正事略》。他著有《周易述補》一卷、《隸經文》四卷、《炳燭室雜文》一卷。《思古編》。（繆荃孫《續碑傳集》卷七四，台北明文書局一九八五年刊行《清代傳記叢刊》本，第一一九册第二六七—二六九頁）

江藩傳

清史列傳

江藩，字子屏，江蘇甘泉人。監生。受業吴縣余蕭客及元和江聲，得惠棟之傳。博綜群經，尤深漢詁，旁及九流、二氏之書，無不綜覽。所爲古文詞，豪邁雄俊，作《河賦》以匹景純、玄虚《江》《海》二賦。性不喜唐宋文，每被酒輒自言文無八家氣，人目爲狂，不顧也。爲人權奇倜儻，能走馬奪槊。豪飲，徧游齊、晉、燕、趙、閩、粤、江、浙。韓城王杰極重之，曾恭撰《純廟詩集注》，由杰進呈，恩賞《御製詩五集》。後諭召對圓明園，值林爽文陷臺灣報至，遂輟，人惜其遇。幼蓄書萬餘卷，以好客貧其家，歲饑，盡以易米。作《書窠圖》志感。年五十，以易筮之，得《坎》之《節》，乃思守所傳之經，終老於家，因自號節甫。

初，惠棟作《周易述》，未竟而卒，闕自《鼎》至《未濟》十五卦、《序卦》《雜卦》二傳，藩乃著《周易述補》五卷，羽翼惠氏。歙凌廷堪謂棟尤不免用王弼之説，藩悉無之，方之惠書，有過之無不及也。又著《漢學師承記》八卷，於兩漢儒林家法之承授，國朝經學之源流，釐然可考。又取諸家撰述專精漢學者，倣唐陸德明《經典釋文》傳注姓氏之例，著《國朝經師經義目録》一卷，凡言不關乎經義小學，意不純乎漢儒訓詁者，悉不著録。論者以爲二百年來談漢學不可少之書。又録孫奇逢以下諸人，分南學、北學、附記，著《宋學淵源記》三卷。少嘗爲《爾雅正字》，道光元年年六十一，復重加删訂，爲《爾雅小箋》三卷。他著有《隸經文》四卷、《炳燭室雜文》一卷、《江湖載酒詞》二卷。卒窮困以終。

初，藩著《漢學師承記》，仁和龔自珍諍之，大旨謂讀書者實事求是而已，若以漢與宋爲對峙，恐成門户之見。其後壽陽祁寯藻囑光澤何秋濤爲《續記》，秋濤曰：「是編當依阮元《疇人傳》之例，改爲學人傳，若特立一漢學之名，宋學家群起而攻之矣。」方東樹《漢學商兑》所由作也。然藩所著《宋學淵源記》，多以禪學爲宋學，亦爲世所譏云。（佚名纂、王鍾翰點校《清史列傳》卷六九《儒林傳下》，中華書局一九八七年版，第一八册第五六一〇—五六一一頁）

鄭堂學案

徐世昌

鄭堂受學余、江，淵源紅豆。博聞强記，心貫群經，《漢學師承記》一編，於諸儒學行，搜刮靡遺。雖後人對之不無訾議，要爲講清代學術者所不可少之書。述《鄭堂學案》。

江先生藩

江藩，字子屏，號鄭堂，晚號節甫，江蘇甘泉人。監生。少長蘇州，受業余仲林、江叔澐之門，傳惠氏學，博綜群經，尤深漢詁，旁及九流、二氏之書，無不綜覽。所爲古文詞，豪邁雄俊，作《河賦》以匹景純、玄虛之《江》《海》二賦。性不喜唐宋文，每被酒，輒自言文無八家氣，人目爲狂，不顧也。早歲蓄書萬餘卷，以好客貧其家，歲饑，盡以易米，作《書窠圖》寓感。初，惠定宇作《周易述》，未竟而卒，闕自《鼎》至《未濟》十五卦、《序卦》《雜卦》二傳，先生乃著《周易述補》五卷，羽翼惠氏。凌次仲序之，謂惠氏猶不免用王弼之説，先生則悉無之，方之惠書，有過之無不及也。又著《漢學師承記》八卷，於兩漢儒林家法之傳授，清代經學之源流，釐然可考。又取諸家撰述凡專精漢學者，倣陸元朗《經典釋文》傳注姓氏之例，作《國朝經師經義目録》一卷，凡言不關乎經義小學，意不純乎漢儒古訓者，皆不著録。又録孫鍾元以下諸人，分南學、北學、附記，著《宋學淵源記》三卷。少嘗爲《爾雅正字》，道光初復重加删訂，爲《爾雅小箋》三卷。他著有《隸經文》四卷《續》一卷、《樂縣考》二卷、《炳燭室雜文》一卷、《扁舟載酒詞》一卷。卒年七十一。參《史傳》。

附録

凌次仲《與張生其錦書》云：近日學風，尚多留心經學，二史學惟錢辛楣先生用功最深，江君鄭堂亦融洽條貫，相與綜談今古，同時朋好，莫與爲敵。蓋不僅經學專門也。《校禮堂集》。

先生既爲《漢學師承記》，復以《傳》中所載諸家撰述有不盡關經傳者，有雖關經術而不醇者，乃取其專論經術而一本漢學之書，倣唐陸元朗《經典釋文》傳注姓氏之例，作《經師經義目録》一卷，附記於後。其義例有四：一，言不關乎經義小學、意不純乎漢儒古訓者；一，書雖存其名而實未成者；一，書已行於世而未及見者；一，其人尚存，著述僅附見於前人《傳》後者，並不著録。《經師經義跋》。

龔定庵云：以布衣爲掌故宗，且二十年。乾隆朝，佐當道治四庫、七閣之事。於乾隆名公卿老師宿儒，畢上下齮齕，萬聞千睹。窺氣運之大原，孤神明以孚往。《定盦集》。

阮文達嘗擬取清代諸儒説經之書以及文集、説部，加以翦截，繫於群經各章句之下，勒成一書，名曰《大清經解》，以爲能總其事、審是非、定去取者，海内學友惟先生及顧君千里二三人。《漢學師承記序》。

案：此所云《經解》，與後來體例不同，學海堂本爲嚴厚民所輯，實以人之先後爲次序，不以書爲次序也。

鄭堂家學

江先生懋鈞

江懋鈞，字季調。鄭堂兄子。父殁，母哀痛失明。先生涕泣之餘，强爲歡笑以解母憂。早補諸生，鄭堂以朴學名東南，所交多海内通儒，每宴集，先生侍焉，由是學問日進。教授生徒，成就頗衆。著有《詩經釋義》二十卷、《爾雅旁證》八卷、《鷗寄齋古今體詩》八卷。參《揚州府志》。

鄭堂弟子

阮先生福別見《儀徵學案》。

黄先生奭

黄奭，字右原，江蘇甘泉人。以入資爲刑部郎中。道光中，以順天府尹吴傑薦，賜舉人。家世貨殖，而先生獨好學，嘗從曾賓谷游，賓谷異之曰：「爾勿爲時下學，余薦老師宿儒一人與爾爲師。」乃鄭堂也。延鄭堂館其家四年，自是專精漢學。鄭堂以惠定宇著《十三經古義》，惟《爾雅》未成，命先生卒其業，乃就陸元朗《釋文敍録》十家舊注，博引羣書，爲之疏證。更於十家外，攟拾爲衆家，注成《爾雅古義》十二卷。鄭堂卒，又獨學十餘年，閉户探尋，足不出外。其學專鄭氏，輯有《高密遺書》十三種，阮文達亦稱其勤博。他著有《端綺集》《存悔齋集杜詩注》。參《史傳》。

鄭堂交游

汪先生中別爲《容甫學案》。

李先生惇別見《石臞學案》。

焦先生循別爲《里堂學案》。

阮先生元別爲《儀徵學案》。

凌先生廷堪別爲《次仲學案》。

武先生億別爲《授堂學案》。

胡先生虔別見《惜抱學案》。

黄先生承吉別見《白山學案》。

李先生鍾泗別見《里堂學案》。

鍾先生褱別見《里堂學案》。

顧先生广圻別爲《思適學案》。

龔先生自珍別爲《定盦學案》。

徐先生復

徐復，字心仲，江都人。本農家子。少孤，喜讀書。其兄使之牧，乃棄牛而逃至郡西僧寺中，供灑掃之役，暇則誦讀，恒達旦不寢。焦里堂見其所誦之《五經》及所作制義，大奇之，爲之延譽。未幾，補諸生，遂從事於經史之學。省試，与黄君承吉同寓，黄君詰以九章演算法，不能答，以爲恥，典衣購算書歸，就鄭堂相質，未及一年，弧三解之正弧、垂弧、次形、矢較諸法，皆能言其所以然矣。著有《論語疏證》，鄭堂爲之序。參《漢學師承記》。（徐世昌《清儒學案小傳》卷一二，臺北明文書局一九八五年刊行《清代傳記叢刊》本，第六册第五七九—五八五頁）

江藩傳

曾文玉

江藩，字子屏，號鄭堂，甘泉人，上舍生。少從惠定宇弟子余古農先生游，遂盡得惠氏之傳。又嘗從學於王侍郎蘭泉，復問學於江艮庭先生。博聞强記，無所不通，心貫羣經，折衷兩漢。阮文達爲漕督，延主山陽麗正書院，以布衣爲諸生師。督粤時又延至節署，總修《廣東通志》，與吴石華、曾冕士兩廣文交頗深。所爲古文詞，不法唐宋而豪邁雄俊，卓然可觀。每酒酣耳熱間，自言文無八家法氣。爲人權奇倜儻，走馬奪槊，遍游齊晉燕趙江浙閩粤。好客忘貧，隨手揮霍，雖有陸賈裝無益也。窮年矻矻，著述等身，王文端公深器重之。嘗以漢學昌明無過本朝，乃詮次近儒爲漢學者，成《漢學師承記》八卷。又取專論經術、一本漢學之書，倣唐陸元朗《經典敘録》之例，爲《經師經義目録》一卷，附《師承記》之後。凡言不關乎小學，意不純宗乎漢儒古訓者，皆不著録，亦可見其體例之嚴矣。又續惠定宇《周易述》爲《周易述補》四卷，於王輔嗣之注皆不取。又爲《樂縣考》上下卷，其書專考古樂器，而言今樂可通古樂，所見與凌次仲《燕樂考原》大略相同，篇頁無多，條理在握。又從平日所作之文删存之，非説經者皆不録，編爲《隸經文》四卷，古今人文集鮮有若是編之實事求是者矣。其他著述甚衆，尚有《考工戴氏車制圖翼》《儀禮補釋》《爾雅正字》《石經源流考》《經傳地理通釋》《禮堂通義》《繩須館雜記》《伴月樓詩集》等書。（曾文玉《國朝漢學師承續記》卷五，稿本，藏蘇州圖書館，第三册，無頁碼）

江藩傳

董玉書

江藩，字子屏，號鄭堂，晚號節甫，原籍安徽旌德人，後遷揚。李艾塘《畫舫録》云：「天瑞堂藥肆在多子街，旌德江氏生業也。」幼能爲五七言詩，從余秋農游[二]，始知《風》《雅》之旨。後從江艮庭學，受惠氏《易》。著《爾雅正字》，以《説文》爲指歸，爲王西沚光禄所見賞。弱冠與汪容甫定交，日相過從。又與阮文達同學交善。頻遭喪荒，以書易米，書倉一空，作《書窩圖》以寓感。阮文達題云「書窩小東門，出城路不轉」是也。入都纂《純廟詩集傳》，爲王文端進呈，賜《御製詩》五卷。復諭召對圓明園，會林爽文陷臺灣報至，遂輟。館文端邸二十年。歸揚州，與焦理堂同爲藝林推重，時有「二堂」之目。又稱「江焦黄李」，謂黄謙牧、李濱石也。文達稱其淹貫經史，博通群籍，旁及九流、二氏之書，無不綜覽。所爲詩古文辭，豪邁雄俊。爲人權奇倜儻，能走馬奪槊，豪飲好客，至貧其家。偏遊齊、晉、燕、趙、閩、粵、江、浙，王韓城師極重之。晚年得痺疾。平生著述甚富，皆繕寫成書，欲謀剞劂，募之同學，方晴江爲作《募梓圖》。年七十一卒。所著書有《周易述補》五卷、《國朝漢學師承記》八卷、《經師經義目録》一卷、《國朝宋學淵源記》二卷《附記》一卷、《隸經文》四卷、《續隸經文》一卷、《樂縣考》二卷、《扁舟載酒詞》一卷、《爾雅小箋》三卷、《炳燭室雜文》一卷、《半氈齋題跋》二卷、《乙丙集》、《伴月樓詩鈔》、《蠅須館雜記》、《舟車筆談》、《舟車聞見録》。無子，以姪爲嗣。姪孫順銘等將所刻書版修補而彙萃之，顔曰《節甫老人雜著》。光緒丙戌，姪曾孫巨渠又以版多殘缺，命二子朝棟、朝楨校讎補刊。又小東門三之棧藥肆，亦爲江氏後人所業，今已易主矣。

江懋鈞，字季調，諸生。叔父藩，以朴學名東南，所交多海内通儒，每宴集皆侍側，由是學問日進。著有《詩經釋義》《爾雅旁證》《鷗寄齋古今體詩》。（董玉書《蕪城懷舊録》卷一，民國三十七年建國書店本，第二一—二二頁）

江藩傳

支偉成

江藩，字子屏，號鄭堂，江蘇甘泉人。監生。少受業於惠松崖、江叔澐、余古農。博綜羣經，尤熟於史事。性不喜唐宋文，每被酒，輒自言文無八家氣，人目爲狂生。作《河賦》數千言，典麗雄偉，可以上方郭景純《江賦》，人争傳録焉。嘗蓄善本書萬餘卷，歲飢，盡以易米，繪《書巢圖》志感，四方名宿題詠殆徧。撰《高宗詩集注》，由韓城王相國杰進呈，恩賞《御製詩文集》，復諭召對。值林爽文陷臺灣報至，遂輟，落魄而歸。飢驅至粤，阮文達延修《通志》，書成，修脯累千金，隨手揮霍略盡。凡以布衣而爲掌故宗者，垂二十年。蓋少爲方聞士，且生於典籍之區；乾隆朝佐當道治四庫、七閣之事，於名公卿、老師宿儒，畢上下齮齕，萬聞千睹。因勒成《漢學師承記》八卷，使兩漢儒林家法之承受，清代經學之源流，釐然可考。又成《宋學淵源記》三卷，分北學、南學、附記，共若干人。又取諸儒撰述之專精漢學者，倣唐陸氏《經典釋文》傳注姓氏之例，成《國朝經師經義目録》一卷。義旨嚴正，文詞茂美；雖間或失之顓固，然能甄擇無泛愛。如陳啓源説《詩》「西方美人」，一言不善，即削其姓氏。而宋學所録，止窮簷苦行，擯南方浮華士。一命以上，才有政治聲聞，亦斥不載。龔定庵謂其「窺氣運之大源，孤神明以冞往」，殆非過譽。

初，年十八，撰《爾雅正字》，以《説文》爲指歸，《説文》所無之字，或考定古文，或旁通假借，不敢妄改。王光禄西沚見之，極歎賞。晚年，重加删定，成《爾雅小箋》五卷〔三〕。縱不逮恂九之備，辨析形聲，差愈於二雲矣。

他著《周易述補》一卷，申松崖之賸義；《樂懸考》二卷，可見古人制度；《隸經文》四卷，則説經緒餘也。別有《炳燭室雜文》一卷、《扁舟載酒詞》二卷，均刊行。（支偉成《清代朴學大師列傳·吴派經學大師列傳第四》，岳麓書社一九八六年版，上册第八五—八七頁）

校勘記

〔一〕按：惠棟與江藩并非同時人。惠氏生於康熙三十六年，卒於乾隆二十三年，而江藩生於乾隆二十六年，時惠氏已離世四年。故此處「受業元和惠棟」乃誤記。

〔二〕「秋農」當作「古農」。據《國朝漢學師承記》卷二《余古農先生》，江藩受業於吴縣余蕭客，字仲林，別字古農。

〔三〕按：此處所記卷數有誤。《爾雅小箋》爲三卷本。下文提及的《周易述補》，或作四卷，或作五卷；《扁舟載酒詞》，當作一卷。

附録四

書江鄭堂河賦後

（清）金兆燕

黄河西北來，銀夏受其利。延緣出龍門，厥性乃暴肆。分疏爲九道，聖人巧用智。因勢而利導，所行在無事。後世賈讓策，獨見乃棄地。堨流雖有法，但作目前計。況今廟堂儒，窮源得根蒂。試採宋元書，襭兹漢魏製。文瀾既益雄，賦則當更麗。請君放厥詞，庶以繼其志。（清金兆燕《棕亭詩鈔》卷十八，《續修四庫全書》影印復旦大學圖書館藏嘉慶十二年贈雲軒刻本，集部第一四四二册第二五八頁）

江鄭堂半氈齋詩集敘（殘篇）

（清）吴　鼒

昔孫淵如謂明經學通天人而未食其報，引爲科名之恥。今鼒讀君詩，安得不汗流浹背耶！（清汪喜孫編《汪氏學行記》卷三，江都《汪氏叢書》本，第二二頁）

江子屏周易述補敍

（清）焦　循

乾隆丁未冬，始識子屏，江君子屏示以所補《周易述》二卷，讀之三月，而後歸之。越十有七年，嘉慶癸亥春，訪子屏於秦敦夫太史家，子屏窮居無聊，惟晝夜著書不輟，復示以昔所補《周易述》，令爲之敍，又讀之三月，而後序而歸之。

先是，子屏先人□□先生，隱於賈而善讀書，嘗問古學於一巨公，不能對，先生憤曰：「士寧不科第，不可不通經。」乃命子屏師事吴縣余孝廉仲林。仲林者，同郡惠定宇徵君高弟子也。惠氏於諸經尤長《易》，專取漢學擇之，而輯著爲《周易述》一書，使魏晉以來久晦之義，一旦揭如天日。書未成而没，所闕下經十四卦及《序卦傳》《雜卦傳》兩篇。子屏既師事仲林，盡得惠氏之學，慨然自任，補而完之，時年未冠也。

或曰：「惠氏之學專在求古，乃夷考其書，雖非漢學不言，而或取慈明，或用仲翔，或參以康成，令升諸家，融貫群言，會通古訓，取捨之際，不失銖寸，非其經緯万端、智通大道，何以致此？故鄙儒俗師，寧斥孔顔，不疑服鄭，非惠氏之學也。」子屏得其傳而深悉其指歸，故能以是勝。非取人爲善，不獨惠氏未成之書賴以續成，實惠氏未顯之妙，賴之而顯也。

子屏著述，非止一端，必諄諄於是書者，不忘師承之意也。體例一本惠氏，神而明之，往往得未曾有。循淺學，未克深知，而於傳習淵源，素能詳説，爲著於篇，以告讀是書者。江都焦循敍。

（清焦循《里堂文稿·江子屏周易述補敍》稿本，藏上海圖書館，第三册第二一—二二頁）

通鑑訓纂序

（清）阮　元

北宋學者，當推司馬温公，于經史皆最淳正。公於經未有成書，僅成《類編小学》一書。以公之識力，開宋之經學，則其流派必更淳正矣。公于史成《資治通鑑》，《通鑑》之後爲此學者，若王應麟之《地理》，史炤之《音釋》，司馬康之《釋文》，胡三省之《注》，嚴衍之《補》，皆于此書爲有功。至于温公，當日領袖羣賢，博采載籍，斟酌異同，棄取裁截，後之學者，望洋而歎，幾不盡知其所由来，安能全見其命意之所在？且其中有無差異，又安能是正乎？江君鄭堂，專治漢經學，而子史百家亦無不通，于《通鑑》讀之尤審，就己意所下者抄成《資治通鑑訓纂》若干卷，皆取其所采之本書而互證之，引覽甚博，審決甚精。昔胡梅磵等未能通經，故仅立乎史之後，今江君由經子百家而及于史，蓋立乎史之前。譬如挽十鈞之弓者，更挽百斤之弓，裕如矣。使具此精力學識在彼之時，温公必引置劉、范之右，此江君所以有古人不见我之恨也。（清阮元《揅經室三集》卷七，鄧經元點校《揅經室集》本，中華書局一九九三年版，上册第五五六頁）

江鄭堂詩序

（清）樂　鈞

吾友江君鄭堂，瓣香高密，嗣音禮堂，通經之儒也；枕藉《七略》，畋獻百氏，方聞之士也。蒐考彝器，校讎逸篇，汲古之業也。鉤玄於怪牒，博趣於瑮談，搜奇之能也。凡此於學則賅，要皆與詩畫境。故匡、劉之屬，無與風騷；陶、謝之倫，不涉訓故。豈所謂華樸異尚，巧質殊科，博識有功，絢采無力者乎？今讀鄭堂詩，一雪此言矣。君詩葩流雪絮，泉吐玉鳴。汎濫而循涯，馳騁而遵路。因椎輪爲大輅，易繡帨以輕縑。鎔裁通變，自成馨逸。雖曰餘技，殆掩專門。蓋其寸胸之蓄，蒸爲煙雲。三壁之津，融以月露。邊笥陸廚之藏，不以瀑詩囿；周鼎秦碑之字，不以綴吟豪。用能性蕊秀敷，辭條蔭蔚，緜餘響於簡外，寓遥旨於墨中。可謂舒文載實，沿波討源，符言志之規，契緣情之論者已。夫魏舒角射，鍾毓彌驚；孫登舒嘯，阮籍自失。知之弗盡，良抱咎慙。嗟乎！學既漢聖，詩復唐賢，加體貌魁碩，意氣軒翥，允宜蜚華秋賦，翔步春明，羽儀乎昌運，潤色乎洪典，而名困巾褐，力殫齏鹽，棲屑靡遑，轗軻未已。才之克歟？命之嗇歟？何其窮哉！僕焠掌不勤，冀心無獲，於君無能爲役也，特其堙暖不殊，嘯詠相洽，遂辱以喤引見屬，亦遂不敢以粃導爲辭，譬清露灑枝，蟬飲知味，秋飇拂草，蛩聞發聲，匪稱賞音氣合云爾。（清樂鈞《青芝山館駢體文集》卷上，《續修四库全書》影印山東省圖書館藏清嘉慶二十二年刻後印本，集部第一四九〇册第六四六頁）

國朝漢學師承記序

（清）阮　亨

《國朝漢學師承記》八卷，甘泉江鄭堂上舍所著也。上舍博學好古，客王文端公第最久，予幼時在京訂交焉，曾刻其贈答之詩於《瀛舟筆談》。戊寅、己卯間，上舍游幕嶺南，時雲臺兄爲广督，延入節署，纂修《廣東通志》，上舍因出是書，索兄弁言，刊成即郵寄初印本於揚州。予讀書之暇，頗喜翻閱，爲其深得史家之體例焉。適藝古堂坊友黄君仲信過予珠湖草堂，見而愛之，攜去同人捐資重刊，以公諸世，則黄君嘉惠後學之盛心爲不可及也。是爲序，揚州阮亨梅叔識。（清江藩《國朝

漢學師承記》卷首，嘉慶二十五年揚州黄氏藝古堂刊本，藏上海圖書館，第一頁）

江鄭堂詩序

（清）顧廣圻

世之論詩者，以爲有學人之詩，有詩人之詩，此大不然。詩也者，學中之一事，如其不學，無所謂詩矣。是故吾友江君鄭堂，人咸知其爲學人也，而其詩神思雋永，體骨高秀，鎔裁精當，聲律諧美。雖窮老盡氣期爲詩人者，未見其能臻此也。生平所作極富，散失幾盡，今子某始掇爲二卷。吾觀天下詩人讀鄭堂詩者，曉然曰「學之所至，詩亦至焉」，則詩道其興矣。敢書斯言以爲序。（清顧廣圻《思適齋集》卷一二，《續修四庫全書》影印清道光二十九年徐渭仁刻本，集部第一四九一册第九七頁）

漢學師承記跋

（清）黄式三

隋王氏言：「九師興而《易》道微，《三傳》作而《春秋》散。」沿其説者，力詆漢儒之失，皆誣妄耳。漢儒去古未遠，孔門七十子授受，多飫聞而默識之。西京賈、董，東京賈、鄭，尤汲汲于聖經之旨。以揚子雲之淹貫，論者因仕莽而黜從祀，而《法言》具在，足以維持斯道，較後儒之論有過之無不及，此江鄭堂《漢學師承記》，可以救忘本失源之弊也。雖然，江氏宗鄭而遂黜朱，抑又偏矣。漢無兩鄭君，宋無兩朱子，其瀏覽諸經舊説，擇善而從，各能集一代之大成。朱子雖主張程門之教，而王介甫、劉器之不合于程門，亦録其詞，不拘于一。晚年因在朝議孫爲祖承重服，深契鄭答趙商之是，歎熙寧後不讀注疏之非。于是絶筆之書，具見《儀禮經傳通解》，實能合鄭君《注》、孔賈《疏》

而斟酌之，則後來居上，有令前賢畏之者，可不溯其由乎？惟是元明以降，一遵朱子，竟不讀宋以前之書，所有撰箸大抵堅持門户，拘守而複衍之，遂欲坐分朱子闡明斯道之功。幸得閻氏百詩、江氏慎修、錢氏竹汀、戴氏東原、段氏懋堂諸公，心恥斯習，不糾纏朱子所已言，迺蒐輯古今遺說，析所可疑，補所未備，其心誠，其論明，其學實，能合漢、宋所長，徹其藩籬，通其溝澮，而盡掃經外之浮言，則經學得漢、宋之注，十闡六七，加今大儒之實事求是，庶幾十闡八九歟！而江氏宗師惠余，攬閻、江諸公爲漢學，必分宋學而二之，適以增後人之惑也。（清黄式三《儆居集》五《雜著一》，光緒十四年刻本，第四册第二二一—二二三頁）

讀江氏隸經文

（清）黄式三

古之傳文多矣，而以說經箸者蓋寡，豈非爲之難工乎？自經學既明，文章亦盛，有零雜敘述，不拘起束伏應之例，而自成篇章者，盧公紹弓之文也。有釋經規橅《爾雅》，敘跋諸作，兼運以漢、唐之法者，戴公東原之文也。有謹鎔裁，略事實，靈敏雅潔以行于世者，姚公姬傳之文也。數公者本己之所嫥長，發之爲文，天下之能事已斁備，後之儒怖盧、戴二公之實學不可及，乃尤稱姚公之文以爲宗。姚公所作《九經說》，每用古文法以行之，閒或雜引經傳各說，不詳所自出，式三遇學于姚者問之，則曰攷據詳而文難工，嚴裁削所以守文法也。江氏鄭堂之《隸經文》，議、辨、論、解、說、釋、雜文凡七種，苟非說經皆不録。讀其文，汪洋自肆，不似姚公之守法；而渾厚不及盧、戴二公。要之，詳博攷據，務求精審，有不得盡以文之工拙論者。以其文既爲人之所難工，雖未工者亦可以傳也。鄭堂酒後耳熱，自言其文無唐宋八家氣，作文豈必外八家，意亦謂不拘其法而已。鄭堂作《漢學師承記》，凡前儒經説之創獲者，覼縷述之，不矜裁削，于後儒所講起收虚實之法不拘焉。後之爲《藝文志》《儒林傳》者，將必取法于是也哉！（清黄式三《儆居集》四《子集三》，光緒十四年刻本，第三册第三一頁）

江子屏所箸書序

（清）龔自珍

嘉慶中，揚州有雄駿君子，曰江先生，以布衣爲掌故宗，且二十年，使仁和龔自珍條其撰述大旨，以詔來世。自珍徑求之，縱横側求之，又求其有所不言者，而皆中律令。其殺也，爲《易》也；其詳也，則中《春秋》恩父、恩王父之義。海陬小生，瞪目哆頤，敢問九流最目之言夥矣，子胡張江先生之書？且子所謂律令，誰之爲之也？作而告之曰：

聖人之所爲也。《傳》不云乎？三王之道若循環，聖者因其所生據之世而有作。是故《易》廢《連山》《歸藏》；誦《詩》三百，而周《詩》十九；《春秋》質文異家；《禮》從周；皆是義也。孔子没，儒者之宗孔氏，治《六經》術，其術亦如循環。孔門之道，尊德性、道問學，二大端而已矣。二端之初，不相非而相用，祈同所歸；識其初，又總其歸，代不數人，或數代一人，其餘則規世運爲法。入我朝，儒術博矣，然其運實爲道問學。自乾隆初元來，儒術而不道問學，所服習非問學，所討論非問學，比之生文家而爲質家之言，非律令。小生改容爲閒，敢問問學優於尊德性乎？曰：否否。是有文無質也，是因迭起而欲偏絶也。聖人之道，有制度名物以爲之表，有窮理盡性以爲之裹，有詁訓實事以爲之跡，有知來藏往以爲之神，謂學盡於是，是聖人有博無約，有文章而無性與天道也。端木子之言謂之何？曰：然則胡爲其特張問學，得無子之徇於運歟？曰：否否。始卒具舉，聖者之事也，餘則問學以爲之階。夫性道可以驟聞歟？抑可以空桴懸揣而謂之有聞歟？欲聞性道，自文章始。有後哲大人起，建萬石之鍾，擊之以大椎，必兩進之，兩退之，南面而揮之，褫之予之。不以文家廢質家，不用質家廢文家，長悌其序，臚以聽命，謂之存三統之律令，江先生布衣，非其任矣。

曰：江先生之爲書，與其甄綜之才何如？曰：能進之，能退之，如南面而揮之，如褫之予之。曰：請言江先生平生。曰：生於典籍之區，少爲方聞士。乾隆朝，佐當道治四庫、七閣之事，於乾隆名公卿、老師宿儒，畢下上齮齕，萬聞千睹。既老，勒成是書，窺氣運之大原，孤神明以冞往。義顯，故可以縱横而側求；詞高，故可以無文字而求。今夫海，不有萬怪不能以一波；今夫岳，不有萬怪不能以一石。飲海之一蠡，涉華之一石，如見全海岳焉。磚瓦之所積，堊茨之所飾，風雨乍至，尺青寸紅，紛然流離，才破碎也。江先生異是。曰：敬聞教矣。古之學聖人者，著書中律令，吾子所謂代不數人，數代一人，敢問誰氏也？曰：漢司馬子長氏、劉子政氏。江先生書，曰《國朝經學師承記》者如干卷，遷之例；其曰《國朝經師經義目録》如干卷，向之例。小生降階曰：有是夫！雖癯也，猶得搴裳中原，於我乎親命之。（清龔自珍著、王佩諍校《龔自珍全集》第三輯，上海古籍出版社一九九九年版，第一九三—一九四頁）

與江子屏牋

（清）龔自珍

大著讀竟。其曰《國朝漢學師承記》，名目有十不安焉，改爲《國朝經學師承記》。敢貢其説：夫讀書者實事求是，千古同之，此雖漢人語，非漢人所能專。一不安也。本朝自有學，非漢學，有漢人稍開門徑，而近加邃密者，有漢人未開之門徑，謂之漢學，不甚甘心。不安二也。瑣碎餖飣，不可謂非學，不得爲漢學。三也。漢人與漢人不同，家各一經，經各一師，孰爲漢學乎？四也。若以漢與宋爲對峙，尤非大方之言。漢人何嘗不談性道？五也。宋人何嘗不談名物訓詁？不足概服宋儒之心。六也。近有一類人，以名物訓詁爲盡聖人之道，經師收之，人師擯之，不忍深論，以誣漢人，漢人不受。七也。漢人有一種風氣，與經無與，而附於經，謬以裨竈、梓愼之言爲經，因以汩陳五行，矯誣上帝爲説經，《大易》《洪範》，身無完膚，雖劉向亦不免，以及東京内學，本朝何嘗有此惡習？本朝人又不受矣。八也。本朝別有絶特之士，涵詠白文，創獲于經，非漢非宋，亦惟其是而已矣，方且爲門户之見者所擯。九也。國初之學，與乾隆初年以來之學不同，國初人即不專立漢學門户，大旨欠區別。十也。有此十者，改其名目，則渾渾圜無一切語弊矣。自珍頓首。丁丑冬至日。（清龔自珍著、王佩諍校《龔自珍全集》第五輯，第三四六—三四七頁）

節甫老人雜著跋

（清）江順銘

伯祖節甫老人，幼而力學，長而博通，先見知於王蘭泉侍郎，遊京師，復爲王文定公延入幕府〔一〕，聲名爛如，一時如紀文達、朱文正咸以不得羅致門下爲恨，其後大人先生交口薦譽者，指不勝屈，然命數迍邅，竟以布衣終老，老人之心，亦殊泊如也。居家不事生業，讀書飲酒自娱，其著述甚富，並能闡明實學，發先儒所未發。嘉慶戊寅之客羊城也，有勸以悉付梓人者，因絀力先刊數種問世，四方爭相傳誦焉。自道光乙酉退息里門，窮老益甚，所僦屋遷徙無定，板竟亡失過半。銘竊感慨係之，大丈夫縱不得志於時，亦當思所以傳世行遠，不與世之庸庸者同没，今其書實足仰承先哲，嘉惠藝林，若聽其散佚，則老人數十年考訂之苦心，無以表見，豈非生平一憾事哉！己丑初秋，乃請命老人，謹與伯鎔、叔懋堅、兄慶安補其殘缺，重修而薈萃之，顔曰《節甫老人雜著》，其餘藏稿尚多，他日盡付剞劂，海内之士，先睹爲快，益徵諸大儒賞鑒之不虚，而用以慰老人之素志也。銘其敢辭校讎之責也乎！姪孫順銘敬識。（清江藩《節甫老人雜著》卷首，道光九年江順銘等校刻本，第一册第一頁）

國朝漢學師承記跋

（清）伍崇曜

右《國朝漢學師承記》八卷，附録《國朝經師經義目録》一卷，國朝江藩撰。洪惟昭代，經學脩明，定鼎之初，顧亭林、胡朏明、閻百詩諸先生崛起，遠紹兩漢諸儒之墜緒，篤實淳懿，恪守師法，承先啓後，私淑有人，實宋、元、明以來所未有。鄭堂特著此書，國朝經師學行出處，著撰緒論，搜括靡遺，洵盛業也。阮文達《定香亭筆談》稱，元和惠徵君定宇經學冠天下，鄭堂於惠氏弟子余君仲林，盡得其傳；洪北江《詩話》亦稱其學有師法；《珠湖草堂筆記》則稱是書極有史家體裁。鄭堂久在阮文達幕府，文達撰《國史儒林傳稿》，第一次顧亭林居首，第二次黄梨洲居首；而是書以兩先生編於卷末，以不純宗漢學也，亦可見其體例之嚴。然如《王蘭泉侍郎傳》，記及其以五七言詩章立門户，譏其「太丘道廣」一事，洪北江《詩話》稱侍郎所選詩一以聲調格律爲準，其病在於以己律人，而不能各隨人之所長，亦頗有微詞，亦何至如鄭堂所云也。又《北江傳》，記及其出示所作古文，指摘其用事訛舛，齗齗强辨一事。《北江詩話》則稱鄭堂「《過畢弇山宫保墓道》詩曰『公本愛才勤説項，我因自好未依劉』，亦隱然自具身分，惜其爲饑寒所迫，學不能進也」。則宛然報復之師矣。昔司馬子長撰《酈生傳》，不言其説高祖封六國後，完人之美，俾成佳傳也；又於《子房傳》見之者，紀其實也。此等事縱匪鑿空，亦當記之説部等書，臚載本傳，無論有乖史例，亦適徵其所養之不醇。然究爲上下二百年一大著作，談漢學者決不可少之書，讀者略其小疵可耳。咸豐甲寅夏五朔日，南海伍崇曜謹跋。（清江藩《國朝漢學師承記》卷末，咸豐四年伍崇曜刻《粤雅堂叢書》本，第三册第一—二頁）

隸經文跋

（清）伍崇曜

右《隸經文》四卷，國朝江藩撰。按藩字子屏，號鄭堂，甘泉人，上舍生。阮文達督粤時，嘗延至節署，總纂《廣東通志》。故與吴石華、曾冕士兩廣文交頗深。《定香亭筆談》稱其博通羣籍，旁及九流、二氏之書，無不綜覽。所爲詩古文詞，豪邁雄俊，卓然可觀。嘗作《河賦》以匹景純、玄虚《江》《海》二賦。爲人權奇倜儻，走馬奪槊，遍游齊、晉、燕、趙、江、浙、閩、粤。王柳村《羣雅集》稱其好客忘貧，今之顧俠君也。尤爲王文端所器重。洪北江《詩話》稱吴門汪墨莊工詩，所遇輒不偶，寄食鄭堂家中，鄭堂亦赤貧之士也。郭頻伽《靈芬館詩話》亦稱墨莊落魄揚州，非鄭堂則寄食亭長矣。則其生平已可概見。著有《周易述補》《考工戴氏車制圖翼》《儀禮補釋》《爾雅正字》《石經源流考》《經傳地理通釋》《禮堂通義》《蠅須館雜記》《伴月樓詩集》等書。是編其文集也。冕士廣文序謂其自稱從諸文中刪存者，苟非説經皆不録。故應酬之作不與焉。然如陳氏《鄭齋雜記》稱伊墨卿太守居喪，遵崑山徐氏《讀禮通考》、高安朱氏《儀禮節略》之説，子稱稽顙拜，孫及曾孫稱拜稽顙，鄭堂致書謂謝客應用「拜」字，若始死時，門狀、訃書無庸用「拜」字，説亦有理云云。書見集中。則亦説經之文耳。石華廣文跋稱阮文達輯《皇清經解》以屬鄭堂，後緝者實嚴厚民茂才杰，詁經精舍講學之士。蓋是時鄭堂已返棹邗江矣。咸豐甲寅穀雨令節，南海伍崇曜跋。（清江藩《隸經文》卷末，咸豐四年伍崇曜刻《粵雅堂叢書》本，第二册第一—二頁）

書漢學師承記宋學淵源記後

（清）謝章鋌

余舊讀是書，嘗博采傳記爲注，十已得六七，積稿倍原書。咸豐三年，余在漳州，家中藏書爲人所竊，並是書亦亡之，惜哉！後復尋得此本，點閲欲再作注，而插架盡散，無從檢摭矣。鄭堂與焦理堂循並名，當時稱爲「二堂」。是書論漢學知宗家法，然亦不無偏見私情。如王禮堂《尚書後案》，明知孔《注》之僞而復采其説。馬宛斯乃考古之家，非專經之士，其所著《左傳事緯》與前人《統紀》《屬辭》、近人《左氏條貫》等編亦不甚相遠，未必即爲專門名家。余古農《經解鉤沉》條舉件繫，謂之有意古義則可，欲名爲何家不得也。至鍾懷、徐復、汪光爔輩，果勝於毛西河、陳見桃諸先生歟？何以嚴於彼而寬於此乎？無亦有交遊聲氣之情耶？其餘不厭人心處甚多。第殫聞洽見，凡作一傳，皆能舉其書中要義，頗有韋玄成、張衡等《傳》風格。此則足徵其生平篤古之造詣，非近日摹仿八家，以掉虚了事者所能及也。至其論宋學則大謬。象山、慈湖已難免後人擬議，奈何公然以禪學爲宋學耶？國朝講考據，與漢人近，至性理之學，則自安溪、江陰、當湖、睢州數鉅公外，後起寥寥。顧余竊謂立品端方，踐履篤實，即是宋學，天下之通理蓋即古今之絶學，非如窮經者，必斤斤奉一先生之説也。周和程介，朱復博通之，五子中已不盡同，然引而之於禪學，不亦悖乎！古人正修以裕齊治之本，《論語》一書多從修己用世立論，幽眇精微之説十不一見，故曰「性與天道，不可得而聞也」。宋儒專講心性，而薄視事功，置聰明於玄妙之中，故以讀書爲玩物喪志，而太極之上尚有無極，舉凡東萊、永嘉諸術業，不足值其一吷，而掃除一切，直指本心，蓋與禪學通消息久矣。薛香聞、羅臺山輩，蓋亦不足怪也。鄭堂此編，殆欲表章陽明宗旨，而陰與紫陽爲向背。不然，豈不知諸君之大異於程朱哉？然而鄭堂固不喜朱學，實亦不知陸王之學也。（清謝章鋌《賭棋山莊文集》卷四，《續修四庫全書》影印光緒時刻《賭棋山莊所著書》本，集部第一五四五册第三〇四頁）

江氏叢書跋

（清）江巨渠

是書兵災後，板多殘缺，劉氏甫兄、張午橋姊丈勸渠補刊，因付梓，並命二子朝棟、朝楨校讎，至老人言行，已詳張午橋姊丈跋語中，他日國史館作《儒林傳》，可以采入矣。光緒丙戌季秋，姪曾孫巨渠謹識。（清江藩《江氏叢書》卷首，光緒十二年江巨渠補刻本，第一册，無頁碼）

書《漢學師承記》後

袁嘉穀

《師承記》八卷，江子屏著，録一代經師之作。簡末有伍氏崇曜、汪氏喜孫《跋》，於是書指歸，詳哉言之矣。兩漢迄今，千有餘年，梨洲、亭林，振墜緒以復古，可謂傑士，閻、胡、惠、戴諸儒，聞風而起，益沉浸於伏、孔、毛、鄭之書，考典章，訂禮制，用以鳴國家人文之盛，良然。然其初，猶未標漢學之名也。修士尚鴻博，析一字，辨一物，累數千言，矯矯自異，群相集矢於宋儒。樹之敵，奪之幟，門户之見，牢而不破。推其極，捫籥揣燭，冥夜攀崖，抑何蔽也！子屏篤嗜漢學，所録皆粹然一正，諸儒傳，子屏傳矣。勿謂子屏之偏也已，子屏别有《宋學淵源記》二卷，名於世。

閲《師承記》至再，有感於子屏之心矣。東漢以上，儒生以稽古爲榮，朝廷録賢徵才，靡不盡心以延訪。然治《禮》之高堂生，注《論語》之周氏，其名已不傳於史，經師卓著者且然，山林老宿，必有佚其書並佚其名者。子屏生盛世，非不知國家重士逾於兩漢，第窮經之士，足不出户庭者有之，名不入仕籍者有之。人逝型留，篇殘簡斷，表彰前哲，後起有責。觀子屏《序》所云，詳章甫，略軒冕，其心不大可悲哉！子屏宦不達，而繼子屏之學而不達者，道光迄今，何可勝道！惜無子屏其人，爲蒐采而著録之。斯子屏之隱恨，而早發之數十年前者也。茫茫學海，悠悠歲月，後來居上，跂予望之。（袁嘉穀著、袁丕厚編《袁嘉穀文集》第一卷，雲南人民出版社二〇〇一年版，第三九一—三九二頁）

節甫老人雜著跋

葉景葵

戊寅季春之杪，閱閔葆之所撰《子屏年譜》，詳讀一過。漢宋兩《記》，弱冠時朝夕繙閱，如逢故人。閔《譜》尚需補遺。此書亦宿遷王氏故物。揆初記。（其下鈐「卷盦收藏」白文方印。清江藩《節甫老人雜著》卷首，道光九年江順銘重修本，藏上海圖書館，第一册，無頁碼）

炳燭室雜文補遺書録

王欣夫

清甘泉江藩撰，吴縣王欣夫輯，王氏學禮齋鈔稿本。鄭堂著述多刊行，惟文集則未有完本。道光元年删存經説若干篇，曰《隸經文》四卷，又《續》一卷，曾釗、吴蘭修等刊於粤東。後來《粤雅堂叢書》《南菁書院續經解》均據以重刻。不知何以皆佚其《續》之一卷。潘祖蔭得其未刻稿，輯言金石者曰《半氈齋題跋》，他作曰《炳燭室雜文》，分刻入功順堂、滂喜齋兩叢書。徐乃昌又刻雜文入《積學齋叢書》，然皆寥寥短帙而已。余於瀏覽之餘，見乾嘉經師集外文，輒掌録之。於鄭堂得十四篇，鈔成一卷。鄭堂經術湛深，不屑屑於文章，然其序凌次仲《校禮堂文集》，謂「近日之爲古文者，規倣韓、柳，模擬歐、曾，徒事空言，不本經術。汙潦之水不盈，弱條之花先萎」。其宗旨可見。故曾釗謂「鄭堂先生善漢學，不喜唐宋文，每酒酣耳熱，自言文無八家氣」云。今就此卷讀之，如《周禮注疏獻疑序》《夏小正注序》《孟子時事略序》《與焦里堂書》皆論經義，猶《隸經文》類也。《楊太真外傳跋》《南漢紀跋》，則史學也。《漢帳構銅跋》《題宋拓魏晉唐小楷》，則金石學也。《書任心齋詩後》《詞源跋》，則詩詞學也。至《正信録序》又兼通釋氏。不但實事求是，絶無空言，且可窺爲學博涉，無所不通矣。（王欣夫撰、鮑正鵠等整理《蛾術軒篋存善本書録·未編年稿》卷三《炳燭室雜文補遺》，下册第一六二〇—一六二一頁）

校勘記

〔一〕據閔爾昌《江子屏先生年譜》乾隆五十六年條「（江藩）館王文端第」，「文定」當作「文端」。